国家社科基金项目成果 *经管* 文库

The Lewis Turning of China's Urbanization

中国城镇化的刘易斯转折

吴　垠／著

中国财经出版传媒集团

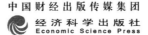

经济科学出版社
Economic Science Press

图书在版编目（CIP）数据

中国城镇化的刘易斯转折/吴垠著 . —北京：经济科学
出版社，2020.7
（国家社科基金项目成果经管文库）
ISBN 978 - 7 - 5218 - 1516 - 0

Ⅰ. ①中⋯　Ⅱ. ①吴⋯　Ⅲ. ①城市化 - 研究 - 中国
Ⅳ. ①F299. 21

中国版本图书馆 CIP 数据核字（2020）第 067654 号

责任编辑：崔新艳
责任校对：郑淑艳
责任印制：李　鹏　范　艳

中国城镇化的刘易斯转折

吴　垠　著

经济科学出版社出版、发行　新华书店经销
社址：北京市海淀区阜成路甲 28 号　邮编：100142
经管中心电话：010 - 88191335　发行部电话：010 - 88191522
网址：www. esp. com. cn
电子邮箱：espcxy@ 126. com
天猫网店：经济科学出版社旗舰店
网址：http://jjkxcbs. tmall. com
北京季蜂印刷有限公司印装
710 × 1000　16 开　19.75 印张　360000 字
2020 年 10 月第 1 版　2020 年 10 月第 1 次印刷
ISBN 978 - 7 - 5218 - 1516 - 0　定价：88.00 元
（图书出现印装问题，本社负责调换。电话：010 - 88191510）
（版权所有　侵权必究　打击盗版　举报热线：010 - 88191661
QQ：2242791300　营销中心电话：010 - 88191537
电子邮箱：dbts@ esp. com. cn）

国家社科基金项目成果经管文库

出版说明

我社自 1983 年建社以来一直重视集纳国内外优秀学术成果予以出版。诞生于改革开放发轫时期的经济科学出版社，天然地与改革开放脉搏相通，天然地具有密切关注经济领域前沿成果、倾心展示学界翘楚深刻思想的基因。

2018 年恰逢改革开放 40 周年，40 年中，我国不仅在经济建设领域取得了举世瞩目的成就，而且在经济学、管理学相关研究领域也有了长足发展。国家社会科学基金项目无疑在引领各学科向纵深研究方面起到重要作用。国家社会科学基金项目自 1991 年设立以来，不断征集、遴选优秀的前瞻性课题予以资助，我社出版了其中经济学科相关的诸多成果，但这些成果过去仅以单行本出版发行，难见系统。为更加体系化地展示经济、管理学界多年来躬耕的成果，在改革开放 40 周年之际，我们推出"国家社科基金项目成果经管文库"，将组织一批国家社科基金经济类、管理类及其他相关或交叉学科的成果纳入，以期各成果相得益彰，蔚为大观，既有利于学科成果积累传承，又有利于研究者研读查考。

本文库中的图书将陆续与读者见面，欢迎相关领域研究者的成果在此文库中呈现，亦仰赖学界前辈、专家学者大力推荐，并敬请经济学界、管理学界给予我们批评、建议，帮助我们出好这套文库。

经济科学出版社经管编辑中心

2018 年 12 月

　　本书受国家社科基金青年项目"我国新型城镇化道路的理论、模式与政策研究"（14CJY023）、四川省教育厅四川高校科研创新团队"四川特色的区域新型工业化城镇化道路"项目、国家留学基金委青年骨干教师出国研修项目（〔2015〕3036号）、2019年中央高校基本科研项目和西南财经大学全国中国特色社会主义政治经济学研究中心"中国特色社会主义政治经济学理论体系构建"项目资助。

谨以此书献给我的父亲和母亲

序　言

Preface

雨果曾说:"人需要有信仰,所以有庙堂;人需要创造,所以有城市;人需要生活,所以有犁和舟。"① 我们生活在一个充满机遇的城镇化时代,城镇作为连接人们生产生活与精神信仰的容器,铸就了它自身的辉煌;但这个容器有时也会变得面目可憎,它所存在的污染、拥挤、贫困、信仰缺失等问题也足以让每一个生活在城市中的人感到像某种枷锁。如果说城镇代表着人对自然改造的标志性成果之一,那么,恩格斯所说的"我们不要过分陶醉于我们人类对自然界的胜利。对于每一次这样的胜利,自然界都对我们进行报复"② 这句箴言足以对当代城镇化发展的状态进行警示。

对每一位驻足于城镇的个人而言,其实他对城镇化趋势是没有太多选择的;当代城镇已经是城镇化历史性大发展积累的结果,个人能够选择的仅仅是在多大程度上靠近或依赖城镇化。我们需要城镇化能够唤起对个人诉求的经济性、社会性、权利性的关怀。许多人怀揣着憧憬来到城镇,却最终带着遗憾、疲惫和不舍离开这梦想之地,城镇给予人们的似乎并非总是正向的反馈。这足以说明,当下的城镇化和人民所需要的城镇化之间,还有很长的路要走。

中国的城镇化内生于世界城镇化发展大历史之中,总体上符合世界城镇化发展的一般性规律。但中国城镇化也有它的阶段性特征及与国情相关的特征,例如,城乡二元结构就是现阶段中国城镇化绕不开的国情及背景。孤立地看待中国城镇化发展道路和趋势的思路是不足取的,我们不可能忽视中国城镇背后那广袤的农村地区。从农村释放出来的富余劳动力持续支撑着当代中国的城镇化,这些劳动力的流动成为中国城镇化发展的一股持续性推动力量,其流动规

---

① ［法］雨果:《海上劳工》,四川文艺出版社1995年版,序言。
② 《马克思恩格斯全集》(第26卷),人民出版社2014年版,第769页。

律的变化直接或间接影响着中国城镇化的进程。"刘易斯转折"成为这种劳动力城乡之间流动的特征性事实，它带来了对城镇化劳动力供需两端的压力，并影响着城镇化供给侧的结构性变化。本书主要是以这个特征性事实为切入点，展开对中国城镇化的分析。

创新是破解我们这个时代人与城镇关系的主要手段。笔者把城镇化的创新理解为道路和模式的创新。只有走对路，中国的城镇化才有出路；只有选好模式，中国的城镇化才能因地制宜。盲目模仿、过度发展、不惜代价的城镇化不符合中国城镇化长期可持续发展的需要；模式单一、功能雷同、创新匮乏的城镇化，也不能成为中国城镇化的标签。简而言之，中国的城镇化要不断创造出新的模式和道路，让人民选择、评价、实施，才会走上充满希望的正途。

本书的研究目的和意义主要在于凸显中国城镇化道路这一命题的理论价值、实践价值和道路（模式）意义。

本书将二元经济理论、城镇化理论与刘易斯转折期结合起来，突出不同于古典城镇化理论和新古典城镇化理论的新背景和新框架，突出了中国城镇化进程对二元经济理论和城镇化理论的独特贡献：将"城镇化理论的中国化"视为对发展中经济体推动城镇化进程、跨越刘易斯转折期的重要理论贡献，即在劳动力结构性短缺的过渡时期如何有效推进城镇化。本书提出了中国城镇化的供给侧结构性改革、后工业化等思路来推进这一时期的城镇化。这是本书的理论价值。

本书通过结合当下中国城镇化面临"刘易斯转折期"的结构性、民生性问题，丰富了中国特色新型城镇化道路实践的具体政策措施。中国的城镇化进程的约束条件已经从劳动力供给过剩转变为结构性短缺，应将农村剩余劳动力融入城市的质量提升而非数量提升作为政策目标，以突出过渡时期城镇化政策的创新性及应用价值。这是本书的政策实践价值。

本书突出中国新型城镇化道路的"中国特色"，提出不同于西方国家走过的传统城镇化道路的新思路，并提出符合国情、切实可行的城镇化模式，既为"中国梦"城市篇章的实现找到现实基础，也为类似发展阶段的国家或地区提供借鉴。这是本书的道路与模式意义。

中国城镇化道路蕴含理论、背景、模式、政策等范畴。因此，本书按这四条线索展开研究。整体研究体现了比较研究与历史传承的思路，即在贯穿城镇化发展史的基础上开展理论比较、背景（约束条件）比较、模式道路比较和政策比较，并最终体现中国新型城镇化道路的创新特色。

本书主要内容如下。

1. 古典城镇化与新古典城镇化的模式研究

第一章从"大历史观"的角度回顾了历史上商业、安全、工业等城镇化模式的优劣和问题。在城镇化模式的选择上，西方国家所经历的阶段和中国正在经历的阶段，没有本质上的不同，只是进入或退出的时间段不一样。历史地看，中国与西方国家最大的差异在于，对工业城镇化模式的认知和处理存在较大的不同。中国把工业城镇当作经济增长的发动机，因此，至今尚未摆脱对工业城镇的依赖；而西方国家在经历了工业城镇带来的繁荣和衰退后，纷纷选择其他的城镇化模式。这对中国而言具有借鉴意义。本书认为，回归古典模式和创新城镇化的发展理念、模式，可能是下一步中国城镇化的选择。

2. 二元经济视角下古典城镇化理论与新古典城镇化理论的作用范围：理论分析

第二章主要探讨城镇化理论在古典经济学和新古典经济学视野下的约束条件、发展道路与政策主张。该章分析了威廉·配第、亚当·斯密等古典经济学家对城镇化理论政策的分析范式，他们十分重视分工与专业化对城镇化的影响。但是，古典框架把劳动力"无限供给"（马克思用产业后备军形容这一过程）作为外生约束条件来分析城镇化，其政策主张过于依赖以现代工业部门的率先发展来推动城镇化及其就业，以缓解持续的劳动力过剩压力，从而可能诱导出"城镇化偏向"的发展主张。而乔根森（Jorgenson，1961）等则从新古典主义角度展开对城镇化的分析，但其劳动与产出比率不变、工资完全弹性和二元经济一体化的前提假设既无法适应中国的多二元城镇化经济结构，也不能直接套用分析刘易斯转折期的城镇化问题。因此，对上述理论适用范围的分析是这部分的重要着眼点。

3. 刘易斯转折与城镇化的"非正规经济"问题：发展障碍的世界城市透视和比较

第三章和第四章根据戈兰·坦纳菲尔德等（2008）对刘易斯转折期城镇化"非正规经济部门"的定义口径，研究非正规经济，着力分析了非正规就业的定义和规模。此外，还特别研究了各地区的基础设施和城市管理改善对非正规就业的正面影响，从世界城市视角突出刘易斯转折期中国城镇化的突围重点——城镇化非正规就业的"正规化"模式及配套政策。

4. 刘易斯转折期的城镇化：中国人口城镇化与土地城镇化快速发展阶段的供给侧结构性改革

第五章从供给侧结构性改革的角度分析了中国城镇化的发展阶段和供给侧变化的政治经济学问题，指出，从产业后备军到土地后备军的供给侧变化是认识中国城镇化发展阶段变革的重要角度。该章着力分析了在土地城镇化与人口城镇化快速汇聚的时期，如何有效管理城市、完善土地供应政策、增加住房供应总量、优先安排保障性住房用地、赋予失地农民财产权利以及城市反贫困等问题，并注重研究这一过程中市场机制对城镇化制度创新的决定性作用和政府政策的辅助效应。

5. 中国刘易斯转折期的城镇化道路和政策探索：一种后工业化的发展思路

第六章提出中国当下城镇化发展应着眼于选择一种后工业化的思路，并重点解释后工业化道路的特征、标准、模式，使其在中国城镇化建设进程中具备实践可能性，并能有效应对城镇化刘易斯转折期的种种复杂挑战。在政策思路上的考虑包括：（1）克服结构性劳工短缺的就业、户籍和产业新政策；（2）多中心城市布局和城市社会保障政策的逆向求解思路；（3）考虑社会承载能力与空间承载能力相互衔接的城市社会保障政策；（4）土地、住房、基础设施的联动建设。

6. 城镇化、投资模型与中国经济结构调整战略：结构经济学分析框架

第七章从新、旧结构经济学的角度切入对城镇化的研究。本章以投资模型为入手分析点，从投资顺序、投资范围（公共服务或生产性投资）、投资的动机、能力、决策以及多部门协调角度对新、旧结构经济学的关键环节进行分析，力图从"稳""活""托底"的角度设计恰当、准确的投资方案，来解决中国经济结构调整的难题。

7. 超越刘易斯模型：城镇化波士顿模式的调研分析与借鉴

第八章根据笔者在美国的访学和调查研究完成，对美国东北部马萨诸塞州的波士顿市的城镇化发展模式进行了分析。作为美国城镇化的一个标杆，波士顿兼具现代与古典的城镇化特质，它将新英格兰风格与后工业城镇融为一体，成为当代历史文化旅游名城和创新创业名城的代名词。在长达百余年的近代波士顿城镇化发展历史中，它依靠教育、医疗、创新产业来规避城镇化发展过程中的人口红利衰减趋势，并以多中心布局和城镇化发展模式的创新来破解工业资本城镇化模式不可持续的问题，这足以证明未来的城镇化发展模式必然是从满足"数量意义上人的需求"转向"质量意义上人的需求"。本章阐述了波士顿城镇化在超越发展中国家城乡二元刘易斯模型方面值得关注的重点领域，并以波士顿的城镇化为蓝本，思考中国城镇化跨越刘易斯转折的相关政策启示。

8. 中国新型城镇化道路对城镇化理论的贡献：寻求"中国梦"城市篇章的实现形式

第九章是回归理论的总结。该章致力于将中国应对刘易斯转折的制度创新、政策方案和相关结论上升为"中国新型城镇化"的道路与模式，提出对发展中国家具有一般意义的城镇化建设理论，提升中国模式、中国道路在城镇化建设国际比较研究中的地位和作用。

以上为本书的结构体系，虽不能概括中国城镇化发展模式的全部，却力图以一种转折的视角给出笔者对中国城镇化的发展期待。

中国的城镇化刚刚进入攻坚期，中国的城镇化还需关照每一个把梦想寄托于其中的个体与家庭，让他们的梦想随中国城镇化的推进而得以实现。

是为序。

作者

2020 年 1 月

目　录
Contents

第一章 城镇化的古典模式
与新古典模式[*]

历史学家黄仁宇曾经说过："关注一个国家的发展与历史传承，要从历史上获得，而历史的规律性，在短时间内尚不能看清，而需要长时间内大开眼界，才看得出来。"① 引述这一段话的目的，是为以下即将展开的城镇化历史分析作一楔子。中国的城镇化道路，植根于中外城镇化建设的历史传承之中。今日之城镇化建设，既不能脱离历史上一贯地、具有古典或新古典特征的城镇化模式，又必须在其之上发掘城镇化建设的新思路、新模式和新政策。

第一节 古典城镇化的沿革：得失与借鉴

以一种大历史观来看待中国城镇化道路的发展演变，"瞻前"即回顾城镇化发展史的工作显得尤为重要。人类历史上，曾经诞生过各种各样璀璨的城市与城镇模式，有的城市（镇）在历史长河中能够顺利地保存下来，其城市文化、建筑特色、规划区域基本上体现传统与现代的巧妙结合；而有的城市，则在历史上"昙花一现"后，就只在文字记录和地理位置上残存一些支离破碎的记忆，往昔的荣光再也无法重现。但逝去的城市，未必都是在发展道路或规划理念上出了问题；保留至今的传统城市，也不见得全都是经典犹存。本章所要挖掘的，是在历史上城镇化建设中占有一席之地，其发展、凝聚、传承的城镇化思路迄今也有重要价值的线索。

对于这一探索，美国城市问题研究权威乔尔·科特金（Joel Kotkin）在其重要著作《全球城市史》中为我们提供了一种对历史名城进行分类的口径。

---

* 本章第一节、第二节经修改后发表于《中国人民大学学报》2016 年第 3 期，题为《城镇化的古典模式与新古典模式》。

① 黄仁宇：《万历十五年》，生活·读书·新知三联书店 2006 年版，第 307 页。

科特金认为，历史名城，必须具备精神、政治、经济这三个方面的特质，三者缺一不可。他把这三者高度概括为神圣、安全、繁忙三个词。[①] 如果按照科特金的划分口径，那么，作为古典城镇化代表的那些历史名城，又有着怎样的特征呢？下面将逐一进行阐述。

一、以宗教聚拢人气的"神圣"之城

古典城镇模式的代表之一，是以精神支柱维系的，把道德操守与市民属性认同作为聚拢人气手段的传统名城。[②] 人类城市文明快速跃进的年代，基本上已经是18世纪工业革命以后的事了。在此之前，人类社会生产力的跃进速度是相当缓慢的，在这样的情况下，以牢固的家庭联系、宗教信仰来聚拢人气，形成形形色色的"城"与"市"，这在农业与手工业剩余产品尚不充分的年代，是既尊重道德与社会秩序安排的一种"城市化"手段，也是依赖宗教获得城市发展物质基础的必经之路。

（一）宗教设施的作用

为什么历史上的名城多数选择以宗教兴城市而不是直接进行大规模的城市建设？

历史学家戈登·蔡尔德（Gordon Childe，1957）和汉斯·尼森（Hans J. Nissen）[③] 指出，纵然是像伊拉克境内底格里斯河和幼发拉底河之间的冲积平原，是向城市骤变的理想环境，这里不仅生长有最早的原生谷类、大麦和小麦，能够培育成可食用的农作物，而且使农夫们的劳动产品有了剩余，这是城市文明起源于此地的关键。但即便有这样丰饶的环境，这些早期城市的建造者也面临许多严峻的挑战：矿产资源短缺、建筑用的石料与材料缺乏，雨量稀少，河水不能像埃及那样顺遂天意地灌溉周围大面积干涸的土地。归根结底，生产力水平的低下，使人们不得不以"集体行动"的方式来对抗自然条件对城市建设的限制（即便自然条件丰裕之地也面临种种限制）；而维系这种集体行动的力量在早期城市化起步时，只能是宗教信仰下的"道德与社会秩序"。最早的城市即是在宗教及宗教设施的载

---

①② ［美］乔尔·科特金：《全球城市史》，社会科学文献出版社2014年版，译者序第2页。

③ ［澳］戈登·蔡尔德：《历史中所发生的故事》，London：Penguin，1957年版，第92～96页。［美］汉斯·尼森：《古代近东早期史：公元前9000～2000年》，芝加哥大学出版社1988年版，第56页。

体之下逐渐兴起的。"这些早期的城市聚落最早可以上溯到公元前5000年，但按照现代甚至是古典的标准来衡量，其规模都比较小。甚至到公元前3世纪，巨大的乌尔'都市'也不过150英亩，居住人口24000人左右而已。"① 但即便是这样，对当时低下的生产力水平来讲，已经属于城市建设的奇迹了。

（二）宗教推动古典城市形成规模的运行体制

1. 城市秩序的形成有赖于宗教组织者的精心谋划

宗教祭司阶层是古典城邦时代城市秩序的主要组织者。② 按照恩格斯在《家庭、所有制与国家的起源》中的经典表述。"一定历史时代和一定地区内的人们生活于其下的社会制度，受着两种生产的制约：一方面受劳动的发展阶段的制约，另一方面受家庭的发展阶段的制约"。③ 这就是说，在古典城市体制初创之时，人们汇聚于城市，若没有一定的行为规范的制约，在劳动生产力水平相对低下的环境里，城市经济社会的运行必然发生各种各样的混乱。在这一时期，"劳动越不发展，劳动产品的数量从而社会财富越受限制，社会制度就越在较大程度上受血族关系的支配"。④ 并进而演化为，以宗教信仰的形式来统一这种不同血族关系之间的矛盾与冲突。

所以，我们看到，古典城邦体系下的祭司阶层，不仅负责阐释人高于自然的神圣法则，完善礼拜体系，在复杂的大型公共活动中规范很多往往看似无关人们的活动，并使宗教在城市发展史的大部分时间里扮演很多核心角色。⑤

2. 古典城市运作体系的商业基础是从服务宗教活动起步的

古典城市模式的发展必然离不开城市商业的繁荣，但在海外贸易和通信手段尚欠发达的古典城市的初创时期，城市商业发展是从服务于宗教体制起步的。除奴隶之外，普通手工业者和熟练工匠也参与到宏大的宗教建筑群建设之中，很多人在工程结束后留在这里服务于祭司阶层，给古典城市发展注入了源源不断的劳动力。同时，早期的宗教设施，如神庙等也在非祭司时期起到了"购物中心"的作用。⑥ 它为各种各样的货物提供了一个开放的交易场所。神庙还拥有自己的工场加工衣物和器皿。⑦

---

① ② ⑤ 〔美〕乔尔·科特金：《全球城市史》，社会科学文献出版社2014年版，第5页。
③　恩格斯：《家庭、所有制与国家的起源》，人民出版社2006年版，序第3～4页。
④　恩格斯：《家庭、所有制与国家的起源》，人民出版社2006年版，序第4页。
⑥ ⑦ 〔美〕乔尔·科特金：《全球城市史》，社会科学文献出版社2014年版，第7页。

3. 古典城市运作的文化体系源自宗教崇拜

早期的古典城市几乎都是从小型的宗教仪式中心演变而来的。因此，其城市的文化也由此逐渐兴盛。一是城市的建筑规划文化。初创时期的古典城市，其建筑格局是宗教仪式标志性建筑至少作为城市中心之一，其他的手工业作坊、商市等围绕其渐进展开；而到各国封建王朝发展的成熟时期，不少城市的中心都有用于宗教活动的广场、剧院、神庙；并且其他大型公共工程开始有计划地、系统地围绕这些中心扩建。典型的例子是古罗马，"它把城市建设推进到一个新的水平，首先是罗马城自身。罗马修建了前所未有的公共工程——道路、引水渠、排水系统，以使城市有能力承受不断增长的人口"①。这些公共工程，几乎都指向奥斯古都广场上的宏伟的神庙建筑。二是城市的人文文化。宗教体制对城市文明的推动，使得大量不同背景的人口汇聚于像亚历山大里亚这样的大城市，犹太人、希腊人、埃及人和巴比伦人共同生活，文化冲击与交融不断进行，一个属于古典城市时代的城市文化因此诞生。

（三）古典神圣城市模式的得失评价

"人类最早的礼仪性汇聚地点，即各方人口朝觐的目标，就是城市发展最初的胚胎。这类地点除具备各种优良的自然条件外，还具有一些'精神的'或超自然的威力，一种比普通生活更高超、更恒久、更具有普遍意义的威力，因此它们能把许多家族或氏族团体的人群在不同季节里吸引回来"②。

但是，以宗教势力凝聚人气推动城市化发展的进程在封建时代开启后，其影响逐渐式微。除了封建皇权更加强调城市文明服务于皇权，导致宗教势力不再主导古典城市化运作这个原因外，还与其自身的运作模式有很大关系。

第一，宗教体制下城市商业模式发展相对缓慢，充其量只是一个服务手段。早期古典城市的商业发展起步是服务于宗教体系的，但随着城市商业阶层对财产权利的增加，以及私有制、交换、财产差别的出现，使得商人阶层越来越极力摆脱宗教的"配角"地位。但宗教与权力的紧密结合，在古典城市发展早期却压抑商人阶层发展壮大的冲动，这使得城市虽然出现了宏伟的神庙、祭祀等建筑，但商业的不发达却使多数人生活在"城市贫民窟"，典型的例子是古罗马城。"精美的大理石材料覆盖了新奥古斯都广场上的宏伟建筑和马尔斯神庙，但罗马城内仅有 26 个住宅片区为个人提供住处，虽然当时的统治者

---

① ［美］乔尔·科特金：《全球城市史》，社会科学文献出版社 2014 年版，第 52 页。

② ［美］刘易斯·芒福德：《城市发展史：起源、演变和前景》，中国建筑工业出版社 2004 年版，第 9 页。

凯撒已经立法，但是大多数住宅建筑破烂不堪，有时会倒塌，并且经常失火"。① 商业本身具有向外扩张的特征，但宗教却往往意图收敛于一处。这形成了持久的宗教与商业发展的矛盾。

第二，宗教体系的冲突，使得人口迁移、战争尾随而至，并破坏古典城市发展的可持续性。在古典城市创制、发展的年代，宗教体系因国家、地区、文明程度的不同而不同，不同宗教体系之间的矛盾、冲突不断，并引起相互之间的战争与巨大的人口迁移。那些曾经一度因宗教而恢弘一时的古典城市典范，如雅典、罗马、君士坦丁堡、巴比伦等，均遭遇到这种冲击。

第三，社会经济发展的激励机制逐渐丧失。宗教的兴盛及其与特权阶级的紧密结合，使刚刚兴起的商业激励机制受到压制，这在日本、朝鲜、中国、印度、埃及的早期最为明显。② 宗教与专制政权到处任意征税、没收财产、以宫廷喜好行事，破坏了对企业家的激励机制。伊本·郝勒顿（1969）这样描述："对民众财产的侵犯封杀了获取财富的动机。"③ 这种对激励机制的抑制，自然也削弱了城市发展的创新机制。古典城市的衰落成为历史必然。

二、以安全拱卫保障"人气"的"安全之城"

古典城镇模式的另一个代表，是以提供最基本的安全保障，包括安全的城市经济环境、社会环境和政治结构聚拢人气的"安全之城"。④ 古典城镇建设的重要依据是逃避游牧民族的劫掠及各种自然灾害的威胁而聚集成的生产生活区域。古罗马是这种安全型城市的典型代表。罗马在公元前 2 世纪达到全盛，总人口超过 100 万人。为了罗马城的安全需要，它修建了前所未有的公共工程——道路、引水渠、排水系统等，以使城市有能力承受不断增长的人口。⑤ 它建立了庞大的军队系统，通过对外战争来保证财富与要素源源不断涌入罗马；它还将城墙与防御堡垒的作用发挥到冷兵器时代的极致。

（一）古典城镇的建设功能首先考虑的就是安全需求

罗马、伦敦、巴黎、维也纳、布达佩斯等这些欧洲古典城市的代表，都十分重视古代城防工事。这一时期城市居民所看重的，是城市常备不懈的城墙及

---

① ［美］乔尔·科特金：《全球城市史》，社会科学文献出版社 2014 年版，第 53 页。
②③ ［美］乔尔·科特金：《全球城市史》，社会科学文献出版社 2014 年版，第 101 页。
④ ［美］乔尔·科特金：《全球城市史》，社会科学文献出版社 2014 年版，第 4 页。
⑤ ［美］乔尔·科特金：《全球城市史》，社会科学文献出版社 2014 年版，第 52 页。

其带来的那种力量与安全。因为它比任何军事勇敢或口头承诺都要来得可靠。据《盎格鲁撒克逊民族编年史》记载，早在 913 年，建筑要塞与城墙保卫居民区便已经成为国王军队的主要任务之一。① 而麦特兰德（Maitland）也指出，那时（指古典城市盛行的时期）把是否有能力供养一支永久性的军队并修建城墙当作取得城市法人权利的条件之一。②

"这种有城墙的封围地不仅可以防御外来入侵，它还具有一种新的政治功能，因为历史证明它是一把'双刃剑'。此时的城墙一反古代城市的先例，它可以用来维护城市内部的自由。一座小城若没有城墙，面对一支小小的武装部队也会感到一筹莫展；而有了城墙，这座小城就会变成一座堡垒。人们会争先恐后地投奔这块和平的福地，正像他们过去万般无奈屈从于封建领主，为获得一小块耕地和庇护而变成领主的家臣和奴婢一样；或者像他们过去对家庭幸福万念俱灰而投奔修道院或修女院去寻求一个清苦的圣地一样。"③

显而易见，古典城市兴起后，居住于乡村的居民都会被其稳定、安全的功能所吸引。这种"磁体功能"最重要的作用是把"商人阶级"庇护并固定在城市的保卫圈里；而且"当时城市的最大经济利益是每周定期一次的市场交易，它吸引附近地区的农民、渔民、工匠都来进行交换，而这种经济利益须有一个安全环境和合法制度作保障"。④ 稳固的安全保障为城镇发展创造了条件。罗马城不仅把罗马军团布置在边界、城墙和道路附近以保卫各个城镇，而且还允许独立城镇实行相当程度的自治，⑤ 城镇的基层力量对城镇安全也发挥着不可或缺的作用，这就使得古典城市发展壮大的辉煌时代到来了。⑥

（二）能否维持安全制度是古典城市兴衰演变的重要标尺

建成一个古典城市（镇）相对容易，但维系一个古典城市（镇）的安全制度长期运行，则困难得多。历史上的罗马、君士坦丁堡均是城市安全的代名词。但"成也安全、败也安全"，因安全问题垮台的代表例子也是罗马和君士

---

① ［美］刘易斯·芒福德：《城市发展史：起源、演变和前景》，中国建筑工业出版社 2004 年版，第 268 页。

②③④ ［美］刘易斯·芒福德：《城市发展史：起源、演变和前景》，中国建筑工业出版社 2004 年版，第 269 页。

⑤ ［美］乔尔·科特金：《全球城市史》，社会科学文献出版社 2014 年版，第 55 页。

⑥ 何一民指出，目前已经考古发掘的中外史前城市具有一些共同的特征：一是这些史前城市大多有出于守卫上的需要而构筑的防御性设施——城墙；二是这些史前城市的功能以政治军事为主；三是这些早期城市在空间分布上已经具备功能分区。参见何一民：《第一次"城市革命"与社会大分工》，载于《甘肃社会科学》2014 年第 5 期。

坦丁堡。随着罗马帝国和拜占庭帝国的安全形势恶化，罗马城和君士坦丁堡也相继受到安全制度不牢的影响而渐渐走向衰落。同时，其他的力量也可能削弱城市的安全机制，比如"自然灾害（如地震）和紧随其后的公元 6 世纪晚期的大瘟疫，夺走了君士坦丁堡 1/3～1/2 的人口，有些小城镇甚至全城灭绝。灾害和内乱让帝国疲惫不堪，人口减少"，① 君士坦丁堡自然也就从此而没落。

（三）古典安全城市之得失借鉴

　　城市安全是一个持续性话题。古典城市（镇）之兴衰演变，确实受到了安全体制变化的影响。人口的流入，城市经济的繁荣、城市可持续功能的强化，都必须在相对安全的城市保障体系下，才能充分扩展。古典城市虽然已经消亡，但其对安全制度设计的经验教训却延续至今，安全因素的影响甚至更有过之而无不及。正如何科特金（2014）所指出的那样：

　　"进入现代后，维持一个强有力的安全制度对城市地区的复兴仍有明显作用。20 世纪五六十年代美国社会动荡，圣路易斯及底特律等城市因此人口剧减，几十年未能恢复元气，纽约城也一度因为安全问题而严重影响其现代名城的形象。到 20 世纪末，一些美国城市社会治安改善，犯罪率明显下降，这就为某些大城市旅游业的发展甚至城市人口适度回流提供了极为重要的先决条件。1992 年经历了灾难性的城市骚乱之后，洛杉矶不仅设法遏制了犯罪，而且完成了经济和人口的复兴。不幸的是，对城市未来的新威胁在发展中国家又浮出水面。20 世纪末，在里约热内卢和圣保罗等巨型城市，城市犯罪演变成了'城市游击战'。毒品走私、黑帮势力和普遍的无政府状态也同样困扰着墨西哥城、蒂华纳、圣萨尔瓦多和其他城市。"②

三、因繁忙的城市商业而发展的"经济之城"

　　按照科特金（2014）的定义，繁忙（busy）主要是指经济基础坚实、商业市场完善、城市的社会基础中产阶级发育比较成熟。③商业繁荣依赖由"重商主义"慢慢演化而来的"商品经济"或"市场经济"体制，④ 也就是一切只为孜孜不倦追求财富增加的市场化体制。根据科特金的分析，13～14 世纪，意大利威尼斯因重商主义而一度成为西方世界的贸易与金融中心，而且还是西

---

① ［美］乔尔·科特金：《全球城市史》，社会科学文献出版社 2014 年版，第 66 页。
②③ ［美］乔尔·科特金：《全球城市史》，社会科学文献出版社 2014 年版，译者序第 5 页。
④ 在西方国家，这一体制最后演化为了资本主义体制。

方的主要生产车间，商业与工业得到巧妙的结合。① 但据刘易斯·芒福德分析，"直到 17 世纪时，资本主义才改变了整个力量的平衡。从那以后，城市扩展的动力主要来自商人、财政金融家和为他们的需要服务的地主们"。② 而到 19 世纪，城市扩张的力量，才逐渐由商业资本家过渡到工业资本家手中，大机器工业革命对城市推动力量的又一跃升已是后话。何一民（2014）认为，"18 世纪到 20 世纪由欧洲开始的工业革命席卷全球，由此推动的城市革命普遍使城市由旧质向新质转变，以农业生产为基础的城市向以大工业为基础的城市转型，城市规模扩大，数量增加，城市的功能和地位发生了重要变化"。③

（一）重商主义把古典城市的发展聚焦到了"贸易兴城兴市"的地位

从中国到埃及、美索不达米亚最终到美洲，早期帝国城市控制着广大的疆域，为贸易快速增长创造了条件。但尽管如此，手工业者与商人的作用从整体上讲仍旧受到严格的限制。④ 但是，从腓尼基这样一个商业城市的起源来看，商人阶层对财富的追求并进而导致的重商主义越来越成为一种不可阻挡的历史潮流。腓尼基商人依托海岸，利用黑色帆船探索从遥远的非洲海岸到塞浦路斯、西班牙甚至不列颠群岛的每一个地方。他们凭借与强大的领邦进行货物贸易（有时是服务业），来丰富他们的城市生活并获取城市发展所需的丰厚利润。⑤ 同时，其城市运作绝大部分控制在商业行会手中，它们最关心的是扩展贸易。⑥ 与商业及贸易的发展向相适应的是，从复式簿记、商业汇票、股份公司到三桅帆船、码头、灯塔与运河事业的快速扩张。继腓尼基后，沿海和滨河的一些港口城市，如布里斯托尔（Bristol）、哈佛（Harve）、美因河畔法兰克福（Frankfurt am Main）、奥格斯堡（Augsburg）、伦敦、安特卫普、阿姆斯特丹纷纷因商业和贸易的便利而崛起，这是 13 ~ 18 世纪重商主义在城市发展史中所显现的必然过程。

---

① ［美］乔尔·科特金：《全球城市史》，社会科学文献出版社 2014 年版，译者序第 5 页。

② ［美］刘易斯·芒福德：《城市发展史：起源、演变和前景》，中国建筑工业出版社 2004 年版，第 427 页。

③ 何一民：《第一次"城市革命"与社会大分工》，载于《甘肃社会科学》2014 年第 5 期。

④ ［美］乔尔·科特金：《全球城市史》，社会科学文献出版社 2014 年版，第 21 页。

⑤⑥ ［美］乔尔·科特金：《全球城市史》，社会科学文献出版社 2014 年版，第 23 页。

　　（二）商业发展推动"古典城市"不断向外扩展蔓延：重商主义城市

1. 都市商业发展对农村的城镇化改良

　　古典城市工商业的增加与富裕，对与其相邻或蔓延所至的农村的改良与开发亦有贡献。按照亚当·斯密（1776）的分析，其途径有三。

　　第一，为农村的原生产物提供一个巨大而便利的市场，从而鼓励农村的开发与进一步的改进。古典城市商业的发展壮大，不仅拆除了困厄其已久的城墙，还不断地开辟自由天地，其中一个重要环节就是到郊区、农村实行城镇化开发，但这一过程的起步，是从城市商业市场用强大的磁力吸引农村各项要素向城市聚集开始的。结果，凡与都市通商的农村都受其实惠，其原生产物的运输所费较省，城市商业市场又足够吸纳这些产品与要素，所以，不断鼓励农村的产业发展与改进，农村渐渐地与城市产生紧密的商业关系，一体化趋势增强。

　　第二，都市居民、企业所获得的商业财富，常用以购买待售的土地，其中很大部分是从城郊向农村蔓延开去的未开垦或农业用地。亚当·斯密（1776）曾十分形象地比喻道："商人往往是勇敢的事业家，乡绅往往是胆怯的事业家。就商人说，如果他觉得投下大资本来改良土地，有希望按照费用的比例增大它的价值，他就毫不迟疑地马上去做。但乡绅很少有资本，即使有些资本，也很少敢如此来使用。"[①]"此外，商人由经商而养成的爱秩序、节省、谨慎等各种习惯，也使他更适合于进行土地上的任何改良，不愁不成功，不愁不获利"。[②]而刘易斯·芒福德（2004）指出："在商业城镇郊区，这一进程也在加速进行。通过把边沿地区的农庄土地分划成许多建筑地块，城市也就开始瓜分成一片一片。从19世纪开始，对城市来说，自由放任意味着'让那些投机提高土地价格和租金的人放手去干'。随着军事防御城墙的拆除，城市就失去社会控制，向外无限制地发展下去"。[③]

　　第三，农村居民一向处在与其邻人的利益争夺和对其管理者的依附之中。工商业的发达，逐渐使农村居民过上符合商业与城市秩序的生活，并更加关注政府行为是否妨碍其商业上的安全与自由。亚当·斯密（1776）曾

---

　　①② ［英］亚当·斯密：《国民财富的性质和原因研究》，商务印书馆2010年版，第372页。

　　③ ［美］刘易斯·芒福德：《城市发展史：起源、演变和前景》，中国建筑工业出版社2004年版，第435页。

指出，"就欧洲地区的农村、农业改良而言，城市工商业是农村改良与开发的原因，而不是结果"。① 他举例说，欧洲大部分居民，在近五百年（指亚当·斯密写《国富论》之前的500年，笔者注）中，未增加1倍。而美国在英属殖民地有些地方，却是二十年或二十五年就增加了1倍。其原因在于，欧洲的长男继承法和各种永久所有权，使大地产不能分割，因而小地主不能增加。而在北美洲，拥有五六十磅的资本，便足够用来开办一个农场，那些未开垦土地的购买与开发，既是最大资本最有利的用途，亦是最小资本最有利的用途。

由此看来，商业资本既为古典城市发展注入活力，又不满足于城市框架的限制，它力图把触角伸向那些未经商业化开垦的农村土地，从而把城镇化自古典时代的传统大大地向前推进了。至此，城乡二元化、城乡矛盾，城乡一体化的古典城镇化命题开始进入城市研究史和决策者的视野。

2. 都市商业发展推动古典城镇化走向公共交通导向

对于商人阶层来说，理想的城市应该设计得可以迅速地分成可以买和卖的标准货币单位。"这类可以买卖的基本单位不再是邻里或区，而是一块一块的建筑地块，它的价值可以按沿街英尺数来定，这种办法，对长方形沿街宽度狭而进深的地块，最有利可图"。② 但问题是，一旦古典城市按商人阶层的价值要求来开发城市，必然造成商业用地之间的通达用地（街道）日渐紧张，而且随着城市土地开发密度的提高，以及商业对外拓展（向农村或其他城市）的需要，车辆及交通设施的使用或更加频繁，快速的公共交通及基础设施越来越成为这类古典城镇发展到商业主宰阶段所不可或缺的通勤手段。以至于"每条街都有可能成为车辆交通街道，每个区都有可能成为商业区"。③ 但这种以公共交通导向为基础的古典城镇不可避免地遇到了公共交通承载力永远跟不上城市开发密度增加带来的人口增加以及城市扩容广度增加带来的通达距离及容量的新增需求。换句话说，在地铁、轻轨尚未发明和普及的年代，商业主导的古典城镇化发展，既需要公共交通有一个大的改善以助推其"再造古典城镇"，但同时其发展也大大地受限制于公共交通本身扩展的难度与成本。刘易斯·芒福德曾经非常恰当地形容道："这种规划常常不明确区分主要交通干道与居住区内街道，交通干道不够宽，而居住区内街道按其功能要求，又显得太

---

① ［英］亚当·斯密：《国民财富的性质和原因研究》，商务印书馆2010年版，第379页。
②③ ［美］刘易斯·芒福德：《城市发展史：起源、演变和前景》，中国建筑工业出版社2004年版，第438页。

宽，这就要浪费许多钱来铺设路面，并设置很长的市政管线和总管道。"① 这并不是当时的规划者不知道"经济"地利用、开发城市及其公共交通系统，实在是由于古典时代城镇模式的商业化扩张速度超过了当时决策者的预期所致。而即便是快速的公共交通系统建成了，其目的也不是真正减少人们上班的路程时间；相反，由于其扩大了城市可通达的范围，反倒增加了人们上班的距离与路程费，而交通时间却一点都不省。②

3. 古典重商主义城市带来的两极分化与拥挤

古典重商主义城市首先影响到的是穷苦人们的居住区。由于对利润与土地价值回报的追逐，商业资本不允许城市贫苦人民拥有相对宽敞舒适的住宅区和活动场所，廉价公寓及出租房成为重商主义城市下贫苦阶层居民的"收容站"。古典城市所发生的拥挤与两极分化就此出现。这种"拥挤"情况从16世纪商业和无产者开始涌向欧洲大陆的首都城市时，就变得长期化了。③ 刘易斯·芒福德（2013）曾举例指出："中世纪时，每年收入1000法郎的工人，能够毫无困难地租一处小房子，每年付100~200法郎的租金，到15世纪时，这些工人的日子尤为好过，因为城里空房大量增加，房租大大下降，而他们的工资增加到每年1200法郎。但是，从1550年起到18世纪中，被雇工人每年工资不超过675法郎，而当时巴黎最坏的住房每年得花350法郎，我们从中不难看出，为何工人们不得不放弃单独借住一处房子，而宁可与人家挤在一起合住一处房子了。"④ 他同时指出："无依无靠的穷苦移民竞相争取一个立锥之地，其产生的影响，对17世纪的巴黎或爱丁堡、18世纪的曼彻斯特和19世纪的利物浦与纽约，都是一样的。"⑤

这些现象，是重商主义环境所导致的资本主导城市发展逻辑的必然结果。马克思在《资本论》第一卷中分析道："一个工业城市或商业城市的资本积累越快，可供剥削的人口的流入也越快，为工人安排的临时住所也越坏。"因此，他曾生动地描述道："在伦敦，随着城市的不断'改良'，旧街道和房屋的拆除，随着这个城市中工厂的不断增多和人口的不断流入，随着房租同城市地租

---

① ［美］刘易斯·芒福德：《城市发展史：起源、演变和前景》，中国建筑工业出版社2004年版，第439页。

② ［美］刘易斯·芒福德：《城市发展史：起源、演变和前景》，中国建筑工业出版社2004年版，第446页。

③⑤ ［美］刘易斯·芒福德：《城市发展史：起源、演变和前景》，中国建筑工业出版社2004年版，第447页。

④ ［美］刘易斯·芒福德：《城市发展史：起源、演变和前景》，中国建筑工业出版社2004年版，第448页。

一道不断上涨，就连工人阶级中处境较好的那部分人以及小店主和其他下层中产阶级分子，也越来越陷入这种可诅咒的恶劣的居住环境中了。"①"这种变化的结果，不仅是城市人口大量增加，而且原先人口稠密的小城市现在也变成了中心，四周建筑起许多房屋，挤得简直没有地方让空气自由流通。这里已不再合富人的心意了，于是他们搬到爽心悦目的郊外去。继这些富人之后而来的住户，住进这些较大的房子里，每家一间，往往还要再收房客。这样一来，居民就都被塞到不是专为他们盖的、完全不适合他们住的房子里，周围的环境的确会使成年人堕落，使儿童毁灭"。②

这和刘易斯·芒福德（2013）所描述的现象完全一致："据估计，在一些比较大的城市里，多达城市总人口1/4的人是乞丐和靠救济生活的。正是这种剩余劳动力被经典的资本主义认为是健康的劳动力市场，在这种市场上，资本家可以按其自己的条件雇用工人，并且不用事先通知就可以随意解雇工人，不必考虑工人今后怎样生活或是在这样不人道的情况下城市将会怎样。"③ 古典重商主义城市时期的这种城市化结果，很大程度上是马克思所描述的资本主义工业化商业化聚集时期城市的前身，正是由于有了对财富、土地、利润的无限度追求，才使得重商主义城市达到了古典城镇化发展时期的顶峰。

（三）古典重商主义城市之得失借鉴

重商主义将古典城市带到了一个前所未有的高度，使城市不再囿于一个固定的、有界的范畴。城市蔓延、农村的城镇化开拓、贸易与交通格局的快速展开以及伴随而来的城市、城乡二元分化都隐隐蕴含着一个可能的新的时代的到来。在阐述那个新的时代之前，我们不妨简单总结一下重商主义城市的得失借鉴。

第一，古典重商主义城市打破了之前"一城一市"的格局，城市蔓延问题在贸易扩展、人口流动的背景下愈加严重，但这种问题在"重商主义"框架下很难得到彻底解决。至于后来的"城市群模式""城乡一体化模式""立体公共交通导向的城市模式"则是在工业化时代到来之后才渐渐解决的。

---

① 《资本论》（第一卷），人民出版社1975年版，第723页。
② 《资本论》（第一卷），人民出版社1975年版，第725页。
③ ［美］刘易斯·芒福德：《城市发展史：起源、演变和前景》，中国建筑工业出版社2004年版，第448页。

第二，古典重商主义城市，使农村城镇化问题"被迫地"卷入城市发展的历史洪流。一方面，重商主义者不断地向农村进军，农业、农民、农村全部"商品化"了；另一方面，这种"商品化"的开拓，是否真的促使农村健康、有序、科学地"城镇化"？在笔者看来，至少相当一部分农村地区难以企及上述三大标准。相反，更多的农村地区的商品化、城镇化过程，可能与杂乱无章、极不科学相联系。这也为新的时代是否能有效处理城乡关系、解决农村城镇化模式敲响了警钟。这一问题在后面的工业城市时代变得更加严重，所以，对这段历史的回顾，也许还可以促使我们找到解决这一问题的新契机。历史虽然不能假设，但至少可以提供一个避免犯相同错误的机会，也许，这正是我们分析这一部分的重要原因了。

第三，商业城市的大发展使得劳动力供给日趋出现"过剩"状态。这和本书所构造的城市化发展背景越来越接近了。适龄劳动人口大量涌入城市化地区所带来的无限劳动力供给和商业资本要求控制成本并最大化利润的目标相冲突，使得贫困、拥挤、不平等、二元分化等问题渐渐具有了"当代城市化"的特征。这种历史的延续性，为今天仍在强调招商引资的那些城镇提出了一个自 13 世纪起就没有解决好的问题，如何有效地安置这些劳动力？对这一问题的回答，本书将放置于后面的章节予以更加详尽的分析。

第二节　新古典城镇化的得失借鉴

18 世纪兴起的工业革命，所催生的不仅仅是生产模式，而是在这种生产模式下的城镇化变革。马克思对这一问题的观察可谓细致入微。他举例指出："对于煤产量不断增加的煤铁矿区的中心太恩河畔新堡，是一座仅次于伦敦而居第二位的住宅地狱。"[1] 由于资本和劳动的大量流动，像太恩河畔新堡这样的工业城市的居住状况"今天还勉强过得去，明天就可能变得恶劣不堪。或者，有时市政官员终于能振作起来去消除最恶劣的弊端，然而明天，衣衫褴褛的爱尔兰人或者破落的英格兰农业工人就会像蝗虫一样成群地涌来"。[2] 本书认为，工业城市（镇）之所以被冠以"新古典城市"的名称，根本上说，还是在于其把城市也当作一个生产函数，城市的一切资源、资本、劳动力几乎都

---

[1][2] 《资本论》（第一卷），人民出版社 1975 年版，第 726 页。

为这个"生产"服务,从而使它在城市发展史上有着重要的研究价值。一方面,它确实是那个时代"先进生产力"的代表,工业城市就是 18～19 世纪的一种潮流;另一方面,它又有着像马克思等经典作家所描述的那些弊端,需要更新理念、治理城市工业模式的"病灶"。因此,这部分将从正反两个方面探讨新古典城市在工业化发展阶段的得失借鉴。

一、从"兰开夏发源"到"工业纽约崛起":工业城市的新古典革命

(一) 兰开夏的崛起

英国工业革命所带动的"新古典城市革命"的"震中"位于兰开夏郡。① 长期以来是英国最贫困地区的兰开夏郡,到 19 世纪早期一跃成为世界最具活力的经济区域。不同于其首都伦敦以煤炭和羊毛等商品执英国经济之牛耳,兰开夏郡等工业城市革命发生在远离首都(大都市)的其他城市。② 它们与首都伦敦最大的不同在于,其城市中心依靠大规模的产品加工推动资源、人口聚集。这种变化的结果,马克思用一个数据说明了最真实的变化:"19 世纪初,在英国除伦敦外再没有一个 10 万人口的城市。只有 5 个城市超过 5 万人。而现在,超过 5 万人的城市已经有 28 个。"③ 马克思所说的"而现在",指的就是以兰开夏郡为代表的一批工业城市的崛起状况,英国小说家狄更斯在其小说《艰难时世》(Hard Times)中对这种城市的称谓为"焦炭城"。而刘易斯·芒福德 (2013) 指出:西方世界的每一个城市,或多或少,(迄今)都有着"焦炭城"特点的烙印。④ 其中,兰开夏郡主要城市曼彻斯特的人口飞速增长,在 19 世纪的第一个 30 年,人口由原来的 9.4 万人上升到 27 万人。到 19 世纪末,曼彻斯特人口增长了两倍多。⑤ 又据刘易斯·芒福德的研究,曼彻斯特在 1685 年时约有人口 6000 人;在 1760 年时,发展到 30000～45000 人。伯明翰在 1685 年时约有人口 4000 人,而到 1760 年时,几乎增加到了 300000 人。1801

---

①② [美] 乔尔·科特金:《全球城市史》,社会科学文献出版社 2014 年版,第 144 页。

③ 《资本论》(第一卷),人民出版社 1975 年版,第 725 页。

④ [美] 刘易斯·芒福德:《城市发展史:起源、演变和前景》,中国建筑工业出版社 2004 年版,第 462 页。

⑤ [美] 乔尔·科特金:《全球城市史》,社会科学文献出版社 2014 年版,第 145 页。

年时，曼彻斯特人口是 72275 人，而 1851 年时达到 303382 人。①

据分析，当时的一些大工厂，它的各个部门离开动力中心在 1/4 英里以内时，蒸汽机在这类大工厂里发挥的效率最高。每座纺纱机或织布机必须由中央蒸汽机的轴和皮带传动，在一定面积的范围内，集中纺织机愈多，那么，动力使用的效率就愈高。这样，工厂就趋向大型化。② 而一些较小的城市经历了更加快速的发展。1810 年，精纺加工业中心布莱德福是一个仅有 1.6 万人的无名小镇。19 世纪前半期，该城市工厂的产量增长了 600%，人口爆炸式增长，达到了 10.3 万人，这是同期欧洲城市中最快的增长速度。③ 而据阿诺德·汤恩比分析，这些工业城市的飞速发展加速了英国史无前例的城市化进程。1750～1800 年，英格兰人口仅为欧洲总人口的 8%，但在欧洲城市发展中的比重却达到 70% 左右。到 19 世纪中期，英国成为多数人口居住在大城市的第一个国家。到 1881 年，英国城市居民占总人口的 1/3。④

以上数据分析表明，英国的重商主义积累、自由竞争经济加上工业革命的洗礼，在 18～19 世纪把城镇化顺利地引入了工业推动的轨道，创造出了一批内生发展动力极强的工业城镇，城镇化生产力在工业车轮的运载下达到了以前时代无法企及的城镇化水平与速度。从这一点来讲，以"兰开夏崛起"为代表的英国工业城镇模式是成功并领先于当时的世界城镇化潮流的。

现在需要剖析的是它背后成功的社会生产关系基础是什么？马克思是用相对人口过剩理论和剩余价值学说来阐明这一工业推动城镇化的新进程的。"人口不断地流往城市，农村人口由于租地集中、耕地变成牧场、采用机器等原因而不断地'变得过剩'，农村人口因小屋拆除而不断地被驱逐，这种种现象是同时发生的。一个地区的人口越稀少，那里的'相对过剩人口'就越多，就业的压力就越大，农村人口多于住房的绝对过剩也就越大，从而农村中地方性的人口过剩以及最容易传染疾病的人口拥挤现象也就越严重"。⑤ "……而居住条件恶劣又打破了他们最后的反抗能力，使他们完全变成地主和租地农场主的奴隶，以致获得最低的工资对他们来说已成了天经地义"。⑥ 马克思所说的这

---

① ［美］刘易斯·芒福德：《城市发展史：起源、演变和前景》，中国建筑工业出版社 2004 年版，第 469 页。

② ［美］刘易斯·芒福德：《城市发展史：起源、演变和前景》，中国建筑工业出版社 2004 年版，第 470 页。

③ ［美］乔尔·科特金：《全球城市史》，社会科学文献出版社 2014 年版，第 145 页。

④ ［美］乔尔·科特金：《全球城市史》，社会科学文献出版社 2014 年版，第 146 页。

⑤ 《资本论》（第一卷），人民出版社 1975 年版，第 758 页。

⑥ 《资本论》（第一卷），人民出版社 1975 年版，第 759 页。

两个现象，背后所揭示的是资本主义工业化进程所助推的城镇化发展模式的内在脊梁。一方面，农业过剩人口不断地被吸引到城市工厂被雇佣，劳动力呈现无限供给态势；另一方面，这些劳动力必须忍受最低工资率，以贡献剩余价值给工业资本家及其主导的工业城镇化模式。刘易斯·芒福德（2013）将这种生产关系基础总结为三个方面：（1）废除同业公会，为工人阶级创造一种永远没有安全感的状态；（2）为出卖劳动力与出售商品建立一种竞争性的公开市场；（3）保持在外国的属地，攫取新工业所必需的原材料，同时作为吸收机械化过剩产品的现成市场。① 而其经济基础是开发煤矿、大量生产铁和利用机器力量的可靠资源（即使效率非常低）：蒸汽机。② 在笔者看来，18～19世纪之交的这场"兰开夏崛起"，直接导致无产劳动者成为当时人口城镇化率提升的主要客体；其技术依托是依赖矿石燃料的自动化机器革命；其生产关系则是资本主导下的雇佣劳动制度；其财富（资本）和剩余劳动力积累，来自重商主义城市发展中后期商业资本对海外贸易和农村的深度开拓，也就是马克思所说的资本原始积累，只不过我们从城市化的角度来看，这种积累确实催生了一种生产力高度发达且只要有源源不断的燃料、原料供应，城市便可自我循环的内生化城市（镇）模式，这是以往的古典城镇化时代所不具有的特征。需要注意的是，这里的城镇化发展拥有了一个与本书主题相关的约束条件，即劳动力无限供给。没有它，资本主义开启的工业城镇模式就是"镜花水月"，有了它，则"一帆风顺"。

（二）工业纽约的崛起

19世纪上半叶，新的工业热点产生在落后的北美的辽阔土地上。工厂城镇在这里生根发芽，而且以超过英国本土工厂的规模蓬勃发展。③ 工业纽约的崛起确实是一系列历史背景重合在一起导致的。（1）美国建国之初，它的工业仍旧处于工厂手工业阶段，经济上属于欧洲的殖民地。从19世纪20年代起，美国北方开始了工业革命，棉纺织业、皮革、羊毛纺织、制铁、制陶、玻璃制作等工业部门迅速崛起，以机器生产为基础的工厂制度代替了手工业制度。更关键的是美国工业部门起步的负担较欧洲国家小，因此，虽然其19世纪40年代末才开始以机器制造机器，但到19世纪60年代，美国的工业生产

①② ［美］刘易斯·芒福德：《城市发展史：起源、演变和前景》，中国建筑工业出版社2004年版，第462页。

③ ［美］乔尔·科特金：《全球城市史》，社会科学文献出版社2014年版，第152页。

已经跃居世界第四位。[①]（2）独立战争扫除了阻碍工业与贸易发展的封建残余。（3）统一的国家促进了国内市场的形成。（4）政府的关税政策有效鼓励了本国新兴工业。（5）西进运动和农业发展为工业积累了资本，提供了广阔的市场和原料基地。（6）移民的涌入补充了工业劳动力的缺乏，据刘宗绪（1986）分析，从1815年到1860年有500万移民涌入美国。[②]（7）由于劳动力相比国内市场的容量依旧缺乏，工厂主们十分重视引进发明、改进技术，以发展大批量的流水生产线。（8）交通运输和电讯的发展促进了国内市场的联系。（9）欧洲的投资和北美消费的增长也是促成美国工业发展的重要原因。这些因素共同作用，使美国在1850年前后，就有一部分工厂超过了英国工厂的机械化程度。

据乔尔·科特金（2014）统计，工业主义给美国带来了许多变化，最终把这个以乡村为主的土地转变成了大城市云集的地方。1850年，美国仅有6座人口超过1万人的"大"城市，不到总人口的5%。这一情况在以后的50年里发生了天翻地覆的变化。到1900年，人口过1万人的城市达38个，大约5个人当中就有1个人生活在城市。[③] 以至于阿瑟·施伦辛格（Arthur M. Schlesinger Jr.，1945）生动地写道："亚当·斯密的声音在世界的耳朵里响彻了60年，但只有美国听从了这个声音，并推崇和遵循它。"[④] 而具体到美国工业时代的代表性城市纽约，其特征表现在以下八个方面。

（1）城乡移民和外国移民迅速涌入以纽约为代表的美国北部工业重镇。据保罗·诺克斯（2009）统计，从20世纪20年代开始，大量黑人从南部农村移居至北部工业城市。由于第一次世界大战后劳动力短缺，1916～1918年的"大迁徙"使黑人大量流入北部工业城市。而随后的移民则是因为以下几个原因：南部地区的农业机械化、南部地区对黑人的歧视和有组织的暴力行为以及由于1921年和1924年的《移民法》颁布之后移民水平下降引起的北部工业城市劳动力短缺。[⑤] 而从国外移民来看，19世纪30～40年代发生的爱尔兰大饥荒、英国的"放任主义"政策以及因农场土地大面积经营带来的农业合理化，都推动了移民运动。这种国内外的移民潮既源源不断地解决了纽约等工业城市崛起所需的劳动力缺口，同时，也不断地形成美国工业城市的"贫民窟"与"产业后备军"积累。由此看来，美国的工业城镇化也会经历劳动力过剩供给

---

① ② 刘宗绪：《世界近代史》，高等教育出版社1986年版，第315页。

③ ［美］乔尔·科特金：《全球城市史》，社会科学文献出版社2014年版，第152页。

④ ［美］阿瑟·施伦辛格：《杰克逊时代》，纽约，寻书俱乐部，1945年版，第315页。

⑤ ［美］保罗·诺克斯等：《城市化》，科学出版社2009年版，第83页。

引发的城市发展困境到劳动力结构性短缺的城市发展的拐点。

（2）能源地、矿业镇、交通枢纽随着工业城镇的崛起而带动一批城市化地区的兴起。例如，在燃煤蒸汽机技术和之后的电力大量使用前，水能尤其重要，这一因素导致沿着新英格兰的瀑布线和阿巴拉契亚山脉的东部边缘形成了一系列的工业城镇，如宾夕法尼亚的阿伦敦和哈里斯堡；① 而矿业城镇阿巴拉契亚山脉的煤田城镇如弗吉尼亚的诺顿则为工业经济提供煤矿。② 又如，弗吉尼亚的罗阿诺克作为铁路枢纽镇的崛起，则是因为其出现在"新"的经济空间中因航道和铁路系统而形成的战略性位置上。③

（3）城市增长主要发生在工业集聚的大城市（镇）。这被诺克斯（2009）解释为"先发优势"："工艺工业和集散、交通活动使得企业成为自身的拥有者，并使用其资本和积累的利润来投资工厂和机器；企业家的传统与技能、投资和贷款促进了工业发展；最大的劳动力市场；最大和最丰富的市场，使得制造业生产拥有极具吸引力的出路。"④ 这种外部经济与集聚经济，使工业城镇的分工越来越专业化，除工业企业以外的行会、特殊技能与经验的劳动力市场，各类供应商、转包商、分销机构、法律顾问、储存公司等纷纷涌入工业集聚的大城镇，城市的增长呈现出人口与产业双重聚集的特征。以美国为例，到1875 年，"工业城市体系已经发展到这样一个程度，即超过 15 座城市，每一座城市连同它们的临近乡村都有 10 万人以上的人口。拥有 130 万人口的纽约位于城市等级的顶端，紧跟其后的是五座拥有 35 万～50 万人口的城市：巴尔的摩、芝加哥、费城、匹兹堡和圣路易斯。拥有 10 万～15 万人口的城市包括雅典（佐治亚州）、波士顿、布法罗、辛辛那提、克利夫兰、底特律、曼彻斯特（新罕布什尔州）、新奥尔良、普罗维登斯、罗切斯特和锡拉丘兹"。⑤ 而从产业集聚来讲，匹兹堡对于"钢铁制造业的吸引、阿克伦城对于橡胶制品工业的吸引，代顿对于金属制品工业和机械工业的吸引等"⑥ 尤为显著。

（4）工业城市呈现出城市创新的规模效应。由于工业城市增长对企业、人力资源的高聚集作用，城市规模的增长对创新扩散的助推作用越来越明显。"城市越大，其拥有的规模经济也越大，也易于产生更多的创新，从而吸引移民前来并确保居民不移居至其他城市。因此，大城市的绝对规模，保证了强大和稳定的创新，而这又能促进人口的稳定增长。较小的城市则必须更多地依靠其他城市一般是较大中心的创新扩散作用。"⑦

---

①②③　［美］保罗·诺克斯等：《城市化》，科学出版社 2009 年版，第 69 页。
④⑤⑥　［美］保罗·诺克斯等：《城市化》，科学出版社 2009 年版，第 72 页。
⑦　　［美］保罗·诺克斯等：《城市化》，科学出版社 2009 年版，第 74 页。

（5）工业产业链的上下游联系及成本促进城市群的形成。工业发展的一个显著特征是制造业带的形成需要产业链的联系效应予以支持。这是因为，城市再大也不可能涵盖工业链条的所有上下游产业，这时，城市群即以中心城市发展为制造业中心区，而较小城市为高度专业化和极度盈利的制造业行业提供支持，通过银行系统、电讯系统和邮政系统的整合，使城市群的商品流动、要素流动更加合理。例如，从美国东海岸的波士顿、纽约、费城、巴尔的摩到五大湖的匹兹堡、底特律、克利夫兰、芝加哥、密尔沃基等城市制造业带。[①]

（6）核心—边缘的工业城镇模式逐渐形成。"非均衡发展"是工业资本主义城市体系的一个最重要和特殊的特点。[②] 这种模式可概括为"核心—边缘"模式，即城市制造业中心高度工业化、城市化；而"边缘"即农村或其他非能源、矿产、交通枢纽、非制造业的地区成为发展相对滞后的区域；核心城市通过扩散效应或涓滴效应带动边缘城市（镇）以及农村的发展。例如，边缘城市农业机械生产的增长来自核心城市需要供给数量更多、要求也更多样的人口。[③]

（7）工业城市人口增长带来失业率的陡增。工业纽约的崛起带动了一批以工业制造业作为经济增长发动机的城市，城市的经济增长逐渐聚集了大量从农村和其他边缘地区乃至国外涌入的移民，但城市自动化技术的日趋成熟必然导致进城务工人口无法找到工作而失业。西方的城市化理论倾向于把这种现象归因于资本主义经济周期造成的危机。但事实上，工业城市发展所引起的失业从根本上说是个持久的"技术"现象，经济周期的繁荣或衰退至多只能减缓或增加失业，但不能"治愈"失业。工业城市存在的基本前提之一就需要源源不断的劳动力供给，即马克思所说的产业后备军。

（8）工业城市在聚集资源、人口以带动增长的同时，也聚集着污染。除工业纽约所带动的美国东部沿海平原城市群外，19世纪著名的工业区还包括法国的里尔区、德国的梅泽堡区和鲁尔区、英格兰中部以伯明翰为中心的工业地区和阿勒格尼—大湖地区。[④] 这些新兴的工业化增长中心带来了城市的集群化发展与增长，同时也对环境产生影响。"一个工厂的烟筒，一个鼓风炉，一座印染厂所排放的臭气和污染物，很容易被周围的环境所吸收而消失。但是，一块狭窄的地块内挤上20座工厂，就能把空气和水污染得难以治理。所以，

---

① ［美］保罗·诺克斯等：《城市化》，科学出版社2009年版，第79页。

②③ ［美］保罗·诺克斯等：《城市化》，科学出版社2009年版，第81页。

④ ［美］刘易斯·芒福德：《城市发展史：起源、演变和前景》，中国建筑工业出版社2004年版，第471页。

有污染的工业，一旦在城市里集中后，情况必然会比它们小规模地分散在农村时严重得多"。① 另外，工业城市把聚集效应发挥到极致，工业、商业和生活居住者乱七八糟混杂在一起，噪声、雾霾、垃圾的污染接踵而至，工业城市产业人口（特别是婴孩）的疾病比率和死亡率非常之高。工业城市增长的繁荣很难掩盖这些实际的恶劣情况，更不要说这种生产上的收益能够在多大程度上抵销残酷的劳动生活和恶劣的生活环境所带来的牺牲。

二、新古典城市之得失借鉴

从"兰开夏崛起"到"工业纽约崛起"的过程基本描述了新古典城市兴起的历史过程。这个过程总体上围绕着城市如何聚集产业、人口、资源这个线索而展开，所用的方法是以工业制造业的内生推动方式来带动这一时期的城市化发展。总体来看，这一过程给我们的得失借鉴如下所述。

第一，工业城市的"新古典"特征是效率导向的，工业集聚带动工业与城市增长是这一效率的集中体现。新古典工业城市正如新古典经济学最经典的生产函数假设一样，其城市虽然是由工业企业的产业集聚形成的，但是从整体上看工业城市本身就是一个巨大的企业和生产函数，这是它存在、选址、增长、演变的根本推动力。这也为那些尚未经历工业化洗礼的国家或城市提供了某种模仿的机制，采用工业企业聚集的方式来推动城镇化，"效率显著"。

第二，工业城市的新古典特征要求劳动力对城市增长和工业发展提供无限供给。（1）工业企业的集群式聚集在形成工业城市时，也不断吸引劳动力进入城市的工业企业就业，这种劳动力要求在城市工业企业获得高于农村的收入（工资）水平，以便抵销城市较高的生活费用，因此，工业城市必须提供相对于农村更有竞争力的工资水平以吸引劳动力。（2）涌入城市的农村劳动力不断增加之后，必然导致城市工业部门（企业）就业竞争加剧，就业岗位的稀缺使工资率逐渐下降到一个制度性的低工资水平。（3）低工资率尽管可以覆盖相当比例的进城劳动人口，但城市工业部门就业增加的速度始终赶不上劳动力进城的速度，所以，工业城市发展的重要成本就是造成日渐高企的城市失业率，这个成本的消化，迄今都未得到妥善解决。这也是从工业革命所引致的工业城市发展至今一直存在的"常态型"问题。

---

① ［美］刘易斯·芒福德：《城市发展史：起源、演变和前景》，中国建筑工业出版社 2004 年版，第 473 页。

第三，工业城市新古典聚集也会造成污染、拥挤及各类城市病的聚集。兰开夏与纽约在崛起的早期，均经历过聚集型工业城市挥之不去的污染（噪声、粉尘、雾霾、水质恶化、空气污浊）、拥挤（道路拥堵、河床堵塞、就业场所人满为患）、疾病流行和犯罪迭生。在环境方面，刘易斯·芒福德一度把这种工业城市形容为"焦炭城"，这种城市对能源、资源的聚集能力超过了以往时代的城市。城市的核心区全部是工厂与烟囱矗立，一切均被淹没在工厂排放的烟尘与污染物之中。从治理的角度看，发达国家花了几十乃至上百年的时间才将工业城市的污染源迁出，这种治理成本是十分高昂的；而拥挤、犯罪等工业城市发展的社会性成本却一直延续至今，这些成本如何治理，西方国家至今也在不断探索之中。

第四，工业城市不可避免地带来社会财富分配两极化趋势加重。分配的不均等并不是工业城市的独有特征，与商业、贸易等早期的城市相比，工业城市加剧了这一分配不均的社会化进程。从拉佐尼克（Lazonick，1990）[1] 的观点来看，工业型城市的微观载体就是工业企业的一个个车间，车间里的劳动生产关系存在等级制、雇佣制；由于产业后备军大量涌入城市，低工资的劳动者逐渐沦为工业城市的中下层阶级，他们只能从城市发展和增长中分享到少数剩余，城市发展与增长的多数剩余被工厂资本家和企业中高层管理人员拿走，社会财富的贫富分配差距又被工业资本主义体制进一步拉大了。

第三节　中国城镇化的传统特征与新常态：刘易斯转折期

一、中国城镇化的传统特征[2]

（一）概述

中国的城镇化与西方的城镇化，无论就形式、内容还是过程来讲都是不太一样的。中国的传统城镇，主要是供农业剩余产品交换的"市集"或者是

---

① ［美］拉佐尼克：《车间的竞争优势》，中国人民大学出版社 2007 年中文版。

② 本节经修改后部分发表于《经济科学》2015 年第 2 期，题为：《中国特色新型城镇化：以刘易斯转折期为背景的理论、模式与政策研究》。

"生产非农的产品"以便和农村的剩余产品形成交换。在费孝通（1947）看来，[①] 中国的农村与城市本是相关的一体：农村剩余下来的农产品必须销往城里供城市人口消费，以实现其经济价值；城市成为农产品的大市场；城市工商业发展的各类产品的原料也来自农村的供应；而城市工商业的最终产品必须以交换的方式销往农村，去换取粮食和各种原料。这和西方较流行的《城市经济学》的基本假设靠得非常近。阿瑟·奥莎利文（2008）[②] 指出城市发展必须满足以下三个条件。第一，农业生产过剩。城市外的居民（特指农村居民）必须生产足够多的食品以养活他们自己和城市居民。第二，城市生产。城市居民必须制造商品和服务以便交换农业工人种植的食品。第三，交通有利于交换。必须要有一个有效率的交通体系以便促进食品和城市商品的交换。

但是，中国传统的城市与西方城市经济学所描述之城市最大的不同在于，传统经济中，中国的基本工业是分散的，在数量上讲，大部分是在乡村中，小农制和乡村工业在中国经济中的配合有极长的历史。[③] 也就是说，在传统的农耕社会中，中国的农业并不是全天候作业并能养活所有农业人口的，农闲时令必须要辅以手工业，才能使农民的收入多元化；或者更进一步说，中国的传统农村是农业和工业并重的生产基地，它们的日常生活保持高度自给，可以不需要所谓的城市产品与之交换来达成协同发展。因此，在大范围引入工业革命的成果之前，中国城市及其形态的发展是缓慢和相对孤立的。

我们当然可以用人口普查数据（比如每平方公里 1000 人或以上）来刻画传统中国各个时期的城镇化数量及程度，但这种做法忽视了中国传统社会的人口相对分散的事实。这是西方的城市经济学假设所不能涵盖与解释的。

概而言之，传统中国城市（镇）的发展与演变，并不是简单的一个人口角度的数量与密度的问题，而是一个分布问题。[④] 早期城市的兴起得益于统治者的政治、军事目的；而任何统治阶级在稳固政权，特别是建都立国后，又会主动发展经济、开拓市场；由于市场的兴旺及其聚集资源的能力，城市的功能逐渐告别只服务于政治军事的防御性功能，市场导向并聚集的城市形态逐渐成为中国大地上另一种城市的形态。用费孝通的话来讲，中国的城市大体在农耕的封建年代有两种形态：第一种是象征权力的"衙门围墙式的城"；第二种是象征市场力量的"贸易里发展出来的市或镇"。[⑤] 前者的经济基础是建筑在大

---

① 费孝通：《乡土中国》，上海人民出版社 2007 年版，第 253 页。

② ［美］阿瑟·奥莎利文：《城市经济学》，中国人民大学出版社 2013 年版，第 3 页。

③ 费孝通：《乡土中国》，上海人民出版社 2007 年版，第 254 页。

④⑤ 费孝通：《乡土中国》，上海人民出版社 2007 年版，第 265 页。

量不从事生产的消费者身上，消费的力量是从土地剥削关系里吸收来的，[1] 而后者的经济基础则是商品交换经济。

总体而言，中国传统的城市、城镇带有农耕时代的鲜明特征，虽然也有过历史上曾经辉煌一时的西安、南京、北京，但它们的发展是有极限的，这和西方工业革命后形成的那种工业型城市及至西方社会治理工业城市病成功之后形成的"后工业城市"之间，还有着相当的不同。下面，将简要回顾中国历史上的城市，以为分析本书相关内容找到一个历史坐标。

（二）历史

傅崇兰等（2009）[2] 从整体上总结了影响中国城市形成、发展的几个重大因素。其一是自然地理的变迁因素。例如，青藏高原隆起、太行山抬升、气候变化、黄河迁徙；以及大运河的开凿。其二是政治、军事和经济因素。例如，从政治军事角度看，城市服务于地方及全国行政中心的目的；城市是各级行政机关执行中央集权行政和法律的地方；建城的目的是为保护统治阶级及其国民以防止外部入侵。从经济的角度看，城市随着商业及市场的发展而兴旺，市场与作坊区逐渐成为城市不可或缺的经济功能区，它在聚拢人气的同时，也繁荣了城市增长的经济基础。无可否认，政治、军事、经济因素是中国城市发展演变起决定性作用的内因。

从历史演变的角度来看，从远古到春秋时期，中国城市体制处于国家与城市一体的状况，城市代表着国家的体制。这一时期，相当多的城市是"有城无市"，"民族"或首领在聚落四周用土（或木石）建起障碍性建筑物；此时之城，只能称为"城"不能称为"城市"。[3]

而从战国到秦汉时期，城市开始与各国的地方行政中心结合起来。秦统一天下，实行郡县制，中国的城市便与行政级别的定位一致起来，分为都城、郡城和县城。司马迁在《史记》中概括秦汉城市体制为"人以聚为郡""悬而不离土为县"。农业文明社会的城市体制跃然纸上。这一时期城市体制的变化，本质是经济社会矛盾的产物。赵德馨分析这一时期城市体制的变化时，指出："秦始皇于始皇三十二年（公元前215年）下令毁天下城郭。刘邦建立汉朝后，看到无城墙可守是秦军失败的原因之一，于高祖六年下令'天下县邑城'。县以上的治所一般均须筑城（这一毁一修，说明在那个历史阶段，城是

---

① 费孝通：《乡土中国》，上海人民出版社2007年版，第264页。

② 傅崇兰等：《中国城市发展史》，社会科学文献出版社2009年版，第21～27页。

③ 赵德馨：《中国历史上城与市的关系》，载于《中国经济史研究》2011年第4期。

不能没有的）。因秦将旧城毁坏殆尽，这次几乎是全国性新修城墙。秦以前的修城是在诸侯林立、各自为政的情况下进行的，难以统一。汉初的这次修城是在全国统一后的第一次修城，可以贯彻统一的规制，规制的主要特征就是以官府区、坊、市三区分置。坊市制不仅模式化了，而且全国统一化。"① 这一时期城市的总体特征是，市在城中，城比市大，市的功能被限制在城里的特定区域内，并形成定制，一直延续到唐代。

到宋代以后，由于土地私有化与商品经济的飞速发展，坊市制即城中固定开辟一个区域作为交换之用的定制，被快速发展的商品经济与市场交换冲破了，早市、夜市、临街设店、设作坊的"散市制"② 开始盛行。"市"的时间与空间都被突破了，"城"与"市"逐渐交融在一起了。与这一过程相伴随的，是城市商人阶层与市民社会的兴起，只不过由于中国传统社会的"农耕性质"，即便是宋代至明清时期发展至顶峰的传统城市，也没有形成对农村剩余劳动力源源不断地吸引，城市生活生产方式尽管也在转型，但这速度远不及西方同一时期城镇化由商业城镇转向工业城镇那样剧烈。或者说，在近现代中国大范围工业化浪潮兴起之前，中国的城镇化模式还是具有"古典"特征的。

到明代中叶以后，中国的城镇与市场结构进一步演化。如明代中叶以后的江西景德镇、湖北的汉口镇、河南的朱仙镇、广东的佛山镇的商业与人口规模超县城甚至府城，其市镇处于县城之市与农村集市（墟、场）之间，商品行销全国甚至海外，其"市"的影响力已在一般的县城、府城之上。③ 这一时期"市"的网络体系已经超越了城的约束。

到清代中叶以后，由于西方的坚船利炮强行打开了中国的国门，与现代工业相联系的生产企业、运输工具以及现代工商业组织、银行机构等也进入了城市。中国的城市开始了被动而艰难的近代化工业历程，呈现出"城在市中"，即"市场突破城墙的框框，扩展到城之外，且不断地向外延伸，以致'城'被'市'包围的特征"。④ 清末洋务运动更是把这一城市工业化历程大大加速，一批近代工业城镇相继在内忧外患中崛起，农村人口向城市的流动逐渐加速，中国城镇化的新古典时代慢慢开启。

1870 年以后，中国进入兴市不修城，即"有市无城"的阶段。⑤ 如湖南株洲、广东深圳、河北石家庄等。市场蔓延所导致的城市蔓延成为这一时期的标志。市场化、无城（墙）化、去城市化历程使城市、农村的关系更加紧密起

---

①②③④⑤　赵德馨：《中国历史上城与市的关系》，载于《中国经济史研究》2011 年第 4 期。

来了。或者说现代城乡关系从 19 世纪下半叶开始就逐渐取代中国传统的城乡关系，起根本和决定性作用的是中国近代以来迫于外部压力而兴起的民族工业化历程。

1921 年，民国政府公布《市自治制》。汕头、佛山、南京、上海、杭州、武汉、重庆等地相继建市，其行政地位各有不同，但各市均设有相应的近现代工厂以生产商品。民国时期的城镇化建设因抗日战争而被迫中断。

而中国现代化的城市化加速历程，则已经推迟至新中国成立以后，特别是 1979 年改革开放以后，这一时期，不论是中国的城镇建成区还是城镇化速度都进入了历史上从未有过的加速期（见图 1 - 1）。

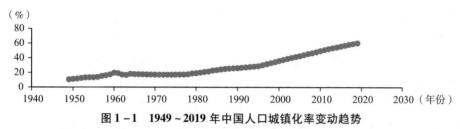

图 1 - 1 1949～2019 年中国人口城镇化率变动趋势
资料来源：中华人民共和国统计局网站各年城镇化率统计数据汇总。

统计资料显示，中国的城镇化、市民化速度在 1978～2019 年加速明显，居于城镇的人口从 2 亿多人增加到 6 亿多人，每分钟"城镇化"约 30 人。[1]这在世界城市发展史上也是罕见的。

（三）小结

中国的传统城镇化历程，在经历了漫长的无城无市、有城无市的自然经济状态，以及城中设有特定的"市"（区）的商品货币时代之后，才跨入城区即市区、城在市中、有市无城的市场经济时代。[2]推动中国从古典城镇化过渡到新古典城镇化的力量，既包括 1840 年以来西方工业革命的外部因素，也包括中国本身商品经济市场经济的发育、壮大，这两股力量把传统的中国城市的市垣与高矗的城墙冲破，市场从城市的附属变成了城市的主体。这一过程与西方城镇化先经历贸易城市、再经历工业城市，并发展至今天的后工业城市最大的不同在于，中国的城镇化变革是西方分阶段城镇化历程的一个叠加，我们在商品型或贸易型城市尚未充分发育之时，便进入了近现代史上较为被动的工业化

---

① ② 赵德馨：《中国历史上城与市的关系》，载于《中国经济史研究》2011 年第 4 期。

城市化进程，在工业化城市化历程尚未完成之时，又开始学习西方后工业城市对工业"城市病"的治理。因此，中国城镇化在近百年来的转折发展意义是相当明显的。从这个角度来理解今天中国城镇化所面临的刘易斯转折"新常态"，就具有一定的历史厚度。中国城镇化的刘易斯转折既统一于近百年来中国城镇化的"大转折"之中，又具有近十多年以来的转折的"特殊性"。

二、中国城镇化的"刘易斯转折"：城镇化新常态的研究背景和分析框架

持续近十余年之久的刘易斯转折已成为中国城镇化的"新常态"。这使得以劳动力无限供给作为约束条件，将人口城镇化率作为评价指标的传统城镇化理论不再适用于中国等发展中国家城镇化的现实。中国的城镇化进程是以劳动力过剩供给转变为结构性短缺作为约束条件，将提高农村剩余劳动力融入城市的质量提升而非数量提升作为目标体系的过程。这种特殊性是相对于西方国家城镇化进程的特殊性，但对发展中国家而言却具有一般性。"中国城镇化的刘易斯转折"可视为对发展中经济体推动城镇化进程跨越刘易斯转折期的重要理论与实践贡献，并丰富了中国特色新型城镇化道路的内涵。本书力图超越古典或新古典假设对城镇化的框定，着力考察投资型城镇化、技术性失业现象以及城市非正规部门正规化发展对城镇化的影响；并提出：中国城镇化的刘易斯转折应从就业、户籍和产业政策创新角度克服结构性劳工短缺，从区域布局与城市社会保障政策角度找到逆向求解思路，用土地、住房、基础设施联动建设等新的理念规划"新常态"下的城镇化，让涌入城市的劳动人口有机会、有能力、有保障地应对中国城镇化的"新常态"并实现中国梦的"城市篇章"。

（一）"新常态"：中国城镇化的刘易斯转折

从 2004 年起至今，中国从沿海到内陆的许多城镇化地区都遭遇了持续的用工荒及人口红利递减问题，这种以"刘易斯转折"命名的劳动力市场的结构性变革越来越成为当代中国城镇化建设所面临的"新常态"。既然党的十八大、十八届三中全会和十九大都将中国特色新型城镇化道路明确为中国现今最重要的建设任务之一，那么，关注当前中国城镇化道路从"劳动力无限供给"过渡到"结构性短缺"的刘易斯转折期就具有重要理论和现实意义。一个综合二元经济理论和城市经济理论来研究中国城镇化"新常态"的思路呈现在我们面前。

第一，长期以来，发展经济学中的二元经济理论只关注处于古典状态（劳动力过剩供给）和新古典状态（劳动力短缺）两端的城镇化发展（Nurkse，1953；Lewis，1954；Ranis and Fei，1961；Jorgenson，1961；Harris and Todaro，1970；Dixit，1973；Rakshit，1982；王检贵，2005；蔡昉，2013），而忽视了劳动力供给发生总量或结构性供求逆转并持续较长时间的事实，二元经济理论对城镇化进程的解释力需要拓展。

第二，不同时期农村剩余劳动力的各种估算数据（见表 1 - 1）表明，中国城镇化建设的实践正处于这样一个劳动力结构变动的时间段，农村劳动力大规模地向城市转移背后体现的是不同的劳动者群体利益变化。仅遵从西方国家传统城镇化道路，亦步亦趋地发展，无疑将很难顺利跨越刘易斯转折。如果创新二元经济理论对城镇化遭遇刘易斯转折期的发展理论、模式和政策的分析，并重点关注农村剩余劳动力向城市流动对城镇化道路的影响，可能为处于变革时代的中国城镇化找到相应的理论基础与实践指南。综合上述，本书将刘易斯转折、二元经济理论和城镇化理论结合在一起思考中国新型城镇化道路的理论、模式、政策，希望为中国的城镇化建设和"中国梦"城市篇章的实现提供一种面对"新常态"、解决"新问题"的视角或思路。

表 1 - 1　　　　　　　　不同时期中国农村剩余劳动力估算数据

年份	估算结果	出处
1984 ~ 1992	接近或超过 1 亿人	托马斯·罗斯基（1997）
1992	9000 万人	章铮（1995）
1994	1.17 亿人	王红玲（1998）
1994	1.38 亿人	王诚（1996）
1998	1.52 亿人	农业部本书组（2000）
2000	1.9 亿人	劳动部本书组（1999）
2003	4600 万人	王检贵等（2005）
2003	7700 万人	章铮（2005）
2003	1.93 亿人	何如海（2005）
2006	1.1 亿人	马晓河等（2007）
2009	7465 万人	钱文荣等（2009）
2013	2.69 亿人	人社部（2013）

资料来源：吴垠：《刘易斯拐点——基于马克思产业后备军模型的解析与现实意义》，载于《经济学动态》2010 年第 10 期。

（二）传统城镇化理论忽略的重要经济社会转折条件

1. 国内外研究现状述评

（1）中国是否进入刘易斯转折期的研究：背景分析。目前学术界对中国是否进入了刘易斯转折期的争论呈现出泾渭分明的两大类观点。赞成者主要选取农民工工资上涨、农民工供给数量短缺、人口红利消失以及人口结构向老龄化社会转变等实证材料来论证中国进入了刘易斯转折区间、迎来了一个劳动力短缺的时代（包小忠，2005；蔡昉，2010a，2010b；汪进等，2011；丁守海，2011）；而反对者（周祝平，2007；刘伟，2008；白南生，2009；钱文荣等，2009；蔡万焕，2012）则主要从农村大量剩余劳动力的精确测算数据、农民工供求的结构性矛盾、城乡二元结构短期内无法走向均衡以及劳动者工资比重占GDP 比重的比例呈明显下降趋势等角度来证明现阶段谈论中国进入刘易斯转折期还为时尚早。这些学者围绕着：对刘易斯转折含义的理解；转折成因的解析；刘易斯二元模型是否有缺陷；开放经济条件下的刘易斯转折问题；刘易斯转折"中国化"的微观机制分析和刘易斯转折期中国社会政策与制度变迁等问题展开了争论。本书认为，发展中国家从劳动力无限供给的"古典阶段"过渡到劳动力短缺的"新古典阶段"，都要经历一段劳动力转移造成结构性短缺的"刘易斯转折期"，但其过渡的时间长短不一。中国现阶段是否进入"刘易斯转折期"也许还有争议，但迟早进入却是没有疑义的。从 2004 年开始出现的用工荒现象以及中国庞大的农民工人口规模，都决定中国城镇化进程不可忽视刘易斯转折的影响。选择这一"新常态"来研究中国城镇化问题，可以为中国新型城镇化道路如何铺开找到理论和政策依据，并体现城镇化建设的"中国特色"。

（2）传统城镇化理论的脉络特征。18 世纪中期英国率先完成工业革命后，人类社会由工业化推动的城镇化进程大大加速，在不到 200 年的时间内，西方主要发达国家由工业化推动的城镇化进程基本宣告完成，后起的发展中国家亦先后展开了其更加迅速的城镇化历程。这一历史进程催生了以研究城镇化进程的特点、模式、规律、矛盾和发展方向为主要研究对象的城镇化理论，以科学的理论指引城镇化的发展成为各国城镇化建设进程中的一个共识。

西方学者对城镇化理论的研究大体上分为比较明显的两个阶段。其一是从 18 世纪工业革命推动城镇化拉开序幕肇始至 20 世纪 50 年代，各主要资本主义国家以工业化推动城镇化建设基本完成的阶段，西方国家的城镇化经验一度被学界提炼为一种标准模式（刘易斯·芒福德，2013；万广华等，2012）；其二是从 20 世纪 50 年代末至今，部分西方先行工业国家的城镇衰落以及发展中国家后起城镇化的快速衰落所引发的对城镇化发展新阶段所出现的矛盾、问题及其求解的经验、理论与政策分析（布莱恩·贝利，2010；高佩义，1990）。

纵观这些城镇化的理论文献，有一个十分显著的特征，即将工业化带动的城镇化视为是有无限劳动力供给作为保障或约束条件的。因而，在这些理论文献中，城镇化率的一个核心评价指标是人口城镇化率水平，它是随着城镇化进程的加速而逐渐上升的；反过来讲，人口城镇化率水平的高低可以在很大程度上反映所考察国家或地区的城镇化水平，而城市人口年均增长率则是促成城镇化率快速提高的重要诱因。本书选择在近一个世纪的时间内，以中国、俄罗斯、印度、巴西、南非为代表的金砖五国和除中国外的欠发达地区平均的城市人口比例和城市人口年均增长率作横向对比（见表 1-2 和表 1-3），可以发现，这些国家和地区所面临的城镇化背景和任务是极不相同的。中国、印度尚处于城镇化的"起飞"阶段，而俄罗斯、巴西的城镇化基本进入成熟期，中国、印度的城市人口增长率较高与其处于城镇化的追赶期有直接联系。因而，即便这些处于城镇化追赶期的国家出现了劳动力短缺现象，也常常容易被视为工业化升级换代的信号，并由政府出台调整三次产业结构来缓解劳动力短缺的理论与政策导向掩盖过去。劳动力的无限供给似乎是这些国家或地区城镇化的一个恒久主题。

表 1-2　　　　　　　　　城市人口所占比例　　　　　　　单位：%

区域	1960 年	1980 年	2000 年	2010 年	2020 年	2050 年
中国	16.2	19.4	35.9	49.2	61.0（预计）	77.3（预计）
俄罗斯	53.7	69.8	73.4	73.7	75.5（预计）	81.9（预计）
印度	17.9	23.1	27.7	30.9	34.8（预计）	51.7（预计）
巴西	46.1	65.5	81.2	84.3	86.8（预计）	90.7（预计）
南非	46.6	48.4	56.9	61.5	65.9（预计）	76.8（预计）
欠发达地区平均（除中国外）	24.2	33.5	41.2	44.7	48.3（预计）	61.4（预计）

表 1 - 3　　　　　　　　　城市人口年均增长率　　　　　　　　单位: %

区域	1960~1965年	1975~1980年	1990~1995年	2005~2010年	2015~2020年	2045~2050年
中国	3.72	3.57	4.32	3.44	2.11 (预计)	-0.05 (预计)
俄罗斯	2.70	1.63	0.06	0.07	0.08 (预计)	-0.16 (预计)
印度	3.00	3.95	2.79	2.56	2.40 (预计)	1.54 (预计)
巴西	4.98	3.83	2.54	1.30	0.95 (预计)	-0.02 (预计)
南非	2.87	2.60	3.28	1.71	1.09 (预计)	0.54 (预计)
欠发达地区平均 (除中国外)	4.19	4.01	2.94	2.41	2.19 (预计)	1.48 (预计)

资料来源: 根据 World Urbanization Prospects, the 2011 Revision 的相关数据整理而成, http: // esa. un. org/unpd/wup/CD - ROM/Urban - Rural - Population. htm。

然而, 城镇化理论真的可以无视劳动力供给发生总量或结构性供求逆转的事实于不顾吗? 换言之, 城镇化真的是一个仅仅遵从西方国家传统城镇化道路而不断重复的过程吗? 中国等发展中国家的经验提示人们, 传统城镇化理论以无限劳动力供给作为约束条件、以人口城镇化率作为重要评价指标的方法存在一定的缺陷。因为, 自二战以后, 后起工业化国家都几乎经历了劳动力从过剩到短缺的城镇化历程, 尤其是中国自 2004 年起, 其城镇化进程就连续遭遇了近 10 年持续的"劳工荒"现象, 不同地区的城镇的劳动力供给或者从总量或者从结构上出现了短缺。那么, 在这一"新常态"下, 城镇化进程再套用传统城镇化理论的约束条件与研究指标, 就难免出现"南橘北枳"的理论困境。适时调整、改变城镇化理论的约束条件与研究范围, 显然是迫在眉睫。

（3）对中国城镇化问题的研究: 约束条件的变化。与西方城镇化理论研究相比, 中国城镇化问题的前期研究主要集中在城镇化道路、城镇化速度、城镇化质量、比较城镇化、城镇化模式以及城镇化与其他几化（工业化、农业现代化、信息化等）的关系等方面。一是在城镇化道路方面: 高佩义（1990）、赵勇（1996）、温铁军（2000）、赵新平等（2002）、王小鲁（2010）和厉以宁（2013）分别从世界城市化的一般规律、中国城镇化的道路选择、制度创新和规模变化等进行了分析, 提出了不同时期城镇化道路的取向。二是在城镇化速度方面: 简新华等（2010）、陈明星等（2011）、张占斌等（2013）基于诺瑟姆曲线的一般规律对历年中国城镇化水平和速度做了实证分析, 并进行了前景预测。三是在城镇化质量方面：陆铭等（2004）、朱莉芬等（2007）、王国刚（2010）、章铮（2010）、姚震宇（2011）、魏后凯等（2013）在中国城镇化背景下分析了城乡收入差距、耕地占用、财政扩张、产业效率、发展方式转变、农民工市民化等方面的现状和政策，提出了城镇化关键要取得质量提高的观点。四是在比较城镇化方面：布莱恩·贝利（2010）、黄小虎等（2009）和卢中原等（2010）分别比较研究了巴西、阿根廷、智利等出现过城镇化加速发展和质量不佳问题的国家的城镇化模式，并意图从比较城镇化的角度指出其对中国的借鉴意义。五是在城镇化模式方面：辜胜阻等（1998）、李文（2001）和李强等（2012）对中国城镇化的推进模式进行了分析，概括了中国城镇化加速以来的各种城镇化模式及其利弊。六是在城镇化与其他"几化"方面：廖丹清（1995）、姜爱林（2001）、本书课题组（2002）和陈锡文（2011）分别就城镇化与农业现代化、城镇化与工业化、城镇化与信息化展开了论述，探讨了城镇化和其他"几化"之间的协同关系。纵览既有的城镇化问题研究，劳动力对城镇化的无限供给成为一个重要的"默认"约束条件，但对这一约束条件的变化与发展趋势的关注却是不够的。约束条件的变化表现在：当前中国的城镇化建设进程中面临着一段较长时期的劳动力从过剩转变到结构性短缺的"刘易斯转折期"。所以，本书考虑在刘易斯转折期的"新常态"下展开对中国城镇化问题研究，希望借此提出这一过渡时期中国新型城镇化道路的理论、模式、政策的新思路和新观点。

2. 劳动力转移到哪里去了？中国城镇化进程的"新常态"引发对"传统城镇化理论"的反思

传统城镇化理论将人口城镇化率作为主要评价指标，主要是基于城镇化过程本质上是一个城市经济、社会条件比农村地区更加优越从而促成劳动力源源不断地由农村向城市涌入的过程。这些经济社会条件大体分为三类（刘易斯，1991）：（1）收入条件：城市与乡村收入差距拉大；（2）教育条件：乡村学校教育的加速发展，开拓了农村青年人的视野，其进城欲望与势头日益强烈；（3）福利条件：发展与福利开支不成比例地集中于城市，使城市更具吸引力。但是，这些劳动力迁移的动力指标，至多只能说明农村剩余劳动力向城市转移的原因，而不能保证他们在"离土又离乡"之后真正融入城市。

如果存在主观或客观上融入城市的困难，并且这些困难在较短时间内无法较好地克服，那么传统城镇化理论把劳动力转移出农村并进入城市视为"城镇化"水平提高的结论就存在重大理论缺陷。因为"转而不入（融入）""移而不就（就业）"的大量农村剩余劳动力转为城市富余劳动力的现象，是任何严肃的理论研究都无法漠视的。城市人口的比例保持稳定根本上是源于城市中大量的临时性失业和农村中的隐蔽性失业并存，而不是转移到城市的农村剩余劳动力都获得了稳定的工作并融入城市所致。因此，同样是提高城镇化率（特指人口城镇化率）1 个百分点，欧洲、北美等发达国家和地区相较于亚洲、非洲、拉美等发展中国家和地区，在城镇化的质量上是不可比拟的，特别是在城镇化人均福利的差距上尤为显著。因此，对于像中国这样的存在"低质量城镇化率"和具有"数字崇拜"传统的发展中国家和地区而言，传统城镇化理论单纯以数量增长作为评价标准与政策导向的研究都是可能引起误导的。

比如，传统城镇化理论在分析了西方主要发达国家的代表性城市发展史后认为，超过 80% 以上的人口城镇化率之后，城镇化的增长将趋于平缓，或者说城镇化在这一水平线上就算成功；因而，后起的发展中经济体只需要亦步亦趋地通过发展工业化、有意识地推动并提高城镇化率，使其在较短时间内达到 80% 以上就算大功告成。① 按照这一思路，传统城镇化理论还提出了"一揽子"的产业、人口、土地、农村政策以便发展中国家"拿来"使用。实际上，但凡遵循这一理论与政策主张的国家或地区，在急急忙忙提高城镇化率的过程中却出现了种种难以克服的"低质量城镇化"的经济社会矛盾。简单地实行提高城镇化率的政策主张，却不管不顾进入城市的农村剩余劳动力真实的就业、生活、福利与发展权利、机会、环境的状况，最终的结果必然是"数字泡沫城镇化"，其成本和代价是十分高昂的。

在国情状况迥然不同的地区，城镇化理论的基本约束条件、研究范围和评价标准并不是一成不变的。以西方国家发展历程为主要研究背景的传统城镇化理论，把劳动力对城市的无限供给作为约束条件，把"城镇化"后的劳动人口享有大致等同的福利水平作为城镇化的发展目标并不适应于发展中经济体——尤其是中国的具体情况。面对中国已经持续了十余年之久的"劳工荒"以及持续了近四十年的"城乡二元结构和城市内部的二元结构"，城镇化理论的约束条件、研究范围与目标体系都应做相应的调整：即中国的城镇化进程，是一个以劳动力过剩供给转变为结构性短缺为约束条件，将提高农村劳动力融入城镇化质量提升而非数量提升作为目标体系的特殊过程。这种"特殊性"是相对于西方发达国家城镇化历程的特殊性，但对与中国具有类似发展阶段和

---

① 西方国家的城镇化推进历程耗时上百年，而发展中经济体在享用工业化技术成果和西方城市规划模板的外部性基础上，只用了几十年时间就将城镇化率提高到与西方国家相同的水平，这显然是一种压缩型的城镇化，所有西方国家城镇化进程中遇到过的矛盾和难题，都会集中地在发展中经济体后起城镇化的进程中凸显。

发展水平的国家和地区而言却具有"一般性"，它描述了处于经济社会条件重大转折期的城镇化所面临的发展模式、路径创新与矛盾问题求解的一般化过程、中国化过程。不妨把这种"城镇化理论的中国化"视为对发展中经济体推动城镇化进程的重要理论和实践贡献。农村劳动力转移到城市，从根本上来说是城市和农村不同人群间的物质利益调整的复杂改革过程，从中国的经验提炼出对后发国家更具一般性的城镇化理论或政策是本书研究的主旨所在，本书将对此做出详细说明。

第二章　二元经济视角下古典城镇化与新古典城镇化理论的作用范围：理论分析[*]

古典学派的经济学家们很早就关注到城镇化对经济增长的重要性，也考察到城镇化发展面临的那些"尘埃、泥泞、沼泽、丛林"带给增长和发展的困惑。究竟需要一个怎样的城镇化？威廉·配第、亚当·斯密、马克思、马歇尔、刘易斯、杨小凯、哈维分别从不同角度阐述了他们的城镇化发展观，本书按其分析问题的视角和方法，将其综合为城镇化的古典学派研究体系，并以时间为"经"，以分工为"纬"，梳理了这些学者采用古典视野分析城镇化的理论学说。总体而言，城镇化在世界范围内所遇到的种种问题，古典学派的经济学家都曾或多或少论述过、预测过，有些甚至提出了恰如其分的解决办法。与新古典学派的城镇化研究注重技术分析不同的是，古典学派的这些经济学家更注重对城镇化的历史分析、阶级分析和案例分析，他们非常善于深入各国城镇化发展的各种矛盾和问题中，探讨城镇化的起因、过程和发展趋势。这对政策制定者和后来研究城镇化的学者，都是极其重要的财富，需要及时总结、沉淀并汲取其论述精华。

第一节　古典城镇化理论政策分析

城镇化的理论发展其实是跟随城镇化的历史渐次展开的。在第一章回顾城镇化发展历史的时候，我们是把城镇化当作一个历史过程来看待。在这个过程中，其实不能孤立地看待城镇化进程，实际上，二元化的城乡关系以及城镇内

---

　　[*] 本章经修改后发表于《当代经济研究》2017 年第 8 期，题为：《西方城镇化思想：脉络、启示与反思》。

部各个市场、产业的分工一直是贯穿城镇化发展的背景。在古典学派的经济学家们看来，城镇化既是经济发展、分工深化到一定阶段的成果；同时，发展到一定阶段和规模的城镇反过来又成为经济增长的发动机，它不仅具有社会扩大再生产的生产函数功能，又能通过不同的城市模式聚集或分散经济发展的各项要素。

　　但是，人类城镇化发展的历史并非一帆风顺。车尔尼雪夫斯基曾有名言："历史的道路不是涅瓦大街上的人行道，它完全是在田野中前进的，有时穿过尘埃，有时穿过泥泞，有时横渡沼泽，有时行经丛林。"城镇化在古典经济学发展时代所经历的那些"尘埃、泥泞、沼泽、丛林"，今天的城镇化进程依然还在面对。本章力求在古典学派的那些经典文献中寻找理论线索，从分工的视角把古典学派阐述城镇化理论和政策演变过程的要点归纳出来，从而为分析中国的城镇化的相关问题提供理论基础。

一、威廉·配第的城镇发展资源说：政府与市场的分工

　　在对威廉·配第早期的研究评价中，其学说往往被认为是主要研究价值源泉决定（晏智杰，1982；邹柏松等，1985）、财政学（席克正，1986；朱明熙，1985）或人口理论（毛健，1985）的学说体系。但是，威廉·配第（1662）在其《赋税论》中，提出了从征收赋税特别是征收田赋或房屋租金的角度来维持政府开支，以促进城镇经济增长的理念。他指出："假定移居到某个地区的一定人数的居民，在计算之后得出结论说，每年需要 200 万镑作为公共经费之用。或者假定这些居民比别人更加勤勉地从事他们的工作，他们经过计算，认为应将他们所有土地和劳动所提供的收入的 1/25 扣除下来，充作公共用途。"[①] 显然，这里的公共用途指的是为某个地区的居民的公共事务做出的努力，当然应当包括城镇化。赋税作为城镇化增长的一项收入，需要经过政府统筹性的征收，才能收获城镇化发展的资源；但是，征税无小事，需要政府和市场各个主体之间的协调和分工，方能实现。威廉·配第看到了城镇化背景下财政税收、人口的重要性；"土地为财富之母，而劳动则为财富之父"这句名言，也凸显了在价值决定过程中，承载生产功能的城乡土地所处的重要位置。尽管晏智杰（1982）认为财富与价值在威廉·配第那里的创造有时指向使用价值，有时指向价值；但是，不管是使用价值还是价值，都需要在城镇化

---

① ［英］威廉·配第：《赋税论》，商务印书馆 1978 年版，第 36～37 页。

背景下才能获得大量生产的可能性。这就是为什么威廉·配第把城镇化的要素"土地"放在财富之母地位的原因了。

　　以土地的税赋征用支撑城镇化建设为例，威廉·配第提出了"划分土地征收"和"全域征收"两种方法。"我们建议的第一种方法，是就土地本身来加以划分，就是从英格兰及威尔士所有的全部 2500 万英亩土地之中，划出可以提供 200 万镑法外地租（rack-rent）的 400 万英亩左右的土地（这约占全部土地的六分之一）；将这 400 万英亩——就像过去爱尔兰那四州被充公时，把它们保留下来那样——作为王领地。不然的话，就采取另一种方法，即征课全部地租的六分之一作为租税。在这两种方法中间，后一种方法显然更好些。因为对国王来说，这一方法更加安稳可靠，而且有更多的承担纳税义务的人。不过，征收这种赋税所花的人力和经费，应力求节省，以免抵消它对第一方法所具有的优点"。① 显然，英国封建时代的城镇化，得益于全部土地的税赋征收，它将土地视为绝对的生产要素加以利用，但是这高达 1/6 的税率无疑加重了经营土地的中小地主和农民的负担。

　　除了对土地税赋的统一征收外，威廉·配第还提出通过对房屋租金征税来加大获取城市发展的资金积累。他指出："另一种方法，就是从房屋租金中征课。房租比地租更不确定。因为房屋具有二重性质：一方面它是支出的媒介，另一方面又是收益的手段。比如，伦敦的商店如与所属同一建筑物中漂亮的餐厅比较，前者不论从其容量或建筑费而言都显得不如餐厅，可是其价值却大得多。同样，地窖及地下室都比安适的住室价值大。其理由是，后者要花费开支，前者却有利益收入。因此，就性质说，后一种房屋要用评估地租的方法来评估；前一种房屋要用评估国内消费税的方法来评估。"② 就此而言，17 世纪的英国城镇内部住房的差异化租金体系与空间体系已经相当成熟，这种租房市场的发育和成熟，大大地增加了市场功能对城镇化发展的支撑作用。

　　显然，对 17 世纪的英国政府来讲，发展城镇经济的主要资源来自贸易和征税。威廉·配第正是看到了这一点，提出了夯实城镇发展资源（资金）的理念，用现在的话来讲，就是注重城镇化的供给侧。

　　威廉·配第上述的几条资金筹措思路，至今仍旧为各国政府沿用，可见其观察问题的深度。不过，就 17 世纪英国的城镇化发展而言，其古典城镇化发展条件最显著的特征表现在其首都伦敦的发展进程中某些具体问题之上。威

---

① ［英］威廉·配第：《赋税论》，商务印书馆 1978 年版，第 36～37 页。
② ［英］威廉·配第：《赋税论》，商务印书馆 1978 年版，第 38 页。

廉·配第指出："我国为限制房屋的兴建，特别是为限制房屋在新地基上面的兴建，有时对房屋征课不平衡的捐税，借以限制城市的发展；因为人们认为像伦敦这样过大而又过度发展的都市对君主政治是很危险的，虽然在统治权掌握在像威尼斯这些地方的市民手中的情况下，它们可能要比较安全些。"①

这里，他洞察到了征税对限制其大城市（伦敦）蔓延的有效作用，或者反过来说，伦敦在 17 世纪就出现了向郊区蔓延的发展趋势，这个趋势必然要以城郊农业劳动力的非农化作为进程，虽然这个时期的伦敦无法与 18 ~ 19 世纪工业革命时期的伦敦相提并论，但劳动力在供给侧已经呈现出对伦敦发展的支撑作用。

除此之外，威廉·配第还敏锐地注意到了伦敦城市发展进程中建筑格局和污染的问题。

从建筑的角度看，他指出，"这种限制新建筑物兴建的办法并不能达到目的。因为，建筑物是随人口的增加而增加的，人口如不增加，建筑物就不会增加。解除上述危险的方法，应求诸人口增加的原因。如果人口增加的原因能得消除，则其他问题就会迎刃而解了"。② 威廉·配第此处的观点和后来的马尔萨斯《人口论》的思路一致，即：所有关于城镇化的经济问题，最终不是归结于基础设施（建筑物）的多寡，而是使用这些建筑物的"人"。

从空间扩展的角度看，威廉·配第认为："那么禁止在新地基上面建筑房屋的实际效果是什么呢？这就是使城市保持并固定在它的原来位置和原有的地基上面。可是如果鼓励建筑新房屋，那么这个城市就会像所有大城市那样，在不知不觉之中，不必经过很多年，就会离开原有位置和地基而向外发展。"③在今天的城镇化经济学研究中，水平扩展和垂直扩展成为城镇化发展的两种截然不同的模式，传统的观点认为这和城镇的生产力水平有关系。生产力水平越高，对城镇经济聚集能力的要求也越高，于是，城镇向垂直空间发展直到"天际线"，以求得在最小土地面积上的最大资本密度和"开工"能力，典型的例子是纽约；反之，城镇不追求过高的生产力水平，那么，平面扩展，并保留城镇的传统可能成为替代性的选择，抬头就可以看见蓝天而不是钢筋水泥成为这类城市的时尚，典型的例子是巴黎。

在威廉·配第的时代，尽管城镇还未成为工业革命承载经济增长的平台，但那时的城镇也有了"增大原有城镇土地建筑密度还是向外平面扩展"的困惑，这说明，城镇发展的空间选择从一开始仍旧是如何配置"人"的选择问

①②③ ［英］威廉·配第：《赋税论》，商务印书馆 1978 年版，第 39 页。

题。威廉·配第指出："原因是，人们都不愿意拆毁旧房屋来建筑新房屋。因为，如把旧房屋连其地基作为新房屋的地基的话，则所花代价过于高昂，同时既有限制，又不方便。因此，人们都在新的和没有限制的地基上面建筑新房屋，而对旧房屋，在它们未到无法再修理的地步以前，都只是马马虎虎地加以修理。这些旧房屋到了无法修理的时候，不是变成流氓的巢穴，便是随着时日的消逝而变成荒地或菜园。像这样的例子，就是在伦敦附近也所在皆是。"①

从污染的角度看，威廉·配第指出："大城市将会向什么方向发展呢？就伦敦来说，它必然向西发展。原因是，风在一年之中差不多有3/4的时间从西面吹来，西区的住宅不大有充满整个东区的烟雾、蒸气以及臭气。这种臭气在烧煤的地方，是非常厉害的。如果因此之故，大人物的宅邸都会向西边移动，那么，依靠他们生活的人的住宅，自然也会步其后尘慢慢向西移动。我们现在在伦敦就看到这种情况。"② 威廉·配第虽然只是就伦敦风向因素讨论了的城镇污染对城镇扩张方向的影响，但是，他所说的烟雾、蒸气、臭气的污染在当下发展中的城镇也相当严重。污染因素也会间接促成城镇区域的人口分布不平等，那些富裕人口，往往选择"上风上水"的城镇区域，而多数贫穷人口则只能在"下风下水"的地方聚集，久而久之，污染对城镇的影响不仅仅局限在生态环境领域，在社会领域，它将两大类人口彻底地隔离开了。在今天的墨西哥，贫民窟和富人区仅一墙之隔的典型案例，不断提醒着人们，城镇污染带来的是绝对的社会隔离，不能期盼一阵大风或彻底的环境整治就解决所有的污染，因为，即使环境污染没有了但是它的后遗症"社会隔离"却将持久存在。

威廉·配第在17世纪就能注意到城市发展、人口涌入过程中的这些问题，的确让人钦佩。威廉·配第的贡献还不止于此，他在其另一本著作《政治算术》中，开宗明义地指出，一个领土小而且人口少的小国，由于它的位置、产业和政策优越，在财富和力量方面，可以同人口远为众多、领土远为辽阔的国家相抗衡。一个人，如果技艺高超，可以和许多人相抗衡；一英亩土地，如果加以改良，可以和辽阔的土地相抗衡；③ 而且他还指出，过大的城市和过小的城镇都不利于可持续发展。④ 尽管威廉·配第把主要精力用到了评估当时英国、西班牙、法国的发展优势上，但我们仍旧看到，上述观点已经凸显了他

---

① 威廉·配第：《赋税论》，商务印书馆1978年版，第39页。

② 威廉·配第：《赋税论》，商务印书馆1978年版，第39~40页。

③ ［英］威廉·配第：《政治算术》，中国社会科学出版社2010年版，第1页。

④ William Petty. Sir William Petty on the causes and consequences of urban growth ［J］. Population and Development Review, 1984（1）：127-133.

"集约化"发展的思路；而古典城镇之所以能够向现代城镇转变，靠的就是集约化思路。英国的伦敦之所以后来成为19世纪世界最瞩目的城市，靠的不正是集约化发展吗？威廉·配第的先见之明由此可见。

二、亚当·斯密的城市经济学假设和重商主义城镇：分工的深度和广度

在威廉·配第之后，亚当·斯密在古典城镇化的研究上也做出了贡献。在《国民财富的性质和原因研究》（以下简称《国富论》）中，亚当·斯密在多处分析了英国、法国、意大利等国的大城市、商业城市（镇）和小工业城镇的发展情况，他指出："城市居民的工作材料及生活资料基金，仰给于农村的原生产物，而以一定部分制成了的、适于目前使用的物品送还农村，作为原生产物的代价。这两种人之间的贸易，最终总是以一定数量的原生产物，与一定数量的制造品相交换"。[①] 这个结论，基本上就是现代任何一本城市经济学教材关于城市起源的前两个重要假设条件的古典描述。"第一，农业生产过剩。城市以外的人口必须生产足够的粮食，来养活他们自己和城市居民。第二，城市生产。城市居民必须从事生产，生产出某种产品或服务，以便用这些产品或服务去交换农民种植的粮食。"[②]

而关于城市经济学的第三条假设，即"城乡间要有用于交换的运输体系"在亚当·斯密的《国富论》中也多次提及，他指出："良好的道路、运河或可通航河流，由于减少运输费用，使僻远地方与都市附近地方，更接近于同一水平。所以，一切改良中，以交通改良为最有实效。僻远地方，必是乡村中范围最为广大的地方，交通便利，就促进这广大地区的开发。同时，又破坏都市附近农村的独占，因而对都市有利。都市附近的农村，也可因此受到利益。交通的改善，一方面虽会使若干竞争的商品，运到旧市场来，但另一方面，对都市附近农村的农产物，却能开拓许多新市场"。[③] 由此可见，现代城市经济学基本假设的起点可以从亚当·斯密的《国富论》中找到雏形，从这个意义上讲，亚当·斯密可算作城市经济学的鼻祖。

那么，是什么因素导致亚当·斯密如此重视城镇发展和城镇经济呢？作为

---

① ［英］亚当·斯密：《国民财富的性质和原因研究》（下），商务印书馆2011年版，第251～252页。

② 阿瑟·奥莎利文：《城市经济学》（第6版），北京大学出版社2008年版，第3页。

③ 亚当·斯密：《国民财富的性质和原因研究》（上），商务印书馆2011年版，第141页。

古典经济学家的他，又特别注重分析哪类城镇呢？通读《国富论》，笔者认为，对重商主义的关注和对商业及贸易城镇的分析，可以视为亚当·斯密开创城镇经济分析的基本原因。

在《国富论》中，亚当·斯密不仅用了大量篇幅评价重商主义的理论和政策，更是分析了城乡产业的侧重点。他指出："有些国家的政策，特别鼓励农村的产业；另一些国家的政策，却特别鼓励城市的产业。对于各种产业，不偏不倚地使其平均发展的国家，怕还没有。自罗马帝国崩溃以来，欧洲各国的政策，都比较不利于农村的产业，即农业；而比较有利于城市的产业，即工艺、制造业和商业"。① 同时，由于分工的发展，大城市体现出专业化和分工深化的便利，"有些业务，哪怕是最普通的业务，也只能在大都市经营。例如搬运工人，就只能在大都市生活。小村落固不待言；即普通墟市，亦嫌过小，不能给他以不断的工作"。② 差异化的城乡产业发展模式，在亚当·斯密所处的工业革命前夕的那个时代就已经形成特定的分工态势，这种城乡分工深化的结果表面上是"城市偏向"的，但是，其内在的机理则是城镇的工商业生产模式从生产力角度全方位超越农业生产模式的趋势所在。作为国家的政策制定者来讲，很难做到平衡地兼顾城乡，城乡不平衡发展的模式在强调分工的亚当·斯密那里，就已经埋下了种子。

对商业城市的分析，亚当·斯密颇费笔墨，"在欧洲，最早由商业致大富的，似为意大利各城市"。③ 当时大部分欧洲商业，主要都是以本国土产物交换较文明国的制造品。英格兰的羊毛常与法兰西的葡萄酒及弗兰德的精制呢绒交换；波兰的谷物亦常与法兰西的葡萄酒、白兰地酒及法兰西、意大利的丝绒交换。这样，对精良制造品的嗜好，就通过国外贸易逐渐普及到未有精良制造业的国家。但此种嗜好，一经普及于国内，便引起很大的需要，商人为免去运

---

① ［英］亚当·斯密：《国民财富的性质和原因研究》（上），商务印书馆 2011 年版，第 2 页。

② ［英］亚当·斯密：《国民财富的性质和原因研究》（上），商务印书馆 2011 年版，第 16 ~ 17 页。在这里，亚当·斯密还举例谈道："散布在荒凉的苏格兰高地一带的人迹稀少的小乡村的农夫，不论是谁，也不能不为自己的家属兼充屠户、烙面师乃至酿酒人。在那种地方，要在二十里内找到两个铁匠、木匠或泥水匠，也不容易。离这班工匠至少有八九里之遥的零星散居人家，只好亲自动手做许多小事情；在人口众多的地方，那些小事情一定会雇请专业工人帮忙。农村工人几乎到处都是一个人兼营几种性质很类似因而使用同一材料的行业。农村木匠要制造一切木制的物品；农村铁匠要制作一切铁制的物品。农村木匠不仅是木匠，同时又是细工木匠、家具师、雕刻师、车轮制造者、耕犁制造者，乃至二轮、四轮运货车制造者。木匠的工作如此繁杂，铁匠的工作还更繁杂。"由此可见，城市经济较之农村经济在吸纳就业、便捷分工方面的巨大优势。

③ ［英］亚当·斯密：《国民财富的性质和原因研究》（上），商务印书馆 2011 年版，第 368 页。

输费起见，自然会想到在本国建立同种制造业。① 这种重商主义城市的发展，不仅能带动其城市自身的产业发展、居民致富，还能有效带动与它通商的各个农村日臻富强。亚当·斯密将这种影响机制归结为三个方面。

第一，城镇为农村的原生产物提供一个巨大而便易的市场，从而鼓励了农村的开发与进一步的改进。② 显然，第一种影响机制是城镇市场发展的资源集聚能力，带动农村的产业和贸易发展，特别是粮食产业得到了稳定的销售市场，激发了农民种粮的积极性。

第二，"都市居民所获的财富，常用以购买待售的土地，其中很大一部分往往是（农村，笔者注）尚未开垦的土地……在四周农村多未开垦的商业都市中，你当能看到商人在这方面的活动，比乡绅是活跃得多。此外，商人由经商而养成的爱秩序、节省、谨慎等各种习惯，也使他更适合于进行土地上的任何改良，不愁不成功，不愁不获利。"③ 显然，第二种影响机制，是城市向农村蔓延的最直白的手段，由城市工商资本（家）开拓农村土地，不仅带来农村土地价值的增加，而且使各种工商业技术管理手段应用于农村和农业生产，农业的现代化和农村的城镇化得到了城市工商资本的强力支撑。

第三，"农村居民一向处在与其邻人的战争和对其上司（指城市，笔者注）的依附状态中。"④ 显然，第三种机制概括出自重商主义时代城市大发展以来，城乡关系的基本状态：农村渐渐依赖城市，甚至成为城市的附属；农业成为弱势产业，需要城市工商业有效反哺；农民成为弱势群体，需要进入城市谋取就业机会和新的财富创造渠道。

除了商业城镇，亚当·斯密还分析了英国的小工业城镇。他指出，不列颠许多地方的居民，没有足够资本来改良和耕种他们所有的全部土地。苏格兰南部的羊毛，就大部分因为当地缺乏资本，不得不经过极不平坦的道路，用车运到约克郡去加工。英国有许多小工业城市，其人民没有足够资本把产品运到需

---

① ［英］亚当·斯密：《国民财富的性质和原因研究》（上），商务印书馆2011年版，第368～369页。

② ［英］亚当·斯密：《国民财富的性质和原因研究》（上），商务印书馆2011年版，第372页。亚当·斯密在这里同时指出，受到这利益的，不仅仅是都市所在的农村。凡与都市通商的农村，都多少受其实惠。它们为此等农村的原生产物或制造品，提供了市场，结果就鼓励了其产业和产业的改进。当然，靠近都市的农村，所得实惠，自必最大。其原生产物的运输，所费较省，所以，与较远农村的产物比较，商人们即使付给生产者较高的买价，但对于消费者，取价却仍可一样低廉。

③ ［英］亚当·斯密：《国民财富的性质和原因研究》（上），商务印书馆2011年版，第372页。

④ ［英］亚当·斯密：《国民财富的性质和原因研究》（上），商务印书馆2011年版，第372～373页。

要它们的远方市场去销售。① 为什么会出现这种小工业城镇发展困难的情况呢？在笔者看来，大概有三个原因。（1）亚当·斯密所观察的小工业城镇还处在英国工业革命的前夕，根本无法与后来的兰开夏、曼彻斯特等工业重镇相比，所以，这类小工业城镇的发展要么缺乏资金，要么缺乏技术，发展举步维艰；（2）陆路交通成本非常高，才会出现小工业城镇的产品运不出去销售的问题；（3）小工业城镇依然有大量的农业人口，这些农业人口无法持续地就地转移到小工业中就业，相当一部分人口还得向伦敦等大城市迁移，小工业城镇的集聚资源（含劳动力）的能力低下。因此，小工业城镇的发展肯定不及亚当·斯密所重点研究的商业城镇。威廉·斯塔尔（William J. Stull，1986）将亚当·斯密分析的这些英国的城市（镇）等级做了一个划分（见表2-1），并标出了其代表性的产业和就业领域，充分证明了亚当·斯密对城镇化的分析是贯穿于其《国富论》的。

表2-1　　　　　　　　　亚当·斯密视野下的英国城镇等级

等级水平	例子	代表性产业与就业领域
首都	伦敦	国内或国际贸易 国家或国际银行业 联合库存和监管商业公司总部
大城镇	伯明翰 爱丁堡 格拉斯哥 曼彻斯特 谢菲尔德	远距离销售的制造业 商业投机 全职搬运工、刀匠 药店 财产经理
小城镇与乡村	柯克沃尔	地方银行业 修理业 批发业 食品、杂货业 屠宰、面包制造、啤酒酿制 裁缝、鞋匠 车匠、造犁（或修犁）工
很小的村庄	苏格兰高地	乡村木匠 乡村铁匠 打零工的（万事通）

资料来源：William J. Stull. The Urban Economics of Adam Smith ［J］. Journal of Urban Economics，1986（20）：291-311.

---

① ［英］亚当·斯密：《国民财富的性质和原因研究》（上），商务印书馆2011年版，第337页。

另外，亚当·斯密对当时中国的情况做了分析，这是其他研究亚当·斯密理论的成果较少关注到的领域。他指出："中国的政策，就特别爱护农业。在欧洲，大部分地方的工匠的境遇优于农业劳动者，而在中国，据说农业劳动者的境遇却优于技工。在中国，每个人都很想占有若干土地，或是拥有所有权，或是租地。租借条件据说很适度，对于租借人又有充分保证。中国人不重视国外贸易。"① 这说明，中国在亚当·斯密所处的 18 世纪中后期到 19 世纪，不仅工业城镇没有跟上世界工业革命的潮流，就连商业和贸易城镇的发展也被局限在狭窄的范围内，整个国家就是农业立国的思路主导着发展。对此，郭廷以（2012）曾指出，19 世纪以前的中西贸易，双方均采独占制，在欧洲为各国的公司，特别是英国的东印度公司，在中国为广州的洋行，特别是洋行合组的公行。洋行的成立为互市的自然结果，然后得官府认可，与英国东印度公司自始即由政府批准不同，而独占性与之相似。② 但是，到 1759 年，出于控制外夷及其商贸的目的，广州成了唯一的通商口岸，对于夷商的管制更严，勒索更重，夷商的不平甚甚。他们除非不与中国贸易，否则唯有听从广州官府及行商的摆布。③ 这种锁国政策，大大滞缓了中国近代以来商贸型城镇化的进程。以至于，亚当·斯密也评价道：

"中国幅员是那么广大，居民是那么多，气候是各种各样，因此各地方有各种各样的产物，各省间的水运交通，大部分又是极其便利，所以单单这个广大的国内市场，就够支持很大的制造业，并且容许很可观的分工程度。就面积而言，中国的国内市场，也许并不小于全欧洲各国的市场。假设能在国内市场之外，再加上世界其余各地的国外市场，那么更广大的国外贸易必能大大增加中国制造品，大大改进其制造业的生产力。如果这种国外贸易，有大部分由中国经营，则尤有这种结果。通过更广泛的航行，中国人自会学得外国所用各种机械的使用术与建造术，以及世界其他各国技术上、产业上其他各种改良。但在今日中国的情况下，他们除了模仿他们的邻国日本以外，却几乎没有机会模仿其他外国的先例，来改良他们自己。"④

换句话说，亚当·斯密眼中极具城镇化发展禀赋优势的中国，却没有利用好市场、交通、资源、技术和产业的优势，致使其城镇化发展从 18 世纪末期脱离世界城镇化的主要发展潮流，这不能不说是一大遗憾。另外，从分析方法

---

① ［英］亚当·斯密：《国民财富的性质和原因研究》（下），商务印书馆 2011 年版，第 246 页。
② 郭廷以：《近代中国史纲》（第三版），上海人民出版社 2012 年版，第 24 页。
③ 郭廷以：《近代中国史纲》（第三版），上海人民出版社 2012 年版，第 26 页。
④ ［英］亚当·斯密：《国民财富的性质和原因研究》（下），商务印书馆 2011 年版，第 247 页。

的角度看，亚当·斯密并未从生产关系角度来阐述城乡产业分工的利益分配等问题，而这在马克思那里得到了补充。

三、马克思对 19 世纪英国城镇经济发展的分析：资本与劳动的分工

马克思对城镇经济的古典分析，融合在他对资本主义生产方式和生产关系的历史分析中。在马克思的《资本论》中，阐述城市经济的发展是建立在资本主义商品货币关系的演变和劳资关系的互动背景下的，换言之，城镇经济在马克思看来是内生于资本主义生产方式和生产关系的。通过对《资本论》进行检索分析，我们发现，马克思既论述过商业城镇的经济发展，也论述过工业城镇的经济发展，但重点是资本主义工业城镇的发展。

（一）贸易型商业城镇：原始积累前提之一

马克思对商业城镇的研究集中在对资本主义原始积累和重商主义城镇的分析之中。例如，马克思在《资本论》第一卷中分析货币转化为资本时，曾举例说明剩余价值不产生于流通之中，但是商品所有者是完全有可能向消费者卖出高于价值的价格以获取利润的。这说明，就单个地区来讲，是完全可以产生贸易型城镇的："小亚细亚的城市每年向古罗马缴纳贡款，就是如此。罗马则用这些货币购买小亚细亚城市的商品，而且按高价购买。小亚细亚人通过贸易从征服者手里骗回一部分贡款，从而欺骗了罗马人。但是，吃亏的还是小亚细亚人。他们的商品仍旧是用他们自己的货币支付的。这绝不是发财致富或创造剩余价值的方法。"[1]

马克思所说的小亚细亚的城市位于小亚细亚半岛（Asia Minor Peninsula），又称安纳托利亚半岛（Anatolian Peninsula），是亚洲西部的半岛，位于今天土耳其境内。它是北临黑海，西临爱琴海，南濒地中海，东接亚美尼亚高原的古代城市群。这类城市群恰好处于亚欧之交的地带，从商业贸易的角度来讲，小亚细亚的城镇确实具有比较优势：它就是不发展任何工业，也可以从贸易利润中获取建设和发展城镇化的资本和资源。尽管不是创造剩余价值的方法，但这不影响它作为马克思所讲的原始积累的一种手段。只不过，随着历史的变迁，所谓的贸易地理优势是会随着交通运输工具改善与交通线路的优化而变化的，

---

[1] 《资本论》（第一卷），人民出版社 1975 年版，第 184～185 页。

小亚细亚贸易型城镇在今天的影响力远不如往昔，这也是商业贸易城镇缺乏内生发展动力的根本缺陷所在。对此，马克思曾略带戏谑地评价道："一个国家的整个资本家阶级不能靠欺骗自己来发财致富"。① 他甚至援引富兰克林的话"战争是掠夺，商业是欺骗"② 来形容商业过程不产生剩余价值。尽管"无商不奸"确实是对商业传统的基本认识，但马克思对商业的看法并不影响我们认识商业和贸易城镇的兴起的基本分析。

（二）圈地运动形成的早期工业城镇：原始积累前提之二

18～19 世纪英国的圈地运动，是"对农民土地的最后一次大规模剥夺过程"。③ 马克思针对这一过程指出，掠夺教会地产，欺骗性地出让国有土地，盗窃公有地，用剥夺方法、用残暴的恐怖手段把封建财产和氏族财产变为现代私有财产——这就是原始积累的各种田园诗式的方法。这些方法为资本主义农业夺得了地盘，使土地与资本合并，为城市工业造成了不受法律保护的无产阶级的必要供给。④ 据刘宗绪（1986）统计，在 1760～1844 年，圈地运动迅猛异常，圈地法案的数目多达 3800 多个，圈地面积达 700 多万英亩。⑤ 这些被圈占的土地拿来干什么了呢？

途径一：建资本主义农场，为早期工业城镇提供农产品并挤出剩余劳动力。贵族地主和大的农场主都积极投资农业、规划土地、改造荒滩和采用新的农牧业科学技术，为早期的工业城镇提供源源不断的农产品。虽然农业的商品生产率和数量都大大提高了，但是成千上万失去生产资料的农民却很难就地转移就业，一部分人成为农业产业工人，而大多数人被排斥为自由的劳动后备大军，这些产业后备军形成了对早期工业城镇的劳动力"无限"供给。

途径二：从工厂手工业起步到建立机器大工业体系，早期工业城镇开始追求规模经济。工业革命的基本物质技术前提是相当发达的工厂手工业，但工厂手工业的发展需要规模经济效应，土地的成片开发成为重要约束条件。圈地运动，一方面腾挪出供工业体系发展所需的稀缺土地，一方面把产业后备军源源不断地输送到这些工厂里。到 18 世纪中期，英国的毛纺织、采矿和冶金等部门的手工工厂广泛发展；手工工厂里分工越来越细密，劳动工具专业化水平越来越高，工人技术日趋成熟；制造业充分聚集的近代工业城镇成批量地诞生

---

① ②　《资本论》（第一卷），人民出版社 1975 年版，第 186 页。

③　《资本论》（第一卷），人民出版社 1975 年版，第 797 页。

④　《资本论》（第一卷），人民出版社 1975 年版，第 800 页。

⑤　刘宗绪：《世界近代史》，高等教育出版社 1986 年版，第 175 页。

了。与今天工业城市相比，早期英国的工业城镇专业化极强，其生产能力甚至可以达到供应世界市场上所需。

与此同时，为了配合制造业的能源和劳动力需求，一些近代焦炭工业城在制造业聚集的城市周边兴起，它们或者是资源、能源供应的工业基地（煤炭、石油等），或者是劳动力的卧城。1785 年后，蒸汽机开始应用于棉纺织厂，这为大工业提供了统一的动力基础，并在随后推动了一切工业部门的机械化和工厂的建立；蒸汽机的推广和各个部门的机械化，更加需要数量多、精度高和规格统一的机器。刨床、碹床、气锤、镗床等工作母机先后被发明出来。到 19 世纪 30～40 年代，一个新的工业部门——机器制造业诞生了。机器制造业的机器化标志着工业革命的完成。[1] 同时，英国的纺织、冶金、煤炭、机器制造和交通运输五类工业城市一举成为英国城市经济的发动机。

英国这种近代工业城镇的突出的生产函数性质，使得其他类型的城镇化模式在同一时期都显得十分逊色。可以说，18～19 世纪之交的工业城镇化模式，成为那个时代的主流城镇化模式，各个国家都期望自己能产生几个像英国那样的纺织、采矿、冶金、钢铁、运输城镇，来形成对经济增长的强大助推。

（三）机器大工业铸就的成熟工业城镇

随着机器工厂制度的发展和英国农业的工业化革命完成，不仅所有其他工业部门的生产规模扩大了，而且它们的性质也发生了变化。马克思指出，机器生产的原则是把生产过程分解为各个组成阶段，并且应用力学、化学等，总之就是应用自然科学来解决由此产生的问题……同工场手工业时期相反，现在，只要可行，分工的计划总是把基点放在使用妇女劳动、各种年龄的儿童劳动和非熟练工人劳动上，总之，就是放在使用英国人所谓的"廉价劳动"上。[2]

机器大工业的城市体系成熟后，分工日渐精细，工厂里机器对肌肉劳动的辅助和替代能力越来越强，低工资成本的妇女、儿童也逐渐成为城市工业的重要劳动力成员。这些人在这些由大工业和大农业所造成的"过剩"人口的最后避难所里，工人之间的竞争必然达到顶点。由于采用机器生产才系统地实现的生产资料的节约，一开始就同时是对劳动力的最无情的浪费和对劳动的正常条件的剥夺，而现在，在一个工业部门中，社会劳动生产力和结合劳动过程的

---

① 刘宗绪：《世界近代史》，高等教育出版社 1986 年版，第 180 页。

② 《资本论》（第一卷），人民出版社 1975 年版，第 505 页。

技术基础越不发达，这种节约就越暴露出它的对抗性的和杀人的一面。[1]

这种机器大工业城镇的兴起除了不断聚集大规模的产业后备军外，还促成了适用于在工人的私人住宅或者在小工场中进行生产的所谓家庭工业。"这种所谓的现代家庭工业，与那种以独立的城市手工业、独立的农民经济，特别是以工人家庭的住宅为前提的旧式家庭工业，除了名称，毫无共同之处。现在它已经变成了工厂、手工工场或商店的分支机构。"[2]　就是说，在城镇非正规就业的产业后备军基本上也从事着为大机器工厂代工、加工的零散工业，整个城镇因而变得一片机械喧哗。除此之外，由于专业性的需要，相当一部分中等及以下规模的工业城镇往往将其所有资源和地区都投入专门的某种行业中去，例如制鞋业造就制鞋城，汽车业造就汽车城，棉纺业造就纺织城等。

从劳动力供给和需求的角度看，"资本除了把工厂工人、手工工场工人和手工业工人大规模地集中在一起，并直接指挥他们，它还通过许多无形的线调动着另一支散居在大城市和农村的家庭工人大军。例如，梯利先生在爱尔兰的伦敦德里所开设的衬衫工厂，就雇用着 1000 个工厂工人和 9000 个散居在农村的家庭工人"。[3]　马克思所说的"许多无形的线"，笔者认为即是资本主义工业生产体系庞大的劳动力需求以及这种生产方式对城市和农村生产力的巨大改善，使得城乡过剩劳动力必须服从于资本主义生产方式的调度。"资本主义生产使它汇集在各大中心的城市人口越来越占优势，这样一来，它一方面聚集着社会的历史动力，另一方面又破坏着人和土地之间的物质变换，也就是使人以衣食形式消费掉的土地的组成部分不能回到土地，从而破坏土地持久肥力的永恒的自然条件。这样，它同时就破坏城市工人的身体健康和农村工人的精神生活。"[4]　城乡劳动力的紧张状态，以及"对工人个人的活力、自由和独立的有组织的压制"[5]　表现为"生产者殉难的历史"。[6]

马克思曾对此"城市病"举例进行分析。1863 年，英国枢密院下令调查英国工人阶级中营养最差的那部分人的贫困状况。调查范围一方面包括农业工人，另一方面包括丝织工人、女缝工、皮手套工人、织袜工人、织手套工人和制鞋工人。后一方面的各类工人，除织袜工人外，全是城市工人。按照调查的惯例，选择的对象是每一类工人中最健康的和境况比较好的家庭。如此选样，显然并不符合统计学的理论规定，其结果不具有通常的统计学意义，但是调查得出的总结论却是惊人的：

---

①②③　《资本论》（第一卷），人民出版社 1975 年版，第 506 页。
④⑤⑥　《资本论》（第一卷），人民出版社 1975 年版，第 552 页。

"调查过的各类城市工人中，只有一类工人消费的氮素略微超过那个免于患饥饿病的绝对最低量；有两类工人氮素和碳素营养都感不足，而其中一类相差很多；调查过的农业家庭中，有 1/5 以上得到的碳素营养少于必要量，有 1/3 以上得到的氮素营养少于必要量；有三个郡（伯克郡、牛津郡、索美塞特郡）普遍缺乏最低限度的氮素营养。在农业工人中，联合王国最富庶的地区英格兰的农业工人营养最差。农业工人中缺乏营养的主要又是妇女和儿童，因为男人要去干活，总得吃饭。"[1]

境况比较好的家庭尚且如此，那些境况不佳的家庭及工人，又当如何？

在调查过的各类城市工人中，营养缺乏的程度更为严重：

"他们的饮食非常坏，以致必然发生许多严重的有害健康的不足现象。调查过的各类工业工人中，有半数即 60/125 完全得不到啤酒，28% 得不到牛奶。平均每周消费的流质食物量，最低的是女缝工的家庭，只有 7 盎司，最高的是织袜工人的家庭，有 $24\frac{3}{4}$ 盎司。完全得不到牛奶的人当中，大部分是伦敦的女缝工。每周消费的面包量，最低的是女缝工，只有 $7\frac{3}{4}$ 磅，最高的是制鞋工人，有 $11\frac{1}{4}$ 磅，每个成年人每周消费的平均总量是 9.9 磅。糖（糖浆等等）每周的消费量，最低的是皮手套工人，只有 4 盎司，最高的是织袜工人，有 11 盎司；所有各类中每个成年人平均每周消费的总量是 8 盎司。每个成年人平均每周的奶油（脂肪等等）消费总量是 5 盎司。每个成年人平均每周的肉类（腊肉等等）消费量，最低是丝织工人，只有 $7\frac{1}{4}$ 盎司，最高是皮手套工人，有 $18\frac{1}{4}$ 盎司；各类工人每人消费的平均总量是 13.6 盎司。每个成年人每周的饮食费大致平均如下：丝织工人 2 先令 $2\frac{1}{2}$ 便士，女缝工 2 先令 7 便士，皮手套工人 2 先令 $9\frac{1}{2}$ 便士，制鞋工人 2 先令 $7\frac{3}{4}$ 便士，织袜工人 2 先令 $6\frac{1}{4}$ 便士。麦克尔士菲尔德丝织工人的饮食费平均每周只有 1 先令 $8\frac{1}{2}$ 便士。营养最差的是女缝工、丝织工人和皮手套工人"。[2]

---

① 《资本论》（第一卷），人民出版社 1975 年版，第 719 页。

② 《资本论》（第一卷），人民出版社 1975 年版，第 720 页。

而这些工人的居住条件，则是在房屋最便宜的地区；是在卫生警察的工作收效最少，排水沟最坏，交通最差，环境最脏，水的供给最不充分最不清洁的地区，如果是在城市的话，阳光和空气也最缺乏。[1] 以至于：一个工业城市或商业城市的资本积累得越快，可供剥削的人身材料的流入也就越快，为工人安排的临时住所也就越坏。因此，1865 年，城市比过去任何时候都更加拥挤不堪。马克思援引英国新堡热病医院的恩布尔顿医生的话说：

"毫无疑问，伤寒病持续和蔓延的原因，是人们住得过于拥挤和住房肮脏不堪。工人常住的房子都在偏街陋巷和大院里。从光线、空气、空间、清洁各方面来说，简直是不完善和不卫生的真正典型，是任何一个文明国家的耻辱。男人、妇女、儿童夜晚混睡在一起。男人们上日班和上夜班的你来我往，川流不息，以致床铺难得有变冷的时候。这些住房供水不良，厕所更坏，肮脏，不通风，成了传染病的发源地。"[2]

面对这样的城市病，19 世纪英国的城市"改良"，是通过下列方法进行的："拆除建筑低劣地区的房屋，建造供银行和百货商店等使用的高楼大厦，为交易往来和豪华马车而加宽街道，修建铁轨马车路等；这种改良明目张胆地把贫民赶到越来越坏、越来越挤的角落里去。另一方面，每个人都知道，房屋的昂贵和房屋的质量成反比，房屋投机分子开采贫民这个矿山比当年开采波托西矿山花的钱还要少，赚的钱还要多。在这里，资本主义积累的对抗性质，从而整个资本主义财产关系的对抗性质表现得如此明显。"[3] 由此，我们看到，马克思眼中的资本主义城市病的根源在于资本主义在 19 世纪所采用的财产所有制和劳资生产关系体系，城市病是内生于资本主义生产方式和生产关系的。

四、马歇尔对工业城镇发展研究的推进和对城市发展约束条件的观察：城镇中心与外围郊区的分工

（一）对工业城镇的发展研究

马歇尔是新古典经济学的集大成者。但是，在研究城镇化问题时，他采用了分工的视角进行分析，带有强烈的古典静态力学色彩，[4] 因此，本书将其城

---

① 《资本论》（第一卷），人民出版社 1975 年版，第 721 页。

② 《资本论》（第一卷），人民出版社 1975 年版，第 726 页。

③ 《资本论》（第一卷），人民出版社 1975 年版，第 723 页。

④ 苗长虹：《马歇尔产业区理论的复兴及其理论意义》，载于《地域研究与开发》2004 年第 1 期。

镇化的理论归类为古典范式的研究。早期对马歇尔经济学的研究重心侧重于其"地方范围经济"和"外部性"① 以及聚集经济在城镇化背景下的外部性（Bun Song Lee et al.，2010）等研究之上，但是，真正值得挖掘的是马歇尔（1890）在《经济学原理》中对工业城镇发展的经验分析，他指出，差不多在一切国家中，人口都是不断地向城市迁移。各大城市，尤其是伦敦，从英国其他一切地方吸收最优良血统的人；最有进取心的人、天才最高的人、有最健全的体格和最坚强性格的人，都到大城市去找寻发展能力的机会。在那些最能干和性格最坚强的人之中，住在郊外的人数日见增加，郊外有优良的排水、供水和灯光设备，还有优良的学校和户外游戏的好机会，这些条件之能增进活力，至少与乡村中所有的条件一样……工业向郊外迁移，甚至向新的田园都市迁移，以找寻和招用强壮工人的运动，似乎没有任何缓慢的迹象。② 这些经验性的描述，说明马歇尔已经注意到，他所在的工业革命基本完成的英国城镇（尤其是伦敦），具有吸纳劳力集聚的巨大能力，以至于城镇发展的基本动力源泉，必须依靠这些不断涌向城市的"无限"劳动力供给。③

那么，马歇尔所描述的这种劳动力向城镇迁移的动机是什么呢？除了城镇具有更好的发展机会和各种基础设施便利之外，还有没有一种内生的城镇经济发展机制推动这些劳动力进城开拓呢？我们认为，马歇尔在经验分析之后，从

---

① J. Vernon Henderson. Marshall's scale economies [J]. Journal of Urban Economics，2003（53）：1 - 28.

② ［英］马歇尔：《经济学原理》（上），商务印书馆1964 年版，第217 ~218 页。

③ 马歇尔对此举例进行了生动地说明："当时，住在伦敦的有五十三万人，住在其他都市和镇市的有八十七万人，住在大小乡村的有四百（零）十万人。将这些数字与英国和威尔士1901 年的人口调查比较之后，我们知道那时伦敦有四百五十万以上的人口，还有五个城市平均有五十万以上的人口，另外超过五万人口的六十九个城市平均有十万以上的人口。还不止此：因为人口没有被计算在内的许多郊区，往往实在是大城市的一部分；而在某些情况下，几个邻近城市的郊区纵横交错，构成一个很大的、但颇为分散的城市。曼彻斯特的郊区有居民二十二万人，可算为一个大镇市，伦敦的郊区西哈姆有居民二十七万五千人，也是如此。有些大城市的边界，每隔不固定的时间就会把这样的郊区包括进去；结果，一个大城市的真正人口也许增长很快，而名义上的人口却增加很慢，甚至减少，然后又突然跃升。好像利物浦名义上的人口，在1881 年是五十五万二千，1891 年是五十一万八千，而在1901 年跃到六十八万五千。类似的变化在其他国家也有发生。例如，十九世纪中期巴黎人口的增长，比整个法国人口的增长快二十倍。德国城市的人口是以每年牺牲农村人口的百分之一点五来增加的。美国在1800 年没有一个城市的居民在七万五千人以上，到1905 年三个城市的居民共有七百万人以上，还有十一个城市，各有人口三十万以上。澳大利亚的维多利亚的人口有三分之一以上集中在墨尔本。我仍必须记住：城市生活的特征，每随城市及其郊区的扩大而在利弊的程度上有所增加。乡村中的新群空气在接触普通的伦敦居民之前，比接触一个小镇市的普通居民之前，要经过多得多的有害气体的发源地，伦敦居民一般必须走得很远才能接触乡村的安闲和幽静的音调及景色。所以，有四百五十万居民的伦敦，比只有四万五千居民的镇市，使英国生活的都市性增加了百倍以上。"这段精彩的经验性描述，参见马歇尔：《经济学原理》（上），商务印书馆1964 年版，第217 ~218 页。

城镇工业组织和大工厂运作的角度给出了答案，这是他在城镇经济理论上的卓越贡献。

马歇尔指出，我们必须研究聚集在一个工业城镇或人口稠密的工业区域的狭小范围内熟练工人集团的命运。[①] 这些工人和工业城镇人口的命运，显然就和工业城镇本身的发展息息相关了。我们注意到，马歇尔（1842～1924）他本人正好生活在英国工业革命完成，并开始用工业产品征服世界的"日不落帝国"的鼎盛期。这个时候的英国工业城镇，已经完全进入城镇化古典条件向新古典条件转化的重要时期。工业行业开始大规模地把产业链集聚到城镇，并雇佣不同技能的工人，使其聚集于工厂进行生产性劳动，这个过程还能够利用工人之间的学习效应，实现集中成批的技术创新。

马歇尔据此分析道："当一种工业已这样选择了自己的地方时，它是会长久投在那里的：因此从事同样的需要技能的行业的人，互相从邻近的地方所得到的利益是很大的。行业的秘密不再成为秘密，而似乎是公开了，孩子们不知不觉地也学到许多秘密。优良的工作受到正确的赏识，机械上以及制造方法和企业的一般组织上的发明和改良之成绩，得到迅速的研究；如果一个人有了一种新思想，就为别人所采纳，并与别人的意见结合起来，因此，它就成为更新的思想之源泉。"[②]

除此之外，马歇尔还从分工角度研究了城镇"中心"与外围"郊区"的区域分布和交通导向。他敏锐地观察到，虽然城市总体上在聚集劳动力，但劳动力本身存在男工、女工、童工的异质性（更毋宁说每个劳工在技术上的异质性），所以不同性质的工业企业所需要的劳动力实际上是多样化的。城镇工业布局的差异会带来这些劳动力就业的工资差距。核心区域的制造业部门（如炼铁工业）工资高，往往招聘男工；而纺织工业则倾向于聚集在矿厂和机械工厂附近，尽可能招聘女工、童工，以降低工资成本。这样一来，"在我国（指英国，笔者注）的某些工业城镇，职业多样化的利益与地方性工业的利益兼而有之，这是它们不断发展的一个主要原因。但是，另一方面，一个大城市的中心地带所有的用于贸易目的之价值，使它能有比用作工厂的厂址所值的高得多的地皮租金，即把上述兼有的两种利益考虑在内，也是如此。在商店职工与工厂工人之间，对于住宅地位也有类似的竞争。结果是：现在工厂集中在大城市的郊外及其附近的工业区域，而不是集中在大城市之中"。[③] 或者换言之，工业

---

① ［英］马歇尔：《经济学原理》（上），商务印书馆1964年版，第283～284页。
② ［英］马歇尔：《经济学原理》（上），商务印书馆1964年版，第284页。
③ ［英］马歇尔：《经济学原理》（上），商务印书馆1964年版，第285页。

城镇对地租和劳动力成本的高度敏感性，使得城镇向郊区蔓延，这成为马歇尔时代城市经济发展的主题。此时，关于工业城镇区域分布的经济分析逐渐成为后来城市经济学和区域经济学研究的重要主题。怎样的城镇区域规划最符合工业发展的需求，有没有最优的城镇区域规划？这类问题，引导了一大批后续的城市经济学研究。可以说，马歇尔对 19～20 世纪之交的英国工业城镇的分析功不可没。

马歇尔还以英国近代史作为例证，研究了交通工具的改良对于城乡工业地理分布的影响。他的基本思路是从运输成本的角度考察交通改良对城镇发展和城镇经济的影响，这构成了现代城市经济学的研究分支——交通运输经济学的开端。他指出："每当交通工具跌价，和远地之间的思想自由交流每有新的便利，会使工业分布于某地的种种因素的作用就随着变化。一般地，我们必然这样说：货运的运费和关税的减低，会使每个地方从远处更多地购买它所需要的东西；因而就会使特殊的工业集中在特殊的地方。但另一方面，凡是增加人们从一处迁往别处的便利的事情，会使熟练的技术工人接近购买他们的货物的消费者，而竭力使用他俩的技能。这两种相反的倾向，从英国人的近代史中得到良好的例证。"①

（二）关于工业城镇经济发展约束条件的剖析

马歇尔观察到，一国的工业趋于专门化的最显著的运动之一，就是近代英国的非农业人口的迅速增加。② 这句话所凸显的，是工业城镇发展对农业过剩人口吸纳这一重要的约束条件的变化。众所周知，英国不是一个人口大国，特别地，它也不是一个农业大国，其工业革命不可能指望一直提取农业剩余支援工业，更不可能源源不断地利用农村剩余劳动力的人口红利来发展城镇。马歇尔分析道：

"英国农业（人口）的实际减少，没有初看起来那样多。的确，在中世纪时，3/4 的人民算作是农民的；据最近人口调查的报告，九个人中只有一个人从事农业，而在下一次人口调查的报告中，从事农业的，十二个人中恐怕不会超过一个人了。但是，我们必须记住：中世纪的所谓农业人口，不是专门从事农业的；他们自己做了现在的酿酒工人与烘面包工人、纺织工人、泥水匠和木匠、男女成衣匠和其他许多行业的工人所做的工作的大部分。这些自给自足的

---

① ［英］马歇尔：《经济学原理》（上），商务印书馆 1964 年版，第 286 页。
② ［英］马歇尔：《经济学原理》（上），商务印书馆 1964 年版，第 287 页。

习惯慢慢地消灭了，而其中大多数到十九世纪之初几乎绝迹了，恐怕那时用于土地的劳动，在英国全部产业中所占的部分，比中世纪并没有多大的减少；因为，虽然英国停止输出羊毛和小麦，但用人力从土地中所得的产物之增加是如此之大，以致英国农民在技术上的迅速改良，都不足以遏制报酬递减律的作用。但是，大部分的劳动逐渐从田地转向制造供农业用的高价机械。这种变化对于那些被算作农民的人数，没有发生很大的影响，只要机械是用马匹来拖动，这些人总是算作农民的：因为，照管马匹和喂料工作是算作农业工作的。但是，在近年中，在田地上使用蒸汽机的迅速发展，与农产品输入的增加同时发生。以燃料供给这些蒸汽机的煤矿工人，以及制造这些蒸汽机和在田地上掌握它们的机械工人，都不算作从事农业的人，虽然他们的最终目的是促进土地的耕作。因此，英国农业（人口）的实际减少，就没有初看起来那样大了；但在农业的分布上发生了一种变化。一度为农业劳动者所做的许多工作，现在是由专门的工人来做了，而这些工人则属于建筑业或筑路业、搬运业等类。一部分因为这个理由，从事农业的人数迅速地减少，而居住在完全农业区域的人数，却未迅速减少，反而常有增加。"①

英国工业革命后城镇化的约束条件迅速变化的过程为马歇尔清晰地记录下来，从而让 19 世纪以来工业在城镇和产业系统的普及，以及劳动人口逐渐脱离农业的束缚过程有了经济学的表述，这就为后来的经济学家分析城乡二元经济找到了切入点。第一，劳动人口从农村向城市转移，主要受到工业吸纳就业能力的约束，反过来讲，工业城镇发展的劳动力约束，也受制于所在国农村剩余劳动力的可转移的总量；第二，工业不仅改善了城镇的就业和发展状况，同时也在改善农业的现状，农业工业化的过程本身也是通过改善农业生产效率来减少对劳动力的依赖。一部分农业人口可以通过就地转移就业的方式进入由工业化组织起来的农业生产，成为农业工人。从此意义上说，工业革命不仅带来了城镇化的迅猛发展，同时也带来了城乡二元化的对立，因为脱离农业的劳动人口可能不能持久地在工业部门找到就业生存的空间，而传统农业被改造为现代农业后，进城务工人口再也回不到农业就业，这就是一个城镇化挥之不去的经济社会难题——持续的产业后备军不断地被再生产出来。单纯靠工业化，特别是资本排斥劳动的（或称节约劳动型技术进步）的工业城镇模式本身，是解决不了这个城乡劳动力供给和需求的矛盾的。从这个意义上说，马歇尔对城镇中心与农村外围分工的分析带有恒久论

---

① ［英］马歇尔：《经济学原理》（上），商务印书馆 1964 年版，第 288 页。

的色彩，农村和农村劳动力始终处于"辅助"的地位。

五、刘易斯的二元经济分析框架：资本主义部门和维持生计部门的分工

20世纪50年代，阿瑟·刘易斯运用古典经济学方法，开拓出一条关于城乡二元经济和劳动力无限供给假说的分析之路，并由此荣获诺贝尔经济学奖。在刘易斯经典论文《劳动力无限供给下的经济发展》的开篇，开宗明义地写道："这篇文章由古典传统写成，采用古典假说，提出古典问题"。对亚当·斯密和马克思的古典城镇化研究，刘易斯评价道："从亚当·斯密到马克思，无限劳动力供给在生存工资率下是可能的"，[①] 因此，城乡二元经济的存在机制，就是由两方面构成：一方面是从农村和农业不断涌向城市的剩余劳动力；另一方面是城市现代部门提供制度性的低工资以雇佣这些劳动力。刘易斯的无限劳动力假设主要是基于埃及、印度、牙买加这类发展中国家，但是对英国、西北欧以及缺乏男性劳动力的非洲和拉丁美洲，无限劳动力假设并不正确。刘易斯通过无限劳动力这个线索来研究城市和农村的二元经济形成及发展趋势，但是他主要的目的还在于探讨分配、积累和增长问题。在刘易斯的眼中，城镇化带来的是一个发展中的二元分化结构，这种分化作为一种城乡分工，带来全新的增长模式和动力，同时也把隐藏在生产力进步背后的二元社会利益结构凸显出来，引发城乡不同社会群体的分配难题。

从研究过程看，刘易斯从封闭经济和开放经济的角度，分别论述了城乡二元结构条件下的资本积累和利润率问题，城市现代部门的低工资率是刘易斯二元经济模型得以存在和发展的重要条件。从分工的角度看，刘易斯把城乡的主要经济部门分成资本主义部门和维持生计部门，资本主义部门指的是"经济中使用再生产性资本，由于这种使用而向资本家支付报酬的那一部门"。[②] 而维持生计部门主要指农业部门，但也包括部分非正规就业的部门。这种分工依据，刘易斯采用资本收益率进行衡量，在他眼里，维持生计部门的人均产量低于资本主义部门，因此，收益率也相应低。所以，两大部门竞争的结果是，维

---

① Lewis W. A. Economic development with unlimited supplies of labour [J]. The Manchester School of Economic and Social Studies, 1954, 2 (2): 139 – 191.

② 这同亚当·斯密给生产性工人下的定义是相符的。他认为，生产工人是那些用资本进行生产并能因此按他们的工资之上的价格出卖其产品的那些人。参见刘易斯：《二元经济论》，北京经济学院出版社1992年版，第7~8页。

持生计部门成为资本主义部门的附庸，不得不采用"输血"的方式支援资本主义部门的发展壮大。最后的结果是维持生计部门所在的农村区域也必须支援资本主义部门所在的城市区域的发展；部门间分工，扩大为地区间、城乡间的分工了。而刘易斯二元发展过程中所显示出来的"刘易斯转折"问题，则只是一个研究的副产品，尽管这个问题在今天被广为探讨。

通读刘易斯的著作，尽管分部门论述是其探讨城镇化的基本思路，但利益分配问题才是刘易斯二元经济论分析城镇化过程的核心。城乡间的部门分工，既是生产率的分工，也是行业分工，更是不同人群间的分工，背后凸显的是二元经济下城镇化增长背后的利益冲突问题。

对此，刘易斯不无避讳地探讨了妇女、黑人、工人贵族、少数民族、游民无产者等群体的生存和发展可能性。他认为城镇化发展的必然结果是出现"好工作"和"差工作"的差异，而好工作和差工作的收入差距是上述人群"被选择"进入城镇的正式部门、非正式部门或农业部门的关键。刘易斯隐晦地表明，城镇和农村二元分工的差异保持在一定水平，有可能使雇主尽可能地雇佣城乡的廉价劳动力，[①] 这样，二元化的体制性差异"张力"才能持久地保证经济增长。从这个角度看，刘易斯的二元论是没有一元化的可能性的，只有城乡的部门间、工资间、人群间、利益间保持一定的差距，恒久的二元增长模型才能实现。这种预期，对旨在抹平城乡发展差距的国家和地区来讲，不是好消息。换句话说，解决刘易斯城乡二元论框架下的那些棘手问题，必须跳出二元论的框架才能有所突破。城镇化，在刘易斯那里，始终需要一个落后的农村作为支撑，这是令人感到悲观的一个预期。尽管刘易斯从学术上带出了一批追随他的二元论的著述，但是，从政策上讲，二元论必须要被突破，才能真正解决刘易斯当年提出的城镇化发展过程中的那些未决的问题。

六、杨小凯的"城市经济学新兴古典框架"：工业与农业的分工及其交易效率

杨小凯在他的"新兴古典经济学"框架和超边际分析中，沿用了亚当·斯密和马歇尔关于分工经济含义的思想，将他们对城镇化的理解继续在古典分析的道路上向前推了一步。他采用了角点解的超边际分析，来构造城市的起源与城乡工业、农业的二元分工。我们可以把杨小凯的学说概括为"城市经济学

---

① ［英］刘易斯：《二元经济论》，北京经济学院出版社1989年版，第168页。

的新兴古典框架"。

杨小凯首先对刘易斯（Lewis，1988）和拉尼斯（Ranis，1988）的观点进行了批判。他认为，刘易斯发展劳动力剩余理论的最初动机，是为了解释促进分工演进的发展机制；根据这一思想，城乡二元结构更多地是指社会分为自给自足地生产产品与专业化地生产商品两大部门，而不是指农业部门和工业部门。[①] 根据笔者对刘易斯二元经济理论和城镇化理论的理解，实际上刘易斯本人用得更多的是资本主义部门和维持生计部门[②]，以及现代部门和传统部门[③]这样的说法。农业和工业部门的二元划分实际上是后来研究刘易斯二元理论学者的观点。杨小凯从分工角度的解释实际上更贴近刘易斯对城乡二元经济分析的本义。

现在的问题是，如何从分工角度来分析城市经济理论和城镇化过程？杨小凯解释道："直到 1990 年代，还没有发展出解释城市如何从分工中出现的一般均衡分析。"[④] 杨小凯及其合作者对这个问题的拓展分析集中在两篇文章上。

杨小凯预测，如果所有人居住在一个很小的地方组成城市，则交易效率会因为贸易伙伴交易距离的降低而提高，因此，分工水平和生产力水平也会提高（Yang，1991）。这是所谓的城市的集聚效应。但是杨小凯认为，这个模型本身解释不了城乡二元结构的分化（分工），因为聚集效应会把所有人聚集到一个城市。那什么因素会导致城乡二元分工呢？

杨小凯和赖斯（Yang and Rice，1994）回答了这个问题。他们指出，城市与城乡差别的出现是分工和个人专业化演进的结果。假定食物（即农产品，笔者注）的生产是土地密集型的，而很多工业品（即制造业，笔者注）的生产则不是土地密集型的。在每种产品的生产上有专业化经济，而贸易会产生交易成本。因此，专业化经济和交易成本之间就会有一对两难冲突。如果交易效率低下，个人会选择自给自足，此时没有市场，也没有城市。

随着交易效率稍有提高，专业化经济与交易成本之间的两难冲突折中的结果，就是出现了半专业化的农民和半专业化的服装制造者之间的分工。由于农业是土地密集型而服装制造业不是，故农民的居住就分散，而每一个服装制造者则居住在一个农民的附近，以降低交易成本。因此，农业和服装制造业之间低水平的分工不会产生城市。

---

① 杨小凯：《发展经济学：超边际与边际分析》，社会科学文献出版社 2003 年版，第 16 页。

② ［英］刘易斯：《二元经济论》，北京经济学院出版社 1989 年版，第 7 页。

③ ［英］刘易斯：《二元经济论》，北京经济学院出版社 1989 年版，第 149 页。

④ 杨小凯：《发展经济学：超边际与边际分析》，社会科学文献出版社 2003 年版，第 267 页。

随着交易效率进一步提高，在农民和工业制造者的分工之外，又出现了服装制造者、房屋制造者，以及家具制造者。由于这些制造者的生产并非土地密集型，故他们既可以分散居住，也可以集中居住在城镇。为了节省分工以及制造业者之间交易引起的交易成本，他们将居住在一个城镇。因此，专业制造业者之间以及职业制造业者与农民之间高水平的分工，就会使城镇以及城乡差别出现。在这个故事中，如果不同的专业制造业者居住在城镇，则制造业者（城镇居民）之间的交易成本系数，就比农民（农村居民）与城镇居民之间的交易成本系数要小得多。由于农业和工业生产中土地密集程度的不同，这种交易效率的差别，就成为城镇从分工中出现的驱动力。[1] 显然，从杨小凯和赖斯的分析来看，产生城市的根源是与分工的深度、交易成本的高低严格相关的。他分析的线路带有强烈的古典色彩，[2] 即牢牢把握城市经济内部不同产业部门及其从业者的劳动分工现状，来内生地推导出城市（镇）产生的经济根源。在方法上，杨小凯引入了科斯的交易成本学说，使得市场无摩擦的真实成本在城市（镇）经济起源过程的分析中更为显著。

那么，杨小凯从分工角度解构的城乡二元分化会向哪个方向发展呢？从工业革命后城乡经济发展数百年的过程来看，城乡二元经济要么走向永久的隔阂——即城乡巨大差异无法弥合，城乡居民甚至出现因经济条件差异而引起的社会地位差异；要么在经历城乡二元分化一段时间后，走向城乡一体化——即城镇和乡村的居民在效用水平上无明显的差异，甚至农村居民不但享有城镇居民所有的现代化设施，而且还拥有更加舒适的生态环境。

这个发展过程显然不仅仅只是分工能解释了，如果要分工，那城乡走向一体化又当如何解释？杨小凯对此的分析是：在城镇化和分工的发展中，由于城镇居民之间的交易距离比农村居民要短得多，其交易效率也就更高，城镇居民的专业化水平和生产力就比农村居民提高要快得多。在经济从低分工水平向高分工水平过渡的转型阶段，用生产力差别和商业化收入差别表示的城乡二元结构就会发生。但是，不同地区之间以及不同职业之间的自由流动，会使城乡之间人均真实收入均等化，尽管其人均商业化收入会不平等。随着交易效率持续提高，经济将演进到一种完全分工状态。此时城乡二元结构就会消失，而城乡之间生产力、商业化程度，以及商业化收入也会均等。[3] 显然，如果仅从交易

---

① Yang, X. and Rice R. An equilibrium model endogenizing the emergence of a dual structure between the urban and rural sectors［J］. Journal of Urban Economics，1994（25）：346–368.

② 杨小凯等人的分析方法带有新古典特征。

③ 杨小凯：《发展经济学：超边际与边际分析》，社会科学文献出版社 2003 年版，第 268 页。

效率的角度来推演，城乡关系在杨小凯的新兴古典分析框架里呈现这样的过渡过程：

第一阶段：生产力低下——城乡无分工，人们聚集在一处，这里既是"城"也是"乡"；

第二阶段：生产力发展——交易效率提高，城乡呈现分工的明显优势与必要，城乡分工开始展开、扩大；

第三阶段：生产力高度发展——城乡分工和效率达到更高水平，城乡一体化出现。

但是，杨小凯从古典经济学分工角度分析的城乡发展关系的过渡过程，忽略了城乡发展过程中，不同人群之间社会生产关系的变化。实际上，决定城乡分治还是城乡一体化的关键因素，除了生产力、分工这些硬约束外，城乡社会生产关系的冲突与和谐，也会直接影响城乡关系发展的趋势。所以，杨小凯的新兴古典框架遗漏了对城乡软环境及生产关系框架下的社会分工的分析，因此他对城乡发展趋势的预判过于理想化了。

七、大卫·哈维的资本主义积累与城镇化研究：产业资本和商业资本的"空间分工"

大卫·哈维（David Harvey）是当代西方地理学家中以思想见长并影响极大的一位学者。他早年成名于其地理学的研究，代表作为 1969 年出版的《地理学的解释》一书。大概从 20 世纪 70 年代开始，哈维开始用马克思《资本论》的研究方法阐述他对城镇化的理解，因此，本书将哈维视为运用古典分析范式研究城镇化的学者。在哈维看来，马克思的地理空间思想和城镇化理论在资本积累过程中长期被忽略。[①] 为了清楚地阐述马克思的城镇化和地理空间理论，必须回到马克思的资本循环和资本积累过程，进行深入解析。

在哈维看来，《资本论》第一卷所揭示的普遍积累法则（general law of accumulation）是解开资本主义城镇化和空间问题的关键。他将其概括为图 2 – 1。

① David Harvey. The urbannization of capital studies in the history and theory of capitalist urbanization [M]. Johns Hopkins University Press, 1985：32.

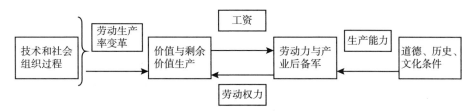

图2－1　大卫·哈维的资本积累过程

资料来源：David Harvey. The Urbanization of Capital，Jones Hopkins University，1985：5.

哈维认为，资本主义过度积累（overaccumulation）的过程，产生了下述四个结果：（1）商品的过分生产——产品市场供过于求；（2）利润率下降；（3）资本剩余，意味着空闲的生产力；（4）劳动力剩余或者劳动力的剥削率上升。[①]

为了解决上述问题，哈维认为，马克思在《资本论》第二卷关于资本循环理论中给予了解答，其中，固定资本（fixed capital）和消费基金（consumption fund）的相对独立性构成了资本主义城镇空间分工的重要理由。固定资本因其投入资本量大，不易移动，因此它的空间位置要有利于生产和资本循环，为了这一目的，资本主义城镇需要围绕固定资本"建设生产环境"（build environment for production）；同理，由于消费过程独立于直接生产过程，为了让社会的消费基金更好地消费，资本主义城镇需要围绕消费基金"建设消费环境"（build environment for consumption）。这时候，一个关于城镇空间和城镇资本积累相互协调的问题就出现了。如何在这些环境建设和空间布局中妥善调整这些固定资本、消费环境设施，不仅使其空间上均衡、功能上互补，还能降低相互间的通勤成本，这就是《资本论》关于生产过程以及独立于生产过程之外的消费过程未能充分阐明的问题了。

哈维指出，对固定资本的利用，关键在投资生产的过程。相对于生产本身而言，如何购买这些要素则是独立于生产之外的"故事"。此时，"空间与时间的边界在交换过程中是由社会决定的"，[②] 这个"社会决定"的实质，不过是投资到交通、通信等降低空间障碍并提高地理边界以利于交易的种种手段。资本主义社会衍生的资本市场和信贷系统，为这些长期投资提供了可能。

从商品市场即消费环境的角度来看，由于人们要花费金钱和时间来消费，因此，消费环境设施的空间和地理便利程度，必须使消费在时间和空间上都能

①②　David Harvey. The urbannization of capital studies in the history and theory of capitalist urbanization [M]. Johns Hopkins University Press，1985：4－6，186.

相互协调，这就要求相关的设施不能仅仅考虑空间独立性，还必须考虑人们消费过程的舒适性、通达性，这是消费环境设施建设区别于固定资本建设的地方。①

另外，由于劳动力必须每天回家休息以便实现"劳动力再生产"，因此，在劳动力市场以及劳动力工作、生活、购物的城市化和经济地理配置方面，要充分考虑便于劳动力再生产以及在劳动力市场寻找工作机会的各种可能状态。城镇所有设施的功能设置，最终是围绕着劳动力即"人"的基本需求和发展性需求而配置的。

以上分析表明，几个独立于资本循环系统的过程均要求不同水平的城市化经济空间配置，哈维据此提出了一个叫作"空间分工"（spatial division）的概念，② 空间分工的目的是服务于资本循环过程中的劳动分工，其实质是产业资本和商业资本在各自领域执行不同职能的"空间分工"解析。从这个角度看，哈维的思想实质上是延续着亚当·斯密—马克思—马歇尔—杨小凯的思想从分工角度探讨城镇化。他把独立于资本主义生产过程之外的城镇经济地理视为资本主义积累过程中必不可少的分工，这一分工与资本循环相得益彰。而在马克思的原著那里，生产过程之外的这些空间问题虽有涉及，但是却基本视为可以自动解决的问题，这更显得哈维的研究具有发展马克思主义经济学关于城镇化研究的特点。

与马克思近似的是，哈维特别注重生产关系和阶级结构的分析。为了论证这个资本主义城镇化进程中与资本循环紧密相关的问题，哈维提出了三个核心概念：第一是"阶级—垄断地租"（class-monopoly rent）；第二是阶级结构（class structure）；第三是计划的意识形态（ideology of planning），并以此展开了对资本主义城市化和资本主义积累的分析。他认为，资本主义城镇化的进程不仅有助于资本积累，同时也加剧了阶级结构的两极化积累，阶级矛盾和不平等问题，成为哈维笔下资本主义城镇挥之不去的社会难题。

孟捷、龚剑（2014）还总结到："在哈维的理论中，土地所有权和地租因完全纳入资本循环，而被'内生化'了。在此意义上，哈维主张，土地所有权和地租对于土地利用和资本积累的空间配置，可能起到马克思当年未曾设想过的正面作用"。③ 本书认为，土地所有权和地租只是资本主义城镇化和城镇

---

① ② David Harvey. The urbannization of capital studies in the history and theory of capitalist urbanization [M]. Johns Hopkins University Press，1985：186－187，189.

③ 孟捷、龚剑：《金融资本与"阶级—垄断地租"——哈维对资本主义都市化的制度分析》，载于《中国社会科学》2014 年第 8 期。

资本积累的必要手段，因此才有"内生化"一说。哈维理论的核心在于把城镇化当作资本循环的一个外在独立、但内有联系的过程，这确实有一定新意，他敏锐地捕捉到了资本主义生产和再生产过程所需要的不仅仅只是马克思所指的企业载体、劳资关系，而且还包括容纳这些主体的空间体系——城镇。而张佳（2011）将哈维这种解决资本主义过度积累危机的分析方法，解释为"时间空间修复理论"，即通过时间延迟和地理扩张解决资本主义危机的特殊方法。这表明："随着资本追求利润的无限扩张和积累，出现了盈余资本和劳动，这些过剩资本和劳动在资本主义体系内部是无法消化的；时间修复不能根本解决资本过度积累危机，这就决定了必须采取空间修复策略，开拓国外的新空间，实现资本的横向空间转移"。[①]

方法论上，哈维坚持一分为二的辩证法，既看到城镇化对资本积累的正面促进作用，也看到城镇化对阶级矛盾激化的内在作用。这是单纯考察城镇生产力的那些理论分析最为欠缺的地方，也是哈维对古典城镇经济理论的方法论贡献。

八、小结

本章以时间为"经"，以分工为"纬"，梳理了威廉·配第、亚当·斯密、马克思、马歇尔、刘易斯、杨小凯和哈维这些学者采用古典视野分析城镇化的理论学说。总体而言，今日城镇化在世界范围内所遇到的种种问题，古典学派的经济学家都曾或多或少论述过、预测过，有些甚至提出了恰如其分的解决办法。与新古典学派的城镇化研究注重技术分析不同的是，古典学派的这些经济学家往往注重对城镇化的历史分析、阶级分析和案例分析，他们非常善于深入各国城镇化发展的各种矛盾中，从问题出发，探讨各国城镇化的起因、过程和发展趋势。这对政策制定者和后来研究城镇化的学者，都是极其重要的财富，需要及时总结、沉淀并汲取他们论述的精华并为我所用。

当然，因为古典学派的经济学家众多，各种理论也浩如烟海，我们不可能全部概述所有古典学派经济学家对城镇化的观点，只是摘取那些各个历史时期最具代表性的研究，对城镇化古典学派的思考做出总结。[②] 后续的研究将围绕着古典学派城镇化研究与新古典学派城镇化研究的对比逐渐展开，为逐渐完善

---

① 张佳：《全球空间生产的资本积累批判——略论大卫·哈维的全球化理论及其当代价值》，载于《哲学研究》2011 年第 6 期。

② 本书采取的线索是"分工"的线索。

城镇化理论尽点绵薄之力。

第二节 新古典城镇化理论政策分析

关于城市化新古典学派的纯理论与政策研究，基本思想源自古典学派对城镇化的分析。不同的是，他们采用了更为复杂的研究工具并根据人类城镇化的新进程，探索了许多细致的问题。这一体系大体分为两条主线。

第一条线路是空间均衡（spatial equilibrium）思想的应用。代表性的框架是由三位经济学家开创的，称为 Alonso – Muth – Mills 模型，[①] 这个模型里要素供给市场是充分竞争和流动的，因此才有所谓的空间均衡；在他们之后，凯恩（Kain，1968）的论文指出了空间错配假说的重要性，而简·雅各布斯（Jane Jacobs，1970）则从城市的经济起源和创新的角度补充了空间均衡思想对城市经济史分析的不足。简·雅各布斯认为城市需要不断把新的产品或工作添加到旧有的产品和工作中去，形成城市的内生发展动力，换言之，供给创新的产品和技术比供给要素更重要。亨德森（J. Henderson，1974，1977，1988）以及布莱克和亨德森（Black and Henderson，1999）将城市空间均衡思想形成逻辑体系，深入研究了城市范围和种类，同时考察了城市发展的供需两面，并寻求城市发展的一般均衡体系。克鲁格曼（P. Krugman，1991a，1991b）从技术与交通成本的经济地理角度对空间均衡思想做了解释，并指出城市聚集经济在降低成本方面的作用，克鲁格曼的思路对城镇化供给一个低成本运作的交通体系和贸易体系有着巨大的推动作用。格莱泽（E. Glaeser，2008）对这一新古典主线的分析做了汇总和展望：新技术和交通成本的进一步降低，将使专业化制造型城市的比例降低，但会使专业化生产创意和思想的城市重生（rebirth），照此看来，未来的城镇化发展能不能供给出一些创意"制造"型、思想"生产"型城市，可能是突破既有的城镇化模式的关键。

第二条线路则是从刘易斯开创的二元经济路径展开的一系列联系城市和农村的新古典分析。约根森（D. W. Jorgenson，1961）将刘易斯二元经济的两部门生产函数化，展开城乡市场出清分析，并兼顾了城乡供求两侧的分析；托达罗（Tordaro，1969）、哈里斯和托达罗（Harris and Tordaro，1970）将迁移人

---

① W. Alonso. Location and land use ［M］. Harvard University Press, 1964; R. Muth, Cities and housing ［M］. University of Chicago Press, 1969; E. Mills. An aggregative model of resource allocation in a metropolitan area ［J］. American Economic Review, 1967 (57)：197 – 210.

口的预期收入引入城镇化的研究，形成较为贴近发展中国家城镇化人口迁移实际情况的一套分析范式，其分析的特点是带有预期理性的农业剩余劳动人口供给城市发展及其迁移决策模式；拉克西特（Rakshit，1982）则从凯恩斯主义有效需求角度分析了农村的农业部门和城市的非农业部门的均衡发展关系，补充了二元经济分析中对有效需求研究的不足，但是，缺乏对供给侧特别是有效供给的分析。[①]

鉴于论题的关系，这里我们着重对新古典主义从二元经济角度论述的第二条线路展开详尽的综述，以期探讨那些与城镇化刘易斯转折相关的论断。

一、约根森（Jorgenson）的城乡二元经济新古典开拓

现任哈佛大学经济系教授的约根森于 20 世纪 60 年代在《经济学杂志》（*The Economic Journal*，1961）和《牛津经济论文》（*Oxford Economic Papers*，1967）发表了两篇关于二元经济发展和增长的重要论文，奠定了他在两部门增长领域中的学术地位。约根森的论文严格说并未以城市作为研究对象，但我们仍旧认为他的模型和思想可以视为新古典城市经济学的代表。

约根森研究的起点是从哈罗德—多马、杜森贝利—史密斯、托宾—索洛，以及卡尔多等新古典增长模型中找到了理论突破口。他认为，上述增长模型有一个共同特征：即把单部门生产单个商品（a single commodity and a single producing sector）作为模型展开的基本架构，[②] 但忽视了经济中始终存在一些发展相对滞后的经济部门（backward economies），因此他采用了一系列关于二元学说的经典理论（如 W. A. Lewis，1955；J. H. Boeke，1953；Higgins，1956；etc.）作为分析的理论基础。他假定经济中有一个高级的现代部门和一个落后部门；现代部门主要从事制造业，而落后的部门主要从事农业。他的模型框架如下所述。

（一）对农业部门

农业的生产取决于土地和劳动，除土地改良等农业投资外，农业不存在资

---

① 拉克西特之后，二元经济的代表性分析日渐稀少。大概到日本、中国台湾、中国大陆地区相继出现刘易斯转折的迹象后，二元经济的新古典分析范式又焕发出生机和活力，而这类研究的综述可参考吴垠：《跨越古典与新古典的边界——刘易斯拐点研究新进展》，载于《中国经济问题》2012 年第 1 期。

② Dale W. Jorgenson. The development of a dual economy [J]. The Economic Journal, 1961 (71): 309－334.

本积累；并假设土地是固定供给的，农业边际报酬递减，技术进步中性。

农业部门的生产函数是：$Y = e^{\alpha t} L^{\beta} P^{1-\beta}$

式中，Y 表示农业产出，L 为可用土地总量，P 为总人口，$e^{\alpha t}$ 是技术进步对农业的影响程度。

（二）对工业部门

城市现代部门产出只决定于劳动和资本的投入，土地不是城市现代部门的投入要素。

现代工业部门的生产函数是：$X = F(K, M, t)$。其中，X 为工业部门产出；K 代表资本存量；M 为工业劳动力；t 为时间变量。

约根森认为，农业部门必须要产生剩余，才能够支援现代工业部门；换言之，农业部门的剩余劳动力才能支撑工业部门发展。为简化论述，我们这里不再重复 Jorgenson 对两大部门的均衡分析，只给出 Jorgenson 计算出的二元经济独立发展的方程式：

$$\dot{K} = -\eta K + \sigma K^{\sigma} P(0)^{1-\sigma} e^{\lambda t} \left[e^{\varepsilon t} - e^{\frac{(\varepsilon - \alpha)}{e(1-\beta)} t} \right]^{1-\sigma} \qquad (2-1)$$

式中，η 为折旧率，ε 为最大的人口增长率，α 为农业技术进步率，σ 为单位资本的产出水平。这个反映二元经济长期均衡发展趋势的新古典方程式，根本上取决于人口规模的变化和资本积累的程度。之所以认为约根森的框架是新古典的，原因在于，约根森在计算中始终将劳动力边际产品计算为正，同时不承认有剩余劳动力。

那么，约根森的这个框架对城市经济理论有什么样的启示呢？

首先，在约根森的模型中，城市工业部门是依赖于农业部门的剩余和剩余劳动力的，也就是通常所说的工业滞后积累；而城市化发展的工业基础显然不是简单地由分工得来，它是内生于城市周围农业和农村发展的现状的；因此，理解约根森的新古典城市经济框架，重在理解农业部门的积累规律和积累条件。换言之，虽然约根森采用了新古典假设和新古典方法，但是从对城市化发展的历史经验判断上，它还是带有一定的古典依据的。

其次，约根森的模型特别强调人口增长速度对城市工业部门和农业部门的影响。一方面，人口增长速度若太小，就难以满足农业就业，更不可能产生农业剩余，城市工业基础就缺乏剩余支撑，城市化就实现不了；另一方面，人口增速若过大，虽然会有农业剩余，但这个剩余用于支撑工业部门的同时是无法吸纳多余的劳动力就业的，最后的结果是城乡经济都陷入低水平陷阱。

再次，约根森的模型没有分析城乡交换的贸易条件和交易成本问题。它的最终二元经济运行方程式，缺乏对城乡要素流动、交通成本、贸易条件的综合考虑；或者说，在他的模型中，城乡要素、商品市场是一次出清的，这显然不符合二元结构的基本特征：城乡发展过程中的"摩擦成本"包括贸易、交通等的损耗。新古典城市经济学理论在这里遇到了城乡交易市场出清的困难。

最后，约根森的模型忽视了服务部门对城市工业和农村农业的平滑影响。王检贵（2002）指出，"事实证明，没有相应的运输、信贷、销售、财政、通信、教育以及维修服务，工农业和城乡的增长率就会大打折扣。"①

二、哈里斯—托达罗（Harris - Tordaro）的城乡人口迁移理论

哈里斯—托达罗的城乡迁移理论无疑是新古典城市经济学在20世纪70年代的亮点，他们的研究成果至今仍被反复引用。他们所关注的城市经济现象，概括起来就是"在非洲、亚洲和拉丁美洲，出现了人口空前大规模地从农村向新兴城市转移的现象"；②而通过对亚非拉主要城市的数据分析，他们得出结论："世界上几乎所有的城市人口增长都可以归结为农村向城市的人口迁移，发展中国家的城市化水平越来越接近发达国家的城市化水平"。③在对城乡劳动力迁移的固定工资差异假设的批判后，提出农村剩余劳动力向城市迁移的动力来自劳动力对城市期望收入和农村收入的差异，这种差异越大，农村剩余劳动力向城市迁移的动力越大。从城市经济的角度看，哈里斯—托达罗仍旧是从劳动供给的角度来考虑城市化的发展进程，在这一过程中，劳动力的预期、城市就业、失业概率以及城市非正规就业水平都要纳入城乡人口迁移对城市经济影响的考虑范围。

在展开其模型的分析之前，托达罗及其合作者比较深入地总结了史无前例的城市聚集、城市偏向、工业现代化和技术复杂化城市对劳动力吸收的限制和增长因素；并同时考察了城市化集聚经济、工业区集群的区位和专业化分布、城市规模（巨型城市）、城市非正规部门就业和政策、城市失业等因素对农村移民的影响。通过对西欧及北美的观察，这些地区的经济发展主要得益于劳动力从农村向城市的转移。因此，他们得出结论"这些国家所有经济发展都是以

---

① 王检贵：《劳动与资本双重过剩下的经济发展》，上海三联书店、上海人民出版社2002年版，第37~38页。

② ［美］迈克尔·P. 托达罗，［美］史蒂芬·C. 史密斯：《发展经济学》（第9版），机械工业出版社2012年版，第200页。

③ ［美］迈克尔·P. 托达罗，［美］史蒂芬·C. 史密斯：《发展经济学》（第9版），机械工业出版社2012年版，第203页。

农村向城市移民于是劳动力从农业转向工业为特征的。城市化和工业化本质上是类似的。这个历史模型可看作欠发达国家的蓝图，例如劳动力转移的刘易斯理论"。①

　　但是，他们也指出"尽管发展中国家在过去几十年中不顾城市失业和不充分就业的持续上升，而经历大规模的农村人口向城市转移，这几十年的大量事实证据弱化了刘易斯两部门发展模型的有效性"。② 因此，托达罗等人，在一系列理论文章中，解释了在城市失业增加的背景下，为什么农村向城市移民会加速的问题。其框架见图 2-2。

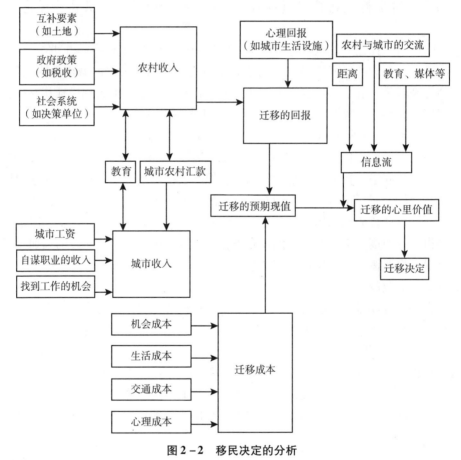

图 2-2　移民决定的分析

资料来源：［美］迈克尔·P. 托达罗等：《发展经济学》，机械工业出版社 2009 年版，第 217 页。

　　①② ［美］迈克尔·P. 托达罗，［美］史蒂芬·C. 史密斯：《发展经济学》（第 9 版），机械工业出版社 2012 年版，第 217 页。

设定此框架后，托达罗从微观的行为经济学角度展开对城乡移民的动力机制的均衡分析，他做出如下假设。

第一，城乡移民主要取决于城市期望收入流的贴现与农村真实收入流的贴现的差值（the differential between the discounted streams of expected urban and rural real income）：

$$\frac{\dot{S}}{S} = F\left[\frac{V_u(t) - V_R(t)}{V_R(t)}\right], \ F' > 0 \qquad (2-2)$$

式中，$\dot{S}$ 代表净农村城市移民，S 代表城市现有劳动力规模，$V_u(t)$ 代表不熟练工人城市期望真实收入贴现值，$V_R(t)$ 代表农村真实收入流的贴现。

第二，对所有工人来讲，迁移成本是固定的；同时，对 $V_R(0)$，有：

$$V_R(0) = \int_{t=0}^{n} Y_R(t) e^{-rt} dt \qquad (2-3)$$

式中，$Y_R(t)$ 代表 t 时期农村居民真实收入的净期望值；r 为贴现因子。

对 $V_u(0)$ 而言，有：

$$V_u(0) = \int_{t=0}^{n} p(t) Y_u(t) e^{-rt} dt - C(0) \qquad (2-4)$$

式中，$Y_u(t)$ 代表 t 时期净的城市真实收入；$C(0)$ 代表向城市移民最初必须支付的迁移和重新定居的固定成本；$p(t)$ 代表在 t 时期获得城市现代部门工作的概率。托达罗在这里假设：一个最符合实际的农村剩余劳动力移民，进入城市首先成为失业者或未充分就业者（unemployed and underemployed）的一员，这个假设基本上和 19 世纪马克思的"产业后备军"假设非常相似。这种就业过程的等待（waiting for a modern sector job）的假设，非常符合政治经济学的视野，托达罗在这一点上是非常中肯的。从就业机会需求的角度看，有 $N_t = N_0 e^{(\lambda - \rho)t}$，可以推出：

$$\frac{dN_t}{dt} = \gamma = \lambda - \rho \qquad (2-5)$$

式中，N_t 代表城市现代部门总就业量，λ 代表工业产出增长率，ρ 代表现代部门劳动生产率，$\gamma = \lambda - \rho$ 代表就业岗位创造率。

令 β 为城市劳动力自然增长率，$S(t)$ 为 t 时期城市劳动力总量，那么从城市劳动力供给的角度看，有：

$$\frac{\dot{S}}{S}(t) = \beta + \pi(t) F\left[\frac{Y_u(t) - Y_R(t)}{Y_R(t)}\right] \qquad (2-6)$$

令 $\alpha(t) = \dfrac{Y_u(t) - Y_R(t)}{Y_R(t)}$，代表城市和农村收入差异的百分比，由此可得：

$$\frac{\dot{S}}{S}(t) = \beta + \pi(t)F[\alpha(t)]，其中\frac{dF}{d\alpha} > 0 \qquad (2-7)$$

现在假定城市现代部门的就业比率为 $E(t) = \frac{N(t)}{S(t)}$，在均衡状态下，有：

$$\frac{\dot{E}}{E}(t) = \frac{\dot{N}}{N}(t) - \frac{\dot{S}}{S}(t) = 0 \qquad (2-8)$$

将以上供给与需求的方程式代入（2-8）式，可得：

$$\frac{\dot{E}}{E}(t) = \gamma - \beta - \frac{\gamma F(\alpha)N(t)}{S(t) - N(t)} = 0 \qquad (2-9)$$

从而可解出均衡条件下的就业水平：

$$E^* = \frac{N^*}{S^*} = \frac{\gamma - \beta}{\gamma F(\alpha) + \gamma - \beta} ① \qquad (2-10)$$

在托达罗1969的经典论文之后，哈里斯和托达罗（1970）的文章②从农业和城市工业部门工资差异的角度进一步分析了城乡移民的限制及动力机制。周天勇（2001）认为：托达罗模型最大的理论贡献是对刘易斯的二元结构劳动力转移模型在很大程度上予以了否定……托氏基本模型包含的思想是，农村劳动力向城市转移，取决于在城市里获得较高收入的概率和对相当长时间内成为失业者风险的权衡。但是，托达罗模型过分强调了如下政策建议：发展城市只会带来更严重的失业，因此应该发展农业，走农村工业化道路，限制发展高等教育。③ 周天勇等（2007）的改进托达罗模型得出结论："一个国家的劳动力和失业人口在农业部门、城市非正规部门和正规部门的分布，始终保持一种均衡状况，它是由这三个部门的发展水平和总人口共同决定的。新模型得出了与托达罗模型相反的结论：发展城市不仅能改善城市失业，而且能提高工资收入，而发展农业只能带来非常有限的收入增加，并会在农村积累更严重的隐蔽性失业"。④

总体来看，托达罗及其合作者的城乡迁移模型，从较为贴近行为经济学的角度描述了人口由农村向城市迁移的基本利益导向问题，这是值得肯定的。本

① Michael P. Todaro. Model of labor migration and urban unemployment in less developed countries [J]. American Economic Review，1969（1）：138 - 148.

② John R. Harris and Michael P. Todaro. Migration，unemployment and development：A two - sector analysis [J]. American Economic Review，1970（1）：126 -142.

③④ 周天勇、胡锋：《托达罗人口流动模型的反思和改进》，载于《中国人口科学》2007 年第1 期。

书所关注的，是这一移民过程对城市经济潜在活动发展利益的影响，以及潜在的城市发展社会成本。通过预期来分析人口的流动是一个很好的工具，但是托达罗过分强调了农村向城市的人口迁移，而忽略了城市发展到一定阶段后，城市人口向农村的逆向迁移，这里面的动力机制绝不仅仅只是由收入预期的差异来决定。比如，今天中国许多城市面临的城市污染（如雾霾、水污染等），相当一部分城市人口反而倾向于向农村"移民"，农村的土地和房产一时"洛阳纸贵"。这些新现象，显然不是简单照搬托达罗模型所能解释的。

三、拉克西特（M. Rakshit）的凯恩斯主义城市发展研究

拉克西特1982年出版的《劳动力剩余经济：一个新凯恩斯主义》从有效需求角度分析了农村的农业部门和城市的非农业部门的均衡发展关系。拉克西特指出的有效需求不足主要是指城乡发展过程中的商品（产品）、信贷和土地市场中存在的有效需求不足。

第一，商品的有效需求不足导致城市发展滞后。城市建立起来以后，不会内生地解决商品有效需求问题。"信息闭塞、交通不便、有效交易网络的缺乏以及政府的不当干预，都会导致生产者与最终需求者之间交易的不协调"。[①]许多欠发达的国家及地区的城市缺乏商贸中心，通信和交通成本畸高，地方政府条块分割，商品交易中介代理机构信誉缺失等问题让城市有效需求不足。

第二，城市信贷市场发育不充分导致总需求水平下降。拉克西特认为，发展中国家的城市信贷市场持续面临利率机制失灵、金融中介机构缺失以及土地产权和交易市场的混乱，导致城市居民的收入水平、储蓄倾向以及企业的投资倾向下降，抑制了社会总需求的规模。[②]

拉克西特的模型假定经济由农业部门和非农部门组成。其中，城市非农部门主要指现代工业组织，其工资水平在初始状态下是固定的，短期内可以吸纳农村"无限供给的剩余劳动力"，但从长期看，城市工人的有效需求不足将刺激政府进行大规模的刺激性投资以激发农业和非农业部门的发展，这种方式肯定会提高国民收入和就业水平，在持续不断的凯恩斯投资—消费政策的推动下，城市工业部门有可能会出现劳动力短缺的情况。

---

① 王检贵：《劳动与资本双重过剩下的经济发展》，上海三联书店、上海人民出版社2002年版，第39页。

② Rakshit M. Labour surplus economy：A Neo - Keynesian approach [M]. Macmillan India Press, 1982.

　　但是，众所周知，发展中国家的农业部门不可能持续地提供农产品给城市工业部门，而城市工业部门也不能利用农业的生产资料来持久地实现充分就业，换句话说，危机和失业会在资本主义社会中经常出现。[①] 因此，拉克西特引入凯恩斯理论的二元经济发展模型的均衡点时常处于非充分就业的状态，见图 2-3。我们在这里把 Rakshit 的理论视为新古典城市经济学的依据是，他瞄准的是解决城市劳动力的无限供给问题，这也是凯恩是主义充分就业政策体系的直接体现，只是这种愿望和现实有差距而已。

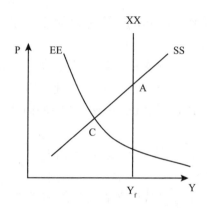

图 2-3　决定工业产出水平的均衡状态

　　在图 2-3 中，XX 曲线代表农产品供给约束，SS 曲线代表利润（供给）约束，EE 曲线代表需求约束。在投资水平不能达到一定强度时，C 点的均衡水平表明，城市非农部门的就业水平小于潜在的就业水平。即使政府扩大对农业和工业的投资，使均衡达致 A 点，此时，农业部门受到供给约束再也无法支撑工业部门的发展，因此充分就业水平 Y_f 很难维持。

　　值得提及的是，拉克西特的城乡两部门模型均采用了工资固定假设，即农业劳动力的工资为 W_1，工业部门的工资为 W_2，$W_1 < W_2$。按照利益驱动，城市工业部门会持久地形成对农业劳动力的吸引，城市现代工业部门就业量的改变会带来就业乘数对投资乘数的影响，并进一步改变城市居民的储蓄、投资结构与企业的产值量，最终的结果会改变城乡工资的相对差异，所以，拉克西特的固定工资假设显得理想化了。工资水平是我们研究城市发展的重要成本因素，固定工资假设的政策含义甚至不如哈里斯—

---

① ［英］凯恩斯：《就业、利息与货币通论》，商务印书馆 2004 年版，译者导读第 13 页。

托达罗的期望工资假设。所以，尽管拉克西特开创性地引入了凯恩斯模型作为改进，但是，对发展中国家的城市经济来讲，有效需求绝不仅仅只是发展中城市面临的问题，对劳动力供给从无限到有限的变化应该予以更多关注。

四、城市规模、集聚经济和城市增长的研究

20世纪中后期以来，一大批文献开始集中关注由企业集聚导致的城市化经济——一种被称为横跨多个产业的集聚经济——引起不同产业的企业向同一地区集中。[①] 这个趋势被理解为城市规模经济对各类企业集聚的吸引，并导致整个城市经济的高速增长。一些统计数据证实，生产力对人口的弹性为0.03～0.08，[②] 也就是说，城市人口增加一倍将使每个工人的产出提高3%～8%。城市的规模效应因人口和产业的集聚而愈发重要，在规模上具有优势的大城市和超大城市被相当多的国家和地区所青睐。在近期的一些研究中，城市总体的宏观关系体现出大量的微观异质性，尤其是工人和企业作为异质主体的差异所带来的城市集聚经济外部性。[③] 在异质主体理论看来，解释城市规模、城市构成以及由此所产生的城市生产率收益的四个重要因素是：（1）区位基础因素；（2）聚集经济；（3）异质主体的空间排序；（4）选择效应。[④] 这些因素会造成城市在产业结构上的差异，即多样化的问题。但是，这类关于城市规模和聚集经济的研究，很少道出现代城市二元经济产生的根源，他们把城市经济简单划归空间均衡影响的范畴，这显然是缺乏生产关系的分析眼光的。当然，异质主体所造成的城市富人和贫困者在区位竞争方面的差异性，近年来也进入一些经济学家的视野之中，但是他们把这种本应由城市生产关系解释的现象归因于雇主—工人，或企业—工人的匹配关系，[⑤] 这显然是把城市二元结构给线性化、微观化、简单化处理了，而忽视了产生城市二元结构背后的更为深刻的政治经济学动因。

---

①　奥·萨利文：《城市经济学》，中国人民大学出版社2013年版，第47页。

②　Stuart S. Rosenthal, William C. Strange. Evidence on the nature and sources of agglomeration economics [M]. Handbook of Regional and Urban Economics, Volume 4, 2004: 2119–2171.

③　杜兰顿等：《区域和城市经济学手册》（第5A卷），经济科学出版社2017年版，第160页。

④　杜兰顿等：《区域和城市经济学手册》（第5A卷），经济科学出版社2017年版，第162页。

⑤　杜兰顿等：《区域和城市经济学手册》（第5A卷），经济科学出版社2017年版，第222页。

五、发展中国家城乡二元经济问题的最新探究

如果说 20 世纪早期城乡二元结构的研究视角多从工资差异、就业和劳动力市场差异角度来诠释城乡二元结构的标准差异；那么，近期的研究，则更多地考虑了家庭土地私有面积、移民输出量、完善的交通枢纽、公共服务、社会网络的强弱关系、气候等因素。虽然这些影响因素对于城乡二元结构的影响可以说在特定情况下都是显著的，但无外乎从一些细节上更充分地验证了城乡差别的长期性、客观性。对于这一点，土地使用权和住房负担的解决，可能是发展中国家在除工资、就业等方面之外应该当考虑缓解城乡二元结构差别的关键，而这可能也是城镇化刘易斯转折时间段在发展中国家持续较长时间的重要原因。有些学者提出从土地管理政策（土地消费标准）、城市密度管制、城市增长边界、投资配套基础设施等角度的治理方式，来应对这种城镇化刘易斯转折和城乡二元结构的新思路，这些思路对于发展中国家特别是中国而言无疑是有积极意义的。

第三节　刘易斯转折期的城镇化理论：马克思的视角

马克思所处的时代，是英国工业革命蓬勃展现其巨大生产力的年代。英国迅速地由一个农业国转变为一个工业国，生产增长的速度超过了人口增长。在工业地区，新的城市纷纷诞生并不断膨胀。

马克思举例分析道："十九世纪初，在英国除伦敦外再没有一个 10 万人口的城市。只有 5 个城市超过 5 万人。而现在，超过 5 万人的城市已有 28 个"。[①]而农业人口和农业在经济中的比例都降到次要地位。例如，"在剑桥郡和萨福克郡，最近二十年来耕地面积大大扩大了，但是在这一时期农村人口不但相对地减少了，而且绝对地减少了。在北美合众国，农业机器目前只是潜在地代替工人，也就是说，它使生产者有可能耕种更大的面积，但是并没有在实际上驱逐在业工人。1861 年，英格兰和威尔士参加农业机器制造的人数总计有 1034人，而在蒸汽机和工作机上干活的农业工人总共只有 1205 人"。[②]

[①] 《资本论》（第一卷），人民出版社 1975 年版，第 725 页。

[②] 《资本论》（第一卷），人民出版社 1975 年版，第 551 页。

这个历史发展阶段产生了两个对城市化至关重要的结果。

第一，工业革命改造了城市内资本主义的生产关系。大机器工厂代替了以手工技术为基础的手工工厂。工人被严格地组织在工厂里，变成依附于机器、出卖劳动力的雇佣劳动者。工人同农业的联系被割断了，工人的劳动失去了独立性。雇佣制度是资本主义工业城市发展的制度基础。

第二，工业革命加速了农业的资本主义发展。① 工业和城市的发展引起了工农业产品之间交换规模的急剧扩大，农业更大规模地卷入商品经济。工业所提供的农机和花费等生产资料又更新了农业生产的面貌。资本主义农业革命使其从事纯农业的人口占总人口的比率大大降低。

这就引起了马克思对 19 世纪以来城市化发展约束条件，即可能存在的"刘易斯"转折的研究。根据笔者（2010）的分析，将其归纳为以下的内容。

一、从马克思产业后备军理论预判劳动力市场发展的"拐点"②

马克思的产业后备军理论是理解城镇化刘易斯转折的关键。

该理论主要见于《资本论》第一卷第七篇的相关论述，其基本的理论逻辑是：资本有机构成提高之后将必然产生资本对劳动力的相对或绝对排斥，因此引致了"相对过剩人口"，这些"相对过剩人口"的不断积累形成了随时可供现代资本主义部门雇佣的"产业后备军"。对于这一"产业后备军"的形成机制，马克思有一句经典表述："工人人口本身在生产出资本积累的同时，也以日益扩大的规模生产出使他们自身成为相对过剩人口的手段。这就是资本主义生产方式所特有的人口规律。"

如果从现代经济学的角度重新理解马克思对"产业后备军"形成机制的这段经典描述，我们可以看到，马克思实际上是将他所在时代资本主义社会的"产业后备军"形成机制加以了"内生化"的处理，并认为："产业后备军"的主要来源——过剩的工人人口"不受人口实际增长的限制，为不断变化的资本增殖需要创造出随时可供剥削的人身材料"。马克思这句话实际上是要说明：产业后备军规模的变化既撇开了人口增长的外生因素的影响，又能够随时、足额地提供给现代资本主义工业部门所需的劳动力，具有"内生性"再生产的特征。

----

① 刘宗绪：《世界近代史》，高等教育出版社 1986 年版，第 180 页。

② 本节主要内容发表于《经济学动态》2010 年第 10 期，题为：《刘易斯拐点：基于马克思产业后备军模型的解析与现实意义》。

从理论渊源的角度来看，马克思产业后备军理论模型的内生性特征是马克思在摒弃了把马尔萨斯的人口法则作为产生无限弹性的劳动力供给曲线机制的做法之后提出的。马克思坚持认为，在制度决定的生存工资率下，现代工业部门的劳动供给具有无限弹性，他用存在着超过工业部门所能雇佣的生产性工人的"剩余劳动力"（即"产业后备军"）来解释现代工业部门所提供的生存型工资率是确保资本快速积累的支柱。并意图说明这种资本积累机制背后对广大劳动者而言存在的种种分配不公平的特征。

马克思产业后备军理论模型假定在资本主义的发展过程中会不断产生出产业后备军，所以它将永远不会耗竭，这是其模型"内生性"的重要表现。对于这一假定，马克思是从两个方面加以具体论证的：其一是从生产的社会形式分析资本主义产业后备军的存在及其影响；其二是从生产力本身的发展，特别是劳动生产率的提高来分析对劳动力需求的影响（蔺子荣，1983）。马克思将产业后备军以相对过剩人口的形式分为：流动的过剩人口、潜在的过剩人口以及停滞的过剩人口三类，并认为这些产业后备军最初来源于被现代资本主义企业挤垮而被迫到劳动力市场上去寻找就业的小农和用传统生产方式自我雇佣的制造业者。随着资本主义部门的扩大，被驱逐出传统职业的那些人继续增长，并补充到产业后备军里。另外，资本家总是通过大规模的机械化竭力地用资本替代劳动，其结果是，现代工业部门的就业增加要比资本积累和产出增长的速度低得多，其缓慢的就业增长不足以吸收掉传统部门追加到后备军中的人数。因此，马克思认为，对他所在时代的业主式资本主义企业家来说，劳动力供给曲线呈水平状（即无限弹性供给）不是自然人口法则的产物，而是资本主义持续不断地再生产出产业后备军的结果。简而言之，产业后备军内生于资本主义的生产方式，具有无限供给特征。

那么，马克思的这一内生化的产业后备军理论，是否存在着产业后备军被现代工业部门吸纳完毕这一重要的拐点呢？马克思的产业后备军理论模型对于这一劳动力市场"拐点"的预判能否对发展中国家特别是中国可能出现的刘易斯转折现象加以有效分析呢？下面我们将对此进行详尽地分析。

二、马克思意义上的资本主义劳动力市场发展拐点

在马克思看来，现代资本主义工业部门所提供的低制度工资率也不是一成不变的。"决定工资的一般变动的，不是工人人口绝对数量的变动，而是工人阶级分为现役军和后备军的比例的变动，是过剩人口相对量的增减，是过剩人

口时而被吸收、时而又被游离的程度。"[①] 如果我们能够从劳动力供给与需求的角度对马克思产业后备军理论加以模型化，我们就能够发现马克思所论述的资本主义经济发展进程中劳动力市场的拐点问题，并阐明其重要指标——现代工业部门的制度工资率如何变化。图 2-4 是我们利用劳动力市场供求模型所构造的"马克思产业后备军理论模型"，它反映了资本主义现代工业部门的劳动力市场，纵轴和横轴分别度量工资率和就业情况，直线 D_1D_1、D_2D_2 分别表示特定资本存量劳动的边际产值。图 2-4 中还以制度性生存工资率画出了水平状（末端向上翘）的劳动力供给曲线 S_i（$i=1$，2）。在这里，马尔萨斯和马克思关于长期劳动力供给分析的最大区别就在于，如果是基于马尔萨斯"外生"的人口法则，那么劳动力供给曲线 S_i 无论在何种情况下都是一条水平直线；而马克思的劳动力供给曲线在过了反映产业后备军被吸收完毕的 R_1 这一点之后开始上升，它对应的必然是现代资本主义工业部门制度工资率的上升。

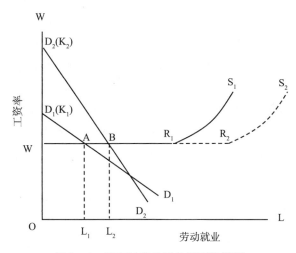

图 2-4　马克思产业后备军理论模型

假定在初始期（0），对应于资本存量（K_1）的现代资本主义部门劳动力需求曲线位于直线 D_1D_1，最初的均衡在 A 点，以生存工资率 OW 雇佣的劳动为 OL_1。然而，根据马克思的假设，在现代工业部门寻找就业机会的劳动力即数量 WR_1 要比 OL_1 大。无法找到就业机会的那些人只能在贫民窟里靠非正规就业勉强度日，并等待着被资本主义部门雇佣的机会。这些由 AR_1 度量的人

---

① 《资本论》（第一卷），人民出版社 1975 年版，第 692 页。

口就是马克思定义的产业后备军。因此，在到达点 R_1 之前，由资本积累引起的劳动力需求增长并不会导致工资率的增长。

与马尔萨斯的无限期呈水平状的长期劳动力供给曲线不同，马克思的长期劳动力供给曲线可能从 R_1 点开始上升，这意味着当产业后备军被吸收殆尽以后资本家不得不以更高的工资率来吸引劳动力。然而，在马克思本人的假设中，产业后备军是不断被再生产出来的，即在资本主义发展过程中，传统农业和家庭手工业中自我雇佣的小生产者被资本主义企业挤垮而落入产业后备军的行列，使得产业后备军就像一个蓄水池源源不断地有后备劳动力注入。但是，这个产业后备军蓄水池是否会永不枯竭则不能仅凭有劳动力的不断注入来判定，因为如果劳动力的输出大于劳动力的注入，那么该蓄水池迟早还是会枯竭的，枯竭之时便是劳动力市场的拐点来临之日。

从图 2–4 可以看出，随着资本家把他们的大部分利润（AD_1W）用于投资，资本存量从 K_1 增加到 K_2，他们的企业的产出从面积 AD_1OL_1 扩大到 BD_2OL_2，被这种资本主义生产扩张所挤垮的传统的自我雇佣生产者（这其中必然包含农业生产者）及其家庭成员被迫到资本主义部门去寻找就业，导致长期劳动力供给曲线水平部分延长至 R_2。这个拐点向后延伸的根源是由于产业后备军的内生化生产方式造成的。仔细地推敲这一向后延伸的拐点 R_2，我们可以发现，只要资本主义工业部门维持住较高的投资率和吸纳就业的技术创新率，它从产业后备军蓄水池中吸纳就业的数量就可能超过传统部门（城市手工业、农业等）向蓄水池中注入的劳动力数量，以至于产业后备军被吸纳完毕的这一拐点 R_2 并不是可以无限地向外延伸的，最终出现的情况必然是以产业后备军被吸纳完毕，同时现代资本主义工业部门制度工资率开始上升的拐点来临。

马克思产业后备军模型的另一假定是工业就业的增长慢于资本积累的速度。原因在于，马克思的理论形成于 19 世纪中期的英国，当时的英国工业革命已经基本完成，以蒸汽为动力的自动机械的使用已很普遍，所以固定资产占资本总量的份额上升了（表现为资本有机构成提高）。其结果是，相对于快速的资本积累和产出增长，就业的增长相当缓慢。在图 2–4 中，体现新的技术革命成果的机械资本在节省劳动方面的影响，由劳动力需求曲线从 D_1D_1 移到 D_2D_2 表现出来。劳动力需求曲线变得更为陡峭，意味着技术进步偏向于希克斯定义的节约劳动并更多地使用资本的方向。由于体现在新机械里的技术进步的偏差，使得就业从 OL_1 到 OL_2 的增长，慢于产出从面积 AD_1OL_1 到 BD_2OL_2 的增长。

因此，马克思的预想是，由于现代资本主义生产制度摧毁传统产业生产者的能力和工业技术中劳动节约的偏差结合在一起，产业后备军将快速地被再生产出来。在存在产业后备军的压力下，资本主义经济中的高利润率和高资本积累率就可以靠维持住较低的制度工资率[⑦]来保证。在他看来，产业后备军作为支撑资本主义经济发展的脊梁，内生于资本主义发展体制，同时又为该体制提供发展动力的重要源泉。

图 2－4 所展示的马克思产业后备军理论模型还意味着资本主义的发展过程必定包含收入分配不平等的迅速增长。在英国产业革命之前的时代，工资率可能在短期内提高，一直到资本积累过程中人口调整到工资所需的增长。而在马克思所处的时代，产业工人持续地受到后备军替代的威胁，这种工资短期内提高的可能性不再存在。由于受节约劳动的现代工业技术的影响，劳动者的收入相对于资本家的收入减少了。这种趋势在图 2－4 中表现为，劳动者的工资占总产出的份额从 $AWOL_1/AD_1OL_1$ 下降到 $BWOL_2/BD_2OL_2$，而资本家的利润所占的份额从 AD_1W/AD_1OL_1 上升到 BD_2W/BD_2OL_2，这是后面我们要谈到的刘易斯模型所忽略了的要点。

三、一些发展中国家在工业化初期遇到拐点

二战以后的半个多世纪以来，一些发展中国家试图把投资集中在现代工业部门（尤其是重工业部门）而实现快速发展。在政府财政、税收、金融政策的强力支持下，许多国家在短短的数十年间确实成功地实现了工业生产的迅猛增长。但是，也许是这种发展战略走过了头，也许是资本有机构成提高的铁律在发挥作用，投资集中在现代机械和设备上，就业的增长一般要比产出的增长低得多。同时，由于这些发展中国家普遍出现了爆炸性的人口增长，劳动力外生供给的增长率很高。农业部门因迅速接近可耕种土地的临界，对劳动的吸收到达了饱和点，以至于必然把剩余的劳动力从农村推向城市地区，而这些发展中国家在连续不断地企业改革、政府机构改革等浪潮中已经出现了大量的城市待业人口，这种待业人口和农村剩余劳动力在城市的交汇必然促成城市人口迅速膨胀。

膨胀的城市人口超过了高资本密集度的现代工业部门吸纳就业的上限之后，就会变成城市贫民窟的待业成员。过剩的贫困人口的积累与各类社会体制弊端丛生使得这些发展中国家刚刚取得的所谓经济发展"奇迹"在很短的时间之内就变成了"明日黄花"，好不容易获得的国民经济剩余也在庞大的社会

保障和社会稳定支出中消耗殆尽，真正实现向高收入国家收敛的发展中经济体少之又少。发展中国家如何在工业化的初级阶段克服这一发展难题，是它们进入发展的高级阶段之前必须加以解决的重要问题（速水佑次郎，2003）。

由此可见，上述问题的实质并不在于清楚地预测发展中国家劳动力市场发展的拐点到来的时间（它至多只是个技术性问题），关键在于我们要把劳动与资本在经济发展尚未达到 R_1 时的这种不平等分配关系加以有效改善，把马克思所预言的这种潜在的社会矛盾通过制度化的手段化于无形。对于中国而言，预测劳动力市场发生逆转的拐点与改善资本与劳动的收入分配结构是同样重要的。如果我们能较为准确地预知劳力市场发生逆转、劳动者工资普遍上升的这一拐点，那么对于政府出台因势利导的改革收入分配政策大有裨益。

第三章 城镇化的"非正规经济"问题Ⅰ：
存在、演变、规模、特征

坦纳菲尔德等（2008）将刘易斯转折期城镇化的"非正规经济部门"定义为小生意或者说微型企业的活动（micro-scale business activities），并研究非正规经济的大规模存在和不稳定性使亚、非、拉许多发展中国家的乡村贫困为城市贫困所代替的具体案例，着力分析了非正规就业的定义和规模等问题。同时，借用马克思的产业后备军理论分析亚、非、拉的部分国家政府对非正规经济和就业的区域规章、税收、卫生、最低工资法等管制，以及地下经济对非正规经济和城镇化地区社会不稳定的负面影响。他们还特别比较了巴黎、柏林、东京、香港几个城市的基础设施和城市管理改善对非正规就业的正面影响，从世界范畴突出刘易斯转折期中国城镇化的突围重点——城镇化非正规就业的"正规化"模式及配套政策。

非正规经济（informal economy）在国外经济学界和社会学界是一个广为流行的研究范畴。与取得固定收入和进入社会保障体系的人口不同，从事非正规经济的人群往往与低收入、无固定收入、就业的灵活性、地下经济、贫民窟等问题相关。但是，留存于人们印象之中的非正规经济随着进入人口的增加和规模的扩大，越来越成为当代城镇化发展中不可忽视的一股经济力量。那种朝不保夕、非法非正规的非正规经济，渐渐地为相对稳定、有固定场所的、政府或社区提供支援的非正规经济所替代。因此，在某种意义上讲，非正规经济越是发展，它所代表的非正规就业性质就越强。如果说，国外的学者更多地把非正规经济当作一种经济现象或经济活动加以理解的话，那么，针对中国的国情而言，非正规经济持续的存在就可以从"非正规就业"的角度给予阐述，以体现这种经济活动对于改善中国城镇化质量和人口生产生活状态的重要意义。另外，从政治经济学的角度看，非正规就业人口的主力恰恰是马克思所说的"产业后备军"的一部分甚至全部，那么，它所涵盖的生产关系意义对疏导城镇化的种种弊端也有不可小觑的意义。

第一节　非正规就业的存在与演变[①]

一、非正规就业的定义

非正规就业是一个历史范畴。在人类进入有正式雇佣合同的年代以后，非正规就业就一直伴随着正规就业，并不断发展、壮大其形式和规模。非正规就业不论是在哪种社会制度或国情背景下，都不是指不就业，而是指就业的稳定性、持续性、保障性功能不足的那种就业模式。它的存在，既体现所谓正规就业模式的有限有效性特征，又为未来人类社会开拓更加广阔的就业门路打开了另一扇窗户。本章就是基于历史和发展的视角，考察非正规就业的存在、演变和发展趋势。

20 世纪 70 年代初，国际劳工组织正式提出了非正规部门就业，也即是所谓的"非正规就业"。其在对几个发展中国家的调查中发现，城镇新增劳动力中很大一部分没有出现在就业统计中，这些劳动力似乎以一种新的形式就业。对这一现象的后续研究，集中在发展中国家的二元经济形态中，学者们认为现代城市经济由正规部门与非正规部门两部分组成，非正规部门中的就业即是上文提到的"新的就业形式"。

自 2003 年以后，非正规就业概念得到进一步扩展，研究人员发现城镇正规部门中也存在一定的非正规就业。而后，非正规就业范畴得到进一步深化，不管是在正规部门或是非正规部门中，那些不受劳动法规保护、不交收入所得税、没有社会保障、缺乏相关劳动权利的就业形式都可以被称为非正规就业。当然，这一定义并不完全适用于任何地区，根据各个国家不同的经济制度和发展模式，应当采用不同的标准进行定义。[②]

相关研究表明，非正规部门平均吸收了 50% 以上的城镇劳动力，大约贡

[①]　本节主要内容见孔德、吴垠：《中国特色的新型城镇化建设进程中的非正规就业》，载于《南京政治学院学报》2014 年第 4 期。

[②]　中国在 2003 年以后出现了较大范围的城镇"用工荒"，一些工业企业或产业部门无法按照既定薪水雇佣到合适的劳动力。同时，又出现规模较为庞大的农业富余劳动力进城寻找就业机会，我们将这个过程称为中国城镇化的"刘易斯转折"。非正规就业虽然概念还在深化，但是其实践形式的多样性无疑为中国应对城镇化的"刘易斯转折"找到了契机。

献了1/3的城镇劳动收入。[①] 据有关学者统计，全球大约有8.5亿~10亿人依靠从事非正规经济活动维持生活。从非正规就业在国家间的分布来看，发展中国家、发达国家中非正规就业比重都呈逐年上升态势。相关数据表明，自2002年以来，发展中国家非正规就业平均维持在40%以上，且规模逐年上升；而绝大多数 OECD 国家非正规就业的平均比例则由1998年的24.3%增加到2006年的34.9%，[②] 且不断在上升。

中国的非正规就业发展与全球趋势基本相符，城镇就业中非正规就业比重逐年增加。根据吴要武（2006）的研究，2002年我国城镇人口从事非正规就业的比例达到了42%~48%[③]（不考虑外来流动人口）；而根据最新统计数据，以城镇常住人口（包括外来人口）为基数，这一比例则达到了79.8%。中国非正规就业中存在庞大的农民工群体（见表3-1）。据李强、唐壮（2002）研究，该群体构成了城镇外来人口的主体，且基本上处于非正规就业领域。随着城镇化的快速发展，农民工数量还会呈现持续增长趋势，研究非正规就业很有必要。

表3-1　　　　　　　　2008~2013年全国农民工规模　　　　　　　　单位：万人

项目	2008 年	2009 年	2010 年	2011 年	2012 年	2013 年
总数	22542	22978	24223	25278	26261	26894
外出	14041	14533	15335	15863	16336	16610
本地	8501	8445	8888	9415	9925	10284

资料来源：根据国家统计局2013年农民工抽样调查数据整理而成。

二、非正规就业与中国特色新型城镇化

根据托达罗模型所述，农村向城镇移民是一个相当理性的个人决定，只要农村与城镇存在期望收入差距，移民就将继续。经验表明，虽然非正规就业者与正规部门从业人员存在一定的收入差距，但是却明显高于农村平均收入，而且这一差距短时期内不会消失。因此，在未来的一段时期内，农村依旧会向城

---

① ［美］迈克尔·P. 托达罗等：《发展经济学》，机械工业出版社2009年版，第210~213页。

② 任远、彭希哲：《2006中国非正规就业发展报告》，重庆出版社2007年版，第9~12页。

③ 吴要武、蔡昉：《中国城镇非正规就业：规模与特征》，载于《中国劳动经济学》2006年第2期。

镇输出大量的劳动力。相关研究发现，中国非正规就业人员主要来源于三个方面：（1）流入城镇的农民工；（2）计划体制转向市场体制所产生的失业人员；[①]（3）大学毕业的各类未就业研究生。按照 2013 年农民工数量测算，城镇非正规就业者中转移劳动力比例约为 71.9% ,[②] 占据非正规劳动力的绝对主体，这也是能够将非正规就业与城镇化结合分析的理由所在。

　　城镇是非正规就业的载体，绝大多数非正规经济活动都是在城镇中开展，如果脱离城镇化谈非正规就业，很有可能脱离现实，政策方案会流于空想。城镇化是非正规就业产生与发展的动力，没有城镇化，工业化也无法聚集；劳动力聚集在农村从事农业生产，没有必要也不可能产生非正规就业；随着城镇化的推进，工业化向后工业化发展，产业结构的变化客观上要求与之相适应的就业形式，非正规就业必然获得长足的发展。从中国来看，探讨非正规就业的发展，必须将其纳入城镇化整体战略之中，以中国特色新型城镇化的要求作为非正规就业发展的方向，以非正规就业发展促进中国特色新型城镇化的进程，相信这才是非正规就业健康发展的正确途径。

三、亚、非、拉发展中国家的非正规就业现状

　　根据汤敏等人（2006）的研究，亚洲发展中国家人口众多，非正规就业现象普遍存在；但从部分亚洲国家对非正规就业的官方定义来看，其差别却非常明显（见表 3 -2）。

表 3 -2　　　　　　　　　部分亚洲国家关于正规和非正规就业的定义

国家	官方定义
孟加拉国	在雇用 10 名工人以上的企业就业称为正规就业，反之即为非正规就业
中国	非正规部门包括微型企业、家庭企业和个体户
印度	正规部门就业是指那些在公共部门、有组织的教育机构以及按"印度工厂、合作社和准备基金法"注册的企业中就业；其他形式的就业称为非正规就业
印度尼西亚	10 周岁以上，在过去一周内领到工资的劳动者、农场主雇员以及免费家务劳动性质工作的就业为非正规就业

---

① 金一虹：《非正规劳动力市场的形成与发展》，载于《学海》2000 年第 4 期。
② 资料来源：根据《中国劳动统计年鉴 2013》以及国家统计局 2013 农民工抽样调查数据计算所得。

续表

国家	官方定义
马来西亚	非正规部门就业包括：（1）不受保护的经常性和临时工作（即那些不参加社会保障体系或雇员准备基金的工人工作）；（2）自我雇佣者，包括免费家政服务
巴基斯坦	在雇员少于20人非工业企业和雇员少于10人的工业企业就业的工人被称为非正规部门工人
菲律宾	非正规部门就业包括自我雇用、免费家政服务以及在少于10名工人的企业就业
泰国	非正规部门是指那些规模较小，只能提供较低且不稳定工资，不提供社会福利和社会保障的企业。另外一个定义是指那些雇用人数低于10人的企业

资料来源：汤敏等：《关注非正规就业问题：亚洲经验与启示》，亚洲开发银行驻中国代表处经济部，2016年4月12日，https://www.adb.org/sites/default/files/publication/29334/os-study-unregistered-employment-zh.pdf。

从以上亚洲国家对非正规就业的定义来讲，雇佣人数和企业规模被视为判定非正规就业的重要依据。其中，多数国家把实际雇佣人数低于10人，规模在微型、家庭、自我雇佣层面上的就业形式视为非正规就业。

国际劳工组织2018年发布了《数据表征：非正规经济中的女性和男性》（Women and men in the informal economy：A statistical picture）。国际劳工组织发布的最新报告指出，全球有20亿人正在从事非正规就业，占全球就业人口的61%以上，大部分生活在新兴经济体和发展中国家，他们缺乏社会保障、工作方面的权利以及体面的工作条件。该报告对非正规经济的规模进行了比较性的估计，基于100多个国家的标准，用数据对非正规经济的概况进行描述。报告指出，如将农业部门剔除在外，就业人口中有一半都在从事非正规工作。在非洲，这一比例是85.8%，亚太地区为68.2%，阿拉伯国家为68.6%，美洲为40.0%，欧洲和中亚地区为25.1%。全球93%的非正规就业来自新兴和发展中国家。全球63%的男性从事非正规就业，女性占58.1%。在全球非正规就业的20亿人中，仅有7.4亿人是女性。在大多数低收入和中低收入国家，妇女更容易受到非正规就业的影响，而且更容易处于最脆弱的处境。报告称，教育水平是影响非正规就业的关键因素。在全球范围内，当教育水平提高时，非正规就业水平下降。与没有受过教育或没有完成小学教育的人相比，完成了中等和高等教育的人从事非正规就业的可能性较小。农村地区居民非正规就业的可能性几乎是城市地区居民的两倍。农业是非正规就业水平最高的部门，约占 90% 以上。①

从汤敏等人 2006 年的研究统计来看，亚洲国家或地区越是接近发达收入水平，其非正规就业比重相对越低（新加坡等）；而越是收入水平相对低的国家和地区，其非正规就业比重越高，例如印度、尼泊尔、柬埔寨等国。总体来讲，亚洲地区非正规就业分布范围虽广，但主要集中在年平均收入水平低于2000 美元的发展中国家和地区，发达国家和地区面临的非正规就业问题相对宽松。同时，人口越是密集的国家和地区，其相对的非正规就业比重会越高。例如泰国，人均收入已经达到年均 1945 美元，但是其非正规就业比重却高于收入水平低于它的菲律宾和斯里兰卡，达到近 62% 的比重；而印度尽管人均年收入不是最低（450 美元/年），但其非正规就业比重达到近 86%，高于尼泊尔、柬埔寨、孟加拉国等年平均收入更低的地区。这说明，单纯看年收入水平，尚不能确认该国和地区非正规就业的规模。又如，相对发达的韩国，尽管其人均收入水平已经很高，但其非正规就业规模却超过 20%，这说明其人口密度对非正规就业的影响超越了人均收入的影响。

以上分析表明，亚洲地区人口稠密程度是影响该国家或地区非正规就业水平的重要因素。

另外，从非正规就业占农业的比重来看，非正规经济在非农总增值（GVA）中占相当大的比例。比如，在转型经济体占 8% ~ 20%，在拉丁美洲占 16% ~ 34%，在中东和非洲北部地区占 17% ~ 34%，在印度占 46%，在西非占 46% ~ 62%。② 其中，在中国城市地区，非正规就业占非农就业比例为33%，低于同为亚洲地区的南亚地区（82%）、东亚和东南亚（65%）。这说明，非正规就业的一个总体发展趋势是"告别农业"，包括与农业配套的产业。因此，非正规就业在发展中隐含的趋势是和城镇化紧密相关的（在很多发展中国家，非正规就业占非农就业的一半以上，就是明证③）。

① 国际劳工组织：全球 20 亿人非正规就业占就业人口的 61% 以上，联合国新闻网，https://news. un. org/zh/story/2018/04/1007622。

② 国际劳工组织：《非正规经济就业的女性和男性：统计图（第二版）》，国际劳工局，日内瓦，2013 年版。

③ 据联合国住房与城市可持续发展会议报告，发展中国家的城市化与城市非正规经济的增长相伴而生。城乡人口流动是二级城镇面临的一个特殊问题，在未来 20 年将成为城市人口增长最大的核心极，蕴含着带来高报酬工作的前景。但是，获得高报酬工作的机会有限意味着非正规就业会是主要的工作方式。例如，在越南河内，50% 以上的城市劳动力从事非正规工作。在西非城市，这一份额更高，在尼泊尔的尼亚美为 76%，在多哥的洛美为 83%。以上资料来源于联合国住房与城市可持续发展会议资料，2016 年 10 月，http://habitat3. org/wp-content/uploads/Informal – Sector – % E9% 9D% 9E% E6% AD% A3% E8% A7% 84% E9% 83% A8% E9% 97% A8. pdf。

在非农非正规经济劳动力中，女性所占的比例通常高于男性。与男性相比，较多女性从事易受影响、报酬低或价值被贬低的工作，而妇女从事非正规就业劳动的强度和体力要求程度也相对轻一些，其所获得的收入受到季节性、地域性的影响因素也较大，非正规就业劳动所能享受到的基本服务也是参差不齐。

从非洲、南美洲的情况看，非正规就业中的非农就业比率和妇女就业比率也是普遍高于 50% 以上。这说明，世界范围内，尚未找到一条改善非正规就业的产业结构、性别结构的路子。

拉斐尔·拉·波塔和施莱弗（Rafael La Porta and Shleifer，2014）根据这些非正规就业的经验性数据和事实做出了五个假设：（1）非正规就业规模庞大，且主要在发展中国家；（2）非正规就业相比正规就业的生产率低得多，而且非正规企业是典型的小、无效率和由教育水平低和贫穷的"企业家"经营着；（3）尽管避免税收和管制是非正规经济存在的重要原因，但是非正规经济的低效率生产阻碍了其正规化过程，也没有起到有效促进经济增长的效果；（4）非正规经济几乎不与正规经济发生联系，非正规就业亦不会正规化，它们存在多年甚至几十年，没有任何改善和进步；（5）国家越是发展，经济越是增长，非正规就业最终会萎缩，最终被正规经济终结。[①]

（一）非正规就业面临的规制和税收等政策环境

从非正规经济和就业的区域规章、税收、卫生、最低工资法等管制的角度看，非正规部门企业、劳动者和居民面临着过时、代价高昂的规章条例，使正规化难以实现。由于地价高和手续复杂，企业常常面临着保有权没有保障的问题，阻碍了扩产投资。贫民区居民没有获得许可证所需的法定地址，而街道商贩的工作地点通常不断搬迁，不断搬迁往往会破坏他们的谋生方式。[②]

"非正规经济形成的原因还可能是出于规避工商、税务等管制成本。对于多数非正规经济来说，由于其主要从事技术水平要求不高的行业，而且企业的规模较小，因此非正规经济企业通常面临着激烈竞争，其盈利水平也较低，对这些非正规经济企业来说，其合规成本可能会超过所获得的

---

① Rafael La Porta and Andrei Shleifer. Informality and development [J]. Journal of Economic Perspectives, 2014, 28 (3): 109－126.

② 联合国住房与城市可持续发展会议资料，2016 年 10 月，http://habitat3.org/wp-content/uploads/Informal－Sector－% E9% 9D% 9E% E6% AD% A3% E8% A7% 84% E9% 83% A8% E9% 97% A8. pdf.

盈利"。① 同时，虽然非正规就业人口为城市经济和家庭贡献了很多力量，但是有很大一部分城市劳动者不能充分享受住房和基本服务。另外，无证外来务工人员面临着限制性的户籍制度和民事登记制度，不能享受社会服务的好处。

城市管理机构管理城市非正规经济活动时面临诸多挑战。拥挤和过度拥挤会造成不良的环境后果，比如争夺城市空间、随意倾倒污水、垃圾处理不当。城市规划体系将郊区和低收入居住区排斥在基础设施和交通网络之外，还会造成很大一部分的城市人口，特别是低收入人口，不能获得关键服务和创造经济价值的机会。②

（二）地下经济

地下经济，又称灰色经济（grey economy）、影子经济（shadow economy）或非正式经济（informal economy），一般是指一种在国民经济中未向政府申报登记，经济活动脱离政府法律法规约束，又不向政府纳税的经济成分。又可指逃避政府的管制、税收和监察，未向政府申报和纳税，其产值和收入未纳入国民生产总值的所有经济活动。地下经济活动涉及生产、流通、分配、消费等各个经济环节，可谓无所不在，是当前世界范围内的一种普遍现象，被国际社会公认为"经济黑洞"。

从表现形态看，地下经济大致可分为三大类。第一类被称为"灰色经济"或"影子经济"，主要是指未经工商登记、逃避纳税的个体经济，如没有营业执照的小商小贩、家居装修、私房建筑等；第二类被称为"黑色经济"，指抗税抗法的犯罪经济，包括走私、贩毒、洗钱、赌博、制假、色情业、贩卖人口等；第三类是新型的网络犯罪，指在网上搞假公司和假投资骗取钱财等。从城镇化发展的角度看，非正规性是上述各类地下经济的共有特征，其中第二类和第三类型中的经济形态，尽管不可能从国民经济统计数字中给予展现，但从城镇化非正规就业和经济活动的研究视角来看，却不能忽视。

---

① 张伟：《推动非正规经济走向正规化》，载于《大众日报》2017 年 8 月 31 日。

② 联合国住房与城市可持续发展会议资料，2016 年 10 月，http：//habitat3. org/wp-content/up-loads/Informal－Sector－%E9%9D%9E%E6%AD%A3%E8%A7%84%E9%83%A8%E9%97%A8. pdf。

第二节　非正规就业：一个综述[①]

一、非正规就业概念、群体、原因、对策：综述分析

非正规就业这一概念至今仍未有相对统一的国际标准。彭希哲、姚宇（2004）通过对非正规就业的概念进行文献梳理，分析了非正规就业的不同概念在中国的发展和运用，论证了由于概念的不确定性导致的政策导向和管理上的问题。蒋萍（2005）认为任何经济理论只有与本国实践结合才有指导意义，国际组织对于非正规就业的统计定义只是概念框架和指导手册，必须根据中国实际情况制定相应的操作标准。高玲芬、贾丽娜（2005）提出了一个比较具体的观点，她们认为应该从几个维度对非正规就业进行定义：（1）劳动关系比较不正规，以个体、亲戚或者临时关系为主，且绝大多数从业人员不会与用工单位签订劳动合同，更为普遍的一点是劳动者缺乏社会保障；（2）工作时间弹性较大；（3）无固定就业场所；（4）从业者往往以住户为单位进行生产活动。

薛进军、高文书（2012）利用 2005 年全国人口普查数据，发现 2005 年中国从事非正规就业的人数应为 1.63 亿。其中，转移劳动力非正规就业比例相比本地劳动力要高得多，并且呈现地区差异，东部地区非正规就业比例远远高于中部地区，而西部地区比例略低于中部地区。从人口特征信息看，非正规就业者中女性多于男性，且多数未婚；相对而言，受教育程度与年龄略低于城镇就业者平均水平。从人员职业分布看，非正规就业者主要集中在劳动密集型领域，大约 90% 的劳动者从事制造、批发、零售、建筑、运输等职业。从就业者单位类型看，70% 左右的非正规就业人员在个体户与小微私营企业中工作，相对而言非正规就业者进入其他类型单位的可能性较小。

研究中国非正规就业无法避开劳动力转移，大量学者对此进行了尝试。李强、唐壮（2000）以在北京市丰台区所做的问卷调查为基础，黄乾（2003）从经济学角度，得出了一致的结论：非正规就业是中国农民工主要就业渠道，

---

① 本节主要内容见孔德：《非正规就业何去何从——基于中国特色新型城镇化战略的视角》，西南财经大学出版社 2015 年版。

其对城镇经济、社会发展具有"正功能"。蔡昉（2001）提出一个观点，劳动力迁移在中国有着自己的特点，一般分为两个步骤进行：第一个步骤为农村剩余劳动力迁出原先的住所；第二个步骤为这部分劳动力在目的地常住下来。更重要的是，这些劳动力进入城镇将首先停留在非正规部门，且进一步劳动力转移受到制度的约束。张兴华（2002）认为中国存在着城乡就业矛盾，这一矛盾主要体现在农民工与下岗职工之间，焦点则在于非正规部门，非正规就业有着巨大的发展空间。常进雄（2003）研究发现，随着经济和城镇化持续发展，农民市民化将是必然趋势和结果，而非正规就业是实现农民市民化的主要途径。程建平（2008）则从新农村建设视角，认为农村剩余劳动力的顺利转移关乎新农村建设的成效，而扩大农村剩余劳动力就业的一条基本路径是非正规就业。嵇欣（2008）认为，我国正处于快速城镇化时期，由于庞大的低端需求，低端经济（包括非正规经济与地下经济）在我国会长期存在。

除农民工外，其他非正规就业群体主要由三部分构成：失业下岗人员、女性劳动者和高校应届毕业生。

从下岗工人起源分析，其本质是国家经济体制改革的结果，是计划体制转向市场经济必然产生的结构性失业问题。李实、邓曲恒（2004）的实证研究发现，性别、民族、家庭收入、就业压力及再就业意愿等因素都会对失业人员非正规再就业造成显著的影响，但文化程度不产生任何影响。宋秀坤、黄阳飞（2001）则将研究集中于上海模式，该模式允许下岗工人依托社区非正规劳动组织，由政府为从业人员提供制度与政策便利，鼓励其以一定形式从事经济活动。

任远（2003）调查发现，在我国，女性主要选择以下三种形式从事非正规就业：居民社区就业、小微私企就业或自行解决就业。国内学者对于该群体非正规就业发展对策的关注点主要在以下三个方面：政府的态度、就业保障以及引导其走向正规化或者在两者间寻求均衡点。

非正规就业作为缓解大学生就业困难的一项措施得到了长足的发展。周守军、王德清等（2002）从我国就业发展趋势、产业结构调整角度分析，认为大学生非正规就业的发展是我国市场经济发展的必然产物。

胡鞍钢（2001）从基本国情着手，认为一方面我国低素质劳动力长期供过于求；另一方面，非正规部门就业自身适应能力比较强，能够迅速对市场需求做出反应；再者，所有制非国有化以及对外开放程度的加大，客观上都要求非正规就业大力发展，与之相呼应。丁金宏、冷熙亮（2001）认为非正规就业的产生源于劳动力增长与经济增长之间的矛盾。李娜（2005）认为所有制结构调整、二元分割的劳动力市场以及生产和要素的全球化对非正规就业的产生起到了一定的促进作用。胡鞍钢、赵黎（2006）通过比对 1990～2004 年的就业数据发现，在经济体制多重转型以及相关政策措施的双重影响下，就业模式正从计划的、单一的、刚性的传统正规就业向市场的、多元的、灵活的非正规就业转变，未来非正规就业规模以及非正规经济规模还有巨大的发展潜力。以下从四个层面进行观察。

（1）政府层面。政府的主要职责在于提供一个良好的宏观环境，具体来说可以为非正规就业制定相应的政策以及相关的法律。陈淮（2001）认为应从寻求合理、高效的社会保障措施，建立最低工资、最低生活保障制度，制定合理的保护性税收政策，提供必要的财政性援助以及建立必要的准入制度等方面着手。姚裕群（2005）则提出，政府首先应确立非正规就业的合理地位，其次应当扩大就业统计范围以全面把握非正规就业发展状况，最后应为其营造一个良性的制度环境，例如降低市场进入门槛、保障非正规就业者合法劳动权益、出台必要的法律法规、提供公益型培训、建立非正规就业创业扶持制度等。吴要武（2009）通过实证研究发现，劳动力市场非正规化并没有降低资源配置效率，经济快速增长和发展水平提高在导致非正规化的同时有效地降低了非正规化。据此他提出，政府在经济发展水平较低时应鼓励非正规化，而当发展水平提高后，降低非正规化才是有效率的。另外，黄干、原新（2002）提出政府可以通过促进非正规部门发展来带动非正规就业，并且他们认为通过户籍制度改革来完善劳动力市场机制才是解决就业问题的根本举措。

（2）企业层面。张华初（2002）侧重发挥小微型企业的带动作用，认为小微型企业使用的原材料大多由本国生产，前后向关联度比较高，可以产生大量的就业机会。燕晓飞（2013）认为增加技术投入、转变企业现有的低成本竞争模式，促使非正规就业岗位待遇"正规化"，是比岗位"正规化"更有利的选择。

（3）社会层面。傅京燕（2005）认为应该把零散的非正规就业者尽可能组织起来，而且应该由非营利组织来做，一方面可以通过非营利组织将居民需求传递给非正规部门，另一方面可以使得非正规就业者更有力地表达自身的利益诉求。胡鞍钢（2001）认为仅仅有社会帮助还不够，更基本的应该是依靠社会的力量，这才是破除非正规就业发展难题的根本之策。只有建立起一个包含政府、企业以及非营利组织的三方共同体，并且三方面合理分工、团结协作，才能从根本上实现非正规就业的长远、健康发展。

（4）就业者层面。一方面，非正规就业者应该树立新的就业观念：无论身处何种行业，只要是凭借自身能力，从事合法经济活动都应该得到社会的认可。另一方面，非正规就业者应该努力提升其劳动力素质，增强其就业能力。

二、中国的新型城镇化战略研究

仇保兴（2010）以《浙中城市群规划》为参照，从理念与方法等方面就新形势下浙中城镇化战略与规划展开探讨；张占仓（2010）则选取河南省作为研究对象，认为未来河南将以促进城乡一体化、建设资源节约型可持续发展的新型城镇化为目标；朱楠、石秦（2014）则探讨了新型城镇化战略下西安城市空间发展模式的新动向。

李红梅、奚宽武（2013）从新型城镇化战略内涵出发，结合交通运输的发展趋势和特点，提出了适应新型城镇化战略的交通运输发展对策；高国力（2013）认为新型城镇化战略下，不能继续依赖原有的不可持续的城镇化推进模式，必须尽快调整城镇化发展思路，并建立起合理可行的城镇发展思路和模式；李程骅（2013）研究发现，未来 20 年是城镇化发展的重要"机遇期"，必须在新型城镇化战略指导下提前谋划转型发展道路，特别是已经初具规模竞争优势的特大城市、大城市以及城市群；王娟（2014）认为在新型城镇化战略取向下，城市群实现人的城镇化需要大量资金投入，她通过分析城市群融资模式现状指出了未来城市群融资模式的基本方向；陈燕（2014）基于新型城镇化战略加速推进的大背景，对城市居住空间分异的影响因素和作用机理进行深入分析，并提出今后构建和谐城市居住空间的若干对策；任淑荣（2014）认为在新型城镇化战略实施过程中，应当积极调整支农财政政策，提升支农财政效率，实现资源配置最优化。

王新燕、赵洋（2014）从生态文明思维角度分析推进新型城镇化战略的科学意义，认为其具有重要的理论与实践意义，符合"以人为本"的执政理念；刘爱梅（2013）认为应当将"人口城镇化，资源配置，制度改革"等内容纳入国家城镇化战略之中，并从多维视角出发，归纳了我国城镇化战略的特征及趋势。

总体而言，新型城镇化作为一种国家战略已经提上议事日程，但是由于其涉及面特别广泛，且关于城镇化模式和建设重点的研究存在一定的分歧，故尚未形成较为统一的结论。本书主要涉及中国城镇化刘易斯转折的研究，故将非正规就业纳入分析的重点。

三、西方的非正规就业研究

非正规就业起源于国际劳工组织，国外一般称之为非正规部门就业，主要指不注册、不纳税的就业形式，其特点是：组织水平低，从业人员数量少，并且以临时的劳动关系、个人社会关系或亲属关系为基础，缺乏正规意义上的劳动合同与保障。[①]

非正规就业比较有影响力的理论包括二元经济理论及经济发展理论，分别以刘易斯和托达罗为代表人物。刘易斯认为非正规就业是发展中国家的必经阶段，由农村部门向城市部门大量迁移的剩余劳动力基本上以临时就业或自我雇佣的形式就业。[②] 托达罗则认为，在发展中国家，大量农村剩余劳动力在向城市转移的过程中，不会选择直接进入现代工业部门，而是暂存于非正规部门，而这正是非正规就业大量存在的原因。[③]

大量的国外文献把研究焦点集中于发展中国家，把重点放在讨论非正规就业的定义和测量。国外学者对非正规就业的定义与认识争议比较大，并没有一个能被大多数人普遍接受的观点。例如，应该从更宽的范围来界定非正规部门，并且不应让研究范畴局限于传统的、受政府管制的经济（Chen，2006）；施耐德和恩施特（Schneider and Enste，2000）从是否注册且应当对国民生产总值有一定贡献角度定义非正规经济；马吉特、卡尔和贝拉迪（Marjit，Kar and Beladi，2007）更简单地认为，没有遵守最低工资法律的部门就可以被认作是非正规部门。对于发展中国家非正规就业规模的测度，马龙利（Maloney，1998）认为非正规就业者中有很大一部分人员实行自我雇佣，还有一部分人员在非正规部门企业中工作，并且还包括一小部分"合同工"；梅聂泽斯·菲尔奥和缪德尔（Menezes - Filho and Muendler，2007）则在对巴西、哥伦比亚的经验研究中使用是否获得社会保障作为度量标准；拉尼（Rani，2008）选择就业人员所属企业规模来区分非正规就业，以 5 人作为临界点。

列特（Leite，2006）通过经验研究发现，发展中国家在经历了经济改革后，非正规部门规模与原先相比增长了很多，即使如此，新增的就业岗位也不能完全将转移出的劳动力吸收掉；乔德胡里和兑贝蒂（Chaudhuri and Dwibedi，

---

① 资料来源：1992 年第 15 届国际劳工统计大会相关会议资料。
② ［英］刘易斯：《二元经济论》，北京经济学院出版社 1989 年版，第 36～43 页。
③ ［美］托达罗等：《第三世界的经济发展（上）》，中国人民大学出版社 1988 年版，第 62～71 页。

2006）却得出了相反的结论，他们通过构建由正规部门和非正规部门组成的一般均衡模型，发现全球化并不必然引起非正规就业规模的扩大。

显然，国外特别是西方对非正规就业的研究很难直接应用于对中国的研究，原因在于，国外就业模式大多采用劳动合同制，几乎很难有体制内一说。而中国的情况有体制内外之别、合同属性之别，所以，城镇化就业模式的多样性复杂性也是有目共睹的。

国外著作对于非正规部门发展对策探讨得不多，国际劳工组织（ILO）提出了一些建议，具体包括：（1）政府应转变对于非正规部门的态度，用更积极的方式扶持非正规经济发展；（2）政府应推进非正规部门小企业登记注册，以便更好地了解状况；（3）政府可以为那些有利于城市经济发展的非正规部门企业提供技术培训便利，增加其技术可得性；（4）政府应当对非正规部门中资本短缺且具有增长潜力的小企业增加信用支撑；（5）政府应当以提供良好的基础设施和适宜的工作场所为己任，这样可以减少非正规部门扩张产生的环境影响。①

四、文献评述

通过对国内外非正规就业相关文献进行梳理，可以发现：（1）虽然目前国内外对于非正规就业尚无通用的定义，但有一点十分明确，各国必须根据自身基本国情提出相应的可操作定义；（2）对于非正规就业产生的原因，虽然国内国外研究的角度不一样，但是不管是托达罗、刘易斯抑或是本土学者，都认为非正规就业是发展中国家经济发展的必经阶段，而且非正规部门已经占据城镇劳动力与收入总数的相当比例；（3）国内研究非正规就业的学者发现，我国与国外最大的一点不同在于中国有着数量众多的农民工群体，因此，无论从何种角度探讨中国的非正规就业问题，农民工问题都绝对是其中的重中之重；（4）在探讨针对性发展对策方面，虽然国内外基本国情不同，但是有一点共识，政府对于非正规就业重视程度还远远不够，非正规就业良性发展的前提是必须得到政府积极支持。

在综述中国特色新型城镇化战略文献时，国内学者主要集中于特定省市新型城镇化战略，即使上升到国家高度，注意点还是集中于新型城镇化战略对于城镇空间发展的动态影响。目前从中国特色新型城镇化战略角度分析中国非正

---

① http://www.ilo.org/public/english/employment/stat/polemp/kilm/download/table7.pdf.

规就业现象的还不多。本书以刘易斯转折视野下中国特色新型城镇化战略为基本框架，在该框架下探讨非正规就业未来发展方向，希望能够立足基本现实，为非正规就业发展提出一些切实可行的政策建议。

第三节　非正规就业规模以及特征

我们定义的非正规就业为：以非正规部门为主要依托，同时少量托身于正式部门，以非正规的劳动关系为特征且缺乏相应社会保障的一种就业形式。本书中正规部门是指国有或集体企业、机关、大中型私营企业以及其他；非正规部门主要是指个体户、小微私营企业。其中，本书将个体户视为非正规部门的理由在于其员工数量少且规模小，符合 ILO 的界定标准。另外，遵循国际通行做法，我们只分析非农就业者。

一、非正规就业规模测算

根据 ILO 对非正规就业的概念框架，可以将以下几类人员（方格 1 ~ 10）进行加总（见图 3 - 1）。

生产单位类型	工作地位								
	自负盈亏的工人		雇主		家庭工人	雇员		生产合作社成员	
	非正规	正规	非正规	正规	非正规	非正规	正规	非正规	正规
正规部门企业					1	2			
非正规部门企业	3		4		5	6	7	8	
家政服务	9					10			

图 3 - 1　非正规就业概念框架

注：图中阴影部分表示不属于所讨论的生产单位的工作岗位。

资料来源：第十五次国际劳工大会的统计决议［R］. 日内瓦, 2003.

ILO 的框架包括了几乎所有的非正规就业。对于中国来说，家政服务人员、自我雇佣的非正规部门企业就业人员、正规部门中非正规就业人员等均没有进行过准确的统计，所以完全按照此种方法测算还存在一定难度，但是该框架为我们进行估测提供了有益的参考。

估算非正规就业规模，最有说服力的数据应该是人口普查数据。迄今为止，3次大规模人口调查中只有2005年的调查区分了劳动者单位类型和就业身份，但是由于距今时间太久，测算出的非正规就业规模及其特征已经不再具有说服力，2000年、2010年则没有包含可供甄别非正规就业的信息。综上考虑，决定采用《中国劳动统计年鉴2013》数据进行大致测算。

《中国劳动统计年鉴2013》中，将劳动者的工作单位划分为国有及国有控股单位、城镇集体单位、私营企业及个体、其他类型单位等。根据前文提到的非正规就业定义，参考ILO的概念框架，可以将非正规就业人员具体化为以下四类：家庭和非正规部门中的自营劳动者、非正规部门中的雇主、非正规就业雇员以及家庭帮工，这里的非正规就业雇员指没有签订劳动合同或签订了劳动合同但是没有基本社会保障的就业人员。[①] 具体结果见表3-3。

表3-3　　　　　　　　　　按地区划分的城镇非正规就业比例　　　　　　　　单位：%

地区	全部就业人员	转移劳动人员	本地就业人员
全部地区	79.78	81.09	63.58
东部地区	75.53	80.87	54.48
西部地区	87.95	89.41	68.51
中部地区	64.35	71.36	52.90

资料来源：根据《中国劳动统计年鉴2013》的数据整理得出。

根据表3-3计算所得结果，2012年城镇就业人员总计3.71亿人，该年从事非正规就业的人数大致应为2.96亿人，可见，我国非正规就业具有相当大的规模，是一个绝对不容政策制定者忽视的群体。从表3-3还可以看出，转移劳动人员非正规就业比例明显高于本地就业人员；从全国来看，西部地区非正规就业比例最大，其次是东部地区，最后是中部地区，呈西、东、中依次递减态势。

二、非正规就业人群特征简析

以非正规就业人员的特征信息为维度分析，相对于正规就业，女性更容易

---

① 薛进军、高文书：《中国城镇非正规就业：规模、特征和收入差距》，载于《经济社会体制比较》2012年第6期。

从事非正规就业；而相比正规就业者，非正规就业者平均年龄略小；而且从文化教育程度看，非正规就业者要低于正规就业者（见表3-4）。

表 3-4　　　　　　　　　　非正规就业人员特征信息　　　　　　　单位：%

指标	正规就业	非正规就业	全部
男性	59.39	57.61	58.22
女性	40.61	42.39	41.38
平均受教育年限	12.61	9.62	10.75
平均年龄	37.62	35.52	36.38

资料来源：根据《中国劳动统计年鉴2013》的数据整理得出。

再从非正规就业者职业分布角度探析，大部分就业人员以工业制造、零售餐饮、社会服务、建筑、运输和物流为主要就业形式，服务行业的非正规就业占比非常高。具体结果见表3-5。

表 3-5　　　　　　　　　　非正规就业人员行业特征　　　　　　　单位：%

行业	非正规就业人员
制造业	32.7
批发零售及餐饮业	31.5
社会服务业	10.7
建筑业	8.2
交通运输仓储和邮政业	6.7
国家机关和社会团体	2.1
教育文化艺术及广播电视业	1.9
采掘业	1.4
卫生体育和社会福利业	1.3
房地产业	0.9
电力燃气及供水业	0.8
金融和保险业	0.8
地质勘探及水利管理业	0.5
其他	0.2

资料来源：根据《中国劳动统计年鉴2013》的数据整理得出。

　　从所有制类型来看，非正规就业者主要分布于个体工商户和私营企业中，其他类型的单位中非正规就业者比较少。根据 2013 年劳动统计年鉴数据推测，43.6% 的非正规就业人员以个体工商户的形式从事经济活动，29.3% 的非正规就业者则集中在私营企业中。

　　从收入水平来看，月工资、小时工资、工作时长都是正规就业者占有显著优势，具体结果见表 3-6。

表 3-6　　　　　　　　正规就业者与非正规就业者收入水平比较　　　　　单位：元/小时

指标	正规就业人员	非正规就业人员	全部就业人员
每周工作小时数	44.82	52.62	49.41
月工资	2352.62	1650.59	1943.12
小时工资	13.12	7.84	9.83

资料来源：根据《中国劳动统计年鉴 2013》的数据整理得出。

　　综合以上信息，可以发现我国非正规就业发展状况并不令人乐观。从总体规模上看，中国非正规就业规模比较大，大致已经接近当前城镇就业人员总量的 80%，已经成为劳动力市场上一类不容小觑的群体。从群体特征上看，非正规就业人员在地区分布上并不均衡，西、东、中顺次递减；本地劳动力的非正规就业程度要低于迁移劳动力；非正规就业者在平均受教育年限、小时工资、月工资方面都与正规就业者存在一定的差距；在工作时间上，非正规就业者与正规就业者相比并没有优势，相反还处于劣势；在行业分布上，大部分非正规就业者都集中于劳动密集型产业，整体上处于较低的就业层次。但是，从就业的灵活性和创新创业的角度看，非正规就业恰恰是未来城镇化发展模式中一支不可或缺的力量。

第四章 城镇化的"非正规经济"问题Ⅱ：世界城市透视与比较

第一节 非正规就业与刘易斯转折：世界城市视角

自二战以后，世界各国的城镇化进入了飞速发展期，一大批充满国际和地区影响力的大中城市和城市群相继崛起，城镇化快速进程在经济理论界看来甚至已经成为一个国家或地区经济增长的"发动机"；但与这一欣欣向荣进程相伴随的，却是相当一批城市出现了种种相互联系的"发展障碍"，而且这些发展障碍比较集中或突出地出现在发展中国家正处于"刘易斯转折期"的大中城市中。这看上去并不像是一种偶然现象，我们试图从这些"事实"中，归纳出城镇化在刘易斯转折期的突围重点，以期为中国的城镇化问题在新阶段的破题找到理论与现实依据。

一、临时、非正规劳动力市场的崛起与困境丛生

我们关注"刘易斯转折期"的城镇化发展障碍，首先把焦点聚集于城市"非正规"部门，又称"非正规经济"或"穷人的经济"部门的发展困境。

按照戈兰·坦纳菲尔德等（2008）的定义，"非正规经济部门"这一术语用来指代小生意或者说微型企业的活动（Micro – Scale Business Activities），而不管这些企业是否已经在工商部门注册。显而易见，非正规经济一头是仅能提供生存所需的收入的自我雇佣，另一头是雇佣好几个员工的经营较好的微型企业。从规模上看，处于"刘易斯转折期"的城市，往往有着较大规模的非正规部门的就业人群。一项研究表明（见表4–1），在拉丁美洲和亚洲的一些国家，非正规经济雇佣的人占到了总人口的一半以上，其对国内生产总值的贡献

度在拉丁美洲和亚洲是 30% ，而在撒哈拉以南非洲地区则达到 40% （Flode-man Becker et al. ，2004）。

表 4 - 1　　　　　　　　　　　非正规经济的规模和构成　　　　　　　单位：%

非正规经济的规模（非农业部门就业所占份额）				非正规经济的构成	
地区	总计	女性	男性	自我雇佣	工资雇佣
撒哈拉以南非洲	72	84	63	70	30
亚洲	65	65	65	59	41
拉丁美洲	51	58	48	60	40

资料来源：ILO, Geneva 2002. Women and Men in the Informal Economy。

非正规经济不是一个新现象，事实上它就是最初的城市经济——小型的手工业、服务和贸易等，是城镇的传统行业。微型企业之所以采取非正规方式是因为它们想要成为正式经济很困难或成本过高。因为，在许多发展中经济体获得经营许可或土地所有权（使用权）的过程非常烦琐，常常需要疏通官僚机构，还必须支付各种税费等。

对于城市非正规经济，我们可以有几种观察视角。它是发展的一个非常重要因素，对城市贫民来说，它提供了工作和收入。它既包括了正在崛起的企业，同时也包括为了养家糊口而奋斗的赤贫家庭的适龄劳动力。除了提供收入，非正规经济另一个重要作用是以低收入家庭能够支付的价格向他们提供许多必需的服务和商品，这些都是只有它这个经济部门才生产和提供的。

非正规经济的大规模存在和不稳定性使亚、非、拉许多发展中国家的乡村贫困为城市贫困所代替。也就是说，发展中国家在追求快速的人口城镇化的时候，往往未对这些人口的就业、社会保障和发展权利加以区分；也没有考虑这些人对城市生活的向往（即向城市移民）与适应城市生产生活方式（即融入城市）之间还有很长的路要走。为了更好地规避政府对非正规经济和就业的区域规章、税收、卫生、最低工资法等管制，相当一部分地下经济应运而生，充斥于非正规经济之中；更为严重的是，这可能引发各种犯罪活动并引起社会范围内的不稳定。

说到底，作为一种发展障碍，非正规经济对城镇化的种种负面影响，根本在于这一经济是"低收入的桥头堡"和"低收入的联盟聚集区"，^① 它在不能带给人们相对稳定和持久的就业和收入流的同时，还泯灭了相当一部分人的"城市希望"。因此，城镇化若不关心和实际解决这个"转型的城市聚落"^② 的居住、就业、收入、疾病传播、子女教育、养老、医疗、社会保障等现实问题，使这个"转型的城市聚落"中的个体成为"中等收入地位的寻求者和实现者"的话，随着这一部分非正规就业人群在人口城镇化进程中的比重加大，其脆弱的经济基础将迫使其要求变革城市体系现有的上层建筑，从而极有可能引发较为尖锐的社会矛盾，这是任何一个发展中经济体的政府都不能坐视的严峻问题。

二、基础设施障碍——以地下排水设施为例

从亚、非、拉很多城市发展的历程和现状来看，在经历"刘易斯转折期"时，其基础设施建设滞后已经成为城镇化进程的重大阻碍。特别是由于缺乏投资、规划缺乏远见和维护不当造成的基础设施不足或老化，使交通、通信、水电供应和城市防灾减灾体系都遭遇空前压力，这已经严重地影响到了城市生产效率和生活舒适度。

雨果曾说过，下水道是城市的良心。被忽视的排水系统，并非第一次让中国的城市付出代价。热衷于建高楼大厦，却不喜欢修下水道，这是判断发达国家和"开发中"国家的主要依据之一。衡量一座城市的良心，不能只看外表的高楼林立、街道宽阔、广场气派，更要看重那看不见的排水工程。城市建设管理者需要认真吸取教训，更新城市规划和建设理念，加强城市公共管理和应急机制。与其在城市内涝受灾后修修补补，不如提前规划，未雨绸缪，完善城市地下排水等配套设施，为居民提供便利的城市生活环境。

事实上，像巴黎、柏林、东京、香港等现阶段基础设施特别是排水系统解决得较好的城市，在发展早期也出现过较严重的问题，只是其重新规划并设计了超前的排水基础设施，从而在较长时间内规避了类似风险。比如巴黎，早在1852年，就将其排水系统纳入城市建设中，虽然巴黎被塞纳河贯穿，是一座低海拔的城市，而且呈现北高中低的盆地地形，但在年平均降雨量642毫米的

---

① ［美］布莱恩·贝利著，顾朝林等译：《比较城镇化——20世纪的不同道路》，商务印书馆2010年版，第101页。

② 此聚落代指城市非正规经济。参见：R. J. Crooks. Urbanization and social change：transitional urban settlements in the developing countries ［N］. Rehovot Conference Papers，1971。

情况下，却很少出现下雨积水引发的城市内涝灾害。到 1878 年，巴黎拥有了长达 600 公里的下水道网，建成了完善独特的城市下水道排水系统，有约 3 万个下水道井盖，6000 多个地下蓄水池，1300 多名专业维护工人。到目前，巴黎的地下水处理系统管道总长达到 2400 公里，其中，污水处理管道总长 1425 公里。①

而柏林在 1905 年遭遇了最大一次内涝后，就开始铺设大面积的下水道管网，在面积达 892 平方公里的柏林地下，铺设有总长达 9400 公里的下水道管网，超过北京到柏林的距离，百余年来，即使连续遭遇强暴雨，柏林也再没出现过内涝。②

东京从 1994 年在其中心部分的 23 区实现了 100% 的下水道覆盖，总长达到 1.6 万公里。同时，东京还建设了大批排水泵站，有超过 1000 座高层建筑引入了雨水利用设施，其中东京都墨田区是日本雨水利用的样板，方法简单而实用——收集降落在屋顶的雨水，用来洗车、浇花、种菜等。位于墨田区的国技馆是大型公共设施利用雨水的先行者，国技馆 8400 平方米的大屋顶能收集 1000 立方米的雨水。③

而我国香港则是在 1996 年开始实施"雨水排放系统整体计划"。统计显示，自 1995 年起，我国香港防洪投入共计 220 亿港元，目前我国香港水浸"黑点"已经从当年的 90 个减少到 15 个，④ 其抗内涝灾害能力上升显著。

通盘考虑城市的基础设施规划和建设，提高城市的空间承载力，在刘易斯转折期尽可能地满足大规模涌入城市的人群对城市基础设施的需求至关重要。实际上，基础设施到位了，不仅有利于破除城镇化发展的障碍，也是从另一个角度保护在城市非正规部门就业的人口在城市的生产、生活，为其提供一个宜业、宜商、宜居的城市环境。

---

① 刘卓：《世界大城市如何防范内涝风险——巴黎：下水管道规模超过地铁》，载于《国际先驱导报》，2012 年 8 月 3～9 日。
② 唐志强：《世界大城市如何防范内涝风险——柏林：民防力量多为志愿者》，载于《国际先驱导报》，2012 年 8 月 3～9 日。
③ 蓝建中：《世界大城市如何防范内涝风险——东京：对雨水和淤泥进行再利用》，载于《国际先驱导报》，2012 年 8 月 3～9 日。
④ 刘晨：《世界大城市如何防范内涝风险——香港：天灾应变计划井井有条》，载于《国际先驱导报》，2012 年 8 月 3～9 日。

三、城市管理障碍：放权与收权的难题

城镇化的进程既是一个技术问题，又是一个政治经济问题，需要有专业精神，需要全面考虑社会、经济和环境可持续发展的愿景，通过高超的技术规划和科学管理才能实现。刘易斯转折期的城镇化进程是一个人口流动规模巨大、速度频率快的过渡时期，这其中所牵涉利益关系错综复杂，而且这些利益相关者权力地位并不平等，占大部分城市人口比重的城市贫民（包括转移到城市非正规部门就业的农村人口）往往没有权力，所以当前城市管理的最大障碍是地方政府管理权力很可能为一些特殊的既得利益主体所"俘获"，导致大多数城市贫民的利益被轻易排除在城市规划和决策程序之外，这在发展中经济体是一个相当普遍的现象。同时，相当一部分发展中国家的地方政府规划能力很有限，或即使有规划，也是缺乏长期延续性且支离破碎的；规划的多头管理也可能引发矛盾与混乱。比如，一个国家的中央政府部门可能会负责水资源的总体规划，另外一个部门负责电力供应，而第三个机构则负责输送网络的规划，省（区、市）政府可能负责污水系统和当地道路的规划，而全国道路管理部门则负责主干道路的规划，等等。职能边界重叠或交叉的地方很可能成为"管理盲区"或管理政策朝令夕改，造成极大的管理障碍和经济社会福利损失。

在中国，地方政府要规划发展适应于刘易斯转折期且大规模人口不断涌入的城市，需要极强的"经营城市"能力。因此，以"土地管理""土地财政"为中心的城市开发战略（the city development strategy，CDS）应运而生。在这种开发模式高强度地实施了一段时间后，我们发现，它的好处在于确实为分税制后相当一部分财政上捉襟见肘的地方政府融通了发展资金，近十余年来各地的城镇化进程几乎都受到了"土地财政"的巨大支持；但就城市土地开发或再开发的实际用途而言，却并未真正服务于"刘易斯转折期"前后大规模农村剩余劳动力向城市注入的民生现实，也就是说，对生活成本不断增长的城市中心的贫民而言，土地开发并未切实地照顾到他们的民生需求。

从其他发展中国家的情况来看，更有效的土地房屋市场可以为城市经济的发展特别是突破刘易斯转折期的劳动人口定居问题排除障碍。一些国家通过开展司法改革并修改法律，以允许小块土地出售、混合式的土地用途、住房逐步扩建等形式，使大众享用得起相应的土地、住房基础设施。较典型的例子是巴西。巴西地方政府通过与私有土地所有者协商，以私有土地所有者在其地块中保留几小块给穷人为条件，授予其建造房屋的权利，甚至还给予了土地所有者

一些建造权，并允许它们购买一些把所得收益用于公共利益，通过这种方式来兼顾城市贫民的居住权益。[①]

但显然，对其他发展中国家有利的城市土地管理与经营模式对中国至多是个参考。从"十二五"规划到"十四五"规划中，我们对城镇化的步骤、格局和管理城市体系已经有了诸多安排。例如，提出了"把符合落户条件的农业转移人口逐步转变为城镇居民作为推进城镇化的重要任务"，并指出，面对快速增加的城市人口，应"立足保障基本需求、引导合理消费，加快构建以政府为主提供基本保障、以市场为主满足多层次需求的住房供应体系。对城镇低收入住房困难家庭，实行廉租住房制度。对中等偏下收入住房困难家庭，实行公共租赁住房保障。对中高收入家庭，实行租赁与购买商品住房相结合的制度"，并"强化各级政府责任，加大保障性安居工程建设力度，基本解决保障性住房供应不足的问题"。[②]

由此可见，在管理城市、完善土地供应政策、增加住房供应总量、优先安排保障性住房用地方面，我国充分地兼顾到了正处于刘易斯转折期的城镇化发展背景和中国现阶段的具体国情。

四、社会保障与城市贫困的发展障碍

城镇化进程发展到"刘易斯转折期"往往也是一个"社会矛盾凸显期"。这些社会矛盾错综复杂、牵涉面广，但其中大多数问题都可归因于贫困；人口向城市的涌入以及由此带来的城市贫困和农村地区的贫困是不一样的。农村的贫困在大多数情况下是"现金贫困而实物相对充裕"，而城市贫民往往依靠现金收入维持生存，并以之购买绝大部分食物以及做饭的燃料和水，一旦发生现金收入短缺，城市贫困往往更加严重。而城市住宅和建筑材料的昂贵，使得他们即使是租住或自建最简单的棚屋，也要遭遇现金流不足或城市土地住房产权管制的困境。城市贫困者在看到城市富有阶层的生活时，往往产生极大的心理不平衡，尖锐的阶层矛盾可能就此引爆。如前所述，城市贫困人群往往是非正规就业大军的主力，这些人口的收入来源极不稳定，有时甚至是朝不保夕，城

---

① 黄小虎等：《巴西、阿根廷土地调查技术和制度考察报告》，http：//www. diji. com. cn/xl－16－19－38. html；卢中原等：《城镇化与农村转型——巴西与智利考察报告》，http：//www. chinareform. org. cn/Economy/consume/report/201008/t20100818_40549. htm。

② 《中华人民共和国国民经济和社会发展第十二个五年规划纲要》，人民出版社2011年版，第100~101页。

市贫困带来的"不安全感""不稳定性""不和谐性"已经成为发展中国家的主要威胁。

解决城市贫困这种发展障碍，不同发展水平国家的政府几乎都选择性地建立了适应该国国情的社会保障制度，即失业者可以得到"失业救济金"，老年人可以得到"养老金"，贫困人口则可以得到一定数量的"贫困救济金"。实际上，社会保障系统是给予城市非正规就业人群和贫困者以某种可以控制的商品组合，它们是一个人交换权利的组成部分，其条件是这个人没有进行其他交换。例如，如果一个人用自己的劳动力换取了工资，即成为就业者，那么，这个人就无权继续领取失业救济金；与此相类似，如果市场交换使一个人的收入超过了规定的贫困标准，那么他也没有权利接受救济。① 显而易见，这种社会保障系统所提供的"最低限度"的交换权利既依赖于城镇化人口的个人经济前途，而其经济前途又依赖于生产方式，以及就生产关系而言的社会地位。实际上，城市人口在失业一段时间后，他们可能身无分文，在没有社会保障系统的情况下，他们的交换权利就不能为其提供充足的商品组合。"如果没有社会保障系统，今天美国或英国的失业状况会使很多人挨饿，甚至有可能发展成饥荒。因此，成功地避免了饥荒发生，靠的不是英国人的平均高收入，也不是美国人的普遍富裕，而是由其社会保障系统所提供保证的最低限度的交换权利。"②

城市发展的贫困障碍可能成为发展的陷阱（例如中等收入陷阱）并非危言耸听。因此，未雨绸缪的城镇化战略与政策组合完全可以提前展开并付诸实施，以缓解依靠城镇化本身无法解决的诸多发展障碍。

第二节　非正规就业与中国特色新型城镇化战略相关性分析③

将非正规就业发展与新型城镇化战略结合起来，是一个从政治经济学角度结合中国城镇化发展战略进行现实分析的重要选择，不仅把城镇化引发的劳动力流动视为常态化的经济特征，还将非正规就业视为一种劳动力市场的调节手

---

① ［印］阿马蒂亚·森著，王宇、王文玉译：《贫困与饥荒》，商务印书馆2004年版，第12页。

② ［印］阿马蒂亚·森著，王宇、王文玉译：《贫困与饥荒》，商务印书馆2004年版，第13页。

③ 本章第二节后的内容见孔德：《非正规就业何去何从——基于中国特色新型城镇化战略的视角》，西南财经大学硕士学位论文，2015年。孔德为本书课题组成员之一。

段。正视非正规就业的存在，在整体战略框架下探讨非正规就业的发展，也许这才是一条比较现实的道路。

一、中国特色新型城镇化战略的要求

中国城镇化进程迄今为止大致经历了三个阶段。第一阶段，新中国成立至改革开放，该时期属于缓慢起步阶段，城镇化率大致从 10.64%（1949 年）增加到 17.92%（1978 年）；该时期受到工业化进程的影响比较大，户籍制度阻断了人口向城镇聚集。第二阶段，改革开放至 20 世纪末，这一时期城镇化逐渐走向正轨，城镇化进程明显加快，城镇化率由 17.92% 上升到 36.22%；该阶段沿海、沿边城市获得了较好的发展机会，同时一批中小城市和小城镇也开始涌现出来。第三阶段，21 世纪初至今，城镇化获得了飞速发展，2019 年城镇化率达到了 60.60%；[①] 该阶段特征表现为各类新型城镇化开发区、国家级城镇化试验区以及西部的二三线城市迅速扩张。正是在第三阶段，非正规就业获得了较快发展，中小城市和小城镇的迅速发展为非正规就业的成长提供了良好的基础。

我国的城镇化虽然走过一些弯路，但是总体来说，城镇化建设成果显著，城镇基础设施日渐完善、城镇结构日趋合理，这都是不容否认的。但是，城镇化走到今天，的确产生了一些问题，最主要的表现即为城镇化质量低下。当前迫切需要改变落后的城镇化发展模式，以中国特色新型城镇化战略的要求继续推进我国的城镇化进程。

（一）中国特色新型城镇化应以创新带动创业

《国家新型城镇化规划（2014～2020 年）》（以下简称《规划》）指出，中国城镇化的发展目标在于水平和质量稳步提升。特别是城镇化格局更加优化，"两横三纵" 为主体的城镇化战略格局基本形成；城市发展模式科学合理，密度较高、功能混用和公共交通导向的集约紧凑型开发模式成为主导；城市生活和谐宜人，稳步推进义务教育、就业服务、基本养老、基本医疗卫生、保障性住房等城镇基本公共服务覆盖全部常住人口；城市发展个性化，城市管理人性化、智能化；城镇化的户籍管理、土地管理、社会保障、财税金融、行政管理、生态环境等制度改革取得重大进展等。

---

① 资料来源：国家统计局网站。

《规划》还明确了以人为本、公平共享的基本原则。其中，以人的城镇化为核心，需要合理引导人口流动，有序推进农业转移人口市民化，稳步推进城镇基本公共服务常住人口全覆盖，不断提高人口素质，促进人的全面发展和社会公平正义，使全体居民共享现代化建设成果。习近平同志也提出：新型城镇化要坚持以创新、协调、绿色、开放、共享的发展理念为引领，以人的城镇化为核心，更加注重提高户籍人口城镇化率，更加注重城乡基本公共服务均等化，更加注重环境宜居和历史文脉传承，更加注重提升人民群众获得感和幸福感（新华网，2016）。显见，"人的城镇化"是中国推进新型城镇化道路的核心因素，也是中国总结各国城镇化道路经验教训之后的必然选择。

根据这些要求，如果将有能力在城镇稳定就业和生活的人口定义为城镇人口的话，中国的城镇化率可能远低于目前的60.60%。如何稳步推进人的城镇化，前提是稳定的就业；只有拥有一份稳定的工作，劳动力才能够在城镇中生活，才能进一步提高生活质量。

从2013年我国的第一产业、第二产业、第三产业吸纳就业人员的比例看，第一产业约占34.8%，第二产业约占29.5%，第三产业大致为35.7%；从人均产值看，第一产业人均产值1.79万元，第二产业约为9.78万元，第三产业大致为7.45万元。[①] 这些数据说明，我国产业结构尚不够合理，第一产业滞留的劳动力过多，人均产值低下；第二产业吸纳就业能力有限，人均产值较高。从单位GDP能源消耗量分析，我国第二产业生产一单位GDP耗费的能源约是日本的11.5倍、德国的7.7倍、美国的3.3倍，说明中国经济增长方式尚未由粗放型转变为集约型，产品附加值还是比较低。此外，我国第三产业无论从容纳就业或是人均产值看，尚有较大的发展空间，如果细化第三产业部门，还可发现，从事金融业、房地产业、科学研究等高技术含量行业的人员较少，较大部分的从业人员还是集中在邮政仓储、批发零售、餐饮快递等低技术含量部门。

未来的城镇应当能够容纳更多的拥有稳定就业的人口，要实现这一目标，产业升级必须是当前的头等大事。一般来说，产业升级是一个历史过程，通过要素的转移，逐步由高附加值产业替代传统产业。具体来说，产业升级的方向应当是第一产业比例维持稳定和质量改善，实现农业生产规模化与现代化；第三产业尤其是新兴服务业和高技术产业比例逐渐提高；第二产业比例大致稳定，逐步向精细化企业转变，最终实现整体产业结构的合理化。

---

① 资料来源：根据《中国劳动统计年鉴2013》数据整理而成。

　　实现产业升级的基础是创新。所谓创新就是企业根据新的需求采用新的技术或经营方式，通过技术扩散，带动整个行业的升级换代。主要包括技术层面的创新与经营层面的创新，并且实现以创新带动城镇化的创业。尤其是，对即将毕业的大学生、研究生而言，创新创业基地的设立，非常有利于这些人才，从填鸭式、灌输式的课堂教育走向自主式、创新式的社会实习和工作历练，这对吸纳自主创新能力最强的人才非常有帮助。

　　技术层面的产业创新无非有两种方式：自主创新或者技术引进。自主创新优点很多，比如说可以掌握核心技术，能够在价值链分工中处于上游，易于掌握竞争优势等。当前阶段的技术创新一方面应以引进适用技术为主，另一方面在一些关键领域应当毫不犹豫地进行自主创新，分清主次，逐步实现产业升级。着眼于当前中国城镇化劳动力密集型程度依然很高的情况，城镇化产业创新的取向应该着眼于高密度、低污染、附加值高的服务类行业，争取吸纳足够多的适龄劳动力。

　　城镇化还应追求经营方式层面的创新，即追求知识型、营销型、网络型的经营方式。《2015 年度中国电子商务市场数据监测报告》显示，2015 年，中国电子商务交易额达 18.3 万亿元，同比增长 36.5%，增幅上升 5.1 个百分点。其中，B2B 电商交易额 13.9 万亿元，同比增长 39%。网络零售市场规模 3.8 万亿元，同比增长 35.7%（见图 4-1），这一趋势到 2016 年仍旧增长迅猛。报告还显示，截至 2015 年 12 月，中国电子商务服务企业直接从业人员超过 270 万人，由电子商务间接带动的就业人数，已超过 2000 万人。

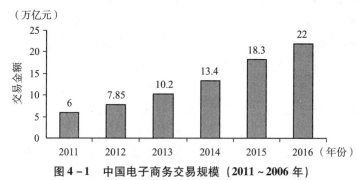

图 4-1　中国电子商务交易规模（2011～2006 年）

资料来源：《2015 年中国电商交易额突破 18 万亿，同比增长 36.5%》，载于《21 世纪经济报道》，2016 年 5 月 17 日。

　　该报告指出，网购人口度过"刘易斯转折"后，品类格局逐步固化，电商经济本身也进入"新常态"阶段。新常态下阿里巴巴、京东、苏宁易购等电商竞争更注重技术进步及模式创新，利用大数据技术有效预测需求，发力信息及物流系统建设，打造属于自己的互联网生态闭环，进而以广告、金融等形式进行流量变现。

显然，无论是国内还是国外，电商已经成为一种重要的销售模式，大有取代传统零售模式的趋势。电商的出现能够带动一大批相关产业的发展，尤其是物流业的发展，对于解决城镇就业能够提供较大的助力。从电商物流建设的趋势看，今后电商会将一大部分甚至全部的前台和后台物流业务（前台主要指仓储，后台主要指配送）交给第三方企业去做。可以预计，在不久的将来，中国的物流行业会拥有广阔的发展空间，能够吸纳较多的劳动力并为这些人员提供一批稳定的就业岗位。如果积极鼓励电商类的经营方式创新，不仅可以实现企业自身价值，同时还能够带动相关产业的发展，促进一大批劳动力就业，对于新型城镇化进程的推进具有举足轻重的作用。

（二）中国特色新型城镇化应重新定位政府债务规模

城镇化包含的内容非常广泛，从工程型设施（如能源系统、交通系统、给排水系统、通信系统等）到社会性设施（如社会保障、医疗保健、金融服务、行政管理等）都需要财政支持，通俗地说，城镇化是需要政府大量投入财政资金的。以往的城镇化，绝大部分钱来自地方政府财政，特别是税收以及土地出让金。

据财政部2012年预算报告披露，全国因土地使用权出让所获得的全部收入预计在27010亿元，当年地方本级财政收入约为61077.33亿元，土地出让收入大约占地方财政收入的44.22%；[①] 到2015年，财政部的数据显示，全国缴入国库的土地出让收入33657.73亿元，同比下降21.6%。[②] 其中，2015年招拍挂和协议出让价款29820.20亿元，下降22.4%；补缴的土地价款1455.18亿元，下降23.0%；划拨土地收入1103.57亿元，增长17.8%；出租土地等其他收入1278.78亿元，下降24.4%。当年，从土地出让收益中计提的教育资金、农田水利建设资金分别为436.69亿元和423.51亿元，同比下降33.4%和35.6%。[③] 这就是说依靠土地城镇化实现规模扩张的城镇化模式已经

---

① 财政部：在第十一届全国人民代表大会第五次会议上关于2011年中央和地方预算执行情况与2012年中央与地方预算草案的报告，2012年3月5日。

② 参见《中国国土资源报》，http：//www.tjjhgt.gov.cn/Lists/List4/DispForm.aspx？ID=849。

③ 《2015全国土地出让金降逾两成　地方政府财源受挫》，载于《经济参考报》，2016年4月6日，http：//finance.qq.com/a/20160406/011826.htm。

遭遇土地供给侧不足的瓶颈。

地方政府依赖土地财政，在土地财政模式下不断扩充城市建设，极易造成财政风险。土地财政的一个突出特点即为少量保证金撬动大量资金，支付较少的保证金即能以土地为抵押，从银行获得一大笔贷款。该模式在提高企业赢利能力的同时也加大了偿付风险，近年来愈演愈烈的地方债务危机即是过度依赖土地财政的一个恶果。

《21世纪经济报道》指出，2017年地方债限额确定为18.8万亿元。自从2015年元旦新预算法正式实施，对地方债务进行限额管理以来，地方政府债务限额在不断提高，每年限额提高额度均与当年批准的地方新增债务规模一致。比如，2015年清理甄别的地方政府存量债为15.4万亿元，加上2015年新增地方债券规模6000亿元，即得到2015年地方政府债务限额为16万亿元。2016年新增地方债券规模为1.18万亿元，因而2016年地方债务限额在2015年基础上提高到17.18万亿元。2017年地方政府新增债券规模为1.63万亿元，其中一般债券为8300亿元，专项债券为8000亿元，因而将2017年地方债限额推高到18.8万亿元。虽然数据显示，地方政府债务余额有所下降，但地方债限额并没有随之调整，还是随着新增债券规模在上升。截至2016年底，我国地方政府债务余额预计执行数为15.3万亿元，相较2015年底下降4.3%，比2016年全国人大批准的限额低1.87万亿元。2017年赤字率维持3%不变，赤字规模仅增加2000亿元，地方财政赤字相较2016年仅增加500亿元；但不纳入赤字的地方专项债券规模翻番，从2016年的4000亿元，增加到2017年的8000亿元。①

地方政府债务存量有可能远超目前的估计。城镇化的资金应该从哪里来？如何才能在保证城镇基础建设资金的同时，又不至于扩大政府债务规模。解决之道也许就是积极引进民间优质资本，将一部分政府支出责任交给市场去做，由市场来筹集必要的资金，也许要比全部交给政府来办要好得多。

也许长期以来我们对于政府应当具备怎样的功能并不清楚，可能我们对一些问题一直感到困惑，如基础设施是否应当以政府作为主体进行投资建设，政府是否应该退出可以由市场提供产品或服务的领域，政府的重心是否应当放在与社会整体福利息息相关的公共项目上。我们建议，一些传统观念上的垄断性行业如电力、能源、通信等，可以适当引入民间资本，有选择性地降低国有以

---

① 《地方债务上限提至18.8万亿　专项债规模翻番未纳入赤字》，载于《21世纪经济报道》，2017年3月16日。

及集体控股比例，尽可能地提升行业竞争水平。在引进民间企业的时候，有意识地鼓励中小型企业，尤其是处于成长阶段的高技术企业参与城镇基础设施建设，对于提高公共产品供给的质量与能力具有重要的意义。但是在引进民间资本时也应分领域区别对待，有一些企业涉及国家安全或者关乎重大社会公共利益，政府必须通过控股保持对其控制力，以防范国有资产的流失，确保国家牢牢把握对经济运行的宏观调控能力。

（三）中国特色新型城镇化应当大幅提升民生水平

中国经济实验研究院城市生活质量研究中心曾通过计算35个城市生活质量主观满意度指数、客观指数以及各项细分指数，得出如下结论：城镇生活水平主观满意度指数与客观指数虽然相比往年有了一定程度的提高，但是总体来说生活水平还是偏低；近几年城镇生活一个明显的特点是城镇生活成本的高涨，物价水平不断上涨，居民对于房价上涨尤其感到担忧；从居民生活感受指数分析，受访者对于城镇生活节奏总体并不很满意，规模越大的城市生活节奏越快，居民越难以适应；生活便利程度相对于往年虽有较大幅度上升，但仍有较大拓展余地。总的来说，城市生活质量依然存在两个"反差"：一是经济增长高速度与居民生活质量的提高之间存在反差；二是城镇居民的客观生活质量与主观感受之间存在反差。[①] 如何最大限度地将经济发展的成果惠及广大老百姓，这是我们现阶段和将来需要仔细斟酌的问题。

上海世界博览会曾提出"城市，让生活更美好"的主题，言简意赅地表达出了城市发展的真谛。未来的城镇化也许有多条道路可供选择，但是引领中国城镇化的原则只能是"以人为本"。以人为本不应当是空话，必须付诸实际行动，最重要的一点即是有效提升城镇居民生活质量。简单来说，提升生活质量也就是千方百计地提高收入、降低生活成本。非正规就业的特点让我们有理由相信，它可以发挥巨大的作用。

（四）中国特色新型城镇化应当从收入分配改革着手调整城镇的生产关系

从经济学角度看，城镇化是资源配置的过程，劳动力与资本从生产力、收入水平低的农村流向生产力水平和收入水平较高的城市，然后再由城市中低收

---

① 中国经济实验研究院城市生活质量研究中心：《高生活成本拖累城市生活质量满意度提高——中国35个城市生活质量调查报告》，载于《经济学动态》2012年第7期。

入部门向较高收入部门流动。上述运动过程会一直存在，直到城乡之间、城市内部各部门之间生产力、收入差异消失。因此，从理论上说，城镇化初期收入差距会呈扩大趋势，继续发展到中后期，收入差距会逐步减小。但是，这只是理论上推定的城镇化收入分配发展趋势，现实中，往往会出现因为城镇化发展导致的持续的收入分配差距拉大的状态，城镇化导致大量的城镇贫民聚集也是司空见惯的现象。拉丁美洲城镇化和印度的城镇贫民窟，就是典型代表。这些城镇里面充满了城镇"无产者"和赤贫阶层，城镇收入差距造成的社会紧张感长期存在。经济学家通过大量研究发现，拉美地区收入差距主要由 3 部分构成：城市正规部门收入分配差距、城市正规部门与非正规部门之间收入差距、农村收入分配差距。另据测算，城市正规部门与非正规部门之间收入差距对总收入分配差距贡献率为 20% ~ 30% ，[①] 而且由于非正规部门的规模不断扩大，两部门间收入差距有持续扩大趋势。

中国未来的城镇化如何控制好收入分配差距，防止两极分化？总结拉美城镇化的经验教训，一条最重要的启示是：提升非正规部门就业人员收入，合理控制非正规部门规模，避免大量转移人口滞留于非正规部门，这是有效防止两极分化的重中之重。

（五）中国特色新型城镇化应当注重城镇治理水平的提升

自 1978 年改革开放以来，我国的城镇化水平稳步上升，由刚开始的 17.9% 逐步增加到 2019 年的 60.60%。当我们在城镇建设上取得巨大成就的同时，"雾霾""棚户区""城镇拆迁改造""住房价格飙升""公共服务滞后"等问题也在影响着城镇居民的幸福感，制约了城镇的可持续发展。在城镇化建设进入中后期，如何提升城镇治理水平，避免"城市病"，应当是城镇管理者考虑的问题。

纵观历史，"城市病"很早以前就已经出现，可以说，城镇不断发展的历史也是"城市病"不断发展的历史。中世纪，席卷整个欧罗巴的"黑死病"；工业革命时期，以伦敦、利物浦为代表的大城市环境不断恶化、失业率不断攀升、犯罪率久居不下；时至今日，尽管美国、欧洲等发达国家城镇发展已经比较成熟，但是以环境污染、贫困、犯罪、种族歧视为典型的"城市病"依然没有消失。[②] 我们应该清醒地认识到，城镇作为一个有机体一定会出现各种问

---

① 郑秉文：《拉丁美洲城市化：经验与教训》，当代世界出版社 2011 年版。
② 杨传开、李陈：《新型城镇化背景下的城市病治理》，载于《经济体制改革》2014 年第 3 期。

题，我们无法消灭问题的产生，但是提前预防以及有效治理则是处于能力范围之内。

新型城镇化不应当"唯生产力论"，在经济发展的同时，提升城镇柔性管理水平，"防""治"结合，应当是新型城镇化应有之义。具体来说，"防"重点在于科学规划，"治"则需要政府、市场、社会形成合力，共同治理城镇经济社会发展中涌现出来的新问题和一直存在的老问题。

从非正规就业维度考虑城镇问题预防层面，政府科学规划非正规就业的规模、结构，防止城镇人口过度膨胀，是从源头上解决城镇拥堵、环境污染问题的重要措施；至于城镇问题治理层面，遵循多方参与原则，在其中引入非正规就业人员或者企业，不仅可以大幅降低治理成本，而且有助于提高治理质量，打破以政府权威治理模式为中心的治理模式，建立起一种多元共同治理模式。

（六）中国特色新型城镇化应当实现资源节约与环境保护双重目标

《国家新型城镇化规划（2014~2020年)》提出，到2020年，城镇化率将达到60%的目标，按照目前的城镇化水平，平均每年需要增长近1个百分点。如此快速增长所带来的资源环境压力，亟须受到重点关注。据测算，城镇化率每提升1个点，分别会增加11亿吨生活污水、527万吨垃圾以及2525万吨二氧化碳。[1] 未来城镇化的发展应当着力破解资源与环境约束，实现城镇生态化发展，为推进质量型、可持续型城镇化提供强有力的保障。

从非正规就业角度出发，新型城镇化的推进，必须彻底摒弃对原先土地利用模式的路径依赖，而应当以资源和环境为约束条件合理确定城镇边界，对城市空间进行科学布局。如果对非正规就业规模不加限制，大量农村剩余人口涌入城镇，再加上布局混乱，最终的结局必然是城镇无限制地扩大边界，形成大量的棚户区，城镇越发变得脏、乱、差。

因此，依据新型城镇化战略要求，严格控制非正规就业规模，创新非正规就业模式，保持城镇人口规模大致合理，必能大大减少城镇土地供给压力，而且其他自然资源供给压力也能大大减少。如果结合目前的棚户区改造项目，由政府出资兴建一批公租房、廉租房或者将过剩的商品住房开发为租售结合形式，将非正规就业者从城中村解放出来，让他们住上干净、舒适的新家，使他们能够享受到城镇社区带来的种种便利，将有助于这些低收入者在城镇中立

---

① 王芳：《以全面生态化转型推进新型城镇化》，载于《环境保护》2013年第23期。

足，还可以充分发挥城镇集聚效应，高效率使用自然资源，且有效治理城镇垃圾、生活污水排放、犯罪率上升等问题，可谓一举多得。

二、非正规就业发展与中国特色新型城镇化战略的相关性

（一）中国特色新型城镇化是非正规就业发展的前提

1. 非正规就业起源于城镇化

20世纪60~70年代，国际劳工组织（ILO）首次正式引入"非正规部门"这一概念，将其定义为："生产规模很小、存在于发展中国家城镇地区、低报酬、低收入、无结构、无组织的生产服务单位"。[1] 从这一定义分析，非正规就业特指处于城镇中的低水平的就业，非正规就业从一出生便带上了城镇化的烙印。[2] 另外，按照目前国际通行的做法，分析非正规就业一般仅包括非农就业，农村就业则不予考虑，从侧面印证了非正规就业根植于城镇，正是城镇化的发展给了非正规就业生命。

2. 非正规就业发展的动力来自城镇化

刘易斯指出，二元经济结构广泛存在于发展中国家经济发展初级阶段，该阶段的显著特征表现为大量剩余劳动力由传统农业部门向现代工业部门转移。这些廉价劳动力的存在使得工业部门成本显著下降、利润率大幅提升，促使工业部门生产规模不断扩大进而产生更多的劳动力需求，使得劳动力不断进入城镇，直到农村剩余劳动力全部被吸收为止。根据刘易斯的观点，绝大部分流向城镇的农村剩余劳动人口会滞留于城镇非正规部门（临时就业或自我雇佣）；而农村劳动力不断向城镇转移并在城镇中生产、生活正是城镇化聚集阶段的首要特征。

可见，城镇化发展催生出非正规就业，非正规就业发展的内在动力源于城镇化，没有城镇化也就不会有非正规就业的存在与发展。因此，发展非正规就业必然要将其置于新型城镇化发展战略之下。[3] 另外，统计数据可以直观地表达城镇化与非正规就业之间的正相关关系，随着城镇化率提高，非正规就业规模也随之不断扩大（见表4-2和图4-2）。

---

[1]　邹欣宏：《我国城镇非正规就业的现状及发展对策研究》，吉林大学硕士学位论文，2009年。

[2][3]　孔德、吴垠：《中国特色新型城镇化建设进程中的非正规就业》，载于《南京政治学院学报》2014年第4期。

表4－2　　　　　　2004～2013年城镇化率、非正规就业人数、
城镇就业人数以及城镇非正规就业比重

年份	城镇化率（%）	非正规就业人数（万人）	城镇就业人数（万人）	城镇非正规就业比重（%）
2004	41.76	18868.9	26476	71.27
2005	42.99	20032.9	27331	73.30
2006	43.90	21115.9	28310	74.59
2007	44.94	22208.0	29350	75.67
2008	45.68	23101.0	30210	76.47
2009	46.59	26284.0	33322	78.88
2010	47.50	27573.1	34687	79.49
2011	51.27	28606.7	35914	79.65
2012	52.57	29673.3	37102	79.98
2013	53.37	——	——	——

资料来源：根据历年中国劳动统计年鉴整理计算而成。

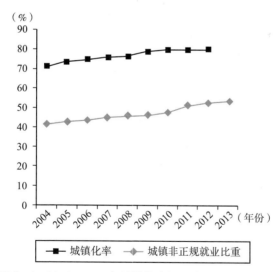

图4－2　2004～2013年城镇化率与城镇非正规就业比重

3. 中国特色新型城镇化道路决定非正规就业的规模、任务和方向

中国特色新型城镇化，不同于传统城镇化，以往的城镇化模式，在以牺牲资源、环境为代价的前提下，取得了一定的成果，但是已经到了无以为继的地

步。如何转变发展模式，以新型城镇化的要求推进城镇化建设成为我国当前面临的一项紧迫任务。非正规就业的发展不能脱离城镇化道路的实际指向，必须遵循城镇化的规律推进自身建设，与城镇化战略相契合，方能在更好更快推进城镇化进程中不断优化自身发展。

（1）新型城镇化应当有效促进创新，通过技术与经营两个层面创新不断实现产业升级，进而促进就业结构优化，形成第一产业、第二产业、第三产业协调发展，高、中、低附加值行业合理搭配的局面。非正规就业从属于就业范畴，就业规模、结构取决于产业规模与结构，新型城镇化指明了未来产业变动方向，事实上也就规定了非正规就业的发展方向。

（2）新型城镇化应当重新定位政府支出职能，逐渐完成从"运动员"到"裁判员"的角色转变，鼓励民间资本进入一部分垄断行业，充分调动市场经济活力，发挥市场主体的积极能动性。随着政府简政放权力度的不断加大，一大批民营企业、中小微企业将迎来发展的黄金时期，广泛存在于这类企业中的非正规就业应当利用这一良机，以高质量、多层次为目标，将自身塑造成为国民经济发展的一股重要力量。

（3）新型城镇化应当大幅提高居民生活质量，城镇化发展最终衡量标准不是一些统计数据，而是生活在其中居民的生活质量。居民生活质量的提高主要从主观与客观两方面着手，在提升居民可支配收入、维持物价（主要是房价）稳定、提供足够的基础设施与便利设施等的同时，还应当关注居民的主观感受，提高居民生活满意度。

非正规就业应当形成高中低多层次、全方位的就业结构，发挥自己灵活、低成本的优势，完美对接居民需求，为居民提供各种各样的产品与服务，弥补政府退出所形成的空缺。新型城镇化还应当有效防止两极分化。历史证明，高收入分配差距下的城镇化很有可能陷入"拉美陷阱"或"印度贫民窟"模式，因此，新型城镇化如果控制好基尼系数，将能大大减小重蹈拉美覆辙的风险。据研究，非正规就业与正规就业在收入方面的差距（正规就业大致是其 1.5倍）对总的收入差距贡献约为 20%～30%，如果非正规就业发展能够缩小这一差距，将对总收入差距减小做出不小的贡献。

（4）新型城镇化应当注重城镇治理水平提升，旧的城镇发展模式过分注重经济发展，忽略了城镇治理，城镇缺乏科学的规划，产生的问题缺乏及时有效处理，"城市病"有蔓延扩大趋势。非正规就业如果能够遵照城镇规划控制规模、调整结构并且积极参与到城镇问题治理之中，必然比盲目、无约束地发展要好得多。

（5）新型城镇化要求实现资源节约与环境保护双重目标，鉴于原有的城镇化发展模式业已积累了大量的资源与环境风险，走人与自然和谐发展的道路将是避免风险集中爆发的可行之举。

（二）非正规就业发展有利于推进中国特色新型城镇化的体系化、全面化进程

1. 非正规就业发展有利于创新创业体系的形成

国家创新体系是一个由企业、科研机构、学校、政府等多个单元组成的系统，能够有效提升国家整体创新能力，进而将科技与社会经济融合在一起，协调发展。[①] 非正规就业发展对于创新体系和创业体系的形成与发展功不可没，可以从多个角度分析。

从创新和创业主体来说，越来越多的个体所有、小规模高新技术企业正在成为经济发展的生力军，毫无疑问，这是一股不容小觑的力量，非正规部门正逐渐成为中国创新体系中一个重要的主体。

从创新过程看，一个完整的国家创新体系至少应当包括知识生产、知识传播以及知识运用，具体体现为专利申报情况、研发经费情况以及新产品开发与生产情况。2016 年，国家知识产权局共受理发明专利申请 133.9 万件，同比增长 21.5%，连续 6 年位居世界首位；共授权发明专利 40.4 万件，其中，国内发明专利授权 30.2 万件，同比增长 14.5%。截至 2016 年底，我国国内（不含港澳台）发明专利拥有量共计 110.3 万件，每万人口发明专利拥有量达到 8.0 件。每万人口发明专利拥有量排名前十位的省（区、市）依次为：北京（76.8 万件）、上海（35.2 万件件）、江苏（18.4 万件）、浙江（16.5 万件）、广东（15.5 万件）、天津（14.7 万件）、陕西（7.3 万件）、辽宁（6.4 万件）、安徽（6.4 万件）、山东（6.3 万件）。[②] 综合分析 2016 年主要统计数据，我国国内发明专利拥有量突破 100 万件，成为继美国和日本之后，世界上第三个国内发明专利拥有量超过百万件的国家。同时，我国发明专利创造实现量质齐升。2016 年，我国国内发明专利申请在全部专利申请中的比例保持在 40% 左右，企业占国内发明专利申请和授权的比例均达到六成以上，以企业为主的创新主体的专利创造运用能力不断提高。现阶段创历史同期最高水平且呈逐年

---

① 刘本盛：《关于国家创新体系几个问题的探讨》，载于《经济纵横》2007 年第 8 期。

② 《2016 年我国知识产权事业发展各项指标量质齐升　国内发明专利拥有量突破 100 万件》，http：//www.sipo.gov.cn/zscqgz/2017/201701/t20170120_1308041.html。

递增的专利创新态势，预示着非正规部门无论在创新体系的前端、中端或末端都在发挥着越来越重要的作用。

从创新环境看，创新体系是一个完整、透明、开放的系统，必须要有公开、公平、公正的市场环境与之相匹配。非正规部门是市场经济一个重要的组成部分，如果缺少它的参与，只有正规部门一家独大，那么这个国家的创新体系必然是不完整的、封闭的，只有让非正规部门加入整个体系中，与正规部门通力协作、合理竞争，才能让整个创新体系充满活力，科学技术与社会经济才能完美地结合，共同促进社会的发展与进步。

2. 非正规就业发展有利于优质与闲置社会资本的聚集

资本可以带来价值增值，同时又代表一定时期和所在国家的社会生产关系。对资本的定义，还是马克思的提法最深刻："资本不是一种物，而是一种以物为媒介的人和人之间的社会关系。"① 资本主要包括物质资本、金融资本、人力资本以及社会资本（社会资本是人际合作性互动中形成和积累起来，并能够产生收入流的一类资源②）。非正规就业一般集中在制造业、批发零售业、社会服务业等劳动密集型行业。非正规就业的发展必然能够带来人口的集聚，人口的集聚将带来设备、材料、厂房等物质资源的集中，可以将社会上闲置的资源集中在一个区域，发挥规模报酬优势。物质资本流向的背后是金融资本的支撑，金融企业通过吸收社会闲散资金，集中投向一些有发展潜力的行业与企业，按比例进行收益分享，必将带来金融资源的合理配置。

另外，企业的周边配套设施、服务的聚集，需要人力资本以及社会资本的协同性优化，尤其是 8 小时工作日之外的时间区段，更需要这类非正规就业的发展。先进企业完备的教育培训制度以及不断学习先进技术与经验的氛围，企业内部良好的群体交往与合作，不断对周边群体产生正面影响，最终通过人员的合理流动在行业、区域之间扩散，不断对人力资本以及闲置社会资本进行改良与提升。总体来讲，一个社会非正规就业规模越大，证明该社会未利用或未充分利用的人力资本、社会资本就越多。在这种情况下，采取以扩大非正规就业的渠道和规模的方式来促进人力资本和社会资本尽其所用，就可以在最大程度上把过度注重正规就业政策所造成的资源配置损失给弥补回来。

3. 非正规就业发展有利于提升居民生活质量

居民生活质量评价至少涉及两方面的问题。一是居民的范围，居民至少应

---

① 《资本论》（第一卷），人民出版社 1975 年版，第 834 页。

② 程民选：《论社会资本的性质与类型》，载于《学术月刊》2007 年第 10 期。

当包括城镇非正规就业者以及除非正规就业者之外的城镇居民；二是生活质量评价标准，对于非正规就业者，最重要的维度应当是人均实际收入，而对于生活在城镇中的居民来说，最关注的应是生活便利程度。据测算，2012 年前后，城镇非正规就业者人均月收入约为 2592.2 元，虽然低于正规就业者的 3878.6元，但是远高于农村就业人员月均 895.6 元以及城镇最低生活保障月均 450 元的水平。[①] 如果简单地将城镇非正规就业者与正规就业者的收入进行对比，我们很可能得出这样的结论：非正规就业者收入低，生活质量差。但是忽略了一个重要的事实，非正规就业者主要来源于城镇失业人员以及农村转移劳动力，相对于原先的处境，收入水平有了大幅度的提升；这种提升还不仅仅是名义上的收入，更多的是生活质量和生活方式的改变——在中国国情下，进城的"身份改变"意义有时候强于"收入改变"意义。因此，从这个意义上来说，非正规就业的发展提升了上述两大类人口的收入来源途径，使其有能力和意愿立足于城镇，并享受城镇的各类公共设施和服务，这对于提高其整体生活质量的意义重大。

此外，随着城镇化步伐加快，"城中村"和"拆迁改造项目"增多，原先散落的郊区、"城中村"逐渐整合成一个个城镇社区，再加上居民生活节奏加快、家庭结构小型化、人口老龄化、社区封闭化，社区居民对于周边"半小时生活圈"的产品、配套以及服务的需求必然日渐多样化。因此，能否高质量地供给所需产品与服务直接影响城镇居民生活质量的高低。

非正规就业以及形式灵活、进入门槛低的特点决定了它在满足这类需求方面有着正规部门无法比拟的优势。非正规就业者可以通过社区服务、微型电商和手机、网络 App 服务供给的方式，以自我或者家庭为生产单位，通过不断地交流与沟通，充分对接社区居民需求，为其提供大量优质、低廉的产品与服务，为城镇居民提供各种生活便利，有效提升城镇居民的生活满意度。这就提出一种基于信息化时代的非正规就业发展模式、基于高度互联互通的网络经济模式，非正规就业要打破常规，以信息传播为手段，拓宽自身发展所受到的地租、空间等限制，以提升产品和服务质量为抓手，从而成为当代中国城镇化发展中人均生活质量提升的一个抓手。

4. 非正规就业发展有利于以体制外的方式促进公平正义，防止两极分化

公平正义并不意味着非正规部门收入应与正规部门比肩，非正规部门在技术、人员素质以及资本密集程度上与正规部门有着一定的差距，二者收入差距

---

① 资料来源：根据《中国高技术产业统计年鉴 2013》数据整理而成。

的存在有着一定的必然性。我们在这里讨论的，应当是如何确保非正规就业者与正规就业者享有公平的经济权利和社会权利，并且承担与其权利相对应的义务。

有一种观点认为，非正规就业的发展是导致城镇内部不平等现象的原因。恰恰相反，非正规就业发展的不足才是导致两部门之间不平等的根源。对于非正规就业发展的设想，本书认为，对于非正规部门未来应当免除特定的税负，同时国家应当赋予非正规就业者劳动保障的权利（应当是适应其职业特点，形式灵活的合同），并且建立符合非正规部门需求的社会保障制度和技术援助，更重要的是，应将其纳入社会管理体系，承认其存在的合法性。

如果能够这么做，非正规部门将来主要会向两个方向发展，一部分会向正规部门转变，另一部分则会向专业型、技术型、灵活型转化，彻底改变非正规部门空有规模而没有质量的尴尬局面。到那时，正规部门与非正规部门之间的差距自然会缩小乃至消失不见，甚至城乡之间的两极分化现象也有望得到消除。

5. 非正规就业发展有助于城镇公共治理水平的提升

城镇治理，从参与主体分析，是公共部门与私人部门协调互动，实现集体目标的过程，其实质是多元、公共治理，以及各个主体之间不断博弈达至均衡或妥协的过程。公共部门主要是指政府、事业单位、国有企业等，它们是城镇治理的主体力量；私人部门则包括私营企业、家庭个人，处于参与者的地位。

未来城镇化的社会治理模式很可能是共同治理、协商治理、人工智能辅助治理；所有社会主体都是参与者，不分高低贵贱。城镇化终究会告别单一的自上而下的治理模式，听证制度、协商制度、试点推广制度、仲裁制度在中国城镇化治理的语境中还有较大幅度的完善空间。

非正规部门是私人部门的一部分，而且是其中占比较大的一个群体（约占70%以上），很难想象，如果缺少非正规部门的参与，城镇治理能以何为基石。从历史上看，传统的以政府为绝对中心的"单中心"治理模式极易陷入困境，首先，行政权力过度集中容易使治理下的居民丧失活力，行政权力的扩张必然是以居民基本自主权利的丧失为代价；其次，科层制组织具有强烈地将社会经济事务纳入其控制体系的冲动，公共产品与服务的供给必然单一且不可避免地会与公众需求脱节。① 与"单中心"治理模式相对的是"多中心"治理和"人工智能"辅助治理模式，非正规就业的发展将为该模式提供强有力的现实

---

① 张文礼：《多中心治理：我国城市治理的新模式》，载于《开发研究》2008 年第 1 期。

基础。一方面，非正规部门的加入，能有效协助政府治理行动的实施，实现治理主体的多元化；另一方面，非正规就业人员能以其低成本、灵活多变和新技术辅助的优势，高效率地为城镇居民提供符合他们需求的公共产品与服务，使得社会事务在公共部门与私人部门之间合理分担，促进城镇治理模式的可持续发展。

6. 非正规就业发展有利于资源节约与环境保护

传统的城镇化理论把城镇当作经济增长的发动机，过度强调了城镇的增长面，认为资源与环境不会对城镇发展产生限制，城镇发展未考虑环境效应，没有意识到资源环境承载力对城镇发展的约束作用。但是，时代的发展证明，资源环境约束越来越成为硬约束、紧约束，它甚至可能直接阻碍城镇化的发展步伐。近年来，不少学者提出环境库兹涅茨的倒"U"型曲线，但是，这个曲线对发展中国家发展城镇化而言是不适用的。因为发展中国家没有发达国家早期污染产业外迁的外部环境，发展中国家尤其是中国的城镇化一旦污染加剧，基本上就只能靠内部资源环境吸收、稀释。

随着城镇化的深入，资源供给日渐不足和环境污染问题日趋严重，迫使我们必须正视资源环境与城镇发展之间的关系。仅以土地资源为例，新型城镇化规划指出，计划到2020年，常住人口城镇化率达到60%左右，户籍人口城镇化率达到45%左右，努力实现1亿人左右的农业转移人口和其他常住人口在城镇落户。[1] 即使剔除农村转移人口所带来的其他建设用地需求（如商业服务用地、交通运输用地等），仅考虑住宅用地需求的话，1亿左右人口最少需要新增9.3万公顷建设用地，[2] 而根据国土资源部2014年2月20日向社会公布的《关于强化管控落实最严格耕地保护制度的通知》要求，将逐步减少新增建设用地计划指标，原则上不再安排人口500万以上特大城市中心城区新增建设用地，土地供给与需求之间的矛盾逐渐显现。能否顺利解决这一矛盾，将关系城镇化进程的成败。新增建设用地如果全部用于住宅、工业设施建设，那么城镇化的污染还会加剧，尤其集中于粉尘和工业污染这两大块。

非正规就业的发展为解决这一矛盾提供了一条现实路径，农村转移人口初入城镇一般集中于非正规部门，非正规就业可以保障其与家人的基本生活，如果此时政府能够为其提供稳定的住所（主要是一些公租房）和相应的社会保障，那么随着就业者工作技能的提高与人际交往的拓展，未来可以向本部门专

---

① 资料来源：《国家新型城镇化规划（2014—2020年）》。

② 以《城市用地分类与规划建设用地标准（GB50137—2011）》规定的人均最低居住用地面积28平方米，平均容积率3.0计算所得。

业化、精细化方向发展或者进入收入更高的正规部门，这个群体最终能够成为真正意义上的城镇居民。若将他们的宅基地复耕为农地，粗略估算，将为城镇提供至少 42 万公顷的建设用地指标，① 足以满足这部分人群的住房以及其他相应用地需求。

以城镇生活垃圾为例，非正规就业发展对于环境保护的影响非常显著。城镇生活垃圾管理流程主要涉及产生、收集以及处理三个环节，每个过程都需要居民、企业和政府等各个利益相关群体的参与，仅凭政府的力量无法保障城镇生活垃圾的有效处理。② 从产生环节看，非正规就业者绝大部分从事制造业、批发零售和餐饮业、建筑业以及社会服务业，尤其是餐饮业制造的生活垃圾占全部生活垃圾产生量的大多数，如果该行业能够改善生产环境，加强从业人员环保意识将从源头上减少生活垃圾的产生；从收集环节看，如果绝大多数非正规就业者能够自觉将垃圾分类打包，对于垃圾回收及处理的意义将不言而喻，同时对全社会养成垃圾分类的习惯具有示范作用；从处理环节看，非正规就业者用工成本低廉，如果以非正规就业形式大量雇佣垃圾处理人员，一定程度上可以降低生活垃圾处理的成本。此外，若鼓励个体企业进入环保技术开发与应用领域，发挥这些企业组织灵活的优势，对于提升我国整体环保技术具有很大的裨益。

第三节　非正规就业发展存在的问题

非正规就业是伴随中国市场化改革浪潮出现的经济社会现象，具有历史合理性。据李丽萍（2014）估算，2000～2012 年，全国城镇新增就业累计 13951 万人，其中非正规就业人数达到 10675 万人，对于城镇新增就业的贡献率超过 76%。③ 从以上数据可以看出，非正规就业已经成为城镇新增就业的主要形式，但是数据没有体现其中存在的一系列问题，各方对于非正规就业的发展尚未给予足够的重视。

---

① 和文超、师学义等：《农村宅基地用地类型划分与用地标准》，载于《农业工程学报》2012 年第 6 期。

② 王树文、文学娜等：《中国城市生活垃圾公众参与管理与政府管制互动模型构建》，载于《中国人口·资源与环境》2014 年第 4 期。

③ 李丽萍：《改革开放以来我国城镇非正规就业分析》，载于《经济体制改革》2014 年第 6 期。

一、非正规就业发展战略并不明晰

当前，《国家新型城镇化规划（2014～2020年）》中尚未涉及非正规就业亟须制定出与城镇化总体战略契合的发展战略。城镇化规划要始终着眼于"人"，而非正规就业作为一种城镇人口的现实聚集，不可能被规划无视，应当想方设法给予非正规就业以发展的空间和政策支持。

非正规就业难题破解的关键在于走对第一步，即依托新型城镇化战略框架，以中国特色新型城镇化要求为立足点，科学合理地制定出非正规就业的发展战略。（1）明确适当的非正规就业规模。既然非正规就业已经大量存在，那么就不能等闲视之，需要根据城镇化发展的需要和供给侧结构性改革的总体部署，确定每个层级的城镇所应有的非正规就业规模。（2）非正规就业的配套政策要适度宽松。考虑非正规就业人群的实际困难和生产生活状态，政府要多予少取，降低非正规就业的制度政策门槛和相关成本，体现就业的相对自由和灵活性。（3）做好信息化网络化配套设施服务。非正规就业的前景越来越趋向于利用信息获取经营的门路，以解决正规部门不愿意做或做不了的那些产品或服务。这就需要充分利用市场信息并及时反馈市场，而现代化的网络、信息平台建设就非常有利于非正规就业展开相关创新创业设计。城镇化将来可能面临的现状是家家户户都有正式部门的就业者，也有失业待业者，而这部分人完全可以以家户为单位，展开非正规就业和创业。这样既增加家庭收入，又缓解城镇的就业压力，关键是还可以实现以网络为纽带、以各类非正规就业App、自媒体为软件平台，"足不出户"的非正规就业模式。（4）非正规就业要走高效、环保、精干、创新、服务之路。利用分散化、灵活化的非正规就业模式，改善城镇化的产业萎缩弊端，形成一个良性的补充，把非正规就业的模式与城镇化的预期模式结合起来，彻底改变传统意义上非正规就业就是脏乱差的代名词的印象。

二、政府对于非正规就业的支持力度不够

一直以来，非正规就业没有在政府正式文件中出现过，主要原因可能在于非正规就业的指标无法进入官方统计数据库；政府尤其是地方政府即使发展非正规就业，也面临贫困人口过度聚集于城镇、就业发展不起来的风险。但是，非正规就业是一种客观存在，不去引导和发展，最终很可能就不可控。因此，

要有一定的前瞻性和战略远见。

从非正规就业发展历程看，国家对于非正规就业更多的只是将其作为促进就业的辅助措施。首先，非正规就业并未纳入国家劳动统计口径，原因之一是非正规就业的统计标准尚未建立，原因之二是非正规就业流动性、不稳定性较大，难于统计。劳动力就业数据（以中国劳动统计年鉴为代表）一般包括全国就业人员年末人数、在岗就业人员、失业人员及其简单特征信息，可用来甄别非正规就业的统计信息非常有限。① 其次，国家缺乏针对非正规就业的财政优惠政策。以增值税为例，现行税制体系一般纳税人认定条件规定年应税销售额应超过小规模纳税人标准，这就将许多中小企业排除在外，而非正规部门大多是小微企业，直接导致非正规部门进项抵扣不足。② 再次，非正规部门的融资渠道受到一定程度的限制，尤其是在金融系统流动性持续紧张的时期，非正规就业融资的可能性非常小。与正规部门相比，非正规部门由于资产规模较小，偿债能力不足，无法通过银行获得足够的贷款，只有支付相对高额的利息才能从非正规渠道获得数量有限的资金。最后，企业与非正规就业者之间正当就业关系的建立未受到应有的重视，突出表现在劳动合同和社会保障方面。在正规部门就业，从制度上来说是与社会保障直接挂钩的，为员工缴纳基本社会保险是用工合同明确标示的；而非正规就业者，一般不会与用工单位签订正式劳动合同，其与社会保障没有制度上的联系，雇主为节约成本极力避免缴纳保险费（约有92%的私营或者个体企业未给员工缴纳必要的保险）③，而就业者因为收入原因也无力缴纳社保费，最终结果是绝大多数非正规就业者处于"无保护"就业状态。

三、非正规就业的社会歧视

中国的就业体制脱胎于计划经济时期国有和集体所有制的单位制模式，其影响与价值取向至今仍旧占据劳动就业市场的相当比例，且在中国明确社会主义市场经济改革道路的40多年里，并未完全消失。

在计划经济时期，中国并不存在所谓的择业问题，个人没有选择的自由与

---

① 杨伟国、孙媛媛：《中国劳动力市场测量：基于指标与方法的双重评估》，载于《中国社会科学》2007 年第 5 期。

② 郭健、王栋：《我国非正规就业税收政策存在的问题及对策》，载于《山东社会科学》2006 年第 5 期。

③ 黄乾、原新：《非正规部门就业：效用与对策》，载于《财经问题研究》2002 年第 4 期。

余地，从事什么职业、什么岗位都是以国家需求为导向。刚毕业的大学生，就业时会尽量选择国有部门或者企业工作，因为在中国普通人的观念里，就业的"稳定性"压倒一切。据谢小华（2011）在上海众高校所做的问卷调查显示，约有 76.8% 的学生对于非正规就业完全不了解或者比较不了解，并且 42.9% 的被调查学生周围的亲戚朋友中很少有人从事非正规就业，当被问到未来求职时是否愿意从事非正规就业的时候，比较不愿意的占到 48%，一点不愿意的则占到 10.5%，只有少部分人愿意选择非正规就业形式。① 从这些数据不难看出，以高校毕业生为代表的社会大众对于非正规就业仍旧存在偏见，即使内心相信非正规就业将成为就业的主流，但是实际选择时却依旧倾向于进入稳定、有保障的正规部门，"编制"、铁饭碗、长期就业合同是人们追求的就业市场目标。

　　一般而言，社会上认为非正规就业并不是正当职业和有保障的职业。国家对于非正规就业的法律、政策支持不够导致非正规就业缺乏稳定性也是就业者选择非正规就业的客观阻碍。而就业者主观方面的原因也不容忽视，长时间的计划经济体制带来的片面的追求体制内就业是非正规就业无法获得长足发展的深层次因素。城镇化建设进入攻坚克难的关键时段，如何转变对非正规就业的偏见，树立合理的择业观，是推进城镇化进程的重要保障。因为不管何种城镇化模式都需要"人"的支撑，而拥有一份体面的就业是"人"在城镇安定下来的首要保证，只有"人"安定了，城镇各行各业才能谋求稳定的发展，城镇方能繁荣昌盛。

四、非正规就业者缺乏维权意识

　　与正规就业者相比，非正规就业者的维权意识尤其是法律维权意识明显不足。从农民工角度看，仅有 16.7% 的农民工对《劳动法》比较了解，78% 的人了解一点，还有相当一部分人则一无所知，② 法律意识的缺乏导致非正规就业者相对正规就业人员合法权益更容易遭受损害；从性别歧视角度看，妇女非正规就业的维权意识受制于对女性就业的社会歧视，与其说是缺乏维权意识，不如说是在维权无门的情况下，不少非正规就业的妇女放弃了这项权利；从"本地人—外地人"角度看，外地非正规就业者也很难享受到本地就业者所具

---

① 谢小华：《高校大学生非正规就业观研究——以上海高校的调查为例》，华东师范大学硕士学位论文，2011 年，第 40 ~ 47 页。

② 《中国新生代农民工发展状况》，中国青少年研究中心，2007 年，第 30 ~ 36 页。

有的各种就业优先条件，毋宁说维权了。

从外部原因分析，造成这一问题最主要的原因在于，劳动关系随意性较大，非正规就业者劳动性质的特殊性决定了他们中大多数不会与用工单位签订正式的劳动合同，其合法权利得不到法律保护，一旦出现劳资纠纷，非正规就业者往往因为无法提供相关证明材料而使自身合法权益受到损害。

从内部原因分析，非正规就业者维权意识的淡薄则是造成其合法权益得不到保障的重要内因。一方面，有很大一部分非正规就业者尚处于谋求基本生存阶段，工作是自己和家人的唯一收入来源，他们往往抱着"就业第一""能忍则忍"的态度，尽量避免与雇主发生冲突，即使明知雇主的行为在损害自己的合法权益也不会积极采取各种手段以保护自己的合法权利；另一方面，非正规就业者很多情况下是经由亲友、熟人介绍去到单位工作，承担着一定的情感压力，工作中往往"多一事不如少一事"，对于侵害自身权益的行为更倾向于忍耐、让步。此外，非正规就业者劳动技能、学历、社会关系往往处于劣势，在与雇主进行谈判时常处于不利地位，不能向雇主提出一些合理要求（如签订合同、购买保险等），更不能对于雇主违反劳动法的行为据理力争。

第四节　促进非正规就业适度发展的战略

非正规就业未来走向何方？本书认为，非正规就业适度、健康、长足发展的前提是必须破除观念误区和制度枷锁。首先，非正规就业发展不是一个孤立的问题，非正规就业从产生到发展都与城镇息息相关，非正规就业理应服务于城镇、造福于城镇，脱离了城镇的非正规就业将成为无源之水、无的之矢。其次，发展非正规就业不是权宜之计，而是基于现实的长远考虑。我国正处于经济体制改革的关键时期，经济下行压力大，城镇化是支撑未来中国经济发展的重要动力，城镇化率在未来 10～20 年内将处于稳步提升阶段，大量农村剩余劳动力必然进入城镇谋生，再加上城镇失业人员依旧占较大比重（2009～2013年城镇登记失业率稳定在 4.1% 水平[①]），发展非正规就业不仅是现实所需，也是城镇长远发展之计。最后，非正规就业绝不只是停留在小摊小贩层面，非正规就业不是"低端经济"的代名词。非正规就业是一种灵活的、与传统方式不同的就业形式，需要以制度化方式给予就业平台和出路。

---

① 资料来源：根据历年《中国劳动统计年鉴》数据整理而成。

从欧美发达国家经验看，就业模式经历了"非正规化—正规化—非正规化"的历程，与"城镇化—逆城镇化—再城镇化"基本对应，非正规就业同样遵循城镇发展的基本规律。我国现今正处于城镇化高速发展阶段、非正规化就业量变阶段，伴随着城镇化与经济发展水平的双向提升，非正规就业会逐渐向正规化转变，可能会有少部分非正规就业跳过这一阶段直接进入非正规化高级阶段。

一、组建"新型城镇化发展战略委员会"

中国特色新型城镇化内涵丰富，涉及农民工市民化、户籍改革、基础设施投融资、新增城镇人口体面就业等等，是一个包括经济、社会、资源、环境等一系列改革的综合性规划问题，需要综合协调各有关部门，分步有序地落实这一战略。如果没有一个专门部门，即使方案比较合理，也会很难落实；即使落实了，也很难有战略性和可持续性。

建议可由国务院牵头，从财政部门、人力资源和社会保障部门、国土部门、住房和城乡建设部门、统计部门抽调一些骨干，组成"新型城镇化发展战略委员会"。该委员会始终致力于构建符合中国国情且模式新颖的城镇化，并负责制定城镇化发展战略，研究新型城镇化中长期发展规划，优先解决城镇发展中的重大问题，为新型城镇化发展实行政策松绑，为新型城镇化战略的推进提供一个良好的制度环境。① 如果城镇化发展有了一个统筹管理、规划、资源调度、制度设计的部门，非正规就业便能在"新型城镇化发展战略委员会"的总体规划即城镇化发展的大战略下取得良好发展。非正规就业才可能得到政府部门重视，获得各方面政策支持，实现跳跃式发展，同时又可以在不偏离大方向且不与其他政策冲突前提下，实现自身长足健康发展。②

关于中国新型城镇化非正规就业的发展战略，可由"新型城镇化发展战略委员会"牵头，组织相关政府部门人员、各领域专家学者以及非正规就业代表定期开展非正规就业发展论坛，群策群力，为非正规就业的长远发展出谋划策，最后综合各方意见形成"非正规就业发展报告"，以书面形式提交"新型

---

① 目前，非正规就业发展虽然只是城镇化战略的一个方面，但是涉及的内容比较多，主要有税收财政支持、农民工权益保障、失业人员再就业、户籍制度改革、新进市场劳动力就业、住房保障等。如果没有一个相对独立的部门统筹，很容易导致城镇化发展进程出现各部门相互掣肘的情况。

② 孔德、吴垠：《中国特色新型城镇化建设进程中的非正规就业》，载于《南京政治学院学报》2014 年第 4 期。

城镇化发展战略委员会",作为"新型城镇化发展战略委员会"制定非正规就业相关政策的最重要的依据。

从非正规就业现阶段发展状况看,"新型城镇化发展战略委员会"(以下简称委员会)可着重从以下两个方面着手。

首先,委员会应以政府文件的形式,在新型城镇化发展战略中确立非正规就业的合法地位。例如,可以当前国情为依据,适当参照国际惯例,给非正规就业下一个明确的定义,承认其在经济社会发展中的积极意义,将非正规就业从暗处摆到明处。

其次,在确立非正规就业的合法地位之后,委员会可以积极动用各方面资源,为非正规就业的发展进行政策松绑。例如,统计部门应将非正规就业纳入城镇就业统计口径,为了解非正规就业现状以及制定未来发展策略提供依据;人力资源和社会保障部门则应当以部门规章的形式确立非正规就业者享有依法要求签订劳动合同的权利(非正规就业合同不需要与正规部门完全一致,内容、形式上可以相对灵活),劳动合同中应明确各方权利义务,同时人力资源和社会保障部门应针对非正规就业的特点,以"低标准、广覆盖"的原则构建非正规就业社会保障体系。另外,对于非正规就业者在城市落户不应该设置过于严苛的条件,可以适当放宽户籍限制,鼓励有条件的就业者在城镇落户,特别是允许非正规就业者享受城镇公共服务与社会保障在住房层面上的"租售同权",激发社会包容性和创新、创业的灵活性。至于财政部门,可以联合工商管理部门以及人力资源和社会保障部门,给予非正规部门企业一定的税收优惠,对于非正规就业个人则可以提供租房住房补贴、技能培训补贴,甚至可以联合金融部门,以财政拨款加社会公开筹集资金的方式设立"非正规就业发展基金",为非正规经济的壮大提供信贷支持。

二、树立符合新型城镇化要求的就业观、择业观

传统观点认为,只有进入国有、集体部门或者较大规模的公司才是正式的工作,而非正规部门则以个体、小微企业为主,其中的就业人员基本上被当作不务正业。随着我国城镇化进程的提速,常住人口城镇化率到2020年将达到60%,作为劳动力进入城镇的首选就业点,可以想象,非正规就业规模在未来5~10年内仍将保持稳步增长趋势,因而,鼓励劳动者进入非正规部门工作具有十分显著的现实意义。

有鉴于此,我们必须抛弃狭隘的就业观,承认非正规就业也是一种积极的

就业、择业方式。从人员构成分析，农民工与失业人员构成了非正规就业人群的绝对主体，对于这部分人员来说，社会应当先行培育他们的现代择业观：劳动者不论干什么，以什么方式在何种经济部门，只要是凭借自身能力，从事合法的经济活动获取报酬就是就业。① 当然，前面已经指出，我国正处于就业非正规化量变阶段，非正规部门并不是农民工与失业人员的终点。在保证基本生活水平前提下，社会应当鼓励这部分劳动者积极参加职业培训，未来逐渐由非正规部门中的传统行业向新兴行业或者正规部门分流。这样做的原因在于，传统部门多为劳动密集型，工资福利水平低、技术落后，如果大量非正规就业者滞留在这类部门的话，对于城镇化质量的提高以及贫富差距的缩小大为不利。

非正规就业群体中还有一类人员不容忽视，即初次进入劳动力市场的人员。据吴要武等利用 2002 年 12 月的 66 个城市调查数据推算，超过 3/4 的劳动力市场新进人员进入了非正规部门。② 对于这些年轻人而言，这类人群普遍缺乏工作经验，但是文化程度一般较高，接受新知识、新技能的速度比较快。鼓励这部分人员进入非正规部门中资本、技术密集的战略新兴产业完全有现实可能性；但不是直接进入，而应当经过正规部门迂回（实习、培训等）进入。因为，非正规部门中新兴行业竞争激烈，组织形式不完善，缺乏配套的职业培训。非正规部门现有条件对于新进劳动者未来发展并没有多大的助力，而正规部门资金雄厚、组织结构完整、能够提供充分的职业培训，对于年轻劳动者的未来发展十分有利。新进劳动者可以在正规部门中积累必要的职业经验，获得足够的人力、物质资本以及人脉关系后，然后再进入非正规部门中的新兴产业，或者自我创业。这样可以规避职业生涯初期的巨大风险，对于实现人生理想、发挥自我价值可能更为有利。③

另外，需要提到的一点是，不管是农民工、失业人员抑或初次进入劳动力市场的人员，视野不应局限于狭义上的"就业"，而应着眼于广义上的"就业"：被动择业与主动创业相结合。从宏观层面看，非正规就业人员自主创业符合国家新型城镇化发展规划。《国家新型城镇化发展规划（2014—2020）》明确指出：未来国家将营造良好的就业创业环境，加大农民工创业政策扶持力度。以往，由于政策偏袒以及社会歧视，创业对于非正规就业者来说遥不可及，随着政策支持力度的加大以及社会观念的更新，越来越多的非正规就业者

---

①③　孔德、吴垠：《中国特色新型城镇化建设进程中的非正规就业》，载于《南京政治学院学报》2014 年第 4 期。

②　吴要武、蔡昉：《中国城镇非正规就业：规模与特征》，载于《中国劳动经济学》2006 年第 2 期。

会走上自主创业的道路，未来非正规就业体系中必然会有创业的一席之地。卢亮、邓汉慧（2014）实证检验发现，创业对就业有积极的正向促进作用，创业每提高 1 个百分点，就业会相应增加 0.11 ~ 0.22 个百分点。[①] 可见，创业在解决创业人员本身就业的同时会派生出一部分岗位，这又会解决另外一部分人员的就业问题，可谓一举两得。

三、建设社会主义新农村，为非正规部门提供稳定器与蓄水池

非正规就业的命运从一开始就与城镇化紧密相连，城镇化发展迅速，非正规就业规模也会不断扩张；但这绝不意味着中国只发展城镇或只提高城镇化率就万事大吉。城镇化对于中国来说是一项前所未有的艰巨任务，没有任何一个国家像中国一样拥有如此大规模的农村剩余劳动力，中国特色的城镇化既无历史经验可循，又无发达国家模式可循，从客观上决定了中国的城镇化模式的建立必然是一个不断试错的过程，如何将试错的成本降低，或者换句话说如何缓冲试错的不利影响，这是我们不得不考虑的一个现实问题。城镇化的推进、非正规就业的发展都需要稳定器与蓄水池，而广阔的农村正是担当这一功能的最优选择。因此，城镇化的推进与非正规就业的壮大不应当以消灭农村为目标，而应当按照各自的发展规律，在努力发展城镇的同时也应下大气力建设社会主义新农村。

农村现代化水平提高对于非正规就业发展有着两方面的积极意义。一方面，社会主义新农村将是非正规就业的"蓄水池"。农村人多地少，农业生产效率的提升有利于释放剩余劳动力，为非正规就业提供生力军并解决长期困扰农村发展的"隐性失业"问题。另一方面，社会主义新农村将是非正规就业的"稳定器"。比较差的一种情况是，在城镇中碰壁的农民工可以回到乡村继续从事农业生产经营，而不至于造成城镇大范围失业引发社会不稳定。而一种较好的情况是，非正规就业者在城镇获取一定的资本，学习到一些先进的经验技能后可以重返农村，开展农业集约化、现代化经营，成为"农村中产阶级"，为城镇发展建立起稳固的大后方。大力发展农村、农业的好处就在于，增加了城乡之间的流动性，给予了农民或农村剩余劳动力更多的选择，同时也将带来技术、资本、商品的流动，这是简单发展城镇化所无法达成的目标。

社会主义新农村建设的重中之重在于土地问题，土地历来是农村改革绕不

---

① 卢亮、邓汉慧：《创业促进就业吗？——来自中国的数据》，载于《经济管理》2014 年第 3 期。

开的坎。如果深入剖析世界主要国家农业发展史，我们会发现，仅仅提升科技水平不能完全实现农业的现代化；制度改革也是一个不可缺少的条件，尤其是农村土地制度改革。改革开放以来，我国农村土地实行家庭联产承包经营责任制，这一制度的实质是在保证土地集体所有制前提下把经营权交给农民，实现土地所有权与经营权的分离；[①] 承包制与人民公社的最大分别就是农民将国家的土地承包，国家与农民订立合同，规定农民将相当数量的农产品上缴给国家后（即所谓的"包产到户""包干到户"），其他的余粮则由农民自由处理，可在自由市场出售。

家庭联产承包经营责任制对于调动农民积极性、解放农村生产力做出了重要的贡献，但是缺陷在于国家限制了土地经营权利的流转范围，金融市场上也限制了土地经营权的融资能力。这导致家庭联产承包经营跳不出分散经营的、小农生产的窠臼，不符合农业规模化经营的内在要求。鉴于此，2014 年 9 月 29 日，中央审议通过的《关于引导农村土地经营权有序流转 发展农业适度规模经营的意见》指出，在坚持土地集体所有前提下，实现所有权、承包权、经营权三权分置，引导土地经营权有序流转。应该说，该意见抓住了农村土地改革的关键，为农村土地改革指明了前进方向。

基于非正规就业发展考虑，本书提出社会主义新农村土地制度创新思路如下。

思路一：必须依法守住底线，所有权必须仍旧坚持集体所有，但可以凭借土地集体经营的收益按确权比例让农民分享红利。也就是说，耕地的承包经营权、宅基地的使用权和村集体建设用地的使用权可以在一定期限或延长期限的基础上赋予农民，并允许农民在这个期限内流转，但在期限到期之日前应让这个农民有权收回，这是农村转移劳动力回到农村生产生活的制度保证，也是守住 18 亿亩耕地红线、保障粮食安全的重要措施。

思路二：必须以多种形式推进农地承包经营权流转，不同的流转形式将决定农地增值收益分配方式的差异。如何在农民、政府间合理分配收益应是我们思考的出发点，一些地方出现的"涨价归私"和"涨价归公"论都存在一定的一刀切缺陷。如果能够让农民以经营权折价入股集体公司，按照持股比例分享农地增值收益，也许能够在农地规模经营的同时解决失地农民的长期收益问题，大大加强他们离开农村进入城镇工作生活的意愿与能力。[②]

---

① 顾钰民：《农业现代化与深化农村土地制度改革》，载于《经济纵横》2014 年第 3 期。

② 吴垠、孔德：《"三权分置"：四川农村土地产权的改革路径》，载于《四川省情》2014 年第 11 期。

四、吸引非正规部门参与新型城镇化建设

非正规部门高技术企业多以个体私营企业为主，虽然规模不大、资金实力不够雄厚，但是组织形式灵活、创新氛围浓厚。如果给予这类高技术产业一定的税收优惠及财政补贴，为这类企业提供信贷支持，鼓励高素质人才流向这类部门，确保其与正规部门企业获得相同待遇，相信可以将非正规部门与正规部门凝成一股合力，共同为低碳城市、生态城市等新型城镇化建设提供技术、平台支持。

以低碳城市建设为例，如若适当降低门槛，吸引非正规部门参与可以更有效地实现资源节约与环境友好。首先，生产过程中应尽量减少碳排放，引进低碳技术类非正规就业平台；其次，消费过程中应以公共型消费为主，以规模化的公共交通为市内交通主流，以高速铁路替代高速公路作为城际交通的主要方式，① 给予非正规就业人群通勤的方便与自由；最后，城镇空间上则应以集约化为发展目标，严格控制用地规模，尽量盘活土地存量，减少不必要的土地征用，保证必要的绿化用地，强化末端治理，吸收过量的二氧化碳，使非正规就业成为新型生产方式，并建立在低碳、循环经济基础之上。

此外，由于新技术开发与推广的风险性，因此建立风险分散机制十分必要。可以将非正规部门中的高技术企业联合起来，成立一个类似企业协会的非营利组织，由该组织负责企业间贷款担保、新技术市场推广等。例如，在高速铁路建设中可以引入民间资本和企业投资协会（平台），鼓励有条件的非正规企业加入铁路建设中，破除资本进入的"玻璃门"。至于城镇空间集约化，地方政府可以提供廉价的公租房给非正规就业者，一方面改善了非正规就业人员的居住环境，提高了生活质量；另一方面，集中居住可以节约城镇土地资源，减轻生活垃圾对环境的损害，可谓一举多得。至于城镇绿化，可以将众多零散的花木供应商（主要由非正规就业人员组成）组织起来，组成一个大型花木集团、都市农业或有机食品（蔬菜）供应链等，不仅可以大幅提升个体在市场中的风险承受能力，而且有助于快速形成品牌，形成核心竞争力。②

---

① 陈群元、喻定权：《我国建设低碳城市的规划构想》，载于《现代城市研究》2009 年第 11 期。

② 孔德、吴垠：《中国特色新型城镇化建设进程中的非正规就业》，载于《南京政治学院学报》2014 年第 4 期。

五、构建第三方平台保护非正规就业和非正规部门

非正规部门参与新型城镇化建设，如何确保这一群体的合法利益不受不法侵害成为一个不容忽视的问题。由于非正规就业者在组织上往往比较分散，在劳动关系中处于绝对弱势地位，再加上非正规就业者个人法律素质的缺乏以及维权成本的高昂，他们的利益诉求往往被忽视。若以政府为维权主体也不现实，政府作为宏观调控者，而应以制度的形式规定非正规就业者享有的合法权利。

当个人和政府都不能有效保护非正规就业者正当权利的时候，培育第三方力量就成为唯一选择，这股力量必须满足两个基本条件：能够广泛代表非正规就业者的利益，同时又能兼顾到国家、政府、社会的多方利益平衡。过度重视或完全轻视、忽视非正规就业，都是不可取的方式。可以考虑的方式是，分行业建立非正规部门和自己的"行业协会"。这能够比较好地满足上述两个要求，一定意义上，行业协会可以超越个体维权和政府干预的有限性，对非正规就业群体起到更有效的保护作用。[①] 除了承担维护非正规就业者合法权益的主要责任外，行业协会还应当具有以下职能：（1）充当政府与非正规部门企业的桥梁与纽带，向政府表达这类企业的利益诉求，同时协助政府制定和实施非正规部门发展规划、产业政策、行政法规和有关法律；（2）制定并落实有别于正规部门，与非正规部门特点相适应的行规行约和各类标准，协调非正规部门内各企业之间的经营行为，对本行业的基本情况进行统计、分析、并定期发布研究结果，制定行业内员工职业技能培训计划等。

综上所述，本节的所有观点可以归纳为以下五点。（1）迄今为止，国内外尚缺乏结合非正规就业与新型城镇化战略进行分析的文献。（2）总体来说，我国非正规就业规模已经接近城镇就业总数的80%，但存在地区分布差异、性别差异、教育年限差异以及年龄差异，且绝大部分从事制造业、服务业、交通运输业等劳动密集型行业，与正规就业在工作时间以及收入上存在一定的差距。（3）从本源上看，非正规就业与城镇化存在良性互动。一方面，非正规就业起源于城镇化，依赖城镇化为其提供动力并指明方向。另一方面，非正规就业的发展可以从多方面推进中国特色新型城镇化的进程，如有利于创新创业

---

① 李贺平：《非正规就业群体权益保护中行业工会的作用研究》，载于《吉林大学社会科学学报》2012年第2期。

体系的形成、促进社会优质资本的聚集、提升居民生活质量、防止两极分化、提升城镇治理水平以及节约资源保护环境等。（4）非正规就业目前的发展存在不容忽视的问题，归根结底在于各方对其重视程度不够，具体表现在自身缺乏发展战略、无法获得足够政府支持、受到社会歧视以及就业人员权利意识淡薄等。（5）针对非正规就业存在的问题，本章提出的政策建议主要包括组建"新型城镇化发展委员会"、树立新时代的就业观、建设社会主义新农村以及吸引非正规部门参与新型城镇化建设等。

　　推进城镇化是不可逆转的趋势，非正规就业的发展不能自顾自说，必须将其纳入中国特色新型城镇化战略之下，在推进中国特色新型城镇化的进程中实现非正规就业的长足健康发展，为新型城镇化提供助力。本书不可能尽述这一改革探索的方方面面，我们的后期工作将从实证研究入手，根据最新调查数据，推测城镇承载力、城镇经济活力与非正规就业规模之间的数量关系，为决策部门提供令人信服的政策建议，更进一步还可以研究非正规部门产业、人员结构与新型城镇化的定量关系，为二者的协调发展贡献绵薄之力。

附录：

成都市非正规就业发展与成都城市新区规划的展望

一、非正规就业的成都发展模式

　　成都市城镇非正规就业整体发展总体比较缓慢，据有限的数据分析，2010年、2011年、2012年城镇非正规就业规模分别达到327.93万人、355.68万人、373.42万人，分别占到当年城镇就业人员总数的76.21%、76.26%、76.24%。从数据上看，成都非正规就业比例要低于西部平均水平，且发展基本陷入停顿，判断可能是四川城镇发展不均衡（2012年末成都市城镇化率已经达到了68.44%，远远超过四川省43.53%的平均水平）的原因。成都为西南地区经济中心、交通枢纽，对外开放程度较高，多年来将周围地区绝大多数的资源吸引进成都，"极化效应"使得成都已经处于相对饱和状态（2012年成都市常住人口达到1417.78万人，预期2020年常住人口达到1650万人，城镇化率达77%），这对于成都非正规就业的发展造成了一定的限制。而从工资水平看，成都非正规就业人员 2012 年平均工资大约为 1472.50 元/月，与正规部门的 2336.58 元/月相比差距较大，后者是前者的 1.58 倍，高于全国平均水平。[①] 从以上分析中大致可以了解成都非正规就业的整体情况：成都市非正规就业已经进入"瓶颈期"，如果没有大的政策上的突破，非正规就业发展或许将陷入停顿。

从成都的"基本地情"出发，可以有针对性地提出几条措施用以促进非正规就业的发展。基本原则是从战略层次着手，以现有条件为依托，稳步有序地推进非正规就业发展。首先，必须遵循国家区域发展战略，转变现有的单级发展模式，逐步构建成渝经济区、成都市区范围内的多层次、多种类的经济次级中心城区（或建制市、区、县）。2011 年 5 月，国务院正式批准建设成渝经济区，将成渝经济区规划建设范围确定在包括四川省 15 个市和重庆市 31 个区县（涵盖成都、重庆两个特大中心城市及 10 余个中等城市及所涵盖的经济腹地）。[②] 自成渝经济区成立以来，大量事实表明该区域已经成为西部地区聚集效应最为明显的经济带。但与长三角经济带相比，成渝经济区有着一个明显的弱势，即成都、重庆作为经济区中的"双核"对于周边区域辐射带动能力较弱，更严重的是"双核"对经济区内"虹吸效应"显著，大量劳动力只追求成都、重庆的主城区就业，即使成为所谓"蓉漂""渝漂"也在所不惜。尽管这可以增大成、渝两地非正规就业的规模，但其他次中心城市（区、县）必然面临适龄劳动力不足、企业开工不够、经济发展人气不足的尴尬。

造成这一现象最主要的原因在于，成渝这两个特大城市之间缺乏中间地带，未来可以考虑在二者之间培育几个大城市作为"次级中心"（例如自贡、内江处于成渝中间，可以将二者作为重点培养对象），[③] 一方面可以缓解成都的人口压力，另一方面可以充当"扩散效应"的媒介。我们相信，"多中心"城镇模式的建立将从根本上破解成都非正规就业发展难题，由区域共生带来的新需求，将有效提升成都的经济广度与深度，将成都非正规就业的发展带入一个全新阶段。

此外，继续推进居住证制度改革，落实积分落户制度对于现阶段成都非正规就业发展有着重要的现实意义。

---

① 以上数据均根据《2013 年成都统计年鉴》数据整理而成，非正规就业数据不完整，故无法更新至最新。

② 杨明洪、孙继琼：《"成渝经济区"：中国经济增长第五极》，四川大学出版社 2009 年版，第 22 页。

③ 杨晓波、孙继琼：《成渝经济区次级中心双城一体化构建——基于共生理论的视角》，载于《财经科学》2014 年第 4 期。

《四川省进一步推进户籍制度改革实施方案》为此做出了有益的尝试，方案中成都被列为严格控制人口规模的城市，将建立居住证积分入户制度，制定统一的居住证积分入户标准，达到积分入户标准的外地来蓉人员可申请办理常住户口登记，而且今后将以居住证为载体，建立健全与居住年限等条件相挂钩的基本公共服务提供机制。积分落户对于非正规就业来说是一大利好，可以保证当前非正规就业规模基本不变，在成渝经济区改革尚未有明显起色之前不对成都造成更大的就业压力，为成渝城镇化改革设置一道"安全阀"，同时能够吸引一部分满足积分落户条件的高素质就业者加入非正规部门，提升成都非正规就业整体质量。居住证与基本公共服务挂钩则是非正规就业发展另一大利好。方案规定即便没有达到积分入户标准，也可以享受和居住年限等条件相挂钩的基本公共服务，这对缺乏社会保障的非正规就业者来说无疑是雪中送炭，从制度上免除了他们的后顾之忧。

2017年7月，成都发布人才政策，进一步推进"先落户后就业"的政策。"新成都人"蜂拥而至，这个以包容开放著称的城市，成为更多年轻人安放梦想的最佳去处。成都市发布的《人才优先发展战略行动计划》（以下简称《行动计划》），从吸引人才、尊重人才、善用人才、保障人才等多方面，展现了成都"择天下英才而用之"的气魄。从制度设计看，为充分体现成都"不唯地域、不求所有、不拘一格"的新人才观，行动计划提出了优化人才落户制度、实施人才安居工程、建立蓉城人才绿卡制度、开展全民技术技能免费培训等12条具体措施，针对高层次人才、急需紧缺人才、青年人才、高技能人才等不同人才群体构建体系、分类施策。《行动计划》在"鼓励青年人才来蓉落户"的举措中，除了敞开"学历落户"的大门，更明确了落户政策放宽的另一个群体：技能人才。根据《行动计划》，在本市同一用人单位工作2年及以上的技能人才，可凭单位推荐、部门认定办理落户手续。《行动计划》发布的次日，人才落户的认证申请、落户申请，同步正式开始受理。① 这为那些有能力以非正规就业方式立足成都的劳动力提供了生存、发展的契机。

二、打造更利于非正规就业和城市可持续发展的文化、自然软环境

成都是中国少数几座城市格局得以保持延续的历史文化名城，允许非正规

---

① 新华网四川频道：《成都"最强"人才新政：45岁及以下、本科学历及以上可选任一区域落户》，http://www.sc.xinhuanet.com/content/2017-07/25/c_1121375363.htm。

就业的存在和发展将可能导致对城市文化、自然等软环境的冲击。与其等待非正规就业对软环境的破坏性冲击，不如以复兴历史为目的，建设国家中心城市、国际化大都市和世界文化名城，建设集文化中心、城市遗址、中央公园和产业高地于一体的国际一流新地标，并打造世界级的中央公园城市名片。这对于非正规就业来讲，可能是一种城镇化环境方面的重要助推。

（一）成都复兴古典城市与创新、创业、旅游、环保型非正规就业[①]

成都从秦朝建城，再到清朝形成"两江环抱、三城相重"的城市格局一直延续至今，这是历史文化名城和古典城市所具备的特征。根据规划，"成都中心"将承担文化中心、中央公园、城市遗址和产业高地的功能，通过部分恢复历史遗迹，复兴历史文化，重构城市中心。未来在"成都中心"的打造过程中，还会把现代中央商务区的理念融入其中，形成"历史文化与现代文明交相辉映"的格局，更重要的目的是以这种城市历史复兴为过程，增加创新、创业、旅游、环保型的就业岗位，尤其是扶助非正规就业。

现有的规划方案指出，成都将以天府广场、毛主席像和四川科技馆所在的中轴线，与成都历史上"两坊一楼一门"的城市中轴线做到基本一致。但由于历史上的这些地面建筑早已不存在，因此规划方案提及将新增相关历史遗存，不过新增并不一定代表完全重建。牌坊重建难度不大。但如明远楼这种相对大型的建筑，可能会使用三维全景的虚拟现实技术来呈现。如采用全息投影技术，在夜间将明远楼投射在道路上方。

成都将通过池、苑、遗址、建筑等其他重要元素保留并改造片区内遗址区、近现代建筑，意象性恢复摩诃池等重要历史要素。据悉，在成都体育中心南侧，规划局部重建唐代摩诃池，形成约50亩的水域面积，复原"摩诃池上春光早，爱水看花日日来"的胜景。在后子门片区，拟打造面积六七百亩的中央公园，容纳市民休闲等活动，同时增加多元休闲方式的就业模式、创业平台。为了强化格局，还将在中央公园四周修建一些非闭合的边界，通过御河、城墙等历史要素，加上现代材料、工艺等方式来重塑和强化明清历史的围合边界。让人期待的是，位于后子门片区的规划"中央公园"将不输纽约中央公

[①] 参见：《"成都中心"规划方案出炉，将打造世界级中央公园》，载于《四川日报》，2016年8月11日。

园，园中会有超大草坪，配置一些全生态的小型游憩设施，供市民游憩、活动、散步，甚至举行小型演艺活动，这就为服务型非正规就业的正规化、模块化提供了平台。高质量的中央公园，迫切需要人来人往的"人气汇聚"，但仅凭人工复兴的景观，很难留住人尤其是留住"回头客"，服务型就业模式的注入应是必须之举，这给那些有一技之长却又难以进入城市正规部门就业的人员提供了机遇。

与锦里、宽窄巷子等已有的城市名片相比，"成都中心"的定位和功能有何不同？"成都中心"的最大特点，在于它是一个城市公共活动的载体。成都现有的其他城市名片更多承载了对外接待的功能，而规划中的"成都中心"其核心区域是一片占地六七百亩的城市中央公园，是成都市民未来一个大型的露天公共活动场所，可能附带诞生一批以旅游、观光、服务为主体的非正规就业渠道。

（二）前厅后苑形态、多元化文体融合、就业形态创新

根据规划，"成都中心"将利用天府广场及周边文化建筑围合成城市客厅，并结合中央公园在总体格局上呈现规划"前厅后苑"的形态。其中，以人民中路为界，以天府广场为核心的区域承担"城市前厅"的功能，而后子门片区则作为规划"城市后苑"，发挥中央公园功能，成为市民休闲娱乐的公共活动场所。成都体育中心也将进行升级改造。据悉，主场馆将基本保留，改造后变身为一座对外开放的全民健身体育公园，北侧将建设一个文体融合综合体。到目前为止，天府广场地铁枢纽中心至宽窄巷子已经打造出地下——地上多层次的旅游、文化、休闲、购物等文体融合业态，大批商家和创业者入驻；而未来的成都中心和中央公园竣工后，这一就业形态创新趋势还将继续进行扩展，文体、娱乐的功能还将被放大，这是打破传统非正规就业形态的创新之举。

（三）城市中心基调回归历史

随着时光流逝，日益国际化的大都市成都也需要借助古典城市的风貌恢复历史荣光，复兴历史，打造非正规就业的历史传承环境。此次规划的"成都中心"所在区域，即天府广场、后子门一带，无论历史上还是现在，都是成都的地理、政治、文化和教育中心。"成都中心"所在地在城市规划层面上能够允许进行规划建设，这种情况放眼全国都很少见。成都拟恢复修建于隋朝的摩诃池（如今遗址在成都体育中心南侧），它曾是古成都的"中央公园"。据史书

记载，摩诃池建成之初面积达 500 亩，唐朝曾是文人墨客的聚集地；到前后蜀和明代，摩诃池修建得更为精美，一度成为皇家园林。历史上，这是成都汇聚人气的中心，那么在今天，它就更应该体现这种历史传承作用，不仅恢复人气，而且带来就业。

到明代，"成都中心"所在区域矗立着作为政治中心的蜀王府。600 多年过去，蜀王府的中轴重城的格局至今延续着。至清康熙四年，蜀王府改建为贡院，这里被视为当时的文教中心。因贡院是在明蜀王府旧址修建，四周建围墙，外设御河，御河外围为清中城城墙。其中明远楼、至公堂、清白堂、严肃堂、衡文堂、文昌宫是文教中心的主要建筑。300 多年过去，曾经繁华无比的贡院仅留存在老一辈成都人的记忆中，如今已无遗留痕迹。民国初年，御河仍在，贡院城垣被拆，仅保存南门正中一段城墙和城墙上的三座券拱门、为国求贤坊以及内部的明远楼、至公堂等主要建筑。而 1896 年创办的四川中西学堂（现四川大学）早已取代贡院成为新的文教中心。我们看到，在今天的四川大学老校区周围，已经形成了规模较为可观的非正规就业人群，他们为学校的学生、老师提供了大规模的餐饮、娱乐、社交、学术、咨询、实习等服务，这不啻为一种依托城市历史文化中心、学术中心和智力中心展开非正规就业的好办法。

到了近现代，成都又依次建了一批新建筑，20 世纪 60 年代修建毛主席像和省展览馆，80 年代至 2000 年初拓建天府广场；最近十年根据地铁和城市立体交通设计城市运转中心节点。成都市委市政府为缓解中心的交通通勤压力，主动南迁至天府新区。"成都中心"将保留千余年来的历史沿革，其最新定位是千年城市中心、历史文化源点。规划指出，"天府广场—后子门"片区位于成都几何中心和轴线交汇点，是成都的形象窗口。"成都中心"的规划，有利于传承成都三千多年的历史文化。

另外，改造科技馆、修建成都博物馆，将融入汉唐以后的成都文化元素，在现有场馆里边增设与汉唐文化暨贡院相关文化元素的场馆，科技馆外部改造适当融入皇城及贡院元素，体现文化底蕴，有助于那些擅长于文艺创新、流行元素的青年人入驻，带来一波又一波的文化、文艺、流行创新潮流，改善传统城市中心缺乏生机和活力的现状。在未来重建的摩诃池水域中央，可设水秀表演区，通过激光水幕表演，展现汉唐以后的蜀中文化，增加歌舞团、影视学院、表演专业人群非正规就业的机会。在未来的摩诃池中间修筑一条"芙蓉长堤"，并打造成城市中心的规划"地标"，再现当年芙蓉锦官城的盛景，以媲美西湖的苏堤。这些规划设想的目的，均是为了改变成都城镇化进入工业化中后期以后，劳动力被显著地排斥于正规行业的现实而进行的城镇规划创新。在成都的老城区中心，基础设施一旦老化，就很可能陷入"城市破败""失业剧增"的发展陷阱。曾经引以为傲的四川乃至西部地区的"第一城市偏向"，[①]如果任由成都老城区的破败继续下去，那么，这个西部第一城市偏向的状态，将无法维系，一个最显著的结果是人口大量外流至周边那些更具活力和创新精神的城市。

三、成都天府新区的后工业化发展与就业模式变革思路[②]

与成都老城区力图恢复汉唐以后的历史荣光相对应，成都也在追求城市现代化新区的规划和设计，尤其是以天府新区为代表的成都以南的大片土地，正孕育着有别于以往城镇发展模式的路子。

近年来，成都有效借鉴国内各省（区、市）逐渐兴起的各类"综合配套改革试验区"的建设浪潮的经验，以全国"综合配套""新型工业化""两型社会""统筹城乡"等改革试验区建设为背景，力争凸显成都城镇化建设的引领和带动作用。

一个显著的观察结果是，已有的这些试验区大多都是以中国工业化中后期发展模式为背景建立起来的，其核心的产业化模式、城镇化模式、生态环境融合模式、社会民生保障模式以及文化氛围或多或少都带有"工业化增长"的背景。因而，尽管这些试验区的名称不同、试验方案各有侧重，但在发展模式、产业聚集、城乡布局、公共文化以及具体政策的配套上却有相似之处，各试验区的差异化发展特色还不够显著。作为西部特大城市的成都，能否跳出这种传统的工业化"试验区"建设模式，转而谋求一种以"后工业化"为发展背景的新型试验区？能否通过"后工业化经济试验区"的建设，走出一条差异化发展道路，特别是提供一种不同于传统工业化的就业模式来跨越城镇化的"刘易斯转折"？本部分拟对成都先行先试"后工业化经济试验区"的设想做些探索。

---

① 所谓第一城市偏向，指的是和国家第二或其他小城市相比，国家最大或"第一"城市得到过度的公共投资和个人投资激励。参见托达罗等：《发展经济学》，机械工业出版社 2012 年版，第 209 页。

② 吴垠：《为天府新区建议——新型试验区的后工业化探索》，载于《四川日报》，2012 年 2 月 12 日。

（一）发达国家后工业化浪潮已经证明该种发展模式具有相对优越性

20世纪80年代以来，一些发达国家走出"工业时代"，进入了"后工业化"的新的发展时期。其"后工业经济"的核心是以服务业为主体、以产品创新为主导、以社会成员共同治理为手段和以人为本的城市化为目标的发展模式，核心是充分关照人的自由、就业、财富、休闲、生态等需求，打造"以人民为中心"的城镇化和就近、就地增加就业、创业机会的就业平台或模式。

发达国家在这一时期基本摆脱了工业时代的多种弊病和陷阱，其主要特征表现在：（1）高能耗、高污染、高排放的产业基本迁移至其他国家和地区；（2）现代服务业大规模地吸纳城乡富余劳动力的就业；（3）多中心的城镇化布局减轻了单中心"城市病"压力；（4）一批生态、品牌、创意、休闲、宜居城市相继崛起；（5）人们的工作生活不再片面地追求财富占有或物质层面消费带来的效用，而是更多地追求文化、闲暇、娱乐、精神等方面的效用——也即追求"人的自由全面发展"。这些特征已经充分显示出其相对优越性：社会更加繁荣稳定、生态环境愈加改良、文明程度更上台阶、社会更加包容和谐、政府的公共治理压力相比工业时代也减轻许多。

临渊羡鱼，不如退而结网。这些"后工业化"的优点，显然并非只是发达国家独有的专利。虽然成都整体发展尚未达到后工业经济的水平，但完全可以尝试以"试验区"的形式在全国率先试点后工业化经济的发展模式，以实现缓冲工业化发展模式弊端、增加发展的多样性的目标。先行先试"后工业化经济试验区"，需要我们看清自身的发展禀赋，制订合宜的发展战略政策。

（二）"后工业化经济试验区"：成都先行先试的契合性分析

先行先试"后工业化经济试验区"源自成都的资源禀赋、经济结构和社会文化特点，与后工业经济社会的特征具有一定的契合性。主要表现在：（1）成都的城镇化水平并未发展到如北京、上海、深圳这样的高密度，特别是"城市病"问题尚不突出；（2）大规模地发展与后工业的核心产业相适应的现代服务业、高新技术产业以就地吸纳城乡富余劳动力，符合成都"劳动力充裕比较优势"，也是近期政府力求解决的重大民生问题之一；（3）紧邻成都的二线城市如绵阳、德阳、乐山、资阳、都江堰、彭州、邛崃、崇州、江油、什邡、绵竹、广汉、峨眉、简阳等地，用于规划"后工业化"的城市空间还比较富余，具备了在处于工业化中后期的大城市（成都）和尚未进入工业化社会的农村之间建立"后工业化经济试验区"的缓冲地带的可能；（4）成都悠久的文化历史传统、丰厚的自然旅游资源以及人们追求休闲、娱乐、精神、艺术发展方面的习俗与后工业化社会对"人的自由全面发展"方面的要求高度契合。

因而，在省内选择成都及与其紧邻的二线城市群先行先试"后工业化经济试验区"，优点在于：（1）不必付出过大的治理成本；可以重新整合二线城市群的产业、城镇化及特色自然、人文资源；（2）可以就此走出一条有别于各类工业化试验区的差异化发展道路；（3）可以跨越现有四川传统行政区的布局，以"多中心"的模式布局后工业化经济试验区，即使这些被选中的区域拥有相对独立性，又能实现其"优势互补、合理分工"的建设目标；（4）可以形成一种"以人为本"的后工业文化氛围。

（三）成都先行先试"后工业化经济试验区"的政策原则

1. 政府公共治理模式与社会公共文化模式的变革

可以把试验区政府公共治理的模式定位于"政府＋社会资本＋社会组织＋社会成员互助"的有机结合、共同治理模式，注重打造后工业化的公共治理和社会互助文化氛围，提高治理效率并创新公共文化模式，降低政府公共治理的压力和成本。

2. 试验区选址三原则

一是拥有大学城、高科技示范园区或产业创新园区。因其园区汇聚了大量知识型劳动力，他们能够参与到后工业化的社会治理安排和相应的制度创新中去。二是有良好的技术支撑。拥有高新技术创新与应用推广链条的城市群应当成为试验区选址的重点考虑对象，因其能节省高新技术引进、配置方面的巨大成本。三是良好的社区"合作"功能。社区的合作协商功能可以弥补市场和政府可能存在的双重失灵。有此三个选址标准，方便建立起一套科学的试验区试点筛选保障机制。

3. 以川内二线城市群为基础，跨成都及四川传统行政区多中心布局

多中心分散结构不仅有利于降低四川省待就业人口的工作搜寻成本与居住成本，而且也使整个试验区处于一种分散的均衡模式，实际上这也是国外多数后工业化城市的发展模式。另外，现代信息技术特别是互联网、物联网技术日益普及，其强大的信息处理能力也将非常合理地调度城市群内部各中心之间的物流、商贸、资源和要素配置，而各中心只需要专注地扮演好各自的"主体功能区"角色即可。多中心分散的布局，不仅有利于人口流动和城镇规模的动态管理，而且也使就业的地区分布更加均匀，从而避免非正规就业集中于某个区域的情况出现。

4. 土地跨行业、部门和传统行政区配置

首先，可以建立试验区内土地利用指标的市场交易机制以兼顾平等与效率，对于新增建设用地指标的交易应当允许跨行业、部门以及传统行政区的方式进行，使得试验区多中心的布局结构能够在土地资源高效利用的背景下更好地实现其产业和功能的互补。其次，注重试验区土地和户籍制度共同推进的配套改革，使试验区中的劳动就业人口充分享有公平的教育、医疗和社会保障等公共服务，增加试验区劳动力的选择权利并免除其后顾之忧，实现以土地和户籍改革换取试验区的均衡和可持续发展的目标。

5. 加快转变发展方式

试验区需要前瞻性地瞄准高端服务、电子信息、生物医药、纳米技术、新能源新材料、低碳节能环保等新兴产业的发展，以其正外部性来遏制污染、拥挤、高能耗、高排放等工业化弊端。这些新兴产业还必须统筹于国家"加快转变经济发展方式"的整体战略框架之下，在试验区内部实现相当程度的产业（链）互补性延伸，注重要素资源的节约并大量吸纳就业，用更经济的方式推动试验区的产业振兴。

后工业化，不仅是一种经济发展模式，更是一种新的社会文化氛围。成都先行先试的设想，是力图使试验区发展成为遏制工业化、城市化弊端，并且具有后工业化生产、生活、文化方式的样本，以便为四川乃至全国的经济建设、社会建设和文化建设大局持续贡献新的思路和力量。

（四）推进天府新区"两化互动"高效展开的模式研究①

在推进后工业化城市治理模式的同时，《西部大开发"十二五"规划》将成都天府新区列入西部重点城市新区，其功能明确定位于建成内陆开放型经济战略高地。这一规划既给予了新区先行先试的政策空间，又指明了新区走创新型道路的必要性。但怎么走却是摆在新区建设者面前的需要顶层设计和分步实施的政策实践问题。工业化和城镇化的"两化互动"无疑是实现上述目标的重要之举，它瞄准的是将天府新区建设成以先进制造业为主、高端服务业聚集、宜业宜商宜居的现代化新区和内陆开放型经济战略和就业创新模式的高

---

① 吴垠：《关于天府新区实施"两化"互动的五条建议》，载于《四川日报》，2012年3月21日。

地。那么，怎样高效地展开"两化互动"实践？本部分提出几点具体的政策设计。

1. TOD 模式：打造成都"两化互动"的交通开发新格局

以公共交通为导向的城市开发模式（transit oriented development，TOD）不是单纯地建设几条地铁、公交、轻轨线路满足人们的出行需要的工程，而是以公交线路为轴带动城市连片土地科学开发的新思路。传统的工业化、城市化的经验教训表明，工业化、城市化的骨架和枢纽是城市的公共交通系统，因为它不仅具有承载城市化、工业化所必需的人口、资源流动的功能，同时也是疏导这些人口和资源的重要通道。但人们往往只重视前者而忽视后者，结果在经历了痛苦不堪的"城市病"和"过度工业化"之后才逐渐意识到城市蔓延、土地利用规划与交通配置的先后顺序并不是可以随心所欲、无视先后的。

以完整的轻轨、多层次地铁和公共汽车网络组成的公共交通系统配置和相应的土地规划如果滞后于"两化"进程，必将使城市的混乱、拥挤，土地利用的低效率和人口的分散疏导成为政府未来公共治理的巨大难题。若交通持续拥堵，那么，无论任何就业模式都将遭遇巨大的通勤成本，这将严重削弱城市的生产力和生产效率，这种效率损失对城镇生产力改进的抑制是十分惊人的。

成都天府新区发展模式要高效快速展开，应当考虑以快捷、便利、高效的公共交通系统导向为手段，统筹公交系统和其周围的土地开发管理，将土地增值部分带来的效益反哺城市其他基础设施建设、旧城改造和中低收入的保障房建设等工程，在"两化"协调互动的基础上实现新区土地开发、交通发展、人民生活的包容性发展。

2. 多中心布局与天府特色走廊的大推进设想

在天府新区"两化互动"进程中采取多中心布局的政策设想，其目标是力求分散城市单中心的压力，实现新区集聚均衡、功能互补式的发展，并有利于注入后工业化元素。但建立何种功能互补的中心以及通过什么样的方式来沟通这些中心之间的联系，则是更为具体和操作性的步骤。

天府新区的多中心设想在付诸实践时首先应考虑成立以下中心。一是天府控制中心：即以全球、国家和区域性大型企业总部、大型银行机构、高端生产性服务业公司（如会计、保险、广告等）、制成品批发集散中心和公共部门机构高度聚集的方式实现对新区"两化"发展的总体控制；二是天府专业化中心：如天府信息化中心、传统和高端制造业中心、矿产新能源中心、新材料中心和度假疗养胜地等；三是独立对接中心：如彭山和仁寿，这两地虽在天府新区内，但其相对独立性明显强于新区规划内的其他地区，因此，它们特别适宜走"区域同城、基础同网、产业互补"的对接型发展模式，因地制宜是其首选战略方针；四是限制开发区：限制开发区不是专业化的中心，而是把一些自然生态条件较好或人文风俗条件厚重的地区作为限制开发区，保留其自然生态和人文风俗原貌，既避免破坏性开发又为将来科学设定这些限制开发区的定位并进行再开发留出空间，例如兴隆湖规划片区、湿地公园等等。

其次是配合 TOD 模式建立天府特色走廊以沟通各中心。一是天府高科技走廊（尽可能集中分布在高科技产业园区）；二是天府绿色走廊（沟通可能存在污染和排放的制造业、矿产能源中心）；三是物流连接带（如物流园区、航空港和出口加工区）等，走廊的横、纵分步需要根据各中心的特征和布局来统筹安排。在各中心和走廊的总体布局上，还需要注重将产业链相关或延伸的园区比邻设置，便于规划区域间的产业合作和循环经济等，同时也能减少通勤成本。这些中心和特色走廊功能一旦确定，就可以采取全面整体大推进的建设方针，尽量避免修修补补式的两化互动开发。

3. 高瞻远瞩的城市功能设计

考虑到成都天府新区未来的人口增量可能达到甚至超过数千万人的规模，如果没有高瞻远瞩的城市规划和功能设计，"两化"互动中近期的建设成就很可能被巨大的人口规模带来的住房、就业、交通、环境、社会保障和社会管理等支出或问题抵消殆尽。国际上这种高人口聚集的城市规划中，日本东京的经验非常值得我们借鉴。战后 20 多年的时间，东京成为超 3000 万人规模的巨型城市，快速上升的城市人口规模对东京的住房、就业、交通、环境等造成巨大压力，亦对其城市的商业、住宅及工业区开发提出了很高的需求，这些需求几乎都转化为对土地特别是城市空间扩张后的农业用地征用的压力。

东京的成功之处在于：（1）采用城市开发控制和有效的土地使用战略来推动其都市圈瞄准后工业社会的水平发展；（2）修改城市规划法，禁止在城市化控制地区和未开发地区进行开发活动，并将开发活动严格限制在城市化促进地区的商业、住宅以及半工业区，以防止城市无序扩展；（3）充分考虑土地使用的边际收益和边际成本，宁可加强现有在建土地的资本密度也不轻易以稀释单位土地资本密度的形式大量征用农业、森林用地。鉴此，天府新区可借鉴东京成功的经验，一开始就高瞻远瞩地进行城市功能设计并保持各种城镇设施、就业区域的协调性、一致性，瞄准容纳数百万人口的新区规模，从城市规划、功能设计的角度来分散压力，力避臃肿和混乱，结合新区实际情况创造性地设计具有天府特色的规划方案。

4. 合理的财税分成激励

从天府新区规划方案来看，跨四川传统行政区布局显然是"两化"的主攻方向。建设初期，由于国家和四川各级政府投入资金力度较大，财税体制运转应当不成问题；但如果仍旧延续传统分税制条件下的财税分配格局，到了新区建设的中后期时，若各个项目出现建设资金紧张，这种以传统行政区配置财税资金的体制矛盾就可能凸显，到时再来调整财税体制格局会非常困难。建议新区建设伊始，就直面传统财税体制的体制性摩擦，积极规划适应于新区建设的公共财政与税收分成体制建设，主要着眼点在四个方面：（1）可持续原则：税收足以支付全部公共费用；（2）经济增长；（3）增加各类就业，减少贫困；（4）提高新区社会管理水平和质量。因此，天府新区可以考虑以各个中心为依托，重新划分财税体制格局，采取"保障税收收入基础、超收分成"原理在天府新区各专业化中心和控制中心之间实现一定程度的财税激励，保证各个中心有持续的、充裕的财政资金来实现其主体功能区的中长期设计方案。

5. 民生、就业导向的新区建设与考核方案

单纯依靠产业来建设新型试验区容易形成经济利益至上的发展理念。如果民生工程、就业工程、文化教育、生活设施建设滞后，将会导致新区功能单一，人本关怀缺失，安居与乐业难以兼顾，城市承载力和宜居程度下降，吸引创业人才困难，最终使新区难以在竞争中打开局面、创出品牌。天府新区建设的根本目的是改善民生，尤其要避免重土地扩张、重生产建设、重速度数量而忽视就业职位增加、文教卫生改善、生活设施便利等民生工程的发展。只有把民生需要和人性化建设放在首要位置，新区才能真正发挥其"反磁力中心"作用。

未来20年将是新区建设的高峰期，也是民生需求刚性快速增长期。新区建设必须顾及未来民生需求的规模和质量，将目前温饱型建设标准与未来小康型、富裕型建设标准相衔接，才能建成以人为本的成都城市化新区。

首先，做好外部统筹。通过建立国家、四川省、成都市的三级统筹制度，实现新区建设与新区各中心之间、新区与周边农村的统筹规划，搞好新区建设同全省乃至全国城市网络的协调，以优化资源配置和产业结构，增强内生发展动力，提高发展民生的物质基础。

其次，重视内部统筹。统筹新区三次产业及各产业内部资源配置，统筹物质建设和人文建设，统筹当前建设和长远发展，提升新区民生发展的可持续性。

最后，抓好民生导向和考核机制建设。注重在经济发展过程中规划人文发展指标，加强配套服务，如科教文卫的有关比率指标、财政民生投入的增速与比重指标等。按照人性化新区、时代性新区、后工业新区的发展理念，从就业、文化、娱乐、艺术、体育等方面加强配套服务建设，积极倡导民生文化导向。可以考虑建立一个监管机构来考核天府新区的"民生改善水准"，以工业化、城市化和人的舒适度是否相互匹配作为衡量两化成果的重要标准，防止"传统工业化城市化"造成的民生难题在天府新区重现，用民生导向指引我们的建设工作。

天下无易成之业，亦无不可成之业。天府新区"两化互动"的高效展开并非易事，但只要用先进理念指引发展，以高瞻远瞩的"两化"互动思路规划全局，扎实地推进新区经济、社会、文化、民生建设，就能够建设成属于四川的、走在全国前列的新型试验区。

四、打造成都西部自由贸易试验区①

建立自由贸易试验区，是中央在新形势下深化改革和扩大开放的重大举措。其目标是通过改革试验，建设具有国际水准的投资贸易便利、货币兑换自由、监管高效便捷、法制环境规范的自贸区，力争按国际化和法制化要求更进一步融入经济全球化进程。面对这个新一轮改革开放的"风向标"，成都作为西部经济重镇应利用国家综合配套改革试验区的平台，率先在自贸区和西部新型开放高地建设的路径上探索政策新思路，共创共享开放型经济的新红利。

（一）从区域、领域和行业的角度进行政策探索

成都自贸区建设，仿照上海自贸区的模式，也试图涵盖金融、文化、社会、航运、商贸、专业（律师、资信、旅行、投资等）等服务领域和行业，其整体开放格局类似深圳特区或浦东新区的2.0版，并更加强调按国际惯例让资本自由流动，打造"境内关外"的贸易格局，促进利率全面市场化等。这种深度开放格局的背后，是传统发展模式所依赖的土地、资本、人力等资源红利获取相对减缓，而对外开放红利逐渐倍增的基本态势。成都如何建设自贸区，并寻求对接上海自贸区，关键宜从区域、领域和行业的角度着手政策探索。

---

① 本节内容见：吴垠：《对接上海自贸区？共创共享开放型经济新红利》，载于《四川日报》，2013年10月17日。

从区域来看，宜从全局角度设定整合四川相关功能区对接成都自贸区的政策思路，把成都建成西部地区对外开放与自由贸易的重要窗口，全面升级建设西部内陆开放高地的既定战略部署。现阶段，可考虑加快建设"三地一中心"的物流、商贸、金融对接功能，即在建设西部地区外商投资首选地、最具国际影响力的产业聚集地、最重要的入境旅游目的地、最大的国际商务中心的基础上，按更高标准设定可承接自贸区的行政、关税、利率、审批和监管制度，逐步实现"一线放得开，二线管得住"的贸易、金融、海关等对接功能；可将天府新区内的航空，以及龙泉、双流、新津、青龙等物流中心作为前期商贸和物流对接依托，及早规划简阳芦葭国际机场及周边区域的自由贸易、金融创新和物流集散的服务功能，丰富天府国际金融中心的创新功能，打造内陆全方位向自由贸易开放的"第一支点"，以便高质量地直通并互联上海自贸区，带来就业增长点；要利用"西博会""世界华商大会"等交流平台，积极推进多层次区域合作，在更大范围更宽领域寻求发展机遇，利用对接自贸区共创共享开放型经济红利的模式打造四川和西部对外开放的最佳平台。

从领域和行业来看，宜采取特色开放战略。成都自贸区选择了六大领域展开试点，虽然选定的这六大领域基础较好且具备一定的竞争优势，但其发展前景尚待观察。应重点规划与四川和西部经济发展紧密相关的商贸、金融和文化产业领域率先突破，并带动其他服务业领域跟上。在商贸服务领域，可重点打造增值电信等产业创新和销售配套，发展相关产业的零配件、电子软件和基础设施，形成"上海自贸引进中国、成都配套推广西部"的商贸联动格局；在文化服务领域，注重以成都优质文化资源吸引外资文化娱乐产业入蓉入川合作，推动建立文化服务产品引进、合作、创新、输出的文化强省战略；在金融服务领域，积极稳妥地完善相关金融创新业务的外部环境，考虑逐步形成在川外资、民营金融机构开展跨境融资服务、离岸业务和资本项目准入的制度框架，探索金融领域行政审批核准制向备案制转化的四川途径，探索建立与国际接轨的金融投资管理负面清单管理模式。通过上述努力，使四川的相关区域和领域逐步具备对接上海自贸区的条件，时机成熟时，就可以放开。

（二）从互动、关联思路建设成都自贸区，释放城镇就业政策的红利

成都对接自贸区的试点和目标体系需明确。整体来看，成都作为西部新型开放高地的发展宜定位于以国家综合配套改革试验区为背景的"中国自贸区的西部支点"，它是西部承接自贸区的产业、服务、销售的平台，目标在于形成

互补、互动关联并有力助推自由贸易试验的各类先行先试，使国家开放型经济红利在新时期的辐射效应更加宽广。把握机遇的关键在于及时向国家相关部委申报备案，并及早启动自贸区的相关战略合作协议框架的设置、引进与谈判。

成都应形成以开放促发展的"倒逼机制"，切实发展一批具有国际对接能力的产业、项目和企业，来带动流动人口、适龄人口就业模式的国际化、多元化、就地化。要找准亚太地区自由贸易与新兴产业的特点与定位，主动承接上海、天津等沿海自贸区总部经济向西部地区转移的重大产业项目，注重引进高端、现代的知识型、服务型、创新型产业；加快建设一批外向型产业园区，大力发展加工贸易，打造一批外贸公共服务平台吸引相关项目入驻成都；培育一批品牌兴贸和科技兴贸的国际化典型示范企业，不断提升企业国际化经营能力。

要把政策扶持优惠逐渐转变为制度创新、物流支撑与人才汇聚的优惠，着力以成都为区域自由贸易和对外开放的中心打造西部地区最优的开放环境，不断创造扩大开放的新优势和竞争力。在着力推进加快政府职能转变、扩大投资领域开放、转变贸易发展方式、深化金融领域开放创新和完善法制保障等五大对接自贸区制度创新的同时，还要继续降低交通物流成本，加快"成都航空港——沿海自贸区"专用航线以及成沪、成兰、成西、成贵、成渝、成昆、川藏等出川铁路（含高铁）大通道建设，培育引进一批国内外知名物流企业，加强口岸基础设施建设，努力为企业创造便捷、低成本通关的条件。要进一步提高政务服务质量和效率，营造公平竞争的市场环境、公正安全的法制环境、文明卫生的城乡环境、亲商重商的社会环境。允许沿海自贸区的外资人才中介、律师服务、工程建筑等机构到四川设立办事处，引导相关国际化人才服务四川。

逐步塑造监管联动、辐射中西部的自由贸易创新试验区平台，助力"一带一路"建设。为了在更高平台上做好成都、四川乃至中西部地区投资管理体制创新、扩大服务业开放和金融制度开放等改革，需要建立打通海关、质检、工商、税务、外汇、银监等各部门的信息共享平台，引进社会第三方组织协管，推进组建统一高效的口岸监管机构等，把贸易、金融等服务业监管模式由注重事先审批转为注重事中、事后监管的动态监管模式，在扩展中西部地区对外开放水平的同时，不断助力中国正在打造的"一带一路"倡议。

第五章　中国城镇化的供给侧结构性改革：
从产业后备军到土地后备军[*]

第一节　从供给侧结构性改革角度研究城镇化

党的十八届五中全会和十九大以来，习近平同志在多个场合强调要从供给侧改革中国经济，特别是要加强供给侧的结构性改革，着力提高供给体系质量和效率。[①] 2016 年 1 月 4 日《人民日报》用整版的篇幅刊载了一篇题为"权威人士再论当前经济：供给侧结构性改革引领新常态"的文章，文章指出，从国情出发，我们不妨用"供给侧＋结构性＋改革"这样一个公式来理解，即从提高供给质量出发，用改革的办法推进结构调整，矫正要素配置扭曲，扩大有效供给，提高供给结构对需求变化的适应性和灵活性，提高全要素生产率，更好满足广大人民群众的需要，促进经济社会持续健康发展。并强调"我们要学好用好中国特色社会主义政治经济学，把各方面的力量凝聚起来，形成推进供给侧结构性改革的整体合力"。[②]

在这样一个改革的宏观背景下，作为中国"十三五"规划重点的城镇化发展战略，在供给侧改革方面当何去何从？城镇化的结构性调整包含哪些方面？应该找到哪些关键的变量来考察当前城镇化的焦点问题？城镇化战略在实

---

　　* 本章相关内容发表于《政治经济学评论》2017 年第 6 期，题为：《中国城镇化的供给侧结构性改革——一个政治经济学分析框架》。

　　① 习近平在亚太经合组织（APEC）工商领导人峰会发表演讲时表示，要解决世界经济深层次问题，单纯货币刺激政策是不够的，必须下决心在推进经济结构性改革方面做更大努力，使供给体系更适应需求结构的变化。在随后的中央财经领导小组会议上，他又指出，在适度扩大总需求的同时，着力加强供给侧结构性改革，着力提高供给体系质量和效率。参见《习近平为何九天两提"供给侧结构性改革"？》，人民网：http://politics.people.com.cn/n/2015/1119/c1001 - 27834311.html。

　　② 《权威人士再论当前经济：供给侧结构性改革引领新常态》，载于《人民日报》，2016 年 1 月 4 日。

施的同时如何配合"去产能、去库存、去杠杆、降成本、补短板"？

显然，城镇化的改革如何从供给侧的角度入手进行创新，成为解决上述问题的一个契机。要素、体制、各类利益主体的生产关系构成城镇化供给侧改革的难点，需要历史地看、动态地看。新中国成立后，中国经历了以产业后备军助推城镇化发展和以土地后备军助推城镇化发展的两个重要历史进程，城镇化的供给要素由人口主导变成了土地主导，其背后的城镇化运营体制和社会生产关系也发生了深刻的变化。

本章从政治经济学的角度模型化了产业后备军与土地后备军分别主导的城镇化发展历程，着重探讨了农村土地产权性质变更带来的生产关系调整对城镇化的影响，并用实证数据分析了土地后备军的潜力及其对产业后备军替代的可持续性。本章认为，无论是产业后备军，还是土地后备军，都是对城镇化发展做出过甚至还将继续做出巨大贡献的力量。需要把这些发展的力量和新阶段中国城镇化供给侧的改革结合起来，找到一条成本代价更低、发展模式更多元的城镇化道路，让城镇真正成为中国经济发展的"永动机"。

第二节　国内外关于城镇化供给侧结构性改革的论述

城镇化的理论与政策研究是近年来国内外学术界的一个热点话题，主要可以从三个方面加以观察。

一、关于城市化①的古典学派的纯理论研究

这一思路的研究进展早期可以追溯到威廉·配第的城市发展资源说②，威廉·配第的研究较早地关注到了资源供给对城市发展的突出作用；在其之后，亚当·斯密通过重商主义城市的分析推演出城市形成的两个前提条件是农业生产过剩和城市生产用于交换农产品，农产品的供给因素在亚当·斯密那里成为城市发展的基础性条件；③ 马克思对英国城市经济发展和资本积累的分析，特别探讨了两类城市，第一是贸易型商业城市，第二是圈地运动形成的早期工业

---

① 西方学术界的城市化和城镇化概念是混用的，我们这里采用最通常的翻译，即"城市化"。后文将阐述这两者的区别。

② 威廉·配第：《赋税论》，商务印书馆 1978 年版，第 36 ~ 37 页。

③ 亚当·斯密：《国民财富的性质和原因研究》（下），商务印书馆 2011 年版，第 251 ~ 252 页。

城市，他认为这两类城市模式是资本原始积累的先驱，而机器大工业则铸就了现代工业城市的雏形；① 延续马克思的思路，马歇尔对工业城市发展的约束条件进行了观察，指出"我们必须研究聚集在一个工业城市或人口稠密的工业区域的狭小范围内熟练工人集团的命运"，② 这显然已经是近代城市化研究的重要主题，即工业城市的经济聚集与劳动力的生产发展状态的关系，这也为后来的城市经济学关于城市交通、城市区域规划的新古典研究开辟了一扇窗口；刘易斯（1954）提出了二元经济与无限劳动力供给假说，开创了古典经济学分析城乡二元结构的重要领域，在刘易斯的城镇化"供给侧"分析中，农业劳动力是无限供给城市的，除非发生今日中国出现的刘易斯转折现象（蔡昉，2010，2015）。

　　20 世纪 50 年代以后，用古典经济学分析范式探讨城镇化的理论学说日渐稀少，直到出现杨小凯的"城市经济学新兴古典框架"和大卫·哈维的资本主义城市批判研究。杨小凯在他的"新兴古典经济学"框架和超边际分析中，③ 沿用了亚当·斯密和马歇尔关于分工经济含义的思想，认为城市与城乡差别的出现是分工和个人专业化演进的结果，④ 杨小凯等的分析可能暗含了把城镇化供给侧改革融入微观分工的考虑，但是其研究并未指明这一点。而大卫·哈维则延续马克思的资本积累古典分析框架，他认为城市化过程是与积累和阶级斗争两大主题高度相关的，⑤ 资本主义的经济地理、阶级垄断租金、土地租金乃至阶级结构均来自资本积累过程。⑥ 孟捷、龚剑⑦将其总结为资本主义"都市化"进程中的"阶级—垄断地租"现象，换言之，供给一个恰当的租金结构与生产关系结构，可能比单纯供给与城镇生产力相关的那些要素更有化解城镇化进程中各类主体利益冲突的重要意义。

---

　　① 关于贸易型商业城市的描述参见《资本论》（第一卷），人民出版社 1975 年版，第 184～185 页；关于圈地运动形成早期工业城市的描述参见《资本论》（第一卷），人民出版社 1975 年版，第 800 页。对机器大工业的描述参见《资本论》（第一卷），人民出版社 1975 年版，第 505～506 页、第 552 页、第 719～721 页、第 723～726 页。

　　② 马歇尔：《经济学原理》（上），商务印书馆 1964 年版，第 283～284 页。

　　③ 杨小凯：《发展经济学：超边际与边际分析》，社会科学文献出版社 2003 年版，第 268 页。

　　④ Yang X, Rice R. An equilibrium model endogenizing the emergence of a dual structure between the urban and rural sectors [J]. Journal of Urban Economics, 1994 (25): 346–368.

　　⑤⑥ David Harvey. The urbannization of capital studies in the history and theory of Capitalist Urbanization [M]. Johns Hopkins University Press, 1985.

　　⑦ 孟捷、龚剑：《金融资本与"阶级—垄断地租"——哈维对资本主义都市化的制度分析》，载于《中国社会科学》2014 年第 8 期。

二、关于城市化新古典学派的纯理论研究

这一体系大体分为两条主线。

第一条线路是空间均衡（spatial equilibrium）思想的应用。代表性的框架是由三位经济学家开创的，称为 Alonso – Muth – Mills 模型，这个模型里要素供给市场是充分竞争和流动的，因此才有所谓的空间均衡。在他们之后，凯恩（Kain，1968）的论文指出了空间错配假说的重要性，而简·雅各布斯（Jane Jacobs）① 则从城市的经济起源和创新的角度补充了空间均衡思想对城市经济史分析的不足。雅各布斯认为城市需要不断把新的产品或工作添加到旧有的产品和工作中去，形成城市的内生发展动力，换言之，供给创新的产品和技术比供给要素更重要。亨德森（1974，1977，1988）将城市空间均衡思想形成逻辑体系，并深入研究了城市范围和种类，他们同时考察了城市发展的供需两面，并寻求城市发展的一般均衡体系。克鲁格曼（1991a，1991b）从技术与交通成本的经济地理角度对空间均衡思想做了解释，并指出城市聚集经济在降低成本方面的作用。克鲁格曼的思路对城镇化供给一个低成本运作的交通体系和贸易体系有着巨大的推动作用。格莱泽② 对这一新古典主线的分析做了汇总与展望：新技术和交通成本的进一步降低，将使专业化制造型城市的比例降低，但会使专业化生产创意和思想的城市重生（rebirth）；照此看来，未来的城镇化发展能不能供给出一些"创意制造"型、"思想生产"型城市，可能是突破既有的城镇化模式的关键。

第二条线路则是从刘易斯开创的二元经济路径展开的一系列联系城市和农村的新古典分析。代表性研究包括乔根森（Jorgenson，1961）将刘易斯二元经济的两部门生产函数化，并展开城乡市场出清分析，他兼顾了城乡供求两侧的分析；托达罗（Tordaro，1969）和哈里斯与托达罗（Harris and Tordaro，1970）将迁移人口的预期收入引入城镇化的研究，形成较为贴近发展中国家城镇化人口迁移实际情况的一套分析范式，其供给侧分析的特点是带有预期理性的农业剩余劳动人口供给城市发展及其迁移决策模式；拉克西特（Rakshit，1982）从凯恩斯主义有效需求角度分析了农村的农业部门和城市的非农业部门的均衡发展关系，补充了二元经济分析中对有效需求研究的不足，但是，缺乏

---

① Jane Jacobs. The economy of cities [M]. Random House, 1970.

② Edward L. Glaeser. Cities, agglomeration and spatial equilibrium [M]. Oxford Universtiy Press, 2008: 157.

对供给侧特别是有效供给的分析。①

三、城市经济发展的应用分析

　　城市经济发展的应用分析关注各个国家城市化的进程以及问题。其中关于中国城市化的研究包括城市增长、地理集聚与工业集聚，地方政府、财政分权与城市土地扩张，② 户籍制度与劳动力流动，③ 道路与基础设施建设④以及住房价格和城市化⑤等，其供给侧的焦点分析集中在人口和土地两个方面。

　　一个显见的特征是，近期国际上关于中国的城市化的应用研究注重从城市发展演变的理论模型进行推导，采用实际数据加以验证，供给侧并不是他们研究的重点，并且，其研究均采用"Urbanization"这个词作为研究口径。在他们看来，城市化和城镇化这两者似乎是一回事，并以此笼而统之地分析中国的城市化和城镇化。这显然并不令人满意。

　　与国际上不同的是，在国内理论界研究城镇化或城市化基本上是理论结合中国改革实践的应用分析为主。国内学者的研究很注重从定义上将"城市化"和"城镇化"区分清楚。目前有两种研究口径，一种是以"人口城市化"作为目标进行的研究，包括伍晓鹰（1986）、高佩义（1990）、陶然等（2005）、

---

　　① 拉克西特之后，二元经济的代表性分析日渐稀少。大概到日本、中国台湾、中国大陆地区相继出现刘易斯转折的迹象后，二元经济的新古典分析范式又焕发出生机和活力，而这类研究的综述可参考吴垠：《跨越古典与新古典的边界——刘易斯拐点研究新进展》，载于《中国经济问题》2012 年第 1 期。

　　② Erik Lichtenberg, Chengri Ding. Local officials as land developers：Urban spatial expansion in China [J]. Journal of Urban Economics, 2009（66）：57 – 64. Qiang Fu. When fiscal recentralisation meets urban reforms：Prefectural land finance and its association with access to housing in urban China [J]. Urban Studies, 2015（10）：1791 – 1809.

　　③ Maarten Bosker et al. Relaxing Hukou：Increased labor mobility and China's economic geography [J]. Journal of Urban Economics, 2012（72）：252 – 266. Qin Chen, Zheng Song. Accounting for China's urbanization [J]. China Economic Review, 2014（30）：485 – 494. FulongWu, John Logan. Do rural migrants float in urban China? Neighbouring and neighbourhood sentiment in Beijing [J]. Urban Studies, On-line：http：// usj. sagepub. com/content/early/2015/08/12/0042098015598745. abstract. Zhen Li, Zai Liang. Gender and job mobility among rural to urban temporary migrants in the Pearl River Delta in China. Urban Studies, Online：http：//usj. sagepub. com/content/early/2015/11/12/0042098015615747. abstract? rss = 1.

　　④ Han Li, Zhigang Li. Road investments and inventory reduction：Firm level evidence from China [J]. Journal of Urban Economics, 2013（76）：43 – 52.

　　⑤ Hongyan Du et al. The impact of land policy on the relation between housing and land prices：Evidence from China [J]. The Quarterly Review of Economics and Finance, 2011（51）：19 – 27.

梁琦等（2013）、唐为等（2015）；另一种则是以"人口城镇化"为目标的研究，包括马侠（1987a，1987b）、曾毅等（1991）、辜胜阻等（1993，1998）、卫龙宝等（2003），黄宗智等（2007）、章铮（2010）、李强等（2012）、丁守海（2014）、周飞舟等（2015）、范建勇等（2015）、陈云松等（2015）和江曼琪等（2015）。这两类口径的最大区别是对城镇化和城市化的定义不同。总体来看，强调人口"城市化"的学者注重的是大、中城市人口规模之变化，而强调人口"城镇化"的学者更多地把包括大、中、小城镇在内的城镇化及其人口变化都看作是题中应有之义。因此，这两类研究对城镇化的速度、质量的测算也存在一定的差距。

考虑到中国现阶段大中城市已经出现了同质化的"城市病"（只是程度不同而已），假若仅考虑大中城市的"城市化"而忽略中小城镇之"城镇化"，那么很可能将研究引向某种聚集程度极高的单一城市化模式上去。故此，本书采用人口城镇化之口径进行分析。总体而言，不管是以大中城市为导向的"城市化"，还是以中小城镇为导向的"城镇化"，其研究思路的落脚点早期均强调"人口流动数量城镇（市）化"，而后期则强调"人口发展质量的城镇（市）化"。注重"以人为本"的人的城镇（市）化成为这类研究框架的共识。迄今为止，人口城镇（市）化的指标在官方和学界都有极大的影响。

与此相对应，关于"土地城市化"和"土地城镇化"的处理我们亦选用土地"城镇化"作为分析口径。"土地城镇化"是近年来兴起的与"人口城镇化"研究热潮相对应的另一种研究思路，即城镇化发展的执行思路。典型的代表包括：陈凤桂等（2010）、范进等（2012）、李昕等（2012）、李子联（2013）和范建勇等（2015），他们的研究集中在对土地城镇化速度和程度的标准测算以及对土地城镇化的影响范围的分析上，其背景是地方政府以土地财政为基础，迅速推动城镇化水平提高的建设热潮。

第三节　城市开发战略与两种城镇化

中国的城镇化在理论界有两种研究思路。一种是以人口流动性及其城乡存量变化作为分析框架的研究思路，这种研究思路的落脚点早期强调"人口流动数量城镇化"，而后期则强调"人口发展质量的城镇化"，注重以人为本的人的城镇化成为这一研究框架的共识；另一种研究思路（或者更确切地说是城镇化发展的执行思路）是以土地城镇化和土地开发作为首要目标的城镇化。

研究中国城镇化到底是土地城镇化优先还是人口城镇化优先，首先是个价值判断问题，其次才是定量测定。但是目前理论界的研究，出发点一般就是先采用定量测定，然后展开现状分析，提出对策。这个思路本质上是缺乏战略性的，因为我们并不清楚究竟我们要怎样的城镇化。如果说追求的是人口城镇化率水平提高，那么实证测定的人口城镇化率未达标，则土地城镇化可能成为实现人口城镇化某一水平（如80%）达标的手段；而如果追求的是土地城镇化水平提高，那么测定出来的人口城镇化数据低于土地城镇化水平，则把农民"迁移"到城里可能成为配合土地城镇化的政策举措。因此，更为重要的是我们需要明确中国城镇化的价值取向问题。

贺雪峰（2010，2013）充分展示了他对中国城镇化和农村土地城镇化速度过快、范围过大的忧虑。他的基本价值判断是：中国农村不需要整齐划一的土地城镇化规划，农村地权（集体建设用地或农民宅基地）入市本质上只能富裕少数城郊地区的农户，而广大偏远地区的农民无法享受农地城镇化的红利。贺雪峰坚持认为，自新中国成立以来到改革开放后形成的现有土地制度和小农经济生产模式的强韧性，不仅符合中国的实际国情，而且还富有生命力，没有必要去刻意改动。[①] 他对曾经影响甚大的成都农地流转模式给予了深入剖析和"批判"，认为成都模式不仅不能为中国其他区域的城镇化模式加以模仿，甚至也无法持续。贺雪峰认为，中国的农地制度必须保障农民利益，不能也无必要通过征地、整理、集中的方式腾挪出资本下乡的空间，中国农业不适宜都走农业工业化的集约型道路。农地就是中国农民的生产、生活保障品，离开它，农民就失去了生存发展的基础。

周其仁（2004）从农村土地使用权的角度概述了城镇化使用农地的制度基础，即以农地转为建设用地作为纽带，而"国家征用农地就成了城市化利用农地资源的唯一合法途径"。因此，农地使用权主体变成非农建设用地主体的"主体"成为周其仁所指城镇化的一个必要步骤。周其仁（2014）进一步强调，中国只有两种土地，政府手里的国有土地，农民手里的集体土地。宪法所规定的土地使用权可以转让，没有特别强调只针对国有土地。这就暗含着周其仁的一个逻辑推定，农村土地也可以并必须入市，以便让市场主导城镇化的进程。但是，按照其城镇化思路，则必须要把农地确权，

---

① 贺雪峰、印子：《"小农经济"与农业现代化的路径选择——兼评农业现代化激进主义》，载于《政治经济学评论》2015 年第 2 期。

用他自己的话来说是确定"农村各项资源的转让权"（周其仁，2014）。实际上，周其仁所主张的城镇化思路是由政府包办确权过程，而市场则主导权利交易的过程。城镇化因此而得以"自动"实现。周其仁的价值判断源自集体土地产权变更产生极差地租的基础，但是这个级差地租是否可以持续地保证农地城镇化的健康发展以及各类农村土地主体的相关利益，则还需谨慎斟酌。[①]

华生认为，中国城镇化的主要问题在于土地城镇化与人口城镇化脱节，城市化发展和土地利益分配中基本不考虑进城农民和移居就业者这个城市化的主力军。华生主张，借鉴东亚模式成功现代化城市化的经验，以低成本安置移居就业人口为重心，实行用地成本公开透明、财务平衡的新体制，使政府既从债务泥潭也从利益纠葛中解脱出来。[②] 说到底，华生的价值判断关注的是土地背后的人，特别是在中国国情条件下土地承载的社会保障对象的那部分农民的生产、生存、发展问题。

从以上代表性学者的著述来看，土地城镇化和人口城镇化在中国似乎是不能兼得的一对矛盾——"双低"的土地、人口城镇化率不可取，"双高"的土地、人口城镇化率也会带来巨大的负担。实际上，土地城镇化提速，至多只能把农业、农村人口推向城镇，但是他们多数人最终的结果不是"市民化"而是"贫民化"；而放低土地城镇化速度，人口固然凝聚在了土地上，但是也降低了地方政府的预算外、制度外土地财政收入和地方所追求的人口城镇化速度。从价值判断的角度看，贺雪峰、周其仁、华生代表了三种思路，贺雪峰更多强调公平，周其仁则相对强调效率，而华生则兼顾效率与公平。

如前所述，这种两难选择在中国不是同时进行的，而是经历了一个先产业后备军后土地后备军交互推动城镇化发展的历史过程。但从供给侧的角度，国内目前还很少有文献对此问题进行深入分析，本书力图用政治经济学模型的方式把中国城镇化供给侧改革的思路表达出来。

新中国成立初期，户籍制度和城市低工资水平锁定了城乡人口的流动。农村里面，农业劳动力完全是按照人均分配农业产出来获得劳动力再生产的基本

---

① 近期还有一项研究从资源诅咒的角度看农地对农村居民收入的双重影响：认为农村土地是农民获取农业收入的保障但同时也是获取工资性收入的阻碍，土地对农民总收入的影响并不显著，且会随着经济环境的变化而转换为阻碍和保障这两种角色之间，农村人均土地面积扩大能够提高农业投资对农业收入的促进作用并降低其对工资性收入的促进作用（骆永民、樊丽明，2015）。因此，这项研究的逻辑在某种程度上支持土地城镇化有利于增加农民打工收入。

② 华生：《土地财政为何进退维谷》，载于《国土资源导刊》2014 年第 6 期。

收入；但是，显然这种收入是难以足额保证劳动力再生产的，因为农村细碎化的生产方式无须过多劳动力投入（尽管当时农业生产率水平依然低下）。隐性失业人口过多的结果是拖住了农业生产力进步的步伐，中国自新中国成立以来就不得不极为缓慢地推动农业有机构成的提高。

在农业已经有相当的隐性失业人口的同时，中国在1955～1977年开始了规模超过千万人口的上山下乡运动，这等于是给农村增加了分配农业产品的青壮年净增劳动力。

在改革开放前中国有没有特定的城市发展战略呢？笔者认为是有的，只不过那个时候是围绕特大城市京津沪和各个省（区）的省会城市包括部分计划单列市展开的城市发展战略，它的使命是强化城市相对于农村的种种优势。城市青壮年"上山下乡"说明当时中国以大城市作为城市化发展战略的举措面临着极大的"产业后备军"压力，城市正规部门无法充分吸纳城市体制内职工子女的就业。

那么，这一城市发展的产业后备军压力，何时有了缓解呢？笔者认为1977年恢复高考，可以算作一个标志。恢复高考其实是城市工业部门和现代部门在人才断层比较严重的情况下采取的必然举措。据中国大学生在线网的记录，在1977年10月12日，国务院批转教育部《关于1977年高等学校招生工作的意见》，正式恢复了高等学校招生统一考试的制度。据统计，当年的报考人数570万，录取人数27万人，录取率4.7%。[①]

从农村大规模返城的青年和从军队退伍的士兵，急需要在城市现代部门中找到一个就业岗位，这个反映当时劳动力的供给状态依然是十分充裕；城市现代部门所需要的是受过高等教育有一定技能的人才，这个需求也很旺。但是城市正规部门难以全部接纳。于是，国家以高考的形式来逐年吸收这些过剩的产业后备军，以重启经济体制改革的方式来创造各种经济机会，各地以招商引资来开办企业吸引劳工，就成了应对持续的产业后备军压力的基本途径。

应该说，尽管自新中国成立后我国持续面临人口及产业后备军的压力，但是，我国一直尽可能采取疏导政策，即便是户籍制度最为严格执行的那些年代，也没有禁绝农村剩余劳动力的迁移活动。那个时期，真正的问题是城乡工农业生产力的全方位落后，导致新中国成立至改革开放前，城乡居民的真正问题是贫困问题。

---

① 中国大学生在线：《1977年恢复高考27万人上大学改变命运》，http：//www.univs.cn/new-web/channels/service/special/general/2009-09-21/1253493002d929488.html。

英国作为世界上最早进入工业化的国家，在圈地运动兴起后，也面临与中国类似的农村剩余劳动力问题。但是，英国从一开始就采取了惩戒、流放海外等措施，直到英国的工业革命开始兴起后，英国才逐渐将惩戒、流放等压制农业剩余劳动力的政策，转变为以调整产业结构为突破口，增加城市工业部门就业岗位和社会福利保障为基础的"济民""移民""济身"政策，直到后来形成了福利国家的一整套应对农业剩余劳动力向城市迁移的政策。[1]

中国没有英国工业革命崛起前后那种国际、国内环境，而且，以英国为代表的西方工业国的农业剩余人口从来没有达到上亿的数量，但是中国却持续保持上亿规模的农业剩余劳动力。所以，调整人地关系，把产业后备军的压力转化为发展城市的动力，可能是中国解决持续的产业后备军问题的有效办法；而此时，土地的问题接踵而至。

从土地的角度入手，缓解中国城镇化的产业后备军难题，是基于这样的逻辑：农业人口过剩——人口迁移至城市——城市工业部门因发展不充分而无法足额吸纳产业后备军——迁移人口城市贫民化——政府出台鼓励城市工业部门扩大再生产的计划——以土地税收等优惠政策吸引各类投资和企业入驻——政府扩大对城郊和农村各类土地的征用——土地开始出现紧俏——产业后备军问题转变为土地后备军问题。

自1978年以来的改革开放，并未改变土地制度城市国有、农村集体所有的所有制属性，但是，市场化导向的经济改革越来越要求城市增长的提速，此时，城市蔓延模式（即城市不断把郊区吸收为城市新的开发区的做法）在中国兴起。在传统城市区尚未达到标准的城市建设密度和紧凑型城市（compact city）[2] 之前，城市的边缘就已经开始向城郊以及农村扩张。城市扩张的土地征用需求越来越大，但城郊及农村的土地供应却受集体土地制度的约束而越来越趋紧，国家越来越注重将征地制度和占补平衡作为城市土地扩张的基本要求，换句话说，土地的宏观资源配置本质上是不匹配改革开放以来的城镇化模式的。在国家对基本耕地、农村宅基地和农村建设用地实施保护的基础上，[3] 为了腾挪出供城市开发的稀缺土地，地方政府从土地产权改革入手以"确权""整理土地""征用""租赁""占优补劣"等方式，开展城乡一体化"运动"，

---

① 李世安：《英国农村剩余劳动力转移问题的历史考察》，载于《世界历史》2005年第2期。

② 周其仁：《大城市病新出路》，载于《第四届全球智库峰会会刊》2015年第6期。

③ 国家重点保护农村耕地，但是，不等于说，农村宅基地和农村的建设用地都可以拿来城镇化。事实上，耕地和宅基地、包括农村的建设用地之间必然有个比例问题，保护耕地，某种程度上也是在保护农民的宅基地和农村建设用地。

产生了城乡改造过程中的社会问题，有些问题甚至很尖锐。

仔细分析土地城镇化的结果，根子上的问题是土地资源配置从计划向市场转轨过程中未充分利用的难题。因此，我们认为，中国城镇化所发生的转折，既有刘易斯本人所论述到的劳动力供求结构问题，还新增了土地供求结构的问题。产业后备军难题被土地后备军难题所替代（或部分替代），本质上是城乡发展的要素结构和要素成本产生了巨大变化——劳动力变贵了，但是总量依然过剩；用于城市开发的土地本身就不足，改革开放的进程让土地变得更贵，土地俨然成为中国城镇化进程加速阶段的主要瓶颈。

杜红艳等（Hongyan Du et al.，2011）将北京、上海、天津、重庆四个直辖市的房价和土地价格做了对比分析，这在相当程度上可以反映中国重点城市土地价格及其上涨趋势（见图 5 - 1）。同时也说明土地城镇化与城乡土地开发将必然推动土地价格日趋昂贵。

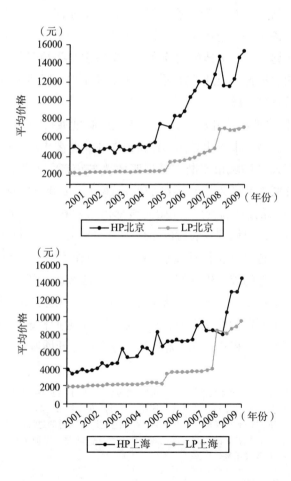

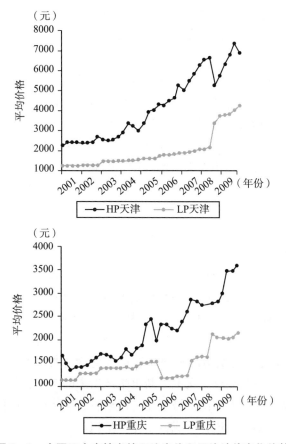

图 5 - 1 中国四大直辖市的平均房价和平均地价变化趋势

说明：HP 为平均住房价格；LP 为平均土地价格。时间区间为 2001～2009 年。

资料来源：Du Hongyan, Ma Yongkai, An Yunbi. The impact of land policy on the relation between housing and land prices: Evidence from China [J]. Quarterly Review of Economics and Finance, 2011, 51（1）: 19－27.

第四节 中国城镇化供给侧的政治经济学模型：从产业后备军到土地后备军

一、城镇化"产业后备军"的供给侧模型

从中华人民共和国成立到 20 世纪 90 年代中期地方政府"土地财政"发展模式兴起之前，中国的城镇化战略服从马克思所说的"产业后备军"模型的

描述，即以持续不断的产业后备军供给城镇化所需的低成本劳动力，来维持城镇现代工业部门的高速发展，这是一个典型的政治经济学过程。

对于这一"产业后备军"的形成机制，马克思有一句经典表述："工人人口本身在生产出资本积累的同时，也以日益扩大的规模生产出使他们自身成为相对过剩人口的手段。"[1] 如果从供给侧的角度重新理解马克思对"产业后备军"形成机制的这段经典描述，我们可以看到，马克思实际上是将"产业后备军"形成机制加了以"内生化"的处理，并认为："产业后备军"的主要来源——过剩的工人人口"不受人口实际增长的限制，为不断变化的资本增殖需要创造出随时可供剥削的人身材料。"[2] 马克思的这句话实际上是要说明：产业后备军规模的变化既撇开了人口增长的外生因素的影响，又能够随时、足额地提供给现代工业部门所需的劳动力，具有"内生性"再生产的特征（吴垠，2010）。

但是，产业后备军在形成中国城镇化和工业化体系的"脊梁"时，也把二元经济的发展阶段引入了中国的城乡发展体系，也就是我们反复提及的城镇化。同时，也是蔡昉所分析的以格尔茨内卷化为特征的 G 类型增长，到以刘易斯二元经济发展为特征的 L 类型增长，再到以刘易斯转折点为特征的 T 类型增长过程。[3] 劳动力过度供给的消解难题已经超越了城镇化本身的发展阶段。从供给侧来看，这是马克思意义上不断再生产出来的产业后备军造成的，用刘易斯的话讲就是劳动力无限供给城镇化。短期看，这构成城镇化发展供给侧的强力支撑；但从长期看，这将形成城镇化的负担。

我们可以用图 5 - 2 所示的模型来描述城镇化的产业后备军增长模式所面临的供给侧问题。

图 5 - 2 是我们利用劳动力市场供求模型构造的"城镇化的马克思产业后备军供给侧模型"，它表示城市现代工业部门的劳动力市场，纵轴和横轴分别度量工资率和就业情况。直线 D_1D_1、D_2D_2 分别表示特定资本存量劳动的边际产值。图 5 - 2 还以制度性生存工资率画出了水平状（末端向上翘）的劳动力供给曲线 $S_i(i=1，2)$。在这里，马尔萨斯和马克思关于长期劳动力供给分析的最大区别就在于，如果是基于马尔萨斯"外生"的人口法则，那么劳动力

---

① 《资本论》（第一卷），人民出版社 1975 年版，第 692 页。

② 《资本论》（第一卷），人民出版社 1975 年版，第 693 页。

③ 蔡昉（2015）将时间上继起和空间上并存的经济增长，按照历史上发生的时间划分为：以马尔萨斯陷阱为特征的 M 类型增长、以格尔茨内卷化为特征的 G 类型增长、以刘易斯二元经济发展为特征的 L 类型增长、以刘易斯转折点为特征的 T 类型增长，以及以索洛新古典增长为特征的 S 类型增长。参见蔡昉：《二元经济作为一个发展阶段的形成过程》，载于《经济研究》2015 年第 7 期。

供给曲线 S_i 无论在何种情况下都是一条水平直线；而马克思的劳动力供给曲线在经过反映产业后备军被吸收完毕的 R_1 这一点之后开始上升，它对应的必然是城市现代工业部门制度工资率的上升。

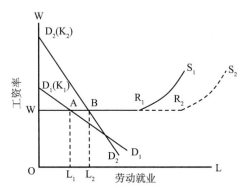

图 5-2 城镇化的马克思产业后备军供给侧模型表达

资料来源：吴垠：《刘易斯拐点——基于马克思产业后备军模型的解析与现实意义》，载于《经济学动态》2010 年第 10 期。

假定在初始期（O），对应于资本存量（K_1）的中国城镇现代工业部门劳动力需求曲线为直线 D_1D_1，最初的均衡在 A 点，以生存工资率 OW 雇佣的劳动为 OL_1。然而，在城镇现代工业部门寻找就业机会的劳动力即实际劳动力供给数量 WR_1 要比 OL_1 大。无法找到就业机会的那些人只能靠非正规就业勉强度日，并等待着被城市正规部门雇佣的机会。这个发展阶段最显著的两个时间段，就是知识青年"上山下乡"结束后返城与部队士兵大规模复员相叠加的1979～1989 年。[1] 只要城镇有一个工作岗位，哪怕工资低一点，也会有人抢着干。但是，在这十年里，中国城镇化率仅由 19.99%（1979）上升到 26.21%（1989）。[2] 而从 1949 年的 10.64% 算起，40 年左右（1949～1989 年）的时期，中国的城镇化率仅仅上升了约 16 个百分点。这说明，单纯依靠劳动力供给侧的城镇化发展，必定会碰到城镇吸纳就业能力瓶颈的限制。

再来看这一时期的产业后备军的情况。显然，由 AR_1 度量的人口就是马克思定义的产业后备军。与马尔萨斯的无限期呈水平状的长期劳动力供给曲线不同，马克思的长期劳动力供给曲线可能从 R_1 点开始上升，这意味着当产业

---

① 另一个时期是从高考扩招后的第一批毕业生就业的 2003 年至今的学生就业潮和农民工就业潮相叠加的时期。

② 资料来源：中国国家统计局网站。

后备军被吸收殆尽以后城市工业部门的企业家不得不以更高的工资率来吸引劳动力。然而，由于产业后备军是不断被再生产出来的，即在城市工业发展过程中，传统农业和家庭手工业中自我雇佣的小生产者被现代工业企业挤垮而落入产业后备军的行列，使得产业后备军就像一个蓄水池一样源源不断地有后备劳动力注入。这既是产业后备军从供给侧支援中国城镇化建设的关键所在，也是问题所在。如果仅仅只有一种要素（劳动力）通过供给的变化来支撑中国城镇化战略，那最终的结果是城镇化会使这种要素的资源配置效应为负，城镇化将难以为继。

从图 5-2 可以看出，随着工业企业家把他们的大部分利润（AD_1W）用于投资，处于供给侧的资本存量从 K_1 增加到 K_2，他们的企业的产出从面积 AD_1OL_1 扩大到 BD_2OL_2，被这种现代工业部门生产扩张所挤垮的传统的自我雇佣生产者（这其中必然包含农业生产者）及其家庭成员被迫到劳动力市场特别是现代工业部门去寻找就业，导致长期劳动力供给曲线水平部分延长至 R_2。这个拐点向后延伸的根源是产业后备军的内生化生产方式。

仔细地分析这一向后延伸的拐点 R_2，我们可以发现，只要城镇现代工业部门维持住较高的投资率和吸纳就业的技术创新率，它从产业后备军蓄水池中吸纳就业的数量就可能超过传统部门（城市手工业、农业等）向蓄水池中注入的劳动力数量，以至于产业后备军被吸纳完毕的这一拐点 R_2 并不是可以无限地向外延伸的，最终出现的情况必然是产业后备军被吸纳完毕，同时城市现代工业部门制度工资率开始上升的拐点来临，这和刘易斯转折极其近似（吴垠，2010）。

从现实来看，中国在 1978~2003 年完成了马克思所描述的城市现代工业部门工资变化趋势，即从制度低工资率到城乡劳动力价格并轨的"拐点 R_2"的转折。2004 年以来，中国逐渐出现的"刘易斯转折"，正是产业后备军供给侧发生显著变化的标志，它说明单纯依靠低成本劳动力助推城镇化提速的时代已经结束，中国的劳动力资源跨区域配置不再具有显著的资源再配置的改善效应，人口城镇化目标不再只是人口或劳动力本身的问题。

现在的城乡劳动力工资上涨已经接近劳动力商品化的工资决定模式，即同步、同趋势、相对高价格；不同地区的劳动力雇佣价格在扣除价格因素后其平均购买力亦相差不大。城乡和地区间"实际工资"差距缩小，逐渐瓦解了劳动力迁移的"工资剪刀差"的动力。

与此同时，农村的青壮年劳动力依然毫无例外选择进城打工的原因已经发生了深层次的变化，即已经从劳动力自主选择进城打工，变为地方政府推动农村劳动力进城打工。原因在于：从 20 世纪 90 年代中国实施分税制改革之后，中央、地方政府的财政关系发生了重大转变，地方政府可取得大量财政收入的税种基本交付中央政府，从本地企业、事业单位获取主要财政收入来源的时代基本宣告结束。地方政府开始选择以经营土地、推动城镇化作为实现地方财政收入增长的主要模式。此时，土地变量开始成为替代劳动力的经济增长核心要素。对土地的整理，不少地方采用的是"农民上楼、资本下乡"的模式，[①] 劳动力即产业后备军的形成是以城镇化的土地储备不够，进而政府采取征用、整理、集中的方式，将农村劳动力与土地剥离开来的做法实现的。从供给侧的角度看，产业后备军从"自动自愿供给"变为"政府推动供给"，而待开发的土地资源则由"农村集体供给"变为"政府开发式供给"。我们将此转变，称为"土地后备军"替代"产业后备军"。

二、城镇化"土地后备军"的供给侧模型

我们从马克思的有机构成和社会再生产模型出发，着力分析中国城镇化进程中产业后备军被土地后备军替代的供给侧过程变化，并探讨各类社会主体之间的利益关系。从供给侧角度，我们将中国的"土地后备军"定义为：城镇化进程中，由于各类开发用地的需要，由储备或待开发土地尤其是农业用地形成的土地准备，它包含实际储备和潜在储备土地两部分，并持续形成对城镇化开发的土地供应。土地后备军的内涵虽然是土地准备，但外延却包含着实际或潜在储备土地拥有者的一组产权契约。[②] 现在，假定所研究的特定城镇化和相邻农村区域（省、市、县）范围内主要的就业方式为城市现代工业部门和农村的农业部门，[③] 假定城乡的劳动力总量为 L，城镇区域范围内的劳动力为 L_U，其中，城镇现代工业部门的劳动力就业量为 L_1，工资水平为 W_1，城镇现有富余劳动为 L_2，富余劳动力生存主要靠打零工和务农收入；[④] 农村区域范围内的劳动力总量为 L_R，其中，农业就业劳动力为 L_3（我们这里严格限定为种粮的农业就业，因为资本下乡也可以搞经济作物的农业生产，以示区分），农业富余劳动力为 L_4，农业劳动力和富余劳动力按农业产出获得平均工资 W_2，

① 周飞舟、王绍琛：《农民上楼与资本下乡：城镇化的社会学研究》，载于《中国社会科学》2015 年第 1 期。

② 这组产权契约既可能是"所有权"，它适用于国有或集体土地储备；也可能是"承包经营使用权"，例如农民的承包地、宅基地、农村建设用地等。

③ 这里暂不考虑城乡服务业部门的就业，因为服务业本质上也是由工业、农业派生出来的。

④ 由于城市富余劳动力就业的非正规性质，其收入表现为不连续、不稳定，故这里不增设城市富余劳动力的收入变量。

L_4 属于农村的隐性失业人群。t 代表特定的研究时期。满足的劳动力及工资条件为：

$$L_t = L_{Ut} + L_{Rt} \tag{5-1}$$

$$L_{Ut} = L_{1t} + L_{2t} \tag{5-2}$$

$$L_{Rt} = L_{3t} + L_{4t} \tag{5-3}$$

$$W_{1t} > W_{2t} \tag{5-4}$$

仿照马克思的扩大再生产两部门模型，我们做如下的模型构造：从产业后备军的角度看，城市富余劳动力 L_2 和农业的富余劳动力 L_4 是城乡产业后备军的主要源泉，但是，这是在工农业技术不变即资本有机构成不变情况下的静态结果。现在我们引入城乡工业部门和农业部门的资本投入水平，其中，K_U 代表工业部门的资本总投入水平，K_R 代表农业部门的资本总投入水平，M_U 代表城市工业部门的剩余价值生产水平，M_R 代表农业部门的剩余价值生产水平。在 t 时期，有：

城市工业部门的价值生产过程为：

$$K_{Ut} + L_{1t} + M_{Ut} = V_{Ut} \tag{5-5}$$

农村农业部门的价值生产过程为：

$$K_{Rt} + L_{3t} + M_{Rt} = V_{Rt} \tag{5-6}$$

很显然，工农业两部门既存在产品交换，又存在劳动力和资本的流动。考虑到供给侧的重要影响，这个模型本身所要表达的是资本、劳动、土地等要素在供给侧能否保证经济发展的结构性平衡。[①] 现在，我们既要考察价值扩大再生产在工农业部门的可持续问题，又要考察在城镇化发展转型时期，劳动力和资本流动（尤其是土地资本）会产生怎样的结构性的经济社会影响。

基于中国的实际情况和分析的便利，我们首先观察有机构成的变化情况。其中，城市现代工业部门的有机构成往往是高于农业部门的有机构成的，这就存在以下不等式：

$$\frac{K_{Ut}}{W_{1t}L_{1t}} > \frac{K_{Rt}}{W_{2t}L_{3t}} \tag{5-7}$$

为了引入土地要素，我们这里假定：

$$K_{Ut} = K_{1t} + K_{2t} \tag{5-8}$$

$$K_{Rt} = K_{3t} + K_{4t} \tag{5-9}$$

式中，t 为时间变量，K_1 为城市工业部门非土地资本投入量，如厂房、设

[①] 马克思当年主要是从价值交换和价值扩大再生产总供求平衡以及结构性供求平衡的角度来考察他的第一部类、第二部类的再生产问题。

备等；K_2 为城市工业部门对土地资本的投入量，例如购买、租赁城市国有土地的资本支出；K_3 为农业部门非土地资本投入量，包括农机具、种子、化肥等；K_4 则为农业部门对农村土地资本的拥有量和投入量（包括耕地、宅基地、农村建设用地）。

以耕地为例，尽管中国农村土地采用集体所有制，但仍可将承包期为一定年限的农地视为一种资本（尽管只是承包经营使用权）。另外，对土地肥力的改良性投入，决定土地的级差，也是一种资本，因此可以从机会成本角度看待农业部门对农村土地资本的拥有量和投入量 K_4 这个变量，它是指改变农用土地用途必须给予原农业用地"承包使用权主体"相关补偿的"最低"水平。[1]而对宅基地和农村建设用地来讲，它们本质上也是服务于农业生产的土地，如果它们要改变用途，其补偿性质和耕地也很类似，可以用机会成本给予衡量。我们这里统一将其涵盖在 K_4 这个变量里面，以便于分析。

现在，将式（5-8）、式（5-9）代入（5-7）式，有：

$$\frac{K_{1t} + K_{2t}}{W_{1t}L_{1t}} > \frac{K_{3t} + K_{4t}}{W_{2t}L_{3t}} \qquad (5-10)$$

式中，K_{2t} 和 K_{4t} 是城乡工业、农业拥有的土地资本价值，它们取决于土地的面积、所在地理位置及价格水平等综合因素，为避免引入过多的变量，我们先假定同一时期单位面积的城市土地价值大于单位面积的农业土地价值，即 $K_{2t} > K_{4t}$。考虑到（5-4）式已经假设 $W_{1t} > W_{2t}$。这就意味着，在城市工业资本和农村农业资本短时期投入份额（K_{1t} 和 K_{3t}）不会有大的变动情况下，劳动力的流动，即 L_{1t} 和 L_{3t} 的此消彼长，很可能成为城镇化供给侧的决定性因素。这也正是我们在土地城镇化开发之前的那些年份所展现出来的城镇化发展的政治经济学特征——产业后备军主导。

下面，我们从有机构成变化的角度对式（5-10）展开讨论。

命题一：在没有"资本下乡"改变农业用地用途（含耕地、宅基地、农村建设用地）的情况下，劳动力流动形成的产业后备军会使城市工业部门有机构成上升的速度减缓，并降低城市工业部门工资上升的可能性。换言之，城市就业岗位的供给必定不足，而农业部门的有机构成则会因劳动力的流出而呈现变大趋势，但这并不意味着中国走上了农业工业化道路。城市富余劳动力随着进城务工人员增多而持续增加，农村的富余劳动力呈现减少趋势。

首先，在 t 时期，由于 $W_{1t} > W_{2t}$，农村劳动力 L_{3t} 和 L_{4t} 都会有一部分人选

---

[1]　之所以是"最低"补偿，是因为众所周知的农地非农使用后产生的巨大溢价因素。

择进城打工，我们记这部分人总数为 ΔL_{Rt}，它表明劳动力随工资水平迁移的基本数量。在 ΔL_{Rt} 中，有 α 的比例属于 L_{3t}（即种粮农业部门的农民），剩下 $1-\alpha$ 的比例属于 L_{4t}（农业富余劳动力）。ΔL_{Rt} 这部分人进城后，会有 β 的比例进入城市现代工业部门就业，剩下 $1-\beta$ 的比例留在城市里成为城市富余劳动力，类似 L_2。[①] 其中，α、β 均为 0 到 1 之间的一个小数。

此时，在不考虑城乡资本流动的情况下，城市工业部门有机构成变化为：

$$\frac{K_{1t} + K_{2t}}{(L_{1t} + \beta \Delta L_{Rt}) W_{1t}} \tag{5-11}$$

农村农业部门的有机构成变化为：

$$\frac{K_{3t} + K_{4t}}{(L_{3t} - \alpha \Delta L_{Rt}) W_{2t}} \tag{5-12}$$

城市的富余劳动力为：

$$L_{2t} + \Delta L_{Rt} - \beta \Delta L_{Rt} = L_{2t} + (1 - \beta) \Delta L_{Rt} \tag{5-13}$$

农村的富余劳动力为：

$$L_{4t} - (1 - \alpha) \Delta L_{Rt} \tag{5-14}$$

从式（5-11）、式（5-12）、式（5-13）、式（5-14）我们可以看出，随着进城人口的增加，城市工业资本面临持续的雇佣难题，维持刘易斯意义上的城市工业部门工资水平不变的情况下雇佣更多农业及农村剩余人口，不仅意味着城市现代工业部门资本有机构成的降低，还会增加城市现代工业部门的运营成本，并且附带增加难以安置的城市富余人口。为了维持社会主义市场经济条件下城市工业资本对劳动的雇佣关系，在工资刚性不易降低的情况下，就只能提高城市工业部门的资本存量水平。提高资本存量水平，一个是通过城市工业资本 K_1 的自我积累来完成，另一个方式就是通过扩展城市工业的土地资本 K_2 来完成，也就是本书重点研究的目标，所以有命题二。

命题二：通过资本下乡，从区域上"平面扩展"城市现代工业部门的资本及其使用范围，本质上是以农村土地资本的注入来增加城市工业资本的总量。短期内，这将稳定城镇化扩展的土地供给，从而城市工业部门有机构成增加的速度得到减缓，而农业部门有机构成总体上维持稳定，农村富余劳动力向城市迁移的动因从收入差距转变为土地产权性质变更。

尽管存在城乡分割的户籍制度限制，但是中国城乡劳动力流动的持续性从未中断，这在相当程度上印证了刘易斯二元经济模型（1954）以及哈里斯——

---

① 这里暂不考虑城市富余的农业剩余劳动力回流农村的情况出现，相当于 ΔLRt 为农村人口净流出。

托达罗人口迁移模型（1970）的发展中经济体适用性。因此，在资本有机构成的劳动力变化上，我们可以保持其计算方式的分母不变。此时，分子的变化即资本的变化值得关注。在资本下乡与地方政府一起征用、租用农业用地时，相当于使农村土地转变了性质与用途。假定资本下乡所征用或租用的土地资本为 ΔK。那么，从资本角度看，农业对土地资本的投入相当于减少了 ΔK，即 $K_4 - \Delta K$；而城市工业部门对资本的投入相当于增加了 ΔK，即 $K_2 + \Delta K$。此时，由于土地性质发生了改变（但土地的生产力未变），我们将发生改变的土地资本 ΔK 的时间记为 $t+1$，其中，$t+1$ 的含义不是指 t 时刻的下一年，而是指下一时期，因为土地征用并不是某一年可以完成的。于是有：

城市工业部门的有机构成变为：

$$\frac{K_{1t+1} + K_{2t+1} + \Delta K_{t+1}}{(L_{1t+1} + \beta \Delta L_{Rt+1}) W_{1t+1}} \qquad (5-15)$$

农业部门（种粮）的有机构成变为：

$$\frac{K_{3t+1} + K_{4t+1} - \Delta K_{t+1}}{(L_{3t+1} - \alpha \Delta L_{Rt+1}) W_{2t+1}} \qquad (5-16)$$

此时，城市的富余劳动力既包括城市土地未向农村扩展时容留之富余劳动力，又包括城市工业资本扩展到农村土地之上所未能充分吸纳的那部分劳动力。因为，t 时期的 ΔL_{Rt} 描述的正是从农村、农业转移出来的劳动力（未考虑土地性质的变化）。为区别土地性质的变化，我们记资本下乡征用、租用农业或农村土地后的劳动力总流出为 ΔL_{Rt+1}，其他变量的含义均只有时间 $t+1$ 的变化。在资本下乡征用了农业及农村土地后，城乡富余劳动力呈现如下变化：

城市（含扩展至农村土地）的富余劳动力为：

$$L_{2t+1} + \Delta L_{Rt+1} - \beta \Delta L_{Rt+1} = L_{2t+1} + (1-\beta) \Delta L_{Rt+1} \qquad (5-17)$$

农村的富余劳动力为：

$$L_{4t+1} - (1-\alpha) \Delta L_{Rt+1} \qquad (5-18)$$

虽然只是一个时间段的变化，但 $t+1$ 时期却标志着中国城乡关系进入一个新的历史阶段。"资本下乡"改变了 t 时期城乡土地的配置和供给结构，农村的集体土地以及农民个人的宅基地在这个时期进行了大规模的重组和整理，再辅以增减挂钩的区域性供给调控，土地后备军渐渐成为城镇化发展的重要依托。

而此时，城乡富余劳动力既可以进入城市原有的现代工业部门就业，又可以选择在资本下乡并开设的新工厂中就业。农业转移人口似乎多了一条"打工"的途径，即由进城务工变为就近务工。本质上，这和 20 世纪 80 年代的乡镇企业崛起时的状态并无二致，但是，乡镇企业迅速萎缩的历史教训告诉我们，不能轻易且乐观地认为这些新工厂可以长期发展，并找到持续增长的路径。

目前来看，资本下乡租用或征用土地后往往会"因地制宜"选择经济型农作物、农业服务业和旅游观光农业等附加值较高的产业进驻，它们所雇佣的农业工人可能还是在"务农"，但是这些劳动力的身份已经从单纯的农民变为工人了。土地城镇化的结果是加速了农村劳动力供求的市场化水平。

另外，随着大量农村、农业土地资本（含耕地、宅基地、农村建设用地）的注入，城市现代工业部门的有机构成有效延缓了由于劳动力注入导致的有机构成缩小趋势。换言之，资本下乡确实能在一定时期缓解一部分现代工业部门吸纳劳动力瓶颈的困难，农业人口的"身份"也会随着土地城镇化的过程而迅速改变。但这是否可持续呢？因为土地资本受自然条件约束，不可能无限增加；农村土地受耕地红线、集体土地制度的束缚也不可能都征用或租用以供资本下乡使用，土地后备军的政治经济学含义在此时已经非常明显——它绝不是无限供应的生产要素。因此，城市现代工业部门有机构成的分子只能依靠工业部门本身的积累而壮大，其分母，即雇佣劳动力和工资水平的乘积，会因为通货膨胀以及城市工业部门降低经营成本的需求，而逐渐提升工资水平并降低雇佣劳动力的数量。这就打破了刘易斯模型关于城市工业部门劳动力工资不变的假设，也与李文博、熊英（2015）从产品市场出清的角度证明刘易斯模型关于城市工业部门不变劳动工资假设不符合现实的研究相一致。从整体而言，城市工业部门的发展不会因为农村土地资本的注入而改变有机构成提高的趋势，以扩张城市土地来换取劳动力就业的暂时增加只能是应时之举。

再来看农业部门的有机构成，由于土地资本的流失和劳动力的持续流出，传统农业部门（种粮）的有机构成在一段时间内有可能维持相对稳定。[①] 但是，由于资本下乡的效应，传统农业部门的 K_3，即农业部门非土地资本投入量，包括农机具、种子、化肥投入等会仿照资本下乡改造后的农业工业化模式大幅度增加，即张培刚（1945）意义上的农业工业化进程必然提速，传统农业的资本排斥劳动亦会发生并提速。换句话说，以土地产权制度变更来推动城镇化的发展模式，表面上增加的是土地供应，但根本意义上催生的是更多的产业后备军，农村劳动力由主动流出农村、农业，变为被动和主动两种方式流出。这也是从 20 世纪九十年代中期开始城镇化速度提升较快的重要原因。

关于城乡富余劳动力的变化情况，通过对比式（5-13）、式（5-17）、

---

① 其有机构成计算方程的分子分母同时减小。

式（5-18）可以看出，农业劳动力的城乡流动本身是一个随时间连续变化的量，很难说资本下乡前后的两个时期哪个迁移量更多。我们关注的是动因问题。式（5-13）和式（5-14）中农业、农村迁移劳动力的重要变量 ΔL_{Rt} 是由于刘易斯—哈里斯—托达罗所阐述的城乡二元收入和社会地位差距造成迁移的。而式（5-17）、式（5-18）中的 ΔL_{Rt+1} 则是由于土地性质的变动产生的迁移人口，其特征在于：城镇化发展进程中土地后备军不足，资本下乡并会同地方政府的行政权力采取"强制性制度变迁"模式，将原本在农村和农业中生产、生活的人更进一步推向了城市。用国内学者卞华舵（2001）的话来讲，这就叫"主动城市化"（对城市工商资本和地方政府而言）；但对这些迁移人口来讲，则是"被动城市化（城镇化）"。

命题三：资本下乡前后，为了维持劳动力流动造成的城乡工农业价值再生产的平衡要求，城乡工农业部门都要维持较高的扩大再生产水平，以满足越来越多的城乡富余劳动力的"劳动力再生产"需求。但是，资本下乡征用、租用农地的结果，使得农业特别是粮食产业受到投入规模缩减、土地资本流失和劳动力转移的三重影响而陷入困境。农业劳动力在面临新型雇佣关系时，还呈现出更加不利的生产关系背景，并深刻影响中国农业发展道路的方向性选择。

1. 城乡工农业社会价值再生产的平衡与再平衡依据

首先，在 t 时期，城乡工业农业的价值生产过程是由式（5-5）、式（5-6）表示的（计算过程忽略了城市和农村富余劳动力），将式（5-8）和式（5-9）关于工业、农业资本的划分模式代入式（5-5）和式（5-6），则可以将城市工业部门和农村农业部门的价值生产过程重写为：

$$(K_{1t} + K_{2t}) + L_{1t} + M_{Ut} = V_{Ut} \qquad (5-19)$$

$$(K_{3t} + K_{4t}) + L_{3t} + M_{Rt} = V_{Rt} \qquad (5-20)$$

从式（5-19）、式（5-20）可以看出，在有大量农村富余劳动力的前提下，为了完成城乡工农业价值再生产的连续性，城乡工农业部门不能仅仅只满足两部门产品交换的简单再生产平衡条件，而必须是两部门都采取扩大再生产且拥有足够的剩余产品。也就是说，V_{Ut} 对应的工业产品在与 V_{Rt} 对应的农业产品完成"部门间"的交换后，必须有足够的剩余用来满足未能充分就业的城乡富余劳动力的消费或生产性需求，剩余产品在再生产过程中"供给侧"的作用是非常明显的。

此外，由于在同一时期，K_{2t} 和 K_{4t} 所对应的土地面积总和是不变的，可能引起土地资本价值变化的是由于土地级差地租变化引起的"溢价"或"价格缩水"。考虑到人地关系在中国的紧张性，土地级差地租引起的溢价应该是常态。而 K_{1t} 和 K_{3t} 这种投在工业和农业上，靠其自身积累完成增值的资本，总体上受到边际报酬递减规律的影响，短期内能保持正常增速已属不易。再加上城市工业部门有机构成受技术变革因素影响有增加趋势，以及农村农业部门的有机构成短时期总体上维持稳定，L_{1t} 和 L_{3t} 只能最多维持劳动力就业的数量稳定，不可能出现大幅度的工农业就业同时增加的情况，因此，劳动力本身的价值转移是有限的。所以，V_{Ut} 和 V_{Rt} 即城乡工农业产品价值的增值与实现主要靠资本和劳动力结合下的技术水平和产品质量得到市场认同才能予以实现。

在 $t+1$ 时期，由于出现了城乡土地资本的"流动"，加上劳动力流动的加速（主动和被动流动同时进行），使得问题更加复杂化：资本下乡带来的是一系列结构性问题。为方便分析，我们先写出 $t+1$ 时期的城乡工农业产品价值再生产的方程式：

城市工业部门的价值生产过程为：

$$K_{Ut+1} + L_{1t+1} + M_{Ut+1} = V_{Ut+1} \qquad (5-21)$$

农村农业部门的价值生产过程为：

$$K_{Rt+1} + L_{3t+1} + M_{Rt+1} = V_{Rt+1} \qquad (5-22)$$

考虑到 $K_{Ut+1} = K_{1t+1} + K_{2t+1} + \Delta K_{t+1}$，而 $K_{Rt+1} = K_{3t+1} + K_{4t+1} - \Delta K_{t+1}$，则在资本下乡完成土地征用或租用后，式（5-21）和式（5-22）可以改写为：

$$(K_{1t+1} + K_{2t+1} + \Delta K_{t+1}) + (L_{1t} + \beta \Delta L_{Rt+1}) + M_{Ut+1} = V_{Ut+1} \qquad (5-23)$$

$$(K_{3t+1} + K_{4t+1} - \Delta K_{t+1}) + (L_{3t} - \alpha \Delta L_{Rt+1}) + M_{Rt+1} = V_{Rt+1} \qquad (5-24)$$

值得注意的是，因为城乡劳动力的流动是持续的，这里在 L_{1t} 后面加入 $\beta \Delta L_{Rt+1}$ 和在 L_{3t} 后面减去 $\alpha \Delta L_{Rt+1}$ 主要为了表示 $t+1$ 时期由于资本下乡造成农村土地制度属性转变所带来的劳动力流动，这和城乡收入差距带来的劳动力流动在性质上、动力上都是有差异的。而 ΔK_{t+1} 是考虑了农村土地性质变化造成溢价以后的土地资本价值，因为这个溢价在市场经济条件下是相当高的一笔资本价值，所以，农地所有制属性和承包使用权性质的变更，将大大提高城市工业部门资本的注入水平，但同时也大大降低了农村农业部门的资本注入水平。

为了维持城乡间的平衡，政府一般要求通过直接补偿农业（尤其是土地被征用的农业劳动力）或者通过工业反哺农业的方式，来弥补这种土地产权属性发生变化带来的结构性影响。这种政策供给，瞄准的就是土地城镇化模式带来的对农业和农村的不平等影响。正如简·雅各布斯（1969）所说："农业生产是一切城镇化生产的基础"，[①] 当产业后备军将城镇化发展的动力让渡于土地

---

① Jane Jacobs. The Economy of Cities [M]. Random House，1969：8.

后备军后，对失地农民和农业的保护无疑是整个社会特别是政府和资本力量要优先考虑的，否则，陷于衰退的农业以及没有出路的失地农民是无论如何也支撑不起工业集聚城镇化模式的。

那么，从 t 到 t + 1 时期，城镇工业和农村农业内部发生了哪些变化呢，我们用式（5 - 23）减去式（5 - 19），再用式（5 - 24）减去式（5 - 20）来分析这一问题。

$$式（5-23）-式（5-19）=\left[\left(K_{1t+1}-K_{1t}\right)+\left(K_{2t+1}-K_{2t}\right)+\Delta K_{t+1}\right]$$
$$+\left(L_{1t}+\beta\Delta L_{Rt+1}-L_{1t}\right)+\left(M_{Ut+1}-M_{Ut}\right)$$

$$式（5-24）-式（5-20）=\left[\left(K_{3t+1}-K_{3t}\right)+\left(K_{4t+1}-K_{4t}\right)-\Delta K_{t+1}\right]$$
$$+\left(L_{3t}-\alpha\Delta L_{Rt+1}-L_{3t}\right)+\left(M_{Rt+1}-M_{Rt}\right)$$

记 $(K_{1t+1}-K_{1t})=\Delta K_1$，$(K_{2t+1}-K_{2t})=\Delta K_2$，$(K_{3t+1}-K_{3t})=\Delta K_3$，$(K_{4t+1}-K_{4t})=\Delta K_4$；$L_{1t+1}-L_{1t}=\Delta L_1$，$L_{3t+1}-L_{3t}=\Delta L_3$；$(M_{Ut+1}-M_{Ut})=\Delta M_U$，$(M_{Rt+1}-M_{Rt})=\Delta M_R$，于是可以将上述方程式简写为：

$$(5-23)-(5-19)=\Delta K_1+\Delta K_2+\Delta K_{t+1}+\beta\Delta L_{Rt+1}+\Delta M_U \qquad (5-25)$$
$$(5-24)-(5-20)=\Delta K_3+\Delta K_4-\Delta K_{t+1}-\alpha\Delta L_{Rt+1}+\Delta M_R \qquad (5-26)$$

式（5 - 25）、式（5 - 26），充分表明了城乡工农业在资本下乡征用、租用土地后，所产生的积累性经济结果。其中，城市工业资本 ΔK_1 和 ΔK_2 在跨时期的过程中属于常规变化。根据我们的假定，K_1 为城市工业部门非土地资本投入量，如厂房、设备等，因此它的积累主要受到跨期投资规模、技术水平和工业规模经济程度的影响，当然，可投资土地规模的变大，会使城市工业跨期投资需求有增加；K_2 为城市工业部门对土地资本的投入量，例如购买、租赁城市国有土地的资本支出，而城市国有土地资本本身是饱和的，其变化只受到城市国有土地价格波动、政府土地规划变更的影响，因此变化范围极其有限。实际上，影响城市工业部门跨期积累的主要力量，现在是农地资本变为城市工业使用的 ΔK_{t+1} 以及由于资本下乡导致土地产权属性变更而激发出来的农村移民新群体，即 $\beta\Delta L_{Rt+1}$。

对农村农业资本的跨期积累而言，因为 K_3 被假定为农业部门非土地资本投入量，包括农机具、种子、化肥等，因此，在土地规模缩减的情况下，如果要使农业（模型中设定为种粮）资本 K_3 投入保持一定的增速，那就必须实现农业工业化道路，加大各种农业现代自动化机器设备的投资规模。但是，农业资本本身很难有实力短期内实现这一变革性的资本投入，城市工商业资本又很难把主要的投入放到与种粮相关的纯农业投入中，所以，ΔK_3 不要说保持一定的增加，就是维持规模不变都很困难。现阶段一些农田水利设施维护、更新、换代极慢就是明证，这也是为什么中央政府始终要求保持 18 亿亩耕地红线不能被突破的原因。就模型本身所讨论的中国城镇化问题而言，ΔK_3 极有可能是一个负值。

由于我们假定 K_4 为农业部门对农村土地资本的拥有量和投入量（包括耕地、宅基地、农村建设用地），而 ΔK_{t+1} 已经单独表示为土地产权性质变化造成的农村土地资本的变化，因此，ΔK_4 可以视为非土地产权性质变化造成的农业用地减少（或增加），例如自然力造成土地肥力消失、各种自然灾害等（增加的情况适用于复垦）。考虑到中国农村土地每年存在因自然力或不可抗力造成的损失，$\Delta K4$ 为负值的可能性也相当大。

另外，因土地产权性质变更造成的劳动力流出 $-\alpha\Delta LR_{t+1}$ 确定是负值（最好的情况不过是劳动力就地转移到资本下乡的工厂中），再加上资本下乡所征用或租用的 ΔK_{t+1} 所对应的土地性质变更对农业特别是粮食生产的压力，这就对两部门模型的农业部门如何持续扩大再生产并保持相当的剩余产品提出了极大的挑战。农业在缺乏投入，又逐渐失去土地的情况下，如何支援正在进行的城镇化，这是一个需要冷静考虑的问题。因为，到目前为止，所有的城镇化研究的起点都默认城镇化有足够的粮食和其他农产品供给，失去这个条件，城镇化就是无本之木、无源之水了。

2. 生产关系分析

考虑到我们是在马克思两部门模型的启发下探讨城镇化问题，因此，生产关系的分析必不可少。按照马克思的分析，剩余价值率（即 m/v）是考察这一问题的关键变量。仿照这一思路，我们考察了从 t 到 t + 1 时期城乡工农业部门的剩余价值率变化情况，以期发现从产业后备军到土地后备军时期，城镇化模式变化对劳资关系的影响。

在 t 时期，根据式（5 - 5）和式（5 - 6），

城市工业部门的剩余价值率为：

$$\frac{M_{Ut}}{W_{1t}L_{1t}} \tag{5-27}$$

农村农业部门的剩余价值率为：

$$\frac{M_{Rt}}{W_{2t}L_{3t}} \tag{5-28}$$

在 t + 1 时期，根据式（5 - 23）、式（5 - 24），

城市工业部门的剩余价值率为：

$$\frac{M_{Ut+1}}{W_{1t+1}(L_{1t} + \beta\Delta L_{Rt+1})} \tag{5-29}$$

农村农业部门的剩余价值率为：

$$\frac{M_{Rt+1}}{W_{2t+1}(L_{3t} - \alpha \Delta L_{Rt+1})} \tag{5-30}$$

我们主要从纵向和横向的角度来考察剩余价值率的变化，以及由于资本下乡导致土地后备军代替产业后备军成为城镇化供给侧的发展动力背后的生产关系调整。

首先，从时间纵向上分析，t + 1 时期相对于 t 时期的有机构成。我们用式（5 - 29）除以式（5 - 27），以及式（5 - 30）除以式（5 - 28），分别得到：

$$式(5-29) \div 式(5-27) = \frac{M_{Ut+1}}{M_{Ut}} \times \frac{W_{1t}}{W_{1t+1}} \times \frac{L_{1t}}{L_{1t} + \beta \Delta L_{Rt+1}} = m_U \times \frac{1}{w_1} \times \frac{1}{1 + \beta \times \dfrac{\Delta L_{Rt+1}}{L_{1t}}}$$
$$\tag{5-31}$$

$$式(5-30) \div 式(5-28) = \frac{M_{Rt+1}}{M_{Rt}} \times \frac{W_{2t}}{W_{2t+1}} \times \frac{L_{3t}}{L_{3t} - \alpha \Delta L_{Rt+1}} = m_R \times \frac{1}{w_2} \times \frac{1}{1 - \alpha \times \dfrac{\Delta L_{Rt+1}}{L_{3t}}}$$
$$\tag{5-32}$$

我们令 m_U 和 m_R 分别为城市工业部门和农村农业部门剩余价值从 t 到 t + 1 时期的增长率，而 w_1 和 w_2 为两部门各自雇佣劳动力的工资增长率。因此，从纵向时间的角度看，城乡工、农业部门各自的剩余价值生产能力变化分别取决于四个因素：（1）各自的剩余价值增长率（m_U 和 m_R）；（2）各自劳动力工资增长率的倒数；（3）进入和离开城市工业部门或农村农业部门劳动力的比例（β 和 α）；（4）因为土地产权性质变更而迁移的劳动力 ΔLR_{t+1} 占 t 时期城乡工农业各自雇佣劳动力（L_{1t} 和 L_{3t}）的比例。

显然，在本模型中，城乡工农业部门各自的剩余价值增长率（m_U 和 m_R）是内生于城乡工农业生产方式变革程度的，具体来讲就是由城乡工业、农业在 t 到 t + 1 时期的投资规模增加和产出比率（资本技术构成）共同决定，这个变化趋势是由城乡生产力发展的时代特征决定的，属于渐变的变量；除非遇到重大产业技术革命，一般保持常态性增长。

从 t 到 t + 1 时期城乡工业、农业部门各自雇佣劳动力的工资水平，受到各自雇佣人数、工农业利润状况的影响，一般应保持正常增长率。根据《中国经济与社会发展统计数据库》统计的年平均工资变化水平来看（见图 5 - 3），总体上，工农业部门雇佣工人工资水平都呈上涨趋势，其中以建筑业和制造业代表的城市工业部门工资水平上涨速度远远快于农民的工资性收入上涨速度，也就是 $w_1 > w_2$。另外，考虑到城市工业部门属于国有性质的单位相对居多，而农业部门属于集体性质的单位居多，我们也考察了国有和集体单位的职工平均工资变化情况。图 5-3 显示，自 2002 年以来，国有单位职工平均工资水平较集体部门工资上涨水平更快，也从某种程度上证明了 $w_1 > w_2$。考虑到工资增长率是以倒数形式影响剩余价值率的变化的，也就是说工资增长越快，越抑制剩余价值率的增加。考虑到中国各年的通货膨胀率情况，所以依据工资上涨的数据只能分析部门间的相对值变化，单个部门的工资上涨情况并不能真正体现对雇佣劳动力剩余价值率的影响。

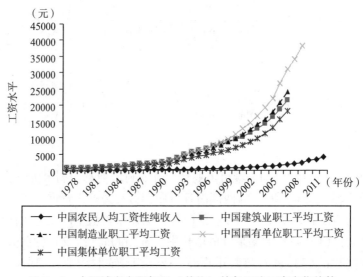

图 5-3　中国城乡主要部门（单位）的年平均工资变化趋势

资料来源：《中国经济与社会发展统计数据库》各年数据。

真正影响 t 到 $t+1$ 时期城乡工农业剩余价值率的，是资本下乡造成农村土地产权性质变更引发的劳动力迁移 ΔLR_{t+1} 的外生影响，这是一个关键性的链接土地制度和人口迁移的变量。另外，迁移人口进入城市工业部门的就业比例 β 与城市用工制度、社会福利保障制度和公共设施的准入程度相关。迁移人口 ΔLR_{t+1} 绝对数量越多，用工比例 β 的稳定性就越差，因为城市工业部门、社会保障系统以及公共设施不可能承载过多的劳动力。

而离开农村农业部门（本模型设为种粮部门）的劳动力比例 α，则主要受到粮食产业的利润率、种粮农业有机构成、农业经营模式和雇佣模式的影响。选择何种农业发展道路，对 α 比率的影响极大——如果是张培刚（1945）意义上的农业工业化道路，则离开种粮农业的劳动力比率 α 会极高，因为工业化的农业几乎容纳不下太多的劳动力，比如，日本、美国的劳动力务农比例因为农业工业化的实现，降到了3%以下；如果是坚持亚细亚的农业生产方式（Asiatic mode of production，马克思，1859），即劳动密集型、效率偏低的传统农业生产模式的话，α比率会相对较低，此时，中国的农业仍能涵盖住相当部分的农业人口就业，农业迁移人口会相对少很多。尽管农业工业化的道路比较理想，但是，如果解决不好农业转移人口和工业资本的雇佣关系，整个社会的生产关系将面临极大压力；而采用传统农业生产方式，农业劳动力和资本的生产关系则会相对缓和一些。

其次，从横向分析城乡工业、农业剩余价值率变化的情况。资本下乡进一步将农村剩余劳动力从土地剥离，并推动这部分人口主动进城寻找就业机会，这也是农业实现现代化、工业化的必要步骤。而城市工业部门的剩余价值率变化更复杂一些，尽管式（5-29）表明，中国城市工业部门剩余价值计算公式的分母还在吸纳资本下乡造成的农业释放出的劳动力，但是，这种吸纳能力已经无法和城镇化起步时期相提并论了。因此，尽管城市工业部门雇佣劳动力工资水平有所增加，但是，如果抛开通货膨胀率对劳动力价值的影响，以及劳动力实际雇佣人数增幅有限的现实情况，劳动力工资水平增加仍不到位。

第五节　土地后备军的潜力分析及其对产业后备军的替代：一个实证数据分析

一、土地后备军的潜力分析

从没有农村土地产权属性变更的 t 时期到资本下乡导致农地产权性质变更的 t+1 时期，农村土地的城市化供给侧的可持续性问题显然是一个绕不开的话题。土地后备军的潜力如何刻画？它对中国城镇化供给侧改革的助推作用应该如何评价？这些都是值得探讨的话题。

我们认为，在城市国有土地存量变化不大的情况下，土地后备军的实质可以用 $\Delta K/K_4$ 来进行刻画。在这方面的研究中，关键是如何从现实中找到与土地后备军模型相对应的实际部门的数据和指数。我们首先看看相关研究的基本做法。

吕萍等（2008）指出，度量土地城市化的指标体系应包括土地利用结构变化、土地利用效益水平变化、土地利用程度变化、土地利用景观变化和土地资本投入变化等方面的因素，他们概括了一系列的土地利用指标（见表5-1）。在他们的各种指标中，土地利用结构变化指标和土地利用景观变化指标最接近本书所讨论的土地后备军的含义。但是，他们的研究主要是从城市建成区域的角度来考察土地利用的变化，因此忽略了土地后备军还有哪些待开发或待征用的农地。

表5-1　　　　　　　　　土地城市化及其度量指标体系的构建

指标名称	指标代码	指标计算	指标意义
建设用地比重	X_1	建设用地面积/区域总面积	衡量土地利用数量结构的差异
建设用地平均斑块面积	X_2	建设用地面积/建设用地斑块数	衡量土地利用景观变化的程度
农用地景观破碎度	X_3	（农用地斑块总数-1）/农用地平均斑块面积	衡量土地利用景观变化的程度
土地利用程度综合指数	X_4	$\sum$（土地利用程度分级指数×分级面积百分比）	衡量土地利用程度
道路面积比重	X_5	区域道路交通面积/区域总人口	衡量土地资本投入水平
地均收入	X_6	区域内总收入/区域土地总面积	衡量区域土地利用的效益水平

　　资料来源：吕萍、周滔、张正峰、田卓：《土地城市化及其度量指标体系的构建与应用》，载于《中国土地科学》2008年第8期。

　　王洋、王少剑、秦静（2014）指出，鉴于城市化率是评价城市化水平的通用方法，因此，"土地城市化率"可评价静态的土地城市化水平，其概念和测度方法建立的前提是厘清"分子"与"分母"。他们认为中国城市主要存在以下地域层次，从大到小依次为：市区、城区、建成区；而土地城市化率的"分子"是"城市化地域"的土地面积，目前常用的是城市建成区面积或城市建设用地面积。因此，土地城市化率的概念是：城区中城市建设用地面积所占的比重。这是评价一个城市土地城市化水平的核心指标。土地城市化率（LUR）计算公式为：

$$LUR = (UCA/UA) \times 100\% \qquad (5-33)$$

　　式中，UCA为城市建设用地面积；UA为城区面积。他们的创新之处，主要是把我们概念中常常模糊的城市区域概念给廓清了，但是从其土地城市化的定义来看，依然是从大中城市的角度，用建成区或城市建设用地面积来衡量这一指标。但对城镇涵盖的那些更靠近农村的中小城镇来讲，这一指标就显得生硬，因为这些地方不一定都是按照大城市的布局开展建设的，建成区和未建成区有时并不是泾渭分明的。另外，这也不能描述将要征用（租用）但还未征用（租用）的那部分农地的分析。而且，从他们的研究来看，主要是地理意义上的土地城（市）镇化，而不是资本意义上的土地城（市）镇化。

范进、赵定涛（2012）利用历年《中国国土资源统计年鉴》归纳了 2 个统计指数的口径，即：土地征收面积（公顷）和土地出让面积（公顷）。他们指出，自 1997~2005 年，全国城镇建设累计占用农用地和未利用地 61.53 万公顷，占地、圈地、毁地现象严重，需要构建土地城镇化与人口城镇化协调性指数，定量测度这两者的关系。他们的土地城镇化与人口城镇化的协调性指数计算公式如下：

$$C_{LT} = \frac{\left| \dfrac{L+T}{\sqrt{2}} \right|}{\sqrt{L^2 + T^2}} \qquad (5-34)$$

式中，L 表示城镇人口的增长率，T 表示城镇建成区的增长率，C_{LT} 表示土地城镇化与人口城镇化协调性指数。这和尹宏玲、徐腾（2013）采用人口城镇化与土地城镇化离差系数来研究的思路近似。尹宏玲等的离差系数 C_V 方程为：

$$C_V = \left| \frac{P-L}{P+L} \right| \qquad (5-35)$$

式中，P 表示城市人口综合增长率，L 表示城市建设用地综合增长率，离差系数 C_V 表征城市人口与建设用地之间增长的差异状况。

但是，类似式（5-34）和式（5-35）这类指数研究，只能代表土地与人口城镇化的相对速度，尽管可以客观描述土地城镇化与人口城镇化谁领先、谁滞后，但是无法阐明这种领先与滞后的根源，以及未来中国究竟需要怎样的土地城镇化和人口城镇化。也就是说，对土地城镇化与人口城镇化发展演变的历史动因，不是单纯比较某一时期的土地城镇化速度与人口城镇化速度就可以贸然得出结论的。

李子联（2015）采用城镇人口占比增长率与城市建成区面积增长率的比值来测度土地城镇化与人口城镇化的关系。他认为，由于人口规模和空间规模的扩张分别是人口城镇化和土地城镇化的主要内在特征，因此，城镇人口占比增长率和城市建成区面积增长率能够分别表示人口城镇化和土地城镇化的扩张速度。谭术魁、宋海朋（2013）更进一步将这种增长率的速度关系表达了出来。他们指出，由于我国的特殊国情（如户籍制度、城乡二元土地制度），土地是空间、用途和权属三者的结合，土地城市化不仅仅意味着空间景观向城市形态的转化，更反映土地本身的国有化、资本化和土地发展权的变化。因此他们提出土地城市化速率的计算公式如下：

$$v_{\mu L} = \frac{\mu_{L_{t_2}} - \mu_{L_{t_1}}}{\mu_{L_{t_1}}} \qquad (5-36)$$

式中，$v_{\mu L}$代表土地城市化速率，t_2、t_1为两个不同时间点，$\mu_{L_{t_2}}$、$\mu_{L_{t_1}}$分别代表t_2、t_1时刻的土地城市化率。

这种从增量角度测算的土地城镇化和人口城镇化增长率较之静态地考虑建成区的土地城镇化与人口城镇化的关系要更进一步，毕竟它从增速的角度考虑到了土地城镇化与人口城镇化的关系，某种程度上可以部分刻画土地后备军的问题。这类增速指标如果表现出持续增加的迹象，则说明：（1）我国用于新增城市建设用地的储备还很丰裕；（2）征地制度和资本下乡的行为尚未受到现有土地制度的影响。反之，则说明，土地后备军或现有土地制度已经无法支撑城镇化对土地的需求。

为了使问题描述更准确，我们在上述研究的基础上继续查阅《中国经济与社会发展统计数据库》，得到如下值得关注的几组数据（见表5-2）。

表5-2   2004~2011年中国土地征收情况

年份	中国						
	国有建设用地出让土地面积（公顷）	国有土地供应出让土地面积（公顷）	国有建设用地出让土地面积新增（公顷）	国有商服用地供应出让土地面积（公顷）	土地征收面积（公顷）	国务院批准土地征收面积（公顷）	省级政府批准土地征收面积（公顷）
2004	181510.40	181510.40	69685.86	—	195655.40	63308.27	132347.10
2005	165586.10	165586.10	50009.45	23267.66	296931.30	124649.60	172281.70
2006	233017.90	233017.90	89947.38	25394.20	341643.60	102419.90	239223.70
2007	234960.60	234960.60	92390.94	26974.63	301937.30	98495.93	203441.40
2008	165859.70	165859.70	67839.27	21802.38	304010.70	78760.70	225250.00
2009	220813.90	—	134576.80	—	451025.70	204239.00	246786.70
2010	293717.80	—	142370.80	—	459246.10	146427.80	312818.20
2011	335085.20	—	222838.60	—	568740.50	215553.20	353187.40

资料来源：中国经济与社会发展统计数据库。

很显然，从上述公布的数据可以看出，土地征收面积是所有相关数据中在同一年里的最大值，它大体上满足以下等式：

土地征收面积（公顷）＝国务院批准土地征收面积（公顷）
　　　　　　　　　　＋省级政府批准土地征收面积（公顷）

这就是说，从某个特定的年份来讲，实际可以参与城镇化建设的新增用地的上限不可以超过土地征收面积的"天花板"。从各个地方推动城镇化建设的角度讲，地方政府（local government）＋社会资本（social captial）＋农村土地（rural land）的 LSR 模式成为近年来地方城镇化建设中的流行模式。因而，资本下乡除了不能违背国务院土地征收面积的宏观规定外，也必须服从省级政府对地方城镇化发展的基本规划。

通过 LSR 模式实现征用或租用的农村土地，就是我们在模型中反复强调的因为土地性质变化而造成的 ΔK_{t+1} 这部分农村土地资本所对应的土地面积。这里就延伸出一个问题，ΔK_{t+1} 在本书中定义为农村土地性质变化后造成的土地资本转移，如果设征地面积为 S_{t+1}，土地价格为 P，那么，$\Delta K_{t+1} = P \cdot S_{t+1}$。

现在的难点在于，如何确定土地价格 P？在农村土地产权性质变更过程中，至少有几种价格需要明确：一是农地农用时的土地价格 P_1；二是政府或资本下乡时征用农地的价格 P_2；三是征用后的农地市场化使用，尤其是作为工业、商业用地开发时的价格 P_3。为方便分析，我们假定 P_1、P_2、P_3 是各种类型土地使用加权后的平均价格，即不去考虑某种土地（例如农地农用）因为级差原因造成的内部价格差异。例如，P_1 就是某地区加权后的农地农用价格，其他价格指标 P_2、P_3 也服从加权平均的假定。同时，根据市场对各类土地在不同阶段的定价标准，我们清楚地知道这一事实，即：

$$P_1 < P_2 < P_3 \qquad\qquad (5-37)$$

那么，因为资本下乡造成农村土地性质变化而获得的土地资本 ΔK_{t+1}，究竟是等于 $P_1 \cdot S_{t+1}$、$P_2 \cdot S_{t+1}$ 还是 $P_3 \cdot S_{t+1}$ 呢？

我们认为应该是 $P_3 \cdot S_{t+1}$。原因在于 P_3 是真正由市场决定的农地非农用价格，农村土地资本的价值主要体现在这个较高的土地市场价格上。而 P_2 仅仅是资本下乡获得土地的"成本"价，也是使用这些土地的价格底限，它只能代表农地性质变化后，在农户和资本、政府讨价还价之后形成的一个局部"均衡"价格。[①] 但是不管怎样，资本下乡与地方政府的权力相结合，毕竟以一定的、低于土地市场价格的成本获得了土地，这个事实不容回避。所以，

---

① 之所以成为打引号的局部"均衡"价格，是因为这个过程还可能包括存在"强征"这样的极端情况，显然，强征只是压低了农民的意愿出让价格，谈不上是讨价还价基础上的均衡。

$(P_3 - P_2)$ 的价格差则正好体现了资本对农业土地城镇化开发的结果——充分溢价。

由于我们假定 K_4 为农业部门对农村土地资本的拥有量和投入量（包括耕地、宅基地、农村建设用地），所以，从机会成本的角度看：$K_4 = P_1 \cdot S_U$，S_U 为 t 到 t+1 时期的全部农业用地（包括未被资本下乡征用或租用前的耕地、宅基地和农村建设用地），因此，土地后备军的实质可以表示为：

$$\Delta K / K_4 = \frac{P_3 S_{t+1}}{P_1 S_U} \tag{5-38}$$

从式（5-38）来看，有几重含义。第一，决定土地后备军自然地理界限的是农村土地的面积，特别是因为资本下乡可以造成产权性质变化的面积 S_{t+1}，但是 S_{t+1} 绝不是可以无限接近 S_U 的，因为农村土地特别是 18 亿亩耕地红线的存在，使得土地后备军的自然地理约束成为紧约束，尽管近年来各地方政府采取了增减挂钩、土地集中整理等措施扩大可征地范围，但是这恰恰说明土地可征用范围接近瓶颈值。第二，P_3 / P_1 的价格差，构成了 LSR 模式推动农地产权制度迅速变革和农地快速征用模式的主要动力，这个价格差越大，那么城市工商资本和地方政府就有足够的空间与土地出让方的农民或农村集体组织进行谈判。

显然，从 2004~2011 年全国土地征收面积来看（见图 5-4），呈现征收面积上升、下降、又上升、再下降的波动态势。其中，2007~2008 年土地征收面积达到统计数字显示年份的低点，这也恰恰是中国经济遭遇发展的低点（遭遇国际金融危机冲击和开始进入结构调整的过程）。这个变动趋势与国务院批准土地征收面积（公顷）是一致的，从中也可以看出中央政府土地宏观调控的基本态势。

但是，图 5-4 中地方政府特别是省级政府批准土地征收面积（公顷）却是保持持续增长态势的，就是说，中央和地方政府在对待土地征收的问题时，有着截然不同的态度。不管中央政府是否对经济过热或紧缩进行土地宏观调控，地方政府都在努力扩大土地征收面积，这再次凸显了土地财政对地方经济增长的绝对支撑作用，客观上也造成了这些年城镇化的提速。

从供给侧的角度看，中央政府始终致力于从建设用地指标的角度控制用地供给的增长态势，并特别注重区域间的平衡以及农业、非农业地区的平衡——增长速度快的区域（东南沿海），用地指标偏紧；增长速度慢的区域（中西部），用地指标相对宽松；农业特别是粮食主产区，用地指标供给偏紧；非粮食主产区、非农业集中区，用地指标相对宽松。但是，总体而言，中央政府的建设用地指标供给是偏紧的。这和地方政府持续高涨的用地需求形成矛盾，其化解方式不是、亦不可能选择宽松的土地指标供应模式，而应该考虑调整以LSR模式推动城镇化的这种思路，从供给土地转向供给制度、管理、保障以及对迁移人口更为重要的权利。

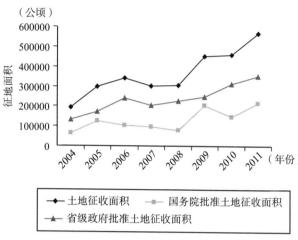

图5-4　中国土地征收面积趋势（2004~2011年）

资料来源：中国经济与社会发展统计数据库。

我们可以采用全球宏观经济数据库中国农业用地占国土面积的比例大致推算中国农村土地的总面积S_U。表5-3数据显示，自2000年以来，中国农业用地（包含耕地、宅基地、农村建设用地等）的占比保持相对稳定，维持在56%~57%之间，我们取中间值即56.5%。按照陆地国土面积960万平方公里计算，中国在2000年后的农业用地大体保持在542.4万平方公里，约合81.36亿亩（5.424亿公顷），这就是上文谈到的S_U的面积。我们要维持的耕地红线18亿亩大概占到农业用地的22.12%。

表5-3		2000~2009年中国农业用地面积的比例							单位：%
项目	2000年	2001年	2002年	2003年	2004年	2005年	2006年	2007年	2008年	2009年
农业用地/国土面积比	57.06	56.96	56.86	56.66	57.29	56.92	56.92	56.02	56.02	56.21

资料来源：全球宏观经济数据库，http://finance.sina.com.cn/worldmac/compare.shtml? indicator = AG. LND. AGRI. ZS。

考虑到中国国土面积中山地和高原类型的土地占到国土总面积的 59.38%，[①] 也就是说这 81.36 亿亩的农业用地抛开近 60% 的山地和高原等不适宜耕种的土地后，18 亿亩的耕地红线对有效农业用地的占比将达到 54.46% 左右，这个比例已经是相当高了。换句话说，征地的瓶颈其实早在 2000 年以后就已经形成了。考虑到资本下乡征地也不会主动考虑那些山地、高原等自然条件恶劣的土地，即是说，S_{t+1}/S_U 不能超过农业用地比例的 46%。资本下乡只能在有效农业用地中剩下的大概 15.05 亿亩[②]包括宅基地、农村建设用地和部分撂荒或自然条件勉强合格的农业用地上进行土地征用和整理。

另外，根据范进等（2013）和《中国国土资源统计年鉴》的数据，我们将 2001～2008 年的土地出让的单位价格（每公顷）汇总于表 5-4，这样可以一并阐明这种土地后备军动力机制的价格驱动因素。从 2001 年到 2008 年的 8 年时间里，中国单位面积（公顷）的土地出让价格翻了 4.32 倍，从 143.36 万元每公顷（9.5 万元每亩）增加到 618.58 万元每公顷（41.2 万元每亩）。这种巨大的价格飙升趋势，从根本上促使农村土地以各种形式完成产权转化，并服务于城镇化。

表 5-4   2001～2008 年中国土地成交金额及面积

年份	土地出让面积（公顷）	成交金额（万元）	单价（万元/公顷）	单价（万元/亩）
2001	90394	12958896	143.36	9.56
2002	124230	24167925	194.54	12.97
2003	193604	54213113	280.02	18.67
2004	181510	64121760	353.27	23.55
2005	165586	58838171	355.33	23.69
2006	233018	80776447	346.65	23.11
2007	234961	122167208	519.95	34.66
2008	165860	102597808	618.58	41.24

资料来源：范进、赵定涛：《土地城镇化与人口城镇化协调性测定及其影响因素》，载于《经济学家》2012 年第 5 期；《中国国土资源年鉴》各年数据。

二、土地后备军对产业后备军的替代

从 20 世纪 90 年代中期开始，土地在迅速的城镇化过程中替代劳动力成为

---

① 根据中国政府网相关数据测算。
② 这个 15.05 亿亩是这样计算出来的：81.36 亿亩×（1-59.38%）-18 亿亩≈15.05 亿亩。

城镇化发展的重要因素。因此，从供给侧的结构性改革看，中国城镇化所发生的转折，既有劳动力供求结构问题，还新增了土地供求结构的问题。产业后备军难题被土地后备军难题所替代（或部分替代），其本质是城乡发展的要素结构和要素成本产生了巨大变化——劳动力变贵了，但是总量依然过剩；用于城市开发的土地本身就不足，改革开放的进程让土地变得更贵，土地俨然成为中国城镇化进程加速阶段供给侧的主要瓶颈。

不妨从数据的角度考察一下这两种要素的相对价格变化。根据《中国经济与社会发展统计数据库》的资料，我们查找到了自 1998 年以来中国工业用地交易价格指数、居住用地土地交易价格指数、其他用地土地交易价格指数、商业营业用地交易价格指数、土地交易价格指数，见图 5 - 5。由于缺乏确切而全面的工资统计数据，这里仅用中国农民人均纯收入代表农民的劳动力价格，而用城镇居民家庭人均可支配收入代表城市劳动力的价格，其变化趋势见图 5 - 6。

图 5 - 5 中，2003 年和 2008 年是土地价格，尤其是城市土地平均价格（特别是商业用地和居住用地交换价格指数）上升最为剧烈的年份，而工业用地的价格自有数据可查的 1998～2009 年之间始终在平稳中略有增长；这就是说，近年来的土地价格上升，主要是商业和居住用地价格攀升所引致的。从供给侧的角度看，土地后备军其实并不是不足，需要通过土地价格的调整将商业和居住用地价格攀升的趋势抑制住，使土地后备军回归，跟随市场增长来调整供给的正常规律。

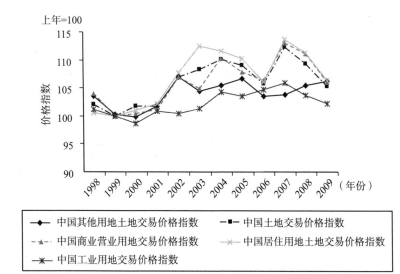

图 5 - 5　中国各种土地交易价格指数（1998～2009 年）

资料来源：《中国经济与社会发展统计数据库》。

现在回到劳动力的价格，准确地讲，应该以平均工资水平来考察劳动力价格的变化趋势。从图 5 – 6 城镇居民家庭人均可支配收入和中国农民人均纯收入增长的角度看，显然城镇家庭可支配收入增长幅度从 1991 年开始就迅速与中国农民人均纯收入拉开距离。但是，《中国经济与社会发展统计数据库》中并未明确说明农民工打工收入究竟归属在城镇家庭可支配收入中还是归属于中国农民人均纯收入中，因此尚难以判断城乡居民收入增长的真实差距。

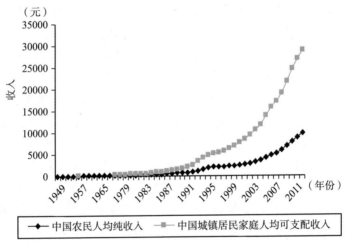

图 5 – 6　中国城乡居民劳动力工资水平的变化趋势和绝对值大小（近似）

资料来源：《中国经济与社会发展统计数据库》。

但是，如果将劳动力价格增长趋势同土地价格增长的趋势做一横向比较，则可以较为直观地看出这两种要素的使用成本此消彼长的变化趋势，请见表 5 – 5、表 5 – 6。

表 5 – 5　　　　　　　1998～2009 年中国各种类型的土地价格交易指数　　　　　单位：%

年份	其他用地土地交易价格指数（上年＝100）	土地交易价格指数（上年＝100）	商业营业用地交易价格指数（上年＝100）	居住用地土地交易价格指数（上年＝100）	工业用地交易价格指数（上年＝100）
1998	103.6	102.0	104.0	100.6	101.2
1999	100.2	100.0	100.0	99.9	100.0
2000	99.8	101.7	100.4	101.0	98.6
2001	101.7	101.7	101.2	102.2	100.8

续表

年份	其他用地土地 交易价格指数 （上年＝100）	土地交易 价格指数 （上年＝100）	商业营业用地 交易价格指数 （上年＝100）	居住用地土地 交易价格指数 （上年＝100）	工业用地 交易价格指数 （上年＝100）
2002	106.9	106.9	107.0	107.7	100.4
2003	104.4	108.3	104.9	112.4	101.3
2004	105.5	110.1	110.4	111.6	104.3
2005	106.7	109.1	107.9	110.3	103.6
2006	103.5	105.8	106.4	106.0	104.7
2007	103.8	112.3	113.0	113.7	105.9
2008	105.5	109.4	111.1	111.3	103.7
2009	106.2	105.4	106	106.4	102.2
平均值	103.9833	106.0583	106.0250	106.9250	102.2250
年均增长率 （％）	3.98	6.06	6.03	6.93	2.23

资料来源：《中国经济与社会发展统计数据库》。

表 5 - 6　　　　1997～2014 年中国劳动力价格变化情况的纵向测算

年份	农民人均 纯收入（元）	城镇居民家庭人均 可支配收入（元）	城镇居民人均可支配 收入／农民人均纯收入
1997	2090.1	5160.3	2.47
1998	2162.0	5425.1	2.51
1999	2210.3	5854.0	2.65
2000	2253.42	6280.0	2.79
2001	2366.4	6859.6	2.90
2002	2475.6	7702.8	3.11
2003	2622.2	8472.2	3.23
2004	2936.4	9421.6	3.21
2005	3254.93	10493.00	3.22
2006	3587.00	11759.50	3.28
2007	4140.40	13785.80	3.33

续表

年份	农民人均 纯收入（元）	城镇居民家庭人均 可支配收入（元）	城镇居民人均可支配 收入/农民人均纯收入
2008	4760.60	15780.80	3.31
2009	5153.20	17174.70	3.33
2010	5919.01	19109.44	3.23
2011	6977.29	21809.78	3.13
2012	7916.58	24565.00	3.10
2013	8896.00	26955.00	3.03
2014	9892.00	28844.00	2.92
平均值	4422.97	13636.26	3.04
平均增长率（变化率）	9.58%	10.65%	0.98%

资料来源：《中国经济与社会发展统计数据库》。

　　从数据可对比的角度，我们将1997年设定为基年，自1998年到2014年的17年间，中国土地交易价格的平均增长指数稳定在6.06%（其中商业用地价格指数增长率为6.03%，居住用地土地交易价格指数为6.93%，工业用地交易价格指数为2.23%，其他用地交易价格指数为3.98%），低于同一时期劳动力价格的增长速度，其中，以农民纯收入测算的农业劳动力价格增长指数为年均9.58%；而以城镇居民家庭人均可支配收入增长指数测算的城市劳动力价格增长指数为年均10.65%。所以，选择使用土地代替劳动力作为城镇化发展要素储备的模式，就不令人感到意外了。

　　土地后备军日趋成为城镇化发展的动力也许是当前发展阶段所不能避免的一个趋势。土地后备能力不足的问题也是当前城镇化供给侧土地制度改革的焦点所在。陆铭等（2015）认为"在劳动力流入地限制土地供给的结果是房价上涨，而房价上涨则推动生活成本上升，并阻碍劳动力流动，减少劳动力供给的增长速度，最终推升工资"。换言之，土地后备军的供给和成本问题最终还是要回归到劳动力的成本上来。因此，土地后备军本质上是中国城镇化过程中产业后备军的孪生兄弟，需要将这两者联系起来统筹地看，历史地看，互动地看。

第六节　中国城镇化供给侧结构性改革的
制度与政策选择

人口城镇化和土地城镇化是工业化国家城镇化建设进程中的两个侧面。在中华人民共和国成立后很长一段时间内，户籍制度锁定了城乡人口、资源的流动，随着改革开放，中国出现过一段时间的乡镇企业辉煌，它为发展某种靠近农村的中小城镇模式提供了经济和产业基础，并有效地实现了农业人口就地转移就业。20世纪80年代农村改革所促成的农业生产潜力全部释放完毕以之后，中国开始了以产业后备军模式推动的城镇化发展，出现了一批以加工制造业为主导的劳动力密集型、产业化城镇，它大量聚集着农业转移人口——以沿海地区的珠三角、长三角的加工制造业城市为代表。

这个过程一直持续到2003～2004年前后，中国出现了城镇化的刘易斯转折现象，工资上涨、企业订单锐减以及城市居住、就业、教育、社会保障等福利措施的滞后，使得工业城市模式聚集劳动力的能力锐减。因此，从2004年开始的十多年时间里，劳动力流动开始出现一些新的特质，沿海制造业城市不再是唯一的流动去处，一些中西部省份、民族地区的劳动力甚至不选择外出打工。隐含的约束条件是，这些劳动人口的预期收益和成本支出无法支撑其流动的愿望，城市工业企业的生产关系也让某些农村劳动力望而却步。也就是说，靠向城市聚集劳动力，并以产业后备军发展模式支援城镇化建设的路径已经无法延续。

在劳动力流动出现刘易斯转折的前后，由中国地方政府主导的土地财政与经营城市模式，逐渐开始替代劳动力城镇化聚集的产业后备军模式。本书将这种模式称为城镇化的土地后备军模式，并从马克思扩大再生产模型的角度，对城乡工农业价值再生产，以及土地后备军支援城镇化建设的动力、过程、生产关系以及土地后备军的潜力进行了分析。总体来看，土地后备军已经形成了对产业后备军的替代，并成为中国城镇化建设的主要推动力量。这种推动模式，将深刻影响城乡劳动力雇佣的生产关系，尤其是从土地上被剥离出去的这部分劳动力，他们将面临更加严峻的生存状态与雇佣关系。从城镇化可持续发展的角度看，耕地红线和农村土地集体产权性质共同决定了土地后备军的潜力有限。因此，从供给侧结构性改革的角度，本书提出以下四项政策建议。

第一，城镇化战略的供给侧改革要从单种要素的供给转变为多要素乃至全要素供给。以往的城镇化发展，我们采用哪种要素成本低就利用哪种要素的务实策略。尽管有其历史合理性，但是，没有全要素生产率的革新，仅仅依靠人口或土地这种单一要素的突进，城镇化发展必定遭遇瓶颈。而全要素生产率的形成，关键在确定要素的相对价格，并适时将创新的要素引入原有要素中，实现多要素协同的城镇化发展。土地后备军尽管替代了产业后备军成为城镇化发展的主力，但已经无法持续高强度地实现土地供给。至于"增减挂钩"这种应时之举，更是应该逐年逐步取消，并替换为选择人口、土地之外的新型要素（如科技、信息、创新等）来丰富城镇化的要素供给。

第二，城镇化战略供给侧的结构性改革要从生产关系入手，化解城镇化的诸多矛盾。无论是产业后备军还是土地后备军助推的城镇化，我们都只看到了速度，而缺乏对城镇化发展质量的考量；或者即使有所考量，也受制于发展阶段等原因，而"有心无力"。经历了长达30多年的快速增长，当前城镇化发展最大的矛盾，既非增长率不够，也非建筑质量、公共设施、公共服务欠缺，而是城镇化的生产关系矛盾突出。怎样把不同户籍、区域、收入、文化背景的人口，很好地聚合在城镇化发展的布局、生产、消费、休闲、娱乐、居住等方面，需要政府理顺现有城镇化产业后备军、土地后备军背后主体的利益关系、雇佣关系以及各类利益冲突和矛盾，用柔性城镇化管理模式，化解城镇化发展过程中那些"软"的、"看不见"的短板。供给侧的结构性改革需要关注城镇化"人"的方面多于"物"的方面。

第三，城镇化要考虑制度供给的超前性，给予国民更宽松的投资、消费环境。现阶段，三四线城镇的住房库存过剩量极大，如果城镇化继续无限制地坚持以土地后备军替代产业后备军推动城镇化，并以更快的速度再生产出产业后备军，必将使城镇化的各类矛盾更进一步激化。这个时候，再开拓土地已经无济于事，因为中国各地未必真正都需要达到80%以上的城镇化率。城镇化供给侧的改革不单单是要素的供给，还必须包括制度供给。特别是应该及时供给产权制度，尤其是调整住房产权70年的归属制度，让进城务工者可以购买年限超过70年以上的住房产权，逐渐通过化解楼市库存的方式，吸纳进城务工人员安居乐业。在住房产权时间延长的预期下，现阶段楼市的供给和需求会回落到一个理性的范畴。

第四，引入外资，调整中央、地方财政资金供给结构，做实城镇化的发展资金供给。中国的城镇化需要调整资金供给市场的发展思路。原来我们强调利用政府财政资金＋社会资本来充实城镇化发展的资本金。但是，这个资本金的运作方式只是追求城镇化的速度、效率，而忽视城镇化的质量和人性考量；并且一些地方政府或地方性投融资平台已经出现负债较为严重的情况。从供给侧考虑，引入外资进行投资、管理地方的城镇化社区，适当调整中央、地方的财税责任关系，有效改善城镇化资本金的供给结构，特别是改善资本金的使用模式，把人性化的、科学的城市管理模式一并引入下一阶段中国城镇化的建设中，有助于改善城镇化发展模式。

无论是产业后备军，还是土地后备军，都是对城镇化发展做出过甚至还将继续做出巨大贡献的力量。需要做的是，把这些发展的力量和新阶段中国城镇化供给侧结构性的改革结合起来，找到一条成本代价更低、发展模式更多元、利益关切更倾向广大劳动人民的城镇化道路，让城镇真正成为经济发展的"永动机"，让产业后备军和土地后备军所对应的那些利益主体，真正享受到城镇化带来的便利，实现"以人民为中心"的城镇化。

第六章　中国刘易斯转折期的城镇化道路和城镇竞争力：后工业化的改良思路[*]

第一节　城镇化刘易斯转折期的矛盾与后工业化发展思路

中国经济 40 年来的高速增长已经使其经济社会发展迈入了工业化中后期这样一个特殊的历史阶段，而中国的城镇化自 2004 年起也经历了近十余年带有"刘易斯转折"现象的过渡时期。其特殊性主要表现为"五个并存"，即：城镇人口总量过剩和结构性短缺并存；城镇高增长与高能耗高污染并存；高增长与刚性的就业压力和就业竞争并存；高增长与民生产品和服务的供给存在总体和结构上的短缺并存；高增长与收入分配差距持续拉大现象并存。这些并存现象比较集中地在中国工业化程度较高的一些大城市或特大城市中反映了出来，工业化、城市化的加速运行似乎成了上述矛盾现象的主要诱因。

一些学者更进一步地将上述现象解释为中国的工业化和城市化不相匹配，[①] 或"刘易斯转折"现象（蔡昉，2010a，2010b）等，其中，认为中国

---

[*] 本章相关内容发表于《中国工业经济》2010 年第 10 期，题为：《中国城市化道路的检视与思考——后工业化经济试验区的前瞻性探索》。

① 理论上讲，城市化与工业化的发展具有同步性（[美] 伊恩·罗伯逊：《现代西方社会学》，河南人民出版社 1988 年版，第 737 页）。但这种同步只是一种趋势描述，而绝不是"齐步走"。城市化与工业化相互匹配与否关键取决于城市化过程中的劳动力供需是否平衡（丁成日：《城市增长与对策——国际视角与中国发展》，高等教育出版社 2009 年版，第 6 页），进而出现城市化的三种模式：当农村转移出来的劳动力完全被工业发展所吸收，城市劳动力供需平衡时，城市化与工业化是相匹配的模式；当农村转移出来的劳动力不能完全被工业发展所吸纳，就出现"城市化有余、工业化不足"的模式；当农村转移出来的劳动力不能满足工业扩展所需时，则是"城市化不足、工业化有余"的模式。

"工业化有余而城市化不足"的观点颇为流行。比如郑新立（2004）指出，当前城市化水平滞后工业化约 10 个百分点，工业建筑业占 GDP 的比重达到 51.1%，但城市化水平只有 36.2%，其中 5 个百分点由外来务工者提供。这一水平比发达国家低很多，比许多工业化程度相近的发展中国家也要低 10 个百分点以上。孔祥智（2003）认为，到 2000 年，中国的城市化滞后于工业化 8.1 个百分点，滞后于非农化 47.9%；而刘卫东（2009）引用世界银行的研究认为，中国城市化滞后工业化 10 个百分点左右。蔡昉更进一步地指出，改革开放以来，中国城市化发展每年大概增长 1 个百分点，但与高速发展的工业化相比，城市化的增长显得微不足道，并且中国目前大概 46% 的城市化率是依靠定义①堆积出来的，很大程度上是一种统计意义上的城市化，他将其称为"非典型化的城市化"。到 2019 年，中国的城镇化率接近 60.60%，②但这仍不足以匹配中国大陆超高的工业化水平，至少在政府规划报告中，提升城镇化率来缓解经济社会发展的矛盾仍旧是不二法门。

由以上论述观之，低城市化率愈发成为中国经济发展中的各种深层次矛盾的引致因素。

但值得注意的是，以上学者的研究侧重于从整体上刻画中国城市化与工业化的大体关系，这种"总体上的低城市化率"并不能较好地解释具体城市或城市群发展过程中所出现的诸多矛盾问题。因为，类似中国上海或深圳这样的城市中还存在着比较明显的"城市化有余、而工业化不足"的问题（陈阿江，1997；董黎明，1999；邓宇鹏，1999），"一刀切"地认为中国城市化滞后于工业化并不符合各地区的实际情况。因此，简单地希望通过提高城市化率来化解各种矛盾，不仅无助于问题或矛盾的最终解决，有时甚至可能带来背道而驰的结果。

虽然我们难以从"中国的城市化与工业化是否相互匹配"的角度得出明确而一致的结论，但以上学者的研究无疑使我们的注意力聚焦到了中国的各类城市（群）之上：作为上述矛盾问题的载体，城市或城市群的发展规划显然成为化解上述矛盾的一把钥匙。正如张鸿雁指出的那样，工业社会急剧的变迁过程，集中了当时人类社会发展中的种种矛盾和问题，如土地问题、流民问

---

① 这 46% 的城市率是指在城市居住 6 个月以上的常住人口占总人口的 46%，但我们很多"在城市居住 6 个月以上的常住人口"依然是农业户口。中国城市化水平虽然提高了，但具有城市非农户口的人的比重上升却微不足道，城市化水平的提高主要是由于居住在城市但依然是农业户口的人数的增加造成的，参见蔡昉：《大国经济的刘易斯转折》，载于《新华文摘》2010 年第 8 期。

② 见国家统计局网站。

题、环境污染问题、住宅问题、就业问题、城市犯罪问题等，这一切都将无一例外地在工业化的载体——城市之中展现出来。① 这一观点也和 H. 钱纳里提出的"在一个相对均衡发展着的国民经济体中，城市化可能表现为整个社会链条上的各类事件的最后结果"② 的观点相耦合。

　　显而易见，中国的城市（群）的发展是衡量中国工业化和现代化发展的结构与水平的重要尺度。那么，中国城市发展的阶段性情况到底如何呢？2019年发布的《中国城市竞争力报告 No. 17》关于中国 293 个样本城市综合竞争力的数据分析给出了答案。目前，中国城市分布在各个发展阶段的都有，但发展较不平衡（见表 6−1）。其中，处在工业化初期阶段的城市有 88 个，处在工业化中后期阶段的城市共 66 个，一共占到该报告所观测城市总数的 52.4%，即超过半数城市处于工业化初期、中期和后期的阶段。另外，从竞争力的角度看，前工业化阶段的城市竞争力指数最低，只有 0.347；后工业化阶段城市竞争力指数最高，达到 0.689，这说明，超过半数处于工业化的初期、中期和后期的中国城市，其未来的发展潜力和成长性都很强，向后工业化城市的发展标准趋近对于提高各类城市的竞争力水平的作用是不言而喻的。因此，瞄准后工业化的城市标准，做好中国城市未来发展的战略规划对于缓解工业社会日益凸显的各种矛盾显得尤为重要、尤为紧迫。

表 6 – 1　　　　　　　　中国城市发展阶段综合竞争力分布比较

发展阶段	城市总数（个）	综合竞争力指数	排名
前工业化	70	0.347	6
工业化初期	74	0.432	5
工业化中期	60	0.541	3
工业化后期	25	0.680	2
后工业化	12	0.689	1
资源型城市	52	0.445	4
全国	293	0.450	—

资料来源：关于 293 个城市竞争力的详细排名数据参见倪鹏飞等：《中国城市竞争力报告 No. 17》，社会科学文献出版社 2019 年版，第 1～44 页。

---

　　① 张鸿雁：《循环型城市社会发展模式——城市可持续创新战略》，东南大学出版社 2007 年版，第 47 页。

　　② ［美］钱纳里：《发展模式：1950～1970》，经济科学出版社 1988 年版，第 62 页。

另外，从表6－1中处于工业化时期的城市占"半壁江山"的情况来看，实际上也反衬出各种矛盾的出现，总体上是与当今中国所处的这个工业化中后期的特定历史发展阶段高度相关的，有些矛盾的出现也的确带有一定的客观性。但这是否意味着，中国经济必定要在发达国家业已走过的这条长达百年之久的、充满了各种曲折的"工业化中后期"的发展道路上亦步亦趋，并长时期地停留于工业化中后期的"发展陷阱"中呢？也不尽然。我们在工业化中后期这个特定的历史阶段一心一意埋首于发展经济、扩展城市、追求较高经济增长率的时候，何妨稍微"停"下来，观察一下"前方"已处于（或刚迈进）"后工业化社会"的发达国家（尤其是其典型的城市、社区等）所采取的新兴发展模式有哪些可资借鉴之处，并及时调整我们的城市发展战略，通过对中国的工业化和城市化发展路径做出某种"跳跃性"或"前瞻性"的处理，争取充分压缩工业化中后期的发展时间并规避其诸多弊病，及时在发展的增量中引入更多的"后工业化"元素，以实现中国经济超常规发展的目标。

毋庸置疑，实现这种超常规发展的方式和途径应该是多种多样的，其中一条较为可行的路径就是在中国的一批二线城市群中建立起有影响力和带动力的"后工业化经济试验区"，推动中国经济尽快迈入后工业化的门槛，并有效改善城镇劳动力流动和就业的各种瓶颈问题。本章着力于对"后工业化经济试验区"这一理论设想做一前瞻性分析，结构安排如下：首先，讨论中国的大型、特大型城市为什么不宜作为"后工业化试验区"的首选地区；其次，讨论中国二线城市群建立"后工业化经济试验区"的理论可行性；再次，分析建立"后工业化经济试验区"的具体政策方案；最后是小结。

第二节　中国的大型、特大型城市为什么不宜作为"后工业化试验区"的首选地区

大型城市和特大型城市是工业化、城市化发展的伴生物。中国大型或特大型城市的"城市病"显然已经在"工业化中后期"这样一个特殊的发展阶段暴露无遗，要立即在这些大城市推动建立"后工业化经济试验区"来缓解"工业化和城市化弊病"却并不现实，原因在于四个方面。

（1）大型或超大型城市高密度的"钢筋混凝土"基础设施不可能在短期得到"后工业化改良"。一是改良的经济成本太高，二是这些城市中可资利用的城市闲置空间在资本要素对土地要素的替代推进至临界点时已经几乎没有或

异常狭小，无法通过"见缝插针"地铺设一两块绿地或栽种几排树木来根本缓解或抵消"钢筋混凝土"基础设施所带来的诸种弊病。

（2）工业化的加速效应和大城市的集聚效应之间有一种"互增强"的引力作用。工业化中后期的经济增长模式往往是"投资"带动的"外生"增长模式，其"加速"效应表现在对资本或追加资本的积累有极高的需求，而大城市或超大城市对资本、人才、技术等要素的聚集能力则很好地因应了上述需求。一方面，大城市对资本、技术、人才等要素的集聚能力越强，它就越能提供工业化"加速"所需的追加资本，并以各种"建设项目"的形式在大城市的各个角落里面铺陈开来；另一方面，工业化中后期发展所"注入"的资本越充分，工业化加速发展对经济社会发展的各种影响（不论是正面的还是负面的）都无一例外地会在大城市中表现出来。

（3）就业压力的刚性约束。众所周知，中国工业化中后期的大城市除了具有聚集各种要素推动经济高速增长与发展的平台功能之外，还具有提供大量就业岗位的"就业吸纳器"功能。人们之所以愿意生活在污染无处不在、精神及经济压力较重的大城市里，从根本上说，还是源自这里能够提供给他们一份有收入的工作（或机会），在大城市或超大城市推动后工业化发展战略将可能引致结构性失业成本。

（4）目前中国的大城市蔓延扩展所带来的收益①大于城市规模扩展之后所带来的各种成本（即"城市病"），因而大城市规模的自行扩展还会延续一段时间，直到其带来的边际收益等于边际成本时为止。这种趋势意味着在大城市或特大城市推动"后工业化战略"，并不符合其本身所具有的比较优势。

从以上分析可以看出，强行在大城市或特大城市推动建立"后工业化经济试验区"，不仅经济成本代价极其高昂，而且一时也无法找到其他更好地维持经济增长、提供大规模就业以及提高集聚效应和降低交易成本的替代平台。所以，中国大城市或特大城市并不是建立"后工业化经济试验区"的首选区域。

第三节　中国二线城市群建立"后工业化经济试验区"的理论可行性分析

中国大城市周边的许多二线城市群相对于大城市而言，具有建立"后工业

---

① 这种收益主要是指大城市的集聚效应增加，以及使交易成本内部化并不断降低的趋势。

化经济试验区"的比较优势，主要体现在：它们并不是实现工业化战略（尤其是重工业化战略）的主要载体，其可用于规划"后工业化经济试验区"的城市空间还相对比较富余，可塑性较强，具备了在处于"工业化中后期"的大城市和尚未进入工业化社会的农村之间建立"后工业化经济试验区"的缓冲地带的可能。而且，这种"缓冲地带"的缓冲功能主要表现在抑制工业化中后期大城市以辐射模式、正面地向外蔓延①的增长模式，防止处于工业化中后期的城市及其带来的弊病以滚雪球似的速度增长并无节制地向外蔓延。

进一步需要探讨的是，中国的某些二线城市群如果被定位于"后工业化经济试验区"的试点区域，那么，它们在经济、行政和技术制度上是否并且在多大程度上能够支撑起这种定位，其重要的比较优势具体表现在哪些方面。要回答这个问题，我们首先需要明白"后工业化经济试验区"究竟有哪些比较明显的指标；中国的这些二线城市群的特点对于实现这些指标有何关联，其内在的契合性又是什么。

一、"后工业化经济试验区"的基本指标

我们对发达国家一些已经进入或正在进入后工业化的城市进行观察之后发现，关于"后工业化经济试验区"的基本指标，主要应体现在以下五个方面。

第一，工业化中后期传统城市功能逐步丧失，取而代之的是信息的创造、交换和使用的新功能。城市的分散化和向外扩散形成了由人流和信息流联系起来的、复杂的城市系统；在这个城市系统中不同的组成部分都同样地卷入了一个摒弃旧活动、获取新活动的过程。②

第二，后工业化过程中，传统就业岗位的大量流失以及这些传统制造业的大规模衰退。所有这些都与交通物流中心（如铁路货物站场、港口设施）的重组和重新布局相关联，导致了发达国家城市进一步的就业岗位流失和大规模衰退。③

第三，后工业化城市基本实现了从工业化生产模式向信息化生产模式的根本性转变。考林·克拉克在 1940 年就已注意到，根据就业和 GDP 的比例，发

---

① 这种蔓延模式一般表现为大城市与邻近地区已存在的中心相互融合并将其"吞并"的过程。

② Meijir M. Growth and decline of Ruropean cities：Changing positions of cities in Europe [J]. Urban Studies, 1993 (6)：981 - 990.

③ Peter Hall. Modelling the post-industrial city [J]. Future, 1997 (4)：311 - 322.

达国家经济稳步地由制造业转向服务业的比例不断上升。最典型的是，在 20 世纪 80 年代后期，如像美国、英国、德国和日本等发达国家有 65%～75% 的劳动力从事服务业，30%～40% 集中在信息服务业。①

第四，后工业化城市的服务业更加追求高端、竞争力和经济性，以使其更好地适应新的国际、国内劳动分布。"许多后工业化城市吸引、发展诸如银行金融、商务服务、公司总部、政府机构、旅游业、创造性产业和文化产业等高端服务产业。其结果是，许多城市在 20 年内将其自身由制造业城市转型为服务业城市。然而，20 世纪 90 年代已产生了另一种形式的不稳定——发达的服务业自己也在进行重组，寻求经济性和竞争力，但其经营带来的负面效应结果主要表现在服务业正重新布局到成本最低的区位：有时是在本国的一些较小的城市，有时是在较不发达国家里工资水平较低的城市，同时造成发达的服务业遭受到大规模的就业流失"。②

第五，后工业化城市具有较典型的"多中心性"，而不是具有超强集聚能力的单中心城市结构或"向心力"模式。众所周知，传统工业化城市倾向于单中心特别是 CBD 结构的主要原因就在于其具有的强大经济聚集能力，但许多证据表明，在工业化向后工业化转折的关键时期，一些最大的全球城市的中心区，其就业实际上是下降的（见表 6-2）。"制造业和物流活动外移，先进的通信使常规性服务业在各省、州内的城市，甚至是其他国家的'低工资城市'更有效地运作。最近在伦敦和纽约都可以看到尽管非常丰富多样的活动可能表明有财富在增加，但只有很少一部分的先进服务业领域有就业增长。存在着无就业增长的过程，对减少交通拥挤，甚至减少为住房提供用地都是有好处的；但对那些不愿意或没有能力去其他地方寻找就业机会的劳动者来说是最不利的。所以工业化中后期的城市经济表现出一种极化过程，少数人非常富有，而其他人面临着长期的结构性失业问题"。③

---

① Clark C. The conditions of economic progress [M]. MacmillLan, 1940.

② Castells M. The informational city: Information technology, economic restructuring and the urban – regional process [M]. Basil Blackwell, 1989.

③ Gordon P and Rchardson H W. Employment Decentralization in USM etropolitan Areas: Is Los Angeles the outlier or the norm? Environment and Planning A, Vol. 28, No. 10, 1996: 1727 – 1743.

表6-2　　纽约、伦敦、东京工业化向后工业化转变时期各产业就业变化　　单位：%

产业	纽约	伦敦	东京
	1977~1985年	1981~1991年	1975~1985年
农业	—	36	3
制造业	-22	-48	-12
建筑业	-30	-10	1
交通和通信业	—	-14	5
银行、保险、房地产业	29	36	-3

资料来源：根据［美］斯奇雅·沙森著，周振华等译，上海社会科学院出版社2005年版：《全球城市：纽约、伦敦、东京》，第122~123页表整理计算而成。

第六，后工业化城市是在工业化城市的制造业持续衰落、服务业比重快速上升，以及城市的服务、管理功能日臻完善的过程中逐步演化而来的，其历史转变轨迹具有渐进式演化的特征。以旧金山为例，其从工业化城市转变为后工业化城市的历程超过了一百年，并且大致经历了如下三个阶段。第一阶段是19世纪后期旧金山城市化快速进行并基本实现工业化的时期。"旧金山建市之际适逢美国西部淘金热，随即便进入工业化阶段，并在西部城市化浪潮中跳跃式发展，短短几十年功夫，便成为美国西海岸最大、综合性最强的主要工业城市之一"。① 第二阶段，是20世纪初期直至二战之前，旧金山开始从工业化城市向后工业化城市转变。"这个时期，旧金山市的城市面积保持稳定，但人口增长很快，产业结构改变十分明显。制造业比重总体上呈降低之势，很多传统制造业企业在市内重新选址或外迁。与此同时，服务业比重快速上升，城市服务、管理功能日益突出。1940年，旧金山城市人口达到63万多人，已经面临城市发展如何定位的问题"。② 第三阶段，从20世纪中叶至今，是旧金山市进入后工业化时期并逐步完善的阶段。到1980年左右，旧金山已经从1950年的一个工人阶级占多数的城市转变为一个典型的后工业化城市。此后，旧金山市的制造业比重逐渐维持在一个相对稳定的水平。旧金山市与周边地区经济社会

① Barth Gunther. Instant cities：Urbanization and the rise of San Francisco and Denver ［M］. New York：Oxford University Press，1975.

② 韩忠：《后工业化城市与制造业——以旧金山为例》，载于《城市问题》2008年第11期。

一体化不断加强，继续发挥着湾区中心城市的功能。①

　　第七，后工业化城市中的企业具有 PDR 产业率低、② 经过了明显的技术革新、规模较小以及采取柔性制造的特征，社会的职业结构也随着产业结构的演变而发生动态变化。正如丹尼尔·贝尔③指出的那样，在工业社会后期，工业科学技术积累到一定程度时，工业社会就会发生变化，这个变化的本质，就是传统的工业生产形式被新兴的生产形式取代，进而形成一种全新的生产与生活方式。人类的城市化在工业社会进入高级化发展阶段时，传统工业社会出现某种终结，如在美国的城市产业中，1954 年白领阶层的人数已经超过工人阶级的数量，社会的职业结构、产业结构在发生变化。在一些发达的大城市中，推动城市发展的力量已经不是工业化，而是服务产业的发展，如纽约、巴黎、伦敦等，城市中服务产业及其就业结构已经超过 80%。实际上，丹尼尔·贝尔的研究与托夫勒在《第三次浪潮》中关于人类从 1955 年开始进入后工业化社会阶段的预测相吻合。④

　　以上关于后工业化城市的特征，其实都是在某种程度上对工业化带来的城市弊端的"摒弃"基础之上所采取的"纠正"措施。换个角度说，既然我们已经观察到了国外工业化城市向后工业化城市演变较为漫长而曲折的道路，我们是否可以在规划本国区域和城市发展时，有意识地避开那条"因循"西方工业化向后工业化过渡的老路，并转而直接从城市或区域的基础设施、功能布局安排、产业结构以及社会成员的工作、生活模式上做出一种基于后工业化的创新安排，在试点的基础上逐步形成辐射带动效应呢？笔者认为这种可能性是存在的。对中国而言，工业化与后工业化并不是非得按部就班、拾级而上的先后过程，而是可以采取并行不悖运行以实现超常规融合式发展的可行路径。

　　────────────

　　① Ciabattari Mark. San Francisco：The Making of a Uni – Class City ［J］. North American Review，1983（12）：52.

　　② "PDR 产业"是生产（Production）、配送（Distribution）和维修（Repair）3 个部门的简称。具体说来，又可以进一步分成 9 类，即食品和饮料的批发与配送；时装设计与制作；递送服务；竞赛组织与安排；建筑承包与建材供应；家具、设备、器材批发零售及家具制造；打印、设计、摄像、制片、绘图设计、录音；汽车、卡车、设备、器材与家具维修；特殊装置、显示器、家具、民族传统木料、金属机件的制造。它"被广泛认为是留在该城市的无烟工业"。通过以上界定，可以看出，现在的 PDR 产业，涵盖面除了制造业部分领域，同时还包括一些支持性服务业，如批发、配送、销售、机械设计、技术维修等，与传统的制造业、建筑业及维修等产业有紧密的承继关系并以其现代变体为主干，成为旧金山现代城市多元经济的有机构成。

　　③ 丹尼尔·贝尔著，王宏周等译：《后工业社会的来临——对社会预测的一种探索》，商务印书馆 1984 年版，第 15 页、第 356～357 页。

　　④ 阿尔温·托夫勒：《第三次浪潮》，新华出版社 1997 年版，第 457 页。

二、中国二线城市群的比较优势及其与"后工业化"的指标关联和契合性

具体地讲，本书意义上的二线城市群应该有哪些呢？对此问题，我们参照高汝熹等（2008）的方法，以城市经济势能的大小作为基本度量标准，[①] 将中国大体分为19个城市群，并划分了其级别，同时也标注了在这些城市群中国家已经安排的各类试验区的试点范围（见表6-3）。

表6-3　　　　　　　　　　中国基本形成的19个城市群

序号	Ⅰ级城市群	Ⅱ级城市群	已有的改革试验区
1	北京　天津　承德　唐山 保定　廊坊　张家口	遵化　迁安　定州　涿州 安国　高碑店　霸州　三河	全国综合改革配套试验区（天津滨海新区）；天津自贸区
2	长春　吉林　四平　辽源	九台　榆树　德惠　桦甸 蛟河　舒兰　磐石　双辽 公主岭	
3	成都　绵阳　德阳　眉山 乐山　资阳	都江堰　彭州　邛崃　崇州 江油　什邡　绵竹　广汉 峨眉山　简阳	全国统筹城乡综合配套改革试验区（成都、重庆）；四川自贸区；重庆自贸区；成渝地区双城经济圈
4	重庆	南川　永川　合川　江津 涪陵区　万州区	
5	大连	庄河　普兰店　瓦房店	辽宁自贸区

---

① 这里的经济势能大小，高汝熹等（2008）采用中心城市市区非农业人口规模和中心城市的GDP比重来度量。中心城市的条件有两个：第一，非农业人口规模必须在200万人以上；第二，非农就业人口比重必须达到70%。依据这些条件，全国的中心城市共计21个，分别是：上海、北京、天津、广州、南京、沈阳、武汉、长沙、济南、石家庄、成都、杭州、太原、西安、佛山、长春、哈尔滨、青岛、汕头、重庆、大连。并按市区国内生产总值为1500亿元为准线，划分了Ⅰ级城市群（大于1500亿元）和Ⅱ级城市群（低于1500亿元）。参见高汝熹等：《2007中国都市圈评价报告》，上海人民出版社2008年版，第8～10页。

序号	Ⅰ级城市群	Ⅱ级城市群	已有的改革试验区
6	广州　韶关　河源　清远 肇庆　佛山　东莞　惠州 深圳　江门　中山　珠海 阳江	增城　从化　乐昌　南雄 连州　英德　罗定　高要 四会　台山　鹤山　开平 恩平　阳春	全国综合配套改革试验区 （深圳）；广东自贸区
7	杭州　嘉兴　湖州　宁波 绍兴　舟山	上虞　嵊州　诸暨　义务 临安　建德　富阳　余姚 慈溪　奉化　海宁　平湖 桐乡	浙江自贸区
8	哈尔滨　绥化	安达　海伦　肇东　双城 五常　尚志　阿城	
9	济南　德州　淄博　莱芜 泰安　聊城	乐陵　禹城　章丘　新泰 肥城　临清	
10	南京　常州　扬州　镇江 滁州　芜湖　马鞍山	高邮　江都　仪征　溧阳 金坛　丹阳　扬中　句容 天长　明光	
11	青岛　日照	胶州　即墨　莱西　平度 胶南	
12	沈阳　铁岭　抚顺　辽阳 鞍山　营口　盘锦　本溪	调兵山　灯塔　开原　新民 海城　大石桥　盖州	国家新型工业化综合配套改 革试验区（沈阳）；辽宁自贸 区
13	石家庄　保定　衡水　邢台 阳泉	辛集　藁城　鹿泉　晋州 新乐　定州　涿州　高碑店 安国　冀州　深州　南宫 沙河	
14	汕头　揭阳　潮州　汕尾	陆丰　普宁	
15	上海　泰州　镇江　常州 无锡　南通　苏州　南京 扬州　嘉兴　杭州　宁波 绍兴　湖州　台州　舟山	兴化　泰兴　靖江　姜堰 丹阳　扬中　句容　溧阳 金坛　江阴　宜兴　启东 如皋　通州　海门　常熟 张家港　昆山　吴江　太仓 仪征　高邮　江都　海宁 平湖　桐乡　建德　临安 富阳　余姚　慈溪　奉化 诸暨　上虞　嵊州　临海 温岭	全国综合改革配套试验区 （上海浦东新区）

续表

序号	Ⅰ级城市群	Ⅱ级城市群	已有的改革试验区
16	太原　阳泉　晋中　忻州	古交　原平　介休	—
17	武汉　孝感　黄冈　鄂州　咸宁　黄石	仙桃　应城　汉川　安陆　大冶　麻城　武穴　赤壁	全国资源节约型和环境友好型社会建设综合配套改革试验区；湖北自贸区
18	长沙　株洲　湘潭	衡阳　岳阳　常德　张家界　益阳　郴州　永州　怀化　娄底	
19	西安　咸阳　渭南　铜川　商洛	华阴　韩城　兴平	陕西自贸区

注：本表的城市群划分，并不是人口规模，以及市区国内生产总值达到设定的指标我们就将这样城市列入其中，关键要看相应的城市是否存在经济、地理、文化等方面的内在联系，而非在一省范围内"拉郎配"。比如，莆田市、合肥市等单列指标均达到设定标准，但其周边并未形成明显的城市群，所以也未将其列入；而长株潭城市群虽然就个别城市而言，其指标略低，但因其"两型"社会试验区建设和改革的联系紧密，故特别列入表中。

资料来源：高汝熹等：《2007中国都市圈评价报告》，上海人民出版社2008年版，第8~10页数据整理而成。

如果将表6-3中的中国二线城市群（即Ⅱ级城市群）定位于"后工业化经济试验区"的备选区域，笔者认为这完全是取决于其本身的比较优势与后工业化城市的特征具有某种关联性和契合性。

第一，这些二线城市群所受到的工业化加速阶段的负面影响相对较小，特别是资源能源高消耗、污染排放严重、高密度的城市布局以及快节奏、高压力的生活工作方式[①]并未完全在这些二线城市群兴起，选择适合的二线城市群试点"后工业化经济试验区"不必付出高昂的治理成本。

第二，中国的大型或特大型城市（即Ⅰ级城市群）的制造业尚未向二线城市群形成大规模的产业转移，这就有利于从核心产业的角度，按照"后工业化城市"的标准来设定并布局这些二线城市群的主导产业，从而避免工业化中后期制造业存量大规模地向二线城市群转移之后的"消解难题"。

第三，中国的二线城市群多数靠近农村，农村大量的青壮年农业富余劳动力，能够为二线城市群的"后工业化经济试验区"建设输送所需的劳动力

---

① 贫困问题在中国各类城市、县乡都存在，只是程度和主要人群有所差异而已，这里并不列入贫困这一指标。

资源，可以有效缓解青壮年农业富余人口的就业问题，[①] 这本身也可能成为一种多赢的就业疏导选择。

第四，与工业化中后期的大型或特大型城市相比，中国二线城市群现有的工作节奏、生活压力以及劳动强度相对较低，因而，在某种程度上与"后工业化经济试验区"对人的自由全面发展方面的要求具有契合性，后工业化社会所强调的还是对人工作时间之外的闲暇、娱乐、精神艺术发展方面的效用，而不是片面地追求财富占有或物质层面的消费所带来的效用。因此，在有条件的二线城市群布局休闲产业和服务产业以推动"后工业化经济试验区"建设就具有明显的比较优势。

第五，以二线城市群作为基础布局"后工业化试验区"符合向"多中心"试验区演化的特征，因为二线城市群中的各城市都具有相对的独立性，便于按照优势互补、合理分工的原则使其融入试验区建设。

以上分析表明，将中国的部分有条件的二线城市群作为"后工业化经济试验区"，在中国现有的工业化增长格局中增添一些"后工业化元素"，并不是一个遥不可及的目标。只要找到适合的二线城市群载体，工业化与后工业化并行不悖的融合式发展新路径在中国现有发展格局下是完全可能实现的。

第四节 建立"后工业化经济试验区"的政策方案

"后工业化经济试验区"所展示的是一个完全不同于工业社会的前景，它在重新结构化的时候，将以全新的面貌出现。[②] 后工业社会必然会继承工业社会物质上和精神上的一切积极成就，但这种继承并不意味着工业社会的发展路径会被一成不变地延续下来。也就是说，我们试图建立的"后工业化经济试验区"，在政策方案的设计上必须要带有超前性和创新性，同时也要考虑所选择的二线城市群的实际发展水平以及社会承载能力，从突破关键环节和难点入手，推动后工业化试验区试点成功。

一、政府公共治理模式的变革

"后工业化经济试验区"必然要求与之相适应的政府公共治理模式。希望

---

① 相当于在大城市和农村之间建立起一个就业缓冲带。
② 张康之：《论后工业化进程中的社会治理变革路径》，载于《南京社会科学》2009 年第 1 期。

用传统的工业化条件下的政府公共治理模式去管理"后工业化经济试验区"，既有悖于建立"后工业化经济试验区"的初衷，实际的管理过程也将南辕北辙。根据我们对西方已处于后工业化发展阶段的城市和社区的历史演变分析与现实观察可以看出，后工业化社会已经呈现出多元化的发展趋势，社会成员的诸种需要在无法得到满足时，都必然会向政府提出终极性诉求，而此时的政府则成为这种多元社会诉求的终极平衡者。政府将变得越来越不堪重负，"政府失灵"现象也会集中成批地凸显出来。创建"后工业化经济试验区"所要求的政府公共治理模式的变革，是不能仅仅寄希望于从政府内部结构去寻求变革的行动方向和方案的；必须要借助于社会成员、社会非政府组织（NGO）、社会资本等外部力量参与"后工业化经济试验区"的共同治理，方可提高公共治理的效率和社会整体满意度，并降低政府公共治理的压力①和成本。

　　仔细观察西方国家及其城市的后工业化社会，其本质特征并非在于"物"化层面的资本、技术、基础设施等条件，而是在于人的"个性化追求"在合法的限度内被社会最大限度地承认，也就是追求"人的自由全面发展"。从这个角度来理解后工业化城市的社会成员具有广泛而复杂的需求，并要求全新的社会公共治理模式与之相适应，就不是一个"空中楼阁"式的设想了。据此思考，农业社会和工业社会赖以立足的"自上而下分而治之"的政府公共治理模式如果沿用"后工业化经济试验区"的公共治理，则不可避免地会出现治理误区、治理盲点和治理过度的缺憾，从而阻碍"后工业化经济试验区"的建立和发展。

　　"后工业化经济试验区"公共治理的目标当然是为了打破沿袭于农业社会和工业社会的"等级差别"，并有效地化解不同阶层人群之间的利益冲突，实现试验区公平正义基础上的"人的自由全面发展"。按照此目标，我们应当把"后工业化经济试验区"政府公共治理的模式定位于"政府＋社会资本＋社会组织＋社会成员互助"的有机结合形式，把政府公共治理模式变革的动力与方向置于"后工业化经济试验区"社会的整体层面之上，以求深入变革其治理结构与目标，实现"后工业化经济试验区"是一个"合作型社会"，且其公正的秩序是内生于这个社会，而不是通过"少数人擘划或

---

① 托夫勒认为，工业社会的政府"建立在错误的规模上，不能适当地处理跨国问题，不能处理相互联系的问题，不能跟上加速的推动力，不能适应高水平的差异性，这使负担过重而陈旧的工业时代政治技术正在崩溃"。参见阿尔温·托夫勒：《第三次浪潮》，新华出版社1997年版，第457页。

强力安排而加于这个社会之上的目标"。①

二、后工业化试验区选址

我们初步将"后工业化经济试验区"定位于中国的部分二线城市群，但具体的选址仍旧是一个绕不开的难题。尽管根据前文所划分出来的 19 个主要城市群，我们已经将"后工业化经济试验区"的选址范围缩小了许多，但试验区具体选址的门槛及标准的确定仍旧不是一件简单的工作。这里我们只能做一个探索性的分析。第一，这 19 个城市群中，Ⅰ级城市群由于几乎是大城市或特大城市，根据本书第一部分的分析，可以将其排除在试验区试点范围之外；第二，国家已经于该地区展开试点的其他类型试验区所在的城市群可以排除在"后工业化试验区"试点之外，②"北京—天津"Ⅱ级城市群、"成都—重庆"Ⅱ级城市群、"广东—深圳—珠海"Ⅱ级城市群、"沈阳—本溪"Ⅱ级城市群、"上海—杭州"Ⅱ级城市群、"武汉—长株潭"Ⅱ级城市群，因国家已批准其设立不同类型的试验区，从各地区均衡发展和不打乱既有试验区政策部署的角度看，这些既有试验区所在的城市群是可以被排除在外的。剩下的，就是在尚未设立试验区的其余十三个Ⅱ级城市群中选择合适的地区加以试点。客观地讲，要选择一个或多个城市群作为试点地区必须综合考虑多种因素，并进行实地调研后，才能做出审慎的决策，但那已经远远超出本章的论述范畴。本章要做的工作，就是从前后理论逻辑相一致的角度提出"后工业化经济试验区"选址试点的一些评判标准供相关部门参考，而不是草率地提出哪些Ⅱ级城市群应该入选"后工业化经济试验区"的试点范围。

根据前文分析可知，后工业化社会是一个多元性社会，各种社会群体或阶层之间的差异性和利益冲突是能够通过"合作"来尽可能地化解的。因而，备选的这些中国的二线城市群必须要有较强的消解这种多元性诉求的社会氛围与技术条件。因此，"后工业化经济试验区"的选址标准至少应该包括以下几条。

（1）拥有大学城、高科技示范园区或工业创新园区。这些大学城或高科

---

① 张康之：《论后工业化进程中的社会治理变革路径》，载于《南京社会科学》2009 年第 1 期。

② 自由贸易试验区是 2013 年以来国家逐步铺开的一种对外开放试验。最早设立的上海自贸区成立时，以上海外高桥保税区为核心，辅之以机场保税区和洋山港临港新城，成为中国经济新的试验田，实行政府职能转变、金融制度、贸易服务、外商投资和税收政策等多项改革措施，并将大力推动上海市转口、离岸业务的发展。但这种自贸区对城镇化的规划影响有限，故本章只是在表 6 - 3 中标明出来，它对城镇试验区的规划可暂不作为国家进行试验的一个模式进行考虑。

技示范园区汇聚了大量掌握前沿知识、且对多元性利益诉求及其表达机制具有较强理解能力和包容能力的知识型劳动力，在这些城市推动后工业化的社会治理安排和相应的制度创新，不会遇到较大阻力；甚至这些认同自由表达利益诉求的知识型劳动力也会参与到这个"后工业化经济试验区"社会制度建构的过程中去，至少也能带来就业、创业模式的升级换代。

（2）良好的技术支撑。"后工业化经济试验区"未必需要鳞次栉比的高楼大厦、经纬密布的高速公路、铁路等基础设施，但一定少不了发达的信息化服务平台以及新兴产业和科学技术的普遍应用。能够为这种信息技术与产业技术的应用提供人力资本、技术孵化平台和产学研充分结合的技术创新与应用推广链条的城市群就应当成为试验区选址的重点考虑对象，因为其会省去新建"后工业化经济试验区"在高新技术及人力资本引进、配置方面将要付出的巨大成本。

（3）拥有良好的社区"合作"功能。日本经济学家速水佑次郎在对东亚、东南亚发展中国家经济社会发展研究的过程中提出：发展中国家为发展所设计的经济体制，不能只是市场与国家的结合，而必须是包括社区在内的三个组织的结合。对本书所述的"后工业化经济试验区"而言，其对社区及其"合作"功能的需求同样不可或缺，因为我们所希望试点的"后工业化经济试验区"并不是存留在空气中的"乌托邦"，而是扎根于中国是一个发展中大国的具体国情基础之上的。因此，"后工业化经济试验区"就可以利用所选试点城市群社区的协商功能、建立在信任基础上的社会资本功能以及社区合作功能来弥补市场和政府可能存在的双重失灵。通过社区合作以加强地方性公共物品供给等来消解后工业社会的多元性利益诉求，并形成一种良好的社会信任及合作氛围。有这三个选址标准，则"后工业化经济试验区"选址的工作就不会背离我们试点的初衷，并且在具体试点的探索过程中还可能建立起一套科学的试验区试点筛选机制，从而为因地制宜创建"后工业化试验区"提供体制和机制上的保障。

三、后工业化经济试验区的布局方案

（一）"试验区"多中心布局的基本方案

处于工业化中后期的城市结构大多采取的是单中心模式，比较有代表性的是城市的各种要素都指向 CBD 的这样一种布局结构［见图 6 - 1（a）］。

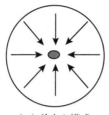
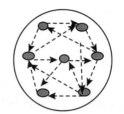

（a）单中心模式　　　　　　（b）多中心模式：随机流动型

图 6 - 1　空间结构与交通流

CBD 是美国城市的中心，从城市最高的地价和最高的建筑反映出办公和零售建筑的高度集聚。这里也是行人和机动车交通最集中的地方。作为交通网络，城市其他地区和城市共同界线以外开发强度不断减弱的地区都被引导向 CBD。土地价值最高的交叉点很可能就是行人最集中的地方，也常常是汽车交通最拥挤的地方。这就是最完美描述的单中心模式（Murphy and Vance，1954）。但近年来诸多后工业化城市及区域布局理论，譬如霍伊特（Homer Hoyt，1958）的扇形理论、哈里斯和乌尔曼（Harris and Ullman，1945）的多核心理论、贝瑞和加里森（Berry and Garrison，1958）的带状发展地带和次级中心理论以及由汉密尔顿（Hamilton，1967）提出的"离心—分散"模型都对工业化中后期的这种单中心经典城市模型提出了质疑。

按照这种单中心经典理论的说法："在宽泛的、城市之间或区域的尺度上，是一个相对自给自足的农业经济区域，其中，城市中心与它们的农村腹地进行着物资和服务的交换；在狭隘的、城市内部的尺度上是一个集聚式的世界，其中作为主导性节点的 CBD 由传统的辐射状公共交通线路与郊区联系。郊区依赖于它们的服务，也为它们提供了劳力"。[1]

但这种工业化的经典城市布局不可能关注到向后工业社会迈进时社会成员对城市及区域布局的诸多要求。

（1）城市的分散化和向外扩散形成的大量人流、物流、信息流需要适当得到疏导与分散，这些流量没有必要都经过 CBD 这样的单中心来调配。事实上，CBD 这样的单中心功能在工业化中后期的诸多城市中已经不堪重负。

---

①　Peter Hall. Modelling the post - industrial city［J］. Future，1997（4）：311 - 322.

（2）"逆工业化"的制造业外迁与高端服务业重组升级的产业格局需求。观察后工业化城市的演变发展历程，其产业格局的演变是最具有典型意义的。一方面，随着制造业中心的外迁和新兴高端服务业的崛起，不可避免地会出现一轮较大规模的结构性失业浪潮——传统产业的就业人口要继续留在城市中就业，少不了参与社会为之提供的"再就业培训"以提升人力资本（这一过程需要假以时日，因而不可能一蹴而就），大量的具有高人力资本水准的人才也会向后工业化城市涌动（但未必会及时找到适合的就业岗位）；另一方面，如果城市依然采取单中心集聚结构，那么新兴的信息、服务、金融等高端产业将必然提高城市的土地价格，并进而带动整个城市就业与居住成本大幅度上升，这显然不利于上述待就业人口的就业。从这个意义上讲，如果"后工业化经济试验区"能够采取多中心分散结构［见图 6 - 1（b）］，则不仅有利于降低待就业人口的工作搜寻成本与居住成本，[①] 而且也使整个试验区处于一种分散的均衡模式，实际上这也是大多数后工业化城市的发展模式，更有利于那些发展中经济体的城镇平稳度过刘易斯转折时期。

（3）综合性、互补性的试验区功能需要使然。由于现代信息技术特别是下一代互联网、物联网、自媒体等技术日益普及，使得不同行业、部门的工作人群之间的沟通更加快捷、方便，没有必要再拘泥于传统单中心 CBD 结构对行业、产业的高聚集能力之下。[②] 进一步讲，这种便捷的信息技术为城市功能布局更注重多中心的综合性和互补性提供了平台，其强大的信息处理能力将非常合理地调度城市内部各中心（功能区）之间的物流、商贸、资源和要素配置，而各中心只需要专注地扮演好各自的"主体功能区"角色即可。

（4）"后工业化试验区"很可能是跨传统行政区域设置的因素所致。由前文所述可知，中国的"后工业化经济试验区"主要应该从表 6 - 3 所描述的那些尚未设立其他类型试验区的二线城市群中筛选，因而要在这种跨传统行政区划设置试验区的条件下以其中某座城市作为试验区的"单中心"，显然会遭到试验区所在城市群的其他城市的抵制，因为这种单中心结构在促成各种要素向其中心集聚的时候，很可能造成其他城市的衰退，而这恰恰是各级地方政府所不能容忍的。因而，"多中心布局"方案至少在照顾跨行政区设立"后工业

---

①　单中心城市结构使得用地企业、待就业人口都在"向心力"的作用下向城市核心 CBD 区靠近，从而使城市中心土地价格迅速上扬，并同时带动其周围社区的生产、生活成本上升。

②　传统的 CBD 结构特别强调对不同产业部门工作人员面对面交流的重要性，以使单中心结构更加节约市场的"交易成本"。

化经济试验区"中各城市利益关切方面拥有独特的优势，而且也有利于参与试验区的各城市进行一种互补性分工，并尽可能地避免"产业同构"或"小而全"的城市经济格局形成。所以，中国的"后工业化经济试验区"采取"多中心布局"的方案应该是符合潮流、因地制宜且与后工业社会的标准相接轨的。

（二）土地在"后工业化经济试验区"中跨行业、部门和传统行政区配置

"后工业化经济试验区"既然将采取多中心的结构布局，那么，"土地资源如何配置"就成为"后工业化经济试验区"建设过程中绕不开的话题了。具体而言，"后工业化经济试验区"土地配置首先要规避高度的经济集聚所带来的人口高密度及与之伴生的拥挤、资源短缺、污染、犯罪、贫富差距拉大等导致生活质量下降的问题，其次是要实现"后工业化经济试验区"经济社会均衡发展和可持续发展的目标。考虑到东亚文化传统和人多地少的相近性国情，国外可资借鉴的主要有"东京模式"和"首尔模式"两类土地资源配置模式。

1. 东京模式

东京，作为东亚地区后工业化城市的重要代表，其从工业化时代迈向后工业化时代所采取的 TOD[①] 城市发展模式是最值得引起我们关注的。实际上，东京都市圈不过是从二战后的 50 年代到 80 年代这短短三十余年时间就完成了从工业化城市向后工业化城市的转变，而完成这一转变的最大挑战是如何扩展城市以适应东京人口增长、经济发展方式转变方面的要求。从人口增长来看，东京从 20 世纪 50 年代的 1300 余万人增长到 20 世纪 80 年代末近 3000 万人的规模，快速上升的城市人口规模必然对东京的住房、就业、交通、环境等造成巨大压力；从经济增长来看，快速的经济增长对城市的商业、住宅及工业区开发提出了很高的需求，这些需求几乎都转化为对土地特别是城市空间扩张后的农业用地征用的压力。

东京的成功之处在于采用 TOD 模式来扩张城市，并同时配合城市开发控制和有效的土地使用战略来推动东京都市圈瞄准后工业社会的水平发展。从TOD 模式来看，东京特别重视公共交通尤其是地铁的建设，使方便、快捷、舒适的公共交通系统成为东京发展的基础，城市建设布局也是沿着主要公交线

---

① TOD 模式即以公共交通为导向的城市发展模式（transit oriented development）。

路以"摊大饼"的方式展开，其结果是上班高峰时期约有73%的人搭乘地铁等公共交通通勤到东京市中心，而只有9%的人选择开私家车上班，还有一些人使用公交车、自行车、步行等方式，这对缓解交通拥挤产生了至关重要的作用。[①] 从城市开发区控制来看，日本修改了城市规划法，禁止在城市化控制地区和未开发地区进行开发活动，并将开发活动严格限制在城市化促进地区的商业、住宅以及半工业区，以防止城市无序扩展。在土地使用战略方面，东京充分考虑土地使用的边际收益和边际成本，对农业用地和森林用地的征用非常谨慎，宁可加强现有在建土地的资本密度（以提高住房价格为代价）也不轻易以稀释单位土地资本密度的形式大量征用农业、森林用地，因为整个日本尚属土地资源稀缺型国家。东京作为高人口密度的城市，其可能产生的"城市病"不是通过土地扩展能够完全缓解的，关键在于从城市规划、功能设计的角度来分散压力，这是东京模式带给我们的重要启示。

2. 首尔模式

韩国首尔都市圈的发展与东京模式有较大不同，它是在政府的规划下逐步从战后贫穷落后的城市转变为今天这样的规模和水平的。其黄金的城市发展时间不过是从20世纪60年代到20世纪90年代这短短30余年时间，其发展过程中凸显出来的首尔都市圈的过度增长、不平衡发展以及土地配置失衡问题从反面给我们以深刻的提示。韩国政府从20世纪60年代首尔城市发展起步阶段就采取了一系列政策与措施来管理快速的城市增长，其采取的方案涵盖四个阶段。第一，限制人口增长特别措施（1960~1971年）；第二，绿化带和新城战略（1972~1979年）；第三，首尔都市管理规划（1980~1989年）；第四，新城发展与城市增长政策（1989年至今）。这些规划都带有很强的行政主导色彩，因而许多规划尽管很详细，但在付诸实践的过程中却体现出了无效率、不现实或反效率。以1980~1989年首尔都市管理规划为例，尽管其提出的口号是通过区域整合来减少区域内部的不平等发展，用增长中心战略来解决区域间的不平衡发展，通过离心化（concetrated decentralization）来切断首尔都市的移民涌入链，并保证整个首尔都市区内有效的土地利用；并且设立了五个特别的功能区[②]来实现上述目标，但这种行政命令式的规划终究难以成为抵消"城

---

① Akito Murayama, Takashi Kawaguchi and Tetsuo Shimizu. Study on spatial planning framework toward regeneration of large – scale industrial and port area – from case studies of London, U. K. and Rotterdam, Netherlands [J]. Journal of the City Planning Institute of Japan, 2006（3）：719 – 724.

② 这5个功能区是：（1）迁移鼓励区；（2）限制性重组区；（3）发展鼓励区；（4）自然保护区；（5）发展预订区。参见丁成日：《城市增长与对策——国际视角与中国发展》，高等教育出版社2009年版，第51页。

市病"蔓延的良方。随着韩国政府领导人的更迭,这一阶段的规划在尚未充分展开之际便寿终正寝,取而代之的是1989年开始的新城规划,[①] 原有的五个发展功能区也被重新整合为三个。[②] 其政策的不连续性带来的是首尔新城几乎全部成为"卧城",首尔市40千米范围内的城市就业机会发展不足,就业与住宅严重失衡,土地和住房价格飙升,城市交通特别是新城——首尔的通勤状况日益恶化。[③]

韩国预算高达8200亿元人民币的"国家均衡发展五年计划",其中的措施包括限制在首都地区新建工厂、鼓励企业迁入地方等。然而,正是由于土地配置没有均衡化,致使其五年计划的实施结果仅仅表现为地方人口不断涌入首都地区,首都与地方居民收入差距持续拉大,只有一些中小企业迁往离首都地区较近的地方,并由此引发地方的不满。[④] 在这种情况下,首尔经济圈城市建设面积扩展的速度明显小于城市人口的增长速度,其所谓的"均衡发展计划"显然已成泡影。更为关键的是韩国首尔经济圈的"后工业化进程"也因此被迟滞,韩国政府那只"看得见的手"在城市规划中所扮演的尴尬角色更是可见一斑。韩国首尔经济圈的前车之鉴提示我们:土地资源在"后工业化经济试验区"内的均衡配置是试验区建设的重要约束条件。显然,我们应当对土地资源的均衡配置设计出一些创新性的方案,以实现"后工业化经济试验区"的均衡发展以及其人均意义上的生活水平有较大幅度提升的目标。

据此,我们认为:(1)可以建立后工业化试验区内土地利用指标的市场交易机制以兼顾平等与效率,特别是对于新增建设用地指标的交易应当允许跨

[①] 新城规划的内容是在未来的5年内建设5个新城,为30万家庭、120万人口提供住房。这5个新城为盆唐、逸山、中洞、山本、并川,前三个在首尔市绿化带外面,后两个在绿化带内。建设5个新城的主要目的是缓解城市住房问题和房价的飙升。城市增长政策和规划(如绿化带和首都区域规划)导致城市发展土地短缺,进而导致住房短缺和城市房价的飙升。参见宋彦、丁成日:《韩国之绿化带政策及其评估》,载于《城市发展研究》2005年第5期。

[②] 新整合的三个功能区是:(1)过度集中限制区;(2)增长管理区;(3)自然保护区。参见丁成日:《城市增长与对策——国际视角与中国发展》,高等教育出版社2009年版,第53页。

[③] 首尔都市交通恶化状况可用一组数据表现出来。该市1960年拥有的汽车数是6万辆,1980年增长到20.7万辆,1990年达到119万辆,1995年超过200万辆,1997年再增长到225万辆。1973～1993年,车辆增加了22倍,而同期城市道路只增加了22.1%,这足以说明首尔交通拥堵日益恶化的境况了,参见Ahn K and Ohn Y. Metropolitan growth management policies in seoul:A critical review.(in Kwon W and Kim K editors, Urban Management in Seoul:Policy Issues and Responses. Seoul, South Korea:Seoul Development Institute, 2001:49-72.)

[④] 陆铭、陈钊:《为什么土地和户籍制度需要联动改革——基于中国城市和区域发展的理论和实证研究》,载于《学术月刊》2009年第9期。

行业、部门以及传统行政区①的方式进行，使得"后工业化经济试验区"多中心的布局结构能够在土地资源高效利用的背景下更好地实现其产业和功能的互补性；（2）要允许"后工业化经济试验区"土地和户籍制度共同推进的配套改革，不再延续现有中国城市内部普遍存在的"城里人"和"外地人"的二元社会分割现象，使后工业化试验区中的劳动就业人口充分享有公平的教育、医疗和社会保障等公共服务，增加"后工业化经济试验区"劳动力的选择权利并免除其后顾之忧。

四、后工业化经济试验区的产业振兴

"后工业化经济试验区"的产业基础一方面要前瞻性地瞄准与后工业化经济社会发展相呼应的各类新兴产业，另一方面则必须与国家已提出的加快转变经济发展方式的战略任务相契合。所谓"瞄准与后工业化经济社会发展相呼应的各类新兴产业"，是指试验区一经成立，即将其产业中心定位于电子信息、生物医药、纳米技术、新能源新材料、低碳节能环保等战略性新兴产业之上，通过做大做强这些新兴产业，奠定试验区的经济基础，同时也借新兴产业的各种正外部性来遏制工业化浪潮中后期传统产业部门中频发的诸如污染、拥挤、高能耗、高排放等弊端，打造一个"生产发展、生活富裕、生态良好"的资源节约型、环境友好型"后工业化经济试验区"。所谓与"加快转变经济发展方式的战略相契合"，是指试验区发展这些新兴产业必须统筹于国家"加快转变经济发展方式"的整体战略框架之下，注重提高这些新兴产业的知识技术密集度和产量／资本比率，控制好产业链上下游的延伸领域，并配合多中心的试验区空间布局进行相应的产业布局，把生态、绿色、循环、低碳、环保等环节充分融入产业布局的各个节点上，在试验区内部实现相当程度的产业（链）互补性延伸，以尽可能地节约要素及资源投入，以更经济的方式推动试验区的产业振兴。

第五节　前景展望

工业社会向后工业社会的转变对中国而言只是一个时间早晚的问题，它对

---

① 因为"后工业化经济试验区"本身可能就是跨行政区设置的整合模式。

中国城镇化应对刘易斯转折也是一种合理的城镇化转型路径。有目的、有意识地率先选择部分具备条件的二线城市群作为"后工业化经济试验区"试点既是对现有工业化、城市化进程加速后各种弊端凸显的一种反思，亦是有针对性地对中国未来的城市及产业结构进行一种前瞻性的布局，力求使这些试验区发展成为遏制工业化、城市化弊端，并且具有后工业化生产、生活方式的样本，以便为将来中国向后工业化社会迈进奠定基础和减轻"转型成本"。探索建立"后工业化经济试验区"可以是本书所述各种方案的灵活组合，但这种组合必须因地制宜地考虑所选地区的经济发展水平、社会承载能力、生态资源环境禀赋和地区的风俗习惯，防止千篇一律。要力求"建成一个、带动一批、辐射一片"，把投入"后工业化经济试验区"的各种要素资源用好、用足；并且还可以考虑建立一个监管机构来考核"后工业化经济试验区"的"后工业化水准"，防止挂"后工业化经济试验区"牌子而延续传统工业区发展方式的变质做法出现。本书认为，工业化中后期的各种危机已经在世界范围内表露无遗，它实质上已经为中国确定自己的发展方向指明了道路——中国的工业化与后工业化可以也应当成为一条并行不悖的融合式发展之路，而"后工业化经济试验区"则是其重要的载体之一。

第七章　城镇化、投资模型与中国经济结构调整战略：结构经济学分析框架[*]

城镇化是中国四十多年来经济增长的引擎之一，城镇化所体现的结构性问题往往会反映到经济增长和发展的整体表现中去。而投资在城镇化与经济增长中的重要作用则不可忽视。本章认为，城镇化、投资与中国经济的结构性调整需要以专门探讨结构性问题的经济理论作为支撑。但现有的新、旧结构经济学在发展战略和政策主张上却有重大差异，它们分别从比较优势和先动优势的角度来论证发展中国家实现产业结构改善、城镇基础设施更新和经济稳定增长的路径，一时让人难以取舍。从其理论碰撞和对中国经济的现实观察中可知，中国现阶段经济结构的核心特征是政府投资的"互补"力量和"诱致"力量不足所积累起来的，需要引入特定的投资模型来梳理出行之有效的结构调整方案，把城镇化与经济结构的变化协调起来。

本章以投资模型为切入点，从投资顺序、投资范围（公共服务或生产性投资）、投资的动机、能力、决策以及多部门协调性等角度切入对新、旧结构经济学的关键环节的分析，力图从"稳""活""托底"的角度设计恰当、准确的投资方案来改善中国经济结构调整的难题。一是把握投资顺序，市场起决定性作用，政府起引导作用；二是把握关键节点，让投资适应城镇化增长所需要的新兴产业革命趋势；三是以解决民生难题为着眼点，引导中国规避中等收入陷阱和各类影响结构调整的城市病问题。通过上述三层设计，使投资变量成为持续改善我国禀赋结构的手段，也让投资保底机制贯穿城镇化和经济改革的全过程，实现新、旧结构经济学力图达致的结构调整目标。

---

[*]　本章相关内容发表于《复旦学报》（社会科学版）2016 年第 3 期，题为：《中国经济的结构性调整方式与政策设计——基于新、旧结构经济学对比的视角》。

第一节　结构经济分析的基本理论框架与城镇化

一、旧结构经济学理论框架的主要观点

旧结构经济学是由罗森斯坦·罗丹（Rosenstein – Rodan，1943）的大推进框架肇始，由张（Chang，1949）、刘易斯（Lewis，1954）、米达（Myrdal，1957）、郝希曼（Hirschman，1958）、墨菲、施莱弗和维什尼（Murhp，Shleifer and Vishrny，1989）等人相继推动完善的传统发展经济学思潮。这一思潮的系列研究认为，为了有效促进经济增长，政府必须通过前向冲击来发动增长，以为进一步的行动创造前进的诱因与压力；然后，必须准备对这些压力做出反应，从各方面减缓这些压力。① 同时，这一思潮认为市场有着难以克服的缺陷，在加速经济发展方面，政府是一个强有力的补充手段；适当的非平衡发展、进口替代和贸易保护可能是发展中国家追赶发达国家的不可或缺的手段。政府主导的"经济发展"先动优势的作用及其协调功能在旧结构经济学那里强调的非常多。城镇化在旧结构经济学中，往往被视为不平衡发展的载体，要实现城镇经济增长，需要突出发展城镇化的某类产业或突出发展某个区域的城镇化等。

有一个形象的例子能够说明旧结构经济学指导发展中国家经济发展的思路。政府为了促进工业城镇化模式而建立钢铁工业，在它唤醒的随后的经济活动中，出现了动力与运输的不足和教育的缺乏等短缺状况，政府则必须致力于改善这些方面的短缺。引申出来的问题是：当政府还没有能力使道路畅通，或使人民受到教育、掌握文化时，究竟该不该介入钢铁生产。旧结构经济学坚持认为，政府应当建立钢铁厂，这是一种必要的迂回，只有这样，才能促使政府通过建立钢铁厂来了解如何维修公路系统、如何创建使人民接受良好教育的制度安排。换言之，钢铁厂的建立也许违背比较优势，但确实能给予政府相应的压力，有助于其正确履行适当的职能。因此可见，先导产业的前向、后向联系是旧结构经济学思路下经济发展的核心环节，打通这一"关节"，城镇化和经济发展就顺理成章。

---

① ［德］赫希曼：《经济发展战略》，经济科学出版社1991年版，第183页。

二、新结构经济学理论框架的主要观点

新结构经济学（又称"关于经济发展过程中结构及其变迁的一个新古典框架"）是林毅夫（2011）系统推出的一个理论框架，它的主要研究范式是以新古典主义的方法来推导经济结构的决定因素和动态发展过程。它的核心观点是：一个经济体的经济结构内生于它的要素禀赋结构，持续的经济发展是由要素禀赋的变化和持续的技术创新推动的；一国禀赋结构升级的最佳方法是在任一特定时刻根据它当时给定的禀赋结构所决定的比较优势发展它的产业；经济发展阶段不是只有罗斯托（Rostow，1990a，1990b）所描述的五个不同水平的机械序列，而是一个从低收入的农业经济转化到高收入的后工业化经济的连续谱。新结构经济学强调市场在资源配置中的核心作用，认为政府应该解决外部性问题和协调问题。城镇化在新结构经济学的视野下表现为协调发展，突出比较优势，即不搞产业、区域的单兵突进，而是利用既有禀赋结构合理发展城镇化。

如果也用一个形象的例子来形容，新结构经济学有点类似于新版本的"造船不如买船，买船不如租船"。[①] 这种实用主义的发展思路，强调发展中国家不宜发展先进的资本技术密集型产业，不宜搞泛保护主义（如高关税、刚性汇率政策、金融抑制等），不宜把城镇化地区搞成经济发展的唯一热土，而应利用后发优势发展适宜于本国资源禀赋的适宜产业（其技术水平可能是发达国家淘汰的技术）来维系本国企业在城镇化和非城镇化地区的自生能力；通过慢慢改变本国的资源禀赋，实现产业结构的升级换代，最终收敛于发达国家的水平。

三、比较与延伸：中国经济结构调整与城镇化结构转型

从理论研究的出发点来看，旧结构经济学与新结构经济学都是关注发展中国家如何改善发展质量、提高发展速度的理论框架，只不过二者对发展中国家如何收敛到高收入国家的过程和模式的认知存在本质的区别，这也会导致不同

---

① 林毅夫（2012）认为，对于新技术的引进，发展中国家可以通过借鉴或采用在发达国家已经成熟的技术，从而将它们的劣势转变为优势（相当于"买船"或"租船"，作者注）。与之相反，发达经济体必须在全球技术前沿上进行生产，并必须持续在研发方面进行新的投资以实现技术创新。因此，发展中国家有潜力实现高于发达国家数倍的技术创新率。

的城镇化结构转型道路。这种争论主要归因于：众多寻求发展更上台阶的后发国家，在采纳了各种发展政策之后，成功者寥寥，以致还没有哪一派发展经济学的结构性理论能够做出令人信服的说明。正如怀特·黑德所说"对直接经验的解释是任何思想得以成立的唯一依据，而思想的起点是对这种经验的分析观察"。[1] 旧结构经济学，以非平衡发展、贸易保护、政府投资"诱导"以及价格扭曲等方式鼓动二战后的发展中国家寻求赶超，这种方式只有少数成功的案例，因而影响力逐渐式微；而新结构经济学，虽然提出了发展比较优势产业、政府协调市场与企业、注重吸引外商投资和采取渐进主义模式的贸易自由化方针来推动今天的后发国家寻求赶超的相关政策主张，但验证尚待时日。新、旧结构经济学的理论政策主张所适用的范围都是和特定环境相关的，直接"套用"这些理论来寻求指导发展中国家城镇化发展战略与经济结构调整政策的捷径往往不可取，而需要另辟蹊径。

它逼迫我们不得不认真从这些有着鲜明冲突的理论政策主张中找到最适合中国国情、能够解决长期困扰中国的结构性难题并实现经济赶超目标的理论框架。因而，本书将基于既有的结构主义发展经济学理论基础（无论新旧），仔细考察中国当下结构调整的具体问题，形成符合中国经济发展和城镇化模式转型的结构主义经济学理论和政策。

第二节 城镇化、投资模型与中国经济结构调整的独特性内涵

推进经济结构的战略性调整，是党的十八大、十八届三中全会、十九大所确定的加快转变经济发展方式的主攻方向。众所周知，20 世纪 90 年代以来，中国在宏观经济层面强调经济结构调整就从来没有放松过（马晓河，2013），但多年以来的调控结果却差强人意。一个重要而又容易被忽略的事实是，城镇化的产业结构和经济结构在历次经济结构调整中都没有得到显著的改变，或者说，如果以城镇化作为经济结构调整的入手点，会不会是赢得结构调整关键战役的契机？如果城镇化的产业结构和经济结构调整都存在困难，那么中国整体上的经济结构转型就更加难以实现。

---

[1]　［英］怀特·黑德：《过程与现实》，纽约：麦克米伦出版公司 1930 年版，第 6 页。转引自：［德］赫希曼：《经济发展战略》，经济科学出版社 1991 年版，译者序第 1 页。

中国今天所面临的需求结构倒置、产业结构"重型化"、区域发展不协调和城镇化推进的速度质量不匹配等问题，基本上在 20 世纪 90 年代就显出了端倪。只是多年来结构调整政策相对中国经济整体发展的速度而言滞后了，所以上述问题调整的难度越来越大了。"如果没有结构转变，持续的经济增长将不可能实现（Kuznets，1966）"。因此，本书将从分析中国经济结构调整的独特性内涵出发，寻求与之紧密相关的新、旧结构经济学的理论解释范围，并找到适合城镇化结构性转型和中国经济结构有效调整的理论框架，从稳、活、托底的角度展开应用分析。

一、中国经济结构调整的独特性内涵的切入点

在寻求解决中国经济结构调整困难的理论基础之前，需要比较准确地把握中国经济调结构的独特性内涵。通常来讲，内外需结构、投资消费结构、产业结构、空间结构、城镇化工业化结构、分配结构等都可以作为分析视角研究其中国特色。付敏杰（2013）梳理了中国经济典型的结构性问题，并认为中国经济结构的深层次问题来源于财政收入与支出方式、政府与市场的关系、所有制结构是国进还是民进这三个方面。并认为，解决中国经济结构性难题的关键在政府转型。但是，关于政府转型这个结论，在吴敬琏（2000，2002，2003，2004，2011）、高尚全（2006）、迟福林（2011）、洪银兴（2014）的相关论著中就提出过，若继续把政府转型作为经济结构调整困难的原因似乎很难有充分的说服力，至少让人感觉缺乏具体可操作性。毕竟，政府转型是任何社会、任何时代都面临的主题，经济结构调整的困境若都归因于政府转型不到位，那是不是说，等到政府转型到位了，经济结构才能调整？或者说，要是政府一直在转型，经济结构是不是就永远没法调整了？所以，问题的细化分析恐怕更为重要。

本书认为，中国经济结构的核心特征是政府投资的"诱致"能力和"互补"力量不足所积累起来的，而政府投资的关键领域则是城镇化；城镇化的结构梳理不当，则必然导致整体经济结构失衡；选择恰当的投资领域和投资顺序，不仅有利于突破城镇化发展的瓶颈，而且也有利于经济结构调整到位。

在赫希曼的著作中，他把投资的互补性广义地定义为"A 的（投资）生产增加，对增加 B 的供给有一种压力……互补性将通过对发展的瓶颈、短缺和障碍的不满而体现出来"；[1] 而将投资的诱致能力解释为："新的投资项目往往

---

① ［德］赫希曼：《经济发展战略》，经济科学出版社 1991 年版，第 61 页。

可以享有其实行以前各种投资（项目）所产生的外在经济利益"，① 因此，"诱导性投资被定义为外在经济利益的净受益者"。② 从赫希曼的定义出发，本书认为，在中国，政府投资的"互补"力量主要是投资于某项目（产业）所能实现的"牵引欲望"，而投资的"诱致"力量则是具体的投资收益乘数。

举例来讲，政府投资商业写字楼项目和城市轨道交通项目，两个项目会产生投资的互补性，商业写字楼会引发对办公家具、停车场、餐饮设施等的需求，并且互补的时间周期效果短暂而明显；城市轨道交通项目会引发对城镇化水泥、建材、钢铁、运输业的需求，建成之后还会改变轨道交通周边的市场化投资需求。牵引欲望因政府投资项目的不同而呈现显著差异。至于这两项投资的诱致力量，显然，城市轨道交通项目所引发的一系列后续投资（受益于轨道交通的便捷外部利益）会在乘数上远远大于一片单纯的商务写字楼项目。

从更广义上讲，政府的投资互补、诱致力量还会影响消费、环境、收入分配等其他领域。投资乘数和投资回报率是观察"互补""诱致"能力的重要指标，城镇化的各项结构性指数则是测度中国经济结构变化的显性指标。

据此来看，当代中国政府投资的表现是：（1）政府投资的"诱致"能力不足使经济增长中投资成为快变量，消费成为慢变量（马晓河，2013），投资无法诱导消费总量显著增加和消费结构升级换代，特别是，倾向于政府与企业收入增加的收入结构助长了投资快速增加，但抑制了城乡居民消费能力的增加；（2）政府投资的"互补"力量不足，使中国产业结构转型中，劳动密集型产业成为快变量，新兴产业成长成为慢变量，产业间梯度转化速度较为缓慢，产业结构长期偏向制造业，服务业发展滞后，城镇化偏向于工业制造业带动。

在这里，旧结构经济学的结构理论只能解释中国政府投资的动机，但对投资所造成的种种城镇化和经济增长的结构性偏差缺乏预见性分析；而新结构经济学所倡导的发展比较优势产业的政策取向，虽然能够解释制造业发展和城镇聚集工业产业的原因，但却无法解释服务业始终缺乏发展动力的原因。在这里，投资变量虽然一度成为各界诟病中国经济的切入点，但真正理解城镇化和中国经济的结构变迁后，会发现目前能够起主导作用的不是喊了多年启而不动的消费，也不是城镇化工业化结构、分配结构、内外需结构等调整较慢的经济结构变量，而恰恰是政府和企业长期使用（但未见得使用得当）的投资变量。

---

① ［德］赫希曼：《经济发展战略》，经济科学出版社1991年版，第62页。
② ［德］赫希曼：《经济发展战略》，经济科学出版社1991年版，第63页。

实际上，在社会主义市场经济条件下，投资在城镇化和经济增长总量中的静态模型可以用以下关系来描述。

$$\Delta Y = \frac{1}{m}I + \varepsilon Y \qquad (7-1)$$

式（7-1）中，ΔY 表示国民收入；$\frac{1}{m}I$ 表示由于新增投资 I 所带来的国民收入增量部分；I 分为政府投资 I_g 和企业投资 I_E，$I = I_g + I_E$。

在中国，I_g 和 I_E 不是简单的并行关系，而是政府投资决定国家发展战略方向，进而企业投资跟进相关领域；相关的城镇化资本融资和银行体系建设也围绕这个投资体系展开。换言之，$I_E = \alpha F(I_g)$。其中，α 为政府投资乘数，$F(\cdot)$ 为政府投资与企业投资之间的某种"引致性"或"挤出性"函数关系。

εY 表示由于非技术原因带来的国民收入增量部分。假定资金—产出系数 m 和非技术因素 ε 在一定时期内保持不变，[①] 那么国民收入增长率可以用投资率来表示：

$$\Delta Y / Y = \frac{1}{m}\frac{I}{Y} + \varepsilon \qquad (7-2)$$

将 $I = I_g + I_E = I_g + \alpha F(I_g)$ 代入式（7-2），有：

$$\Delta Y / Y = \frac{1}{m}\frac{I_g + \alpha F(I_g)}{Y} + \varepsilon \qquad (7-3)$$

以 r 表示国民收入增长率、k_g 表示政府投资率、k_E 为企业投资率，上述公式可简化为：

$$r = \frac{1}{m}(k_g + k_E) + \varepsilon \qquad (7-4)$$

式（7-4）中，$k_E = \frac{\alpha F(I_g)}{Y}$。式（7-4）表明，当 m、$\varepsilon$ 不变时，投资总量至少能保持与国民收入总量有同步增长的趋势，投资是经济增长的决定因素之一，政府投资是城镇化率提升和中国经济增长的核心因素。但是这种趋势能否转化为现实的投资产出率以实现有质量的增长与城镇的经济结构调整呢？这又取决于投资结构是否有合理的安排。所以，抓住投资结构来分析中国经济结构调整，有利于得出符合实际的理论政策框架支撑经济结构优化。中国的国

---

① 关于这一假设，主要是为方便分析而言。实际中，m 即资本产出比率应该遵循报酬递减规律制约，但从分析的结论看，资本投资的报酬递减根本上也取决于政府投资范围、规模的影响；非技术因素 ε 受到制度、产权、投资区域等方面的影响。

情不是简单地刺激居民消费就万事大吉，而应是政府投资决定国家发展路径，并进而启动对应的消费实现内生增长。根据这一思路，中国应当形成一种沉着应对可能出现的各类发展瓶颈的投资结构。

（一）投资选择不宜太多

中国这样的发展中国家与先进工业国家相比，在给予投资者的可能机会方面，其范围几乎是无限的：从城际铁路到航运飞机，从纺织业到电子业，从光伏产业到信息产业，从城乡到城镇内部的基础设施更新换代，所有生产和技术前沿边界内的行业和产品都可供投资，以致选择多到了令达成协议或使有意合作者确信所提议的任何一项投资确定无疑会获益将更为困难的程度。实际上，只有少数投资可行和有利可图。但政府和广大投资者均面临诸多可想象的行业与投资机会，这容易造成迷失，使投资决策的速度大大放慢。政府与普通投资者的流动性偏好自然而然地产生，他们对新投资机会的过度"机敏"使本来相当不错的投资计划被借口获利更多的方案所耽搁或拒绝。这就是过分的机动性和对"明天"投资利润的宽大预期，将阻碍今天项目的实施。这种"迷失"有时是以丧失掉城镇化发展的战略机遇作为代价的，所以，在政府重大投资项目的方向选择上，应抓大放小，紧紧抓住世界产业革命的创新趋势，引导企业与民众的普通投资也服务于国家的投资路径。而城镇化的投资领域则更应该注意收缩方向，全面铺开既不现实也容易陷入"力有不逮"的困境，还不如抓住几个城镇化结构变革和经济增长的关键领域进行重点投资来得简明而高效。

（二）投资对二元结构的改善至关重要

中国是典型的多"二元结构"型国家。新中国成立以来的城市化、工业化历程，加剧了城乡二元结构、城市二元结构与第二产业内部的二元化分化；改革开放以来的市场化进程加速了资本积累结构、外贸结构、金融结构、人力资本结构的二元化，内资、外资两种资本不仅在总量上，而且在地区层面对中国的增长产生了差异性贡献，造成了各个领域的结构调整必须在相当程度上依赖投资或投资变化的格局。如果按照二元经济理论之父刘易斯的观点来看，二元结构本身有一个"自消解"的机制，它会随着城市工业及资本等部门的强大，来带动解决农村、产业、金融、外贸等领域相对复杂的二元结构趋于一元化或现代化。但这种"自消解"机制在中国是无法简单实现的，它需要外力的注入来推动某些业已形成"低水平二元结构均衡"的部门或领域向"高水平二元结构"乃至一元结构方向跨越，这个外力正是本章着重强调并运用的

"投资变量"。

（三）诱导投资与互补投资的必要性

中国的城镇化发展和投资现状常常面临要素短缺（科尔奈，1986）或过剩（王检贵，2002）的结构失衡状况，但根本性的问题乃是各类要素与投资结合过程与机制设计的不足。新结构经济学所说的"比较优势"与旧结构经济学所倡导的"先动优势"，在实践中均无法取得令人满意的发展改革效果。这与其说是资本、人力、教育等要素的缺失（或结构性过剩），不如说是把这些要素组织起来的制度不健全；而城镇化内部的结构失衡和城乡结构失衡则是这些因素的集中表现。

换言之，实现发展中国家城镇化与经济结构优化的路径不是空洞地谈论应当发展哪些产业（不管这些产业是否具备比较优势），而是发展这些产业后能不能通过投资的诱导作用或互补作用，让相关产业或追加投资以及相关的配套领域能源源不断地跟上发展的步伐。我们看到，某一时期的投资往往是以诱致或以互补方式引导下一时期投资增加的主要动力，这种关联性对发达国家也许是自动即刻发生的机制（因其已能生产所有重要要素或商品），但对发展中国家来讲，却需要有效的机制加以引导，以避免同一时期一哄而上的投资耗竭，并抵销"乘数效应"引发的结构性变革。当然，"万事俱备，只欠东风"的投资思路在中国现有的发展阶段也不可取，如果所有的资本、要素和经济发展条件都比例适当并配合就绪，政府才开始规划投资，这种思路将导致新投资无法撬动一连串后续投资，也没有哪一个微观主体有足够的时间与机会成本来等待所有投资条件就绪。实际上，中国等发展中国家从来也不可能面临万事齐备的局面，投资的开拓能力和持续能力对于城镇化转型与经济结构调整就显得至关重要了。

（四）哈罗德—多马的"储蓄—投资"转化体系不完全适用于中国，初始投资转化为持续投资才是中国能够依赖的新体系

哈罗德—多马体系认为，某一社会的收入为 Y，储蓄倾向是 s，sY 部分用于储蓄，在均衡条件下，投资 I = sY，将此式代入式（7 - 2），简化可得：

$$r = \frac{s}{m} + \varepsilon \qquad (7 - 5)$$

式（7 - 5）似乎表明，储蓄率决定着增长率。但仔细分析可知，哈罗德—多马模型的储蓄率实际决定的只能是潜在增长率而不是现实增长率。因

为，仅有储蓄倾向和均衡条件，储蓄很难足额转化为现实的投资。显然，上述体系无法保证和预期储蓄向投资转化的现实可能性。这其中的根本原因在于，储蓄和投资决策在相当程度是彼此独立的，如果一定要建立储蓄转化为投资的联系，或者建立投资对储蓄的依赖性，必须开拓投资机会、消除投资障碍，实现诱导性、互补性和自发性的投资。发达经济体，之所以上述三类投资经久不衰，根本的原因在于其拥有大量经过特别训练而能够随时察觉和搜索经济机会的企业家，以及比较有保障的资本—产出比率和对创新技术的知识产权保障，它们的城镇化均是建立在大量储蓄顺畅转化为投资基础上的。但是，中国这三个条件虽经多年的改革开放有所改善，仍没有达到把较高的储蓄率（储蓄供给）转化为投资需求的"希克斯条件"。本章据此认为，寄望储蓄自动转化为投资，从中国发展的现实需求来看，既不现实，也无效率；需要另辟蹊径，即以初始投资带动持续投资，来突破当下的城镇化发展困局，本章以下的工作就是把这种机制模型化。

二、模 型

尽管承认中国经济依靠投资推动并调整结构这个现实非常不符合不少经济学教科书一致倡导的消费带动型结构变迁模式；但对发展中大国来讲，务实和有效的城镇化投资和经济结构调整战略才是更正确的，而不应太在意既有理论对结构调整与经济发展的一般性描述。以初始投资带动持续投资，并进而改善经济结构，显然应注重发挥好投资的互补机制、诱导机制以及淋下效应（投资带来的有益的乘数效应）。类似中国这样的发展中国家，政府投资面临的紧约束不可能在同一时期兼顾诸多二元领域，如工业与农业、城镇化与农村现代化、城镇化与工业化、大城市与小城镇、交通基础设施和制造业、具备比较优势的适宜产业和不具备比较优势的前沿产业等。这也和豪斯曼等（Hausman et al.，2005）关于决策树方法的结论有一致性，即结构变迁在经济发展过程中具有举足轻重的作用，但各个国家的增长都面临一些"紧约束条件"，政府没有能力同时推进所有改革，政府需要依据影子价格揭示的信息排出各项改革的优先顺序，尤其以城镇化的改革和投资序列最需要谨慎取舍。

通常的观点认为，根据投资的"成本—收益"原理来衡量投资的选择也许可以决定投资次序的先后，但"成本—收益"原则若考虑了企业家、储蓄供给、消费习惯和人口增长等变量后，实际的投资决策将非常困难。比如上述二元化抉择中，发展大城市还是中小城镇，以及发展是否符合比较优势的产业选择之间，长期以来就争论不休；新旧结构主义之争论也是时代背景不同所引发的发展政策主张差异，并不是这个或那个理论本身有明显的缺陷。现实的投资决策往往变成了"看情况而定"的不可知论，这严重削弱了社会边际生产力标准的作用。

（一）投资顺序的建立

中国各级政府投资决策过程中始终面临替代选择或延滞选择两种可能性。为简单处理，先假定有重大项目 A 和项目 B 可供某一级的地方政府选择性投资。由于财政资源的紧约束，政府如果决定选择 A，则表示 B 将永远放弃或至少延滞。这类似于中国投资项目的诸多两难选择，它们涉及采取最佳手段以达到某一特定目的，或采取最佳设计以实现某种必需的生产。在这种情况下，政府的投资不再选择 A 项目以取代 B，而是选择 AB 顺序以取代 BA 顺序。这一选择的理论基础在于：如果我们的目的是既要 A 也要 B，比如既要发展比较优势产业带动城镇就业，又要发展高科技创新型产业引领城镇化的竞争优势等，但"现在"我们只能实施 A 搁延 B，或实施 B 搁延 A。很显然，如果我们宁取 AB 而不取 BA，唯一充足的理由应是只要实施 A，B 便有更早实施的可能。反之，则不然。换言之，政府的选择往往完全处于一种压力，即 A 的存在迫使 B 存在，比 B 的存在迫使 A 存在的压力更大。显然，这时项目 A 或 B，各自生产力的相对大小在决定二者实施的相对顺序时，已经成为一个次要因素了。

上述排序虽然简约，但基本体现中国发展过程中结构调整的重要方面。一方面，调整结构可能要把曾经发展过程中的短板（如农业、城镇化、金融系统漏洞、先进制造业、现代服务业等）补足；另一方面，相对成熟的产业和部门也不能原地停滞。显然，齐头并进的平衡增长不是根本途径，这里确实需要一种按次序或链条式的解决方式。结构调整的含义，在中国来讲即某一部门或产业的单独进步是可能的，但只限于某一时期内，如果想使这种进步不被阻止，其他方面的进步必须跟上来，否则，某个产业或部门的短暂进步将很快退化。也就是说，优先发展顺序的问题必须在对某方面的进步导致其他方面进步的相对力量做出评价的基础上来解决，仅仅只是补充、限定或完善通常的投资准则是远远不够的。现在我们把模型引向深入，设想图 7-1 中 R、L、H、T 代表一组我们想采取并为达到某种发展目标而必须以此推进的投资步骤，其中，R 代表起步阶段的农业产业，L 代表城镇轻工业产业，H 代表城镇重化工业，T 代表城镇高科技创新产业与高端服务业等。政府把握这种投资顺序的关键在于是否有先发国家的投资及发展经验作为参照系，如果说，发达国家在选择发展的投资顺序时多少还带有摸索的特征的话，中国政府确实有理由事前把握这种投资顺序，避免走弯路。

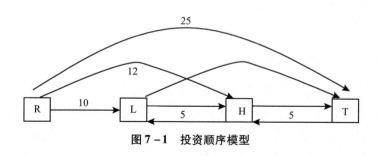

图 7 - 1　投资顺序模型

假设 L、H、T 投资步骤采取之前，R 步骤必须率先投资；但 R 一旦完成后，L、H、T 便没有任何的强制投资排序，政府此时要做的就是按照发展战略考虑自己的投资顺序，实现结构调整。新、旧结构经济学的差异在这里非常明显，旧结构经济学建议打破按比较优势拾级而上的发展模式，提前安排 H、T 等产业的发展；[①] 而新结构经济学则倡导按照 R→L→H→T 的方式投资决策（林毅夫，2010，2012）。但上述理论的考虑，在没有限制因素的情况下，也许都说得通，很难说谁一定有优势。也正因此，中国在城镇投资优先序的安排中常常陷入一些两难的选择中去，例如，产业优先还是环保优先？城市增长优先还是收入分配改革优先？户籍制度改革优先还是公共服务改革优先？

如果我们引进一些限制性资源，如决策能力、组织能力、投资时间等，且假定一点到另一点，这种资源的耗用量不一样，投资的结构优化是期待这种用量减至最小。如果说从 R 到 L，从 L 到 H 及从 H 到 T 要使用 10 个单位这种资源，而跨越 R 到 H 需要较多数量资源（如 12 个单位），从 R 到 T 或许使用更多数量（如 25 个单位），这是由于没有中间的投资准备阶段的结果。另外，H 和 T 分别完成后，填补 L 或 H 所需资源将少于 10 个单位（设为 5 单位），因为一旦后一步骤已经完成，而缺少中间步骤，使它们产生一种紧迫感，补上中间步骤所费的稀有能力和时间比按正常顺序所费的要少得多。如果我们应用上述数字，各种可能顺序耗用的稀有资源的数量如下。

沿 R→L→H→T 方向：30 单位；

从 R 跃到 H，补充 L，再到 T：27 单位；

从 R 到 L，跃到 T，补充 H：27 单位；

①　赫希曼：《经济发展战略》，经济科学出版社 1991 年版，第 71~72 页。

从 R 跃到 T，补充 L 和 H：35 单位。

这个例子所暗含的发展思路是：政府投资战略不必只按某种既定程序或单一线路进行，可以打破按照所谓"先来后到""比较优势""成本收益"标准决策的合理性，以及投资决策与所需资本量不一定成正比的事实。用一个更形象的例子来说，中国这类发展中国家的投资决策和城镇化结构转型，目的是为发展到某种发达状态做准备，非常类似一种拼图游戏的过程。

所谓发展到发达国家水平的收敛状态，不过是用最少时间拼成"完整的图形"。尽管全部拼图时间等于填补个别空缺部分（每项具体投资项目完成）之和，但拼图的顺序和次序将严重影响拼成的时间总和。换言之，如果填补完一个空缺（完成某项投资），再寻找与它临近的空缺逐次填补（找前向或后向联系产业投资），以这种方式完成投资拼图的速度远远慢于找到若干显著的关键空缺（这些产业极具诱导性和互补性），采取多点开花、各个击破、打破常规的方式来完成拼图。[1] 只不过，中国既有的投资拼图模式，是试错的过程多了些，迟滞了有效顺序的选择，以致出现了诸多结构性难题。而这正是本模型寻求破解的主要问题。

（二）投资模型的扩展Ⅰ：中国的公共服务投资与直接生产投资模型

上述投资的一般性顺序分析，只是说明投资顺序安排对于结构调整的重要性。面对层出不穷的投资项目选择，全面开花的投资战略虽说有利于减少投资风险，但摊子铺得太大，只能造成利用投资前后向联系的作用大大削弱；而且城镇化等投资也不允许毫无财政预算顾忌地全面撒网，进行一切投资建设。有效顺序安排不妨先进行大类划分，再决定投资战略。现在，我们将中国的投资领域分为公共服务类投资和直接生产类投资。其中，公共服务类投资包括法律秩序、教育、公共卫生、运输、通信、动力、供水以及农业间接资本如灌溉、排水系统等；直接生产类投资则主要包括各种实体制造业产业投资。

显然，政府的作用是通过投资公共服务，带动各类直接生产性投资，并在生产发展的基础上实现城镇增长。从发展中国家的现状来讲，把政府有限的资金投资到公共服务领域确实也是相对安全的，比如法律、秩序、国防、教育、

---

[1]　我们的投资拼图理念基于这个原理：拼完每一部分所需的时间将与其已拼入的相邻部分接触次数成反比；每一部分都环绕着几个邻接部分，已拼入的邻接部分越多，发现共同邻接部分并将其置于适当地位所费的时间就越少；总体拼接任务将随着所剩松散部分（尚未完成的投资项目）的减少而变得容易许多。

卫生、运输、通信、电力、排灌等系统的建立，即便暂时可能造成对企业或私人投资直接生产过程的"挤出效应"，但只要这种投资符合"诱导""互补"的特性，其后续的引导直接生产投资于经济增长的潜力就会迸发出来，而且城镇化最需要的相关投资领域也会得到补足。现在，我们就对这一过程作一模型分析。

我们首先假定社会总投资（I^T）、社会公共服务投资（I^S）和直接生产投资（I^P）的关系是：

$$I^T = I^S + I^P \tag{7-6}$$

将式（7-6）代入式（7-2）可得：

$$r = \frac{1}{m}(k^S + k^P) + \varepsilon \tag{7-7}$$

式中，k^S 代表社会公共服务投资率，k^P 代表社会直接生产投资率，它们共同决定国民收入增长率 r 的长期变化。k^S 和 k^P 的相互关系如图 7-2 和图 7-3 所示。我们看到，社会公共服务投资是直接生产互动投资的前提条件，社会公共服务投资越是不足，特定产品的直接生产投资的成本就越高。图 7-2 横坐标表示社会公共服务资本供应量及成本（C^S），纵坐标表示直接投资活动的产出总成本（C^P，含折旧）。同时，假定社会公共服务投资不计入直接生产活动成本中。

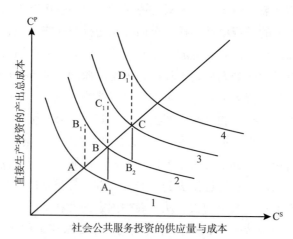

图 7-2　城镇化的直接生产活动与公共服务投资的模型

资料来源：［德］赫希曼：《经济发展战略》，经济科学出版社 1991 年版，第 77 页。

图 7-2 中，曲线 1 表示，某一特定直接生产活动投资中，一个特定产品全部开工的生产成本与社会公共服务资本供应量的函数关系，曲线 2、曲线 3、

曲线 4 则分别表示因继续增加直接生产投资而使产出不断增加的成本。曲线的斜率可以这样形象地理解：从最右端开始，社会公共服务投资资本充裕而直接生产投资成本低廉，增加社会公共服务资本投资很难进一步降低直接生产成本。当沿着曲线向左移时，某特定直接生产投资的产品的成本先是缓慢上升，而后加快，成本曲线最后变为近似垂直线，此时，最少的社会公共服务产品投资是进行直接生产投资活动之前必不可少的前提条件。

上述成本曲线似乎和微观经济学中两种投入要素（劳动、资本）投入的等产量曲线近似，实际情况则很不同。这里的成本曲线并不表示某种特定产出可以多用某种投资，而少用另一投资来生产。因为它们只把某一特定产品的各种成本变化反映为一个因素，这个因素作为社会公共服务资本的供应量在不断变化，它对直接生产活动来说并不构成"内在化"的成本。那么，k^s、k^p、C^s、C^p 之间的关系又当如何呢？我们用图 7–3（a、b、c、d）来描述其函数关系。

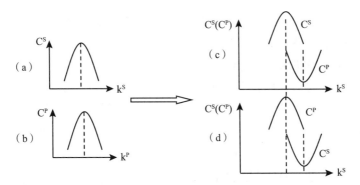

图 7–3　城镇化投资率与投资成本之间的函数关系

资料来源：吴垠：《中国经济的结构性调整方式与政策设计——基于新、旧结构经济学对比的视角》，载于《复旦学报》2016 年第 3 期。

图 7–3 的（a）、（b）表示，无论是社会公共服务投资率（k^s）还是社会直接生产投资率（k^p），都与投入成本（C^s 或 C^p）之间呈倒"U"型函数关系，即随着投资率的增加，投资在某个领域的成本一般呈现先增加后减少的趋势（减少是由于规模效应）；图 7–3 的（c）、（d）表示，如果在同一时期按不同顺序开展社会公共服务投资（k^s）和社会直接生产投资（k^p），先启动者将面临较高的启动成本，但随着其规模成熟、扩大之后，将对后启动的投资产生压力，使得后者的启动成本呈现减小的趋势，直至最终达到两者相互适应的比例。

从整个社会范围来看，模型的目标在于以最小的资源成本进行直接生产活动投资与公共服务投资，以期获取不断增加的直接生产活动产出。在图 7-2 每一条曲线上，各坐标值之和最小点是资源投入产出效率最佳点，也就是由原点出发的 45°线与每条曲线相交的点是直接生产活动与社会公共服务投资平衡增长的理想点；但是，发展中国家并不总是承受得了经济上的负担，往往是还没有完成足够的公共服务投资建设就匆匆忙忙上马各类直接生产投资项目，最后的结果是两方拖累——公共服务设施偷工减料，而直接投资项目产出不佳。在城镇化建设中，这种例子更是到处可见，例如靠近工厂的地铁或公路还在施工，周边的工厂就迫不及待开工甚至大规模投产，为了缩短工期，各种拉链路、半成品公共服务和设施满地皆是。

这个模型暗含这样三点结论：（1）发展中国家真正缺乏的除了资源本身，还有利用资源的能力；（2）投资顺序和发展顺序是诱发决策首先应当考虑的因素，绝不能做"事后诸葛亮"；（3）社会公共服务投资与直接生产投资不宜同时扩展。

从图 7-2 的模型中，我们能够看到两种经济发展的顺序：一种扩展是从增加社会公共服务投资开始，以连接 AA_1BB_2C 各点所成实线表示；另一种扩展的步骤是从扩充直接生产活动开始，以连接 AB_1BC_1C 各点所成虚线表示。前一种扩展顺序可以称作社会公共服务资本能力过剩下的发展，而后者则可称为社会公共服务资本能力短缺下的发展。那么，如何考虑有利于中国发展的最优推进路线或顺序呢？仅仅是图 7-2 也难以回答这个问题。如果我们从扩展社会公共服务资本开始（AA_1BB_2C），现有直接生产活动的成本会低一些，且其投资可能依企业家对利润提高的反应而增加。另外，如果我们先着手扩充直接生产活动（AB_1BC_1C），这项直接生产活动的生产成本很可能会大幅度提高，参与直接生产活动者将会认识到通过社会公共服务设施的扩充，可能获得大量经济利益，其结果是扩充社会公共服务资本及设施投资的压力将会发生作用，因而诱使采取这个顺序的下一个步骤。

这两个顺序均能产生诱因和压力，其各自的效能评价，一方面取决于企业动力的强弱，另一方面取决于社会公共服务资本的管理部门对公共压力所作的反应。但是，如果直接生产投资活动没有社会公共服务资本的同时增加，在承受成本势必提高的情况下，这个顺序如何能通过扩充直接生产活动而起步呢？答案是：即使在 B_1，直接生产活动也可能是有利可图的。在社会公共服务资本投资建设并不充足的情况下，给予直接生产活动保护、补贴，特别通过金融机构的资金融通乃至政府直接或以担保形式从事投资，也许比投资于社会公共服务资本来间接刺激直接生产活动，能产生更大效果，只不过这种孤注一掷的投资模式一旦出现重大项目选择的失误，则可能带来极大的生产潜力破坏。

可见，前述两种不平衡增长的主要特性在于它们能产生"诱发的""压力的"额外决策收益，这足以导致投资与产出的增加。社会公共服务资本能力过剩，超前需要的公共建设预期将使一个国家、地区或城市对直接生产投资者产生吸引力；如果允许或者迫使直接生产活动超越社会公共服务资本，将在其后产生一个强大的压力，要求社会公共服务资本的投资者（政府）持续供应。这两类以"短缺"逼迫并促进发展的方式，使那些被超越的中间阶段较易填补，因而缩短了发展的时间和空间的投资模型机制。

（三）投资模型的扩展Ⅱ：动机、能力与投资决策

中国既有的增长模式表明，社会公共服务投资及直接生产活动的均衡增长不仅无法达到，而且因其不能形成动因与压力，难以获取诱致投资决策所带来的额外收益。模型需要进一步做如下扩展。

假定一定数量的社会公共服务资本及直接生产活动的投资决策在第一期内已经做出，它们导致社会公共服务资本与直接生产活动产出之间形成某种比率。那么，跨期决策应当如何做出呢？这个问题可用图7-4加以解释。图7-4的横坐标代表社会公共服务资本与直接生产活动的比率值，纵坐标上方表示诱发的直接生产活动投资，下方表示诱发的社会公共服务资本投资，总诱发投资以纵坐标上方到与诱发直接生产活动投资的相交之点的虚线来表示。

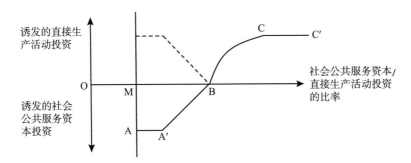

图7-4　因社会公共服务资本短缺或过剩所诱发的投资

资料来源：［德］赫希曼：《经济发展战略》，经济科学出版社1991年版，第80页。

图7-4中，横坐标的B点为平衡点，对应于图7-2中的A、B、C等各点。从静态均衡的角度来看，这些点代表一个国家资源的最佳配置。如果社会

公共服务资本与直接生产活动比率小于 OB，该国则处于短缺及诱发社会公共服务资本投资的领域中；反之，该比率若大于 OB，则处于社会公共服务资本能力过剩及诱发直接生产活动投资的领域。

初看起来，似乎社会公共服务资本与直接生产活动的比率离开 OB 越远，社会公共服务资本或直接生产活动的诱发投资就越大，这种情况也的确在图 7-4 的 A、C 两点上表示出来。诱发直接生产活动投资的曲线较平顺是容易理解的：当社会公共服务资本发生能力过剩时，这种特殊诱发效果，显然受到报酬递减的制约，例如，在任何有限期间内，交通不可能与公路线路数量成正比的扩展。某项投资短缺的程度越严重，需要加以矫正的压力及用以达成这个目的所要的资本量也就越大。限制的因素多属于技术性的，社会公共服务资本能力过剩虽然可与我们想象得一样大，但如果希望直接生产活动的产出能够维持在某一特定水平的话，技术上将限制社会公共服务资本的减少，这个最低点如图 7-4 中 M 点所示。

如果我们以某一特定发展期间来考虑，也必须认识到另一限制：在该期间内，不论诱发力量如何，可用的初始投资数量有一定限度。这个考虑当然也适用于诱发的直接生产活动投资，并且其产出如图 7-4 中 AA′BCC′诱发曲线平行于横坐标的两部分。若现在对诱发曲线反映出来的诱发结果的强度加以推测，我们注意到：图 7-4 的总诱发曲线以平衡点 B 为最低，换句话说，当社会公共服务资本与直接生产活动投资比率恰好处于均衡配置的"最佳状态"时，在下一期将可能不产生任何实际诱发投资。这样，平衡增长不但有可能不尽如人意，还可能实现不了产业结构升级换代的目标，城镇化也会陷入持续的低水平陷阱。

当然，如果对模型稍加改变，结论会非常不同。我们考虑：一个经济经过长时期的不断进步，其诱导性的直接生产活动及社会公共服务资本投资在相当长的延伸必有一部分重复，这是完全可以想象到的，如图 7-5 所示。

直接生产活动的投资者（各企业或私人），逐渐注意到社会公共服务资本投资长期受到重视的经验，不待过剩能力出现，即会被诱发增加投资，社会公共服务资本投资也同样会在真正的短缺出现以前进行。因此，当一个社会对未来经济增长的特性有预见和信心时，平衡增长之点也可能就是进一步投资最大诱因之点，如图 7-5 中 F 点（对应于图 7-4 中的平衡增长点 B）所示。在这些条件下，平衡增长不仅从静态观点来看是理想的，而且从动态观点来看也是一样。在此，我们逐渐接近动态均衡及其诱发投资的传统观念。尽管如此，在社会公共服务资本与直接生产活动处于均衡状态的情况下，即使紧张、压力或特别诱因均不存在，构成总投资的这两个组成部分的进一步平衡增长，仍将由此种压力及诱因的预期发生来诱发。这个预期必须追溯过去的经验，而过去的经验已告诉社会公共服务资本和直接生产活动经营者，要在困难或机会未发生之前就有所预料，在这个意义上正是过去不平衡增长的经验，在经济进一步发展的阶段上使平衡增长成为可能。[①]

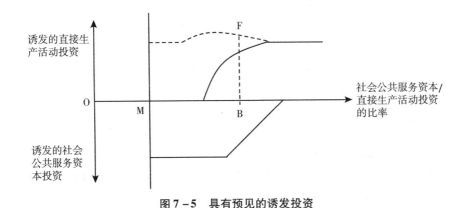

图 7-5 具有预见的诱发投资

资料来源：［德］赫希曼：《经济发展战略》，经济科学出版社 1991 年版，第 82 页。

我们从图 7-4 和图 7-5 可看出诱导方式顺序的基本差异。过剩的社会公共服务资本在能力上是自由的，它使现存的直接生产投资动机强化，并由此表明大量直接生产投资活动是被吸引而非强迫的。欠发达国家的社会对"短缺"的长期体验，将是依赖"短缺"求得发展比依赖"过剩"更为有效和安全。因而下述现象也就不难理解了：如果我们资助不发达国家或地区一流的公路网和大面积的水力发电及灌溉设施，纵然工农业活动的扩展不能马上随这些改善并接踵而至，它至少带来一种"破土动工"的预期。只要打破相关的政策、制度、技术限制，最小的社会公共服务资本投资将带来直接生产活动能力和水平的大幅度改善。

当然，通过社会公共服务资本短缺方式求得发展的主张，在某些情况下也遭遇障碍。某些学者观察到运输或动力不足是许多发展中国家增长瓶颈的主要因素，并将这种情况归咎于发展方案未做适当的规划，或者规划的优先次序出现重大失误。但是，如果考虑到发展中国家长期面临通货膨胀的钳制时，政府率先开展公共服务产品投资就不是无的放矢了。毕竟，公用服务产品的价格是

---

① ［德］赫希曼：《经济发展战略》，经济科学出版社 1991 年版，第 80~82 页。

最容易把握的，并长期处于政府控制之下，因此城镇公共产品（服务）如水、电力、铁路、有轨电车、电话、网络价格的上涨幅度，一般应该小于其他商品价格上涨幅度，以便人民更好地利用公共产品，这时带来生产率和消费率的迅速增加。若忽视公共产品资本投资，将构成对经济的严重拖累。社会公共服务资本与直接生产活动产出之间有一个最小比率，在这一点上，只有扩充社会公共服务资本，直接生产活动的产出才可能增加。

（四）投资模型的扩展Ⅲ：协调一致的新、旧结构经济学研判

以上对投资模型的分析表明，投资模型旨在解决旧结构经济学所强调但未能解决好，以及新结构经济学不太强调但却无法忽视的投资顺序与投资重点难题。投资模型扩展Ⅰ力图为投资顺序在中国等发展中国家的铺开找到理论依据，投资模型扩展Ⅱ则试图找到诱发不同类型投资以实现平衡及可持续增长的重要节点。连接投资顺序与诱发压力的关键，是解决发展中国家普遍面临且在中国表现尤为明显的投资协调问题，在城镇化过程中显示为协调投资渠道和各个利益相关方的实际利益。这正是本部分要回答的问题。

投资具有互补性（complementarity），是早期旧结构主义经济学的大推进模型（big push, Rosenstein – Rodan, 1943）或 O 环模型（O – ring, Kremer, 1993）均强调过的事实。这类模型强调在经济发展的关键时间段，为了保证结果对于任何行为方都是有益的，投资必须由多个行为方同时进行以实现互补性，这样才能增加对市场内部的企业、工人、组织的激励。但投资的互补性不是万能的，有时必然会出现协调失灵（coordination failure），即投资人不能协调他们的行为，导致对其他投资者或投资均衡状态的破坏，进而影响经济的整体发展惯性。一个简单的推论是：投资协调困难，时常是由于人们的期望不同或因每个投资者都更愿意等其他人先行动的观望心理所致。

概而言之，如果此时政府能够充当投资体系的协调者或"助产士"，通过投资经济序列的关键环节、关键部门，来打通这种协调各投资方的"联系通道"，这很可能是克服协调失灵及其引致的欠发达陷阱（underdevelopment trap）或中等收入陷阱（middle-income trap）的关键，同时也能借此机会改善城镇化的结构失衡问题。对中国而言，政府持续的建设基础设施、拓宽信息网络、改善公共服务、构建地方性融资平台、开展技术服务的行动可以视为克服各种协调失灵的重要抓手。这在协调多主体联合投资的过程中几乎是充分必要条件。各种类型的投资者的投资预期"好""坏"均受此影响，如果政府无所作为，则大量的资本闲置将使经济很快陷入"劣均衡"状态，这种"劣均衡"

一旦形成，经济的恢复往往需要多年时间。

政府投资所引起的联系效应将在投资的多重均衡模型（multiple equilibria）下发生至关重要的作用，见图7－6。

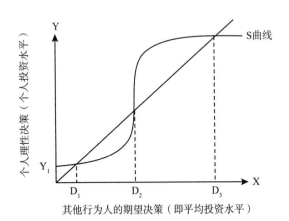

图7－6　伴随投资协调失灵的多重均衡模型

资料来源：［美］迈克尔·P. 托达罗，［美］史蒂芬·C. 史密斯：《发展经济学》（第9版），机械工业出版社2012年版，第97页。

图7－6中S曲线表明，投资行为人所采取的投资行动所获得的好处正向地取决于其他有望采取同样行动的行为人的数目或采取此类行动的程度。此模型中，X轴代表期望投资者人数，Y轴代表作为期望投资者目标函数的实际将投资的人数。社会存在一个最低投资额Y_1的正截距，这是因为少数投资者抱有先吃螃蟹的心理，开展开拓性投资。S曲线正斜率表示，开拓投资者的示范效应可能会引致更多的后续投资者，因此曲线斜率为正。但这仅仅局限于投资者人数较少、信息较易沟通的情况，如果需要协调的投资人数众多，则协调困境势必马上出现，这会产生如图7－6所示的多种均衡，即S形曲线与45°线的几个交点。其中，D_1、D_3是"稳定均衡"，即如果人们投资预期发生或高或低的轻微变化，投资者将调整其行为回到初始均衡水平。这两个"稳定均衡"的S形曲线是与45°线在上方相交，这是"稳定均衡"的特点。

D_2是S形曲线和45°线在下方相交的点，因此它不稳定。因为，在此模型中，投资人减少，均衡会移向D_1，如果投资人增加，均衡会移至D_3。D_2只是偶然达到的均衡，它是一个对期望范围的分割，在这个点上，较高的稳定均衡与较低的稳定均衡在左右摆动。

S形个人投资决定曲线通常开始时以一个递增的速度增长，之后便以递减的速度增长，S形体现了互补性的典型特征。即在发展的初期，曲线并未随着更多行为人采取行动而迅速上升；但是，待投资或参与者积累到一定数量后，就会产生滚雪球效应。可见，政府协调投资者的行动，最好出现在 $D_1 \rightarrow D_2$ 这一区间，通过投资关键部门来带动企业与个人的投资跟进，从而把谁来带头投资的难题化解掉，并使经济尽快从劣的投资均衡 D_1 过渡到优质均衡 D_3 处。这正是单纯市场机制所不能实现的目标。因为，"市场力量通常能使我们达到一种均衡，但它们无法确保达到最优均衡，并且没有提供一个市场机制从劣均衡向更优均衡转换的自动机制"。[①] 这也正如党的十八届三中全会所指出的那样，市场在经济发展过程要起决定性作用，但不是全部作用，政府的投资引导功能不可或缺；城镇化在市场力量起作用的同时，也需要一个在引导投资方面有战略远见的政府。

（五）投资模型的扩展Ⅳ：从两部门到多部门的结构经济学考察

现实经济序列投资结构的复杂性远远超出社会公共服务资本和生产建设资本二元化投资的理论假设。遵循抽象到一般的逻辑演绎方法，这部分我们将投资的部门从简单的两部门扩展到 n 部门，于是有以下的模型用于分析：假设 Y_1，Y_2，…，Y_n 表示第1、第2至第 n 个部门生产的国民收入，这些部门的总供给可以表示为：

$$Y = Y_1 + Y_2 + \cdots + Y_n \qquad (7-8)$$

这些部门的供给能力受多种因素影响，其中，主要的影响因素是该部门的资产数量及其生产效率。以 C_i 表示第 i 部门的资产数量，K_i 表示 i 部门的资产使用（生产）效率，那么，i 部门的供给能力可一般化地表示为：

$$Y_i = C_i K_i \qquad (7-9)$$

以 D_1，D_2，…，D_n 表示社会对第1个部门、第2个部门至第 n 个部门生产产品的需求，则总需求可以表示为：

$$D = D_1 + D_2 + \cdots + D_n \qquad (7-10)$$

为保证社会再生产的顺利进行，理论上必须使各部门的总供给和总需求保持年度平衡，但现实中能做到跨期平衡的国家和地区已经是相当不易。假设，若有一段较长时间，均出现需求大于现有各部门提供产品的能力时，必须追加新投资。设投资的平均时滞为 n 年，也就是说当年的需求要有前 n 年的投资来满足。这样，各部门的投资需求、产品需求与资产存量之间的跨期关系就可以表示为：

---

① 托达罗等：《发展经济学》，机械工业出版社 2012 年版，第 99 页。

$$I_{i,t-n}F_iK_i' = D_{i,t} - C_{i,t-1}K_i \qquad (7-11)$$

式（7-11）中，$I_{i,t-n}$ 为第 t-n 年 i 部门所需要的新增投资；F_i 为 i 部门的固定资产投资形成率；K_i' 为 i 部门新增固定资产的效率；$D_{i,t}$ 表示第 t 年对 i 部门的产品需求；$C_{i,t-1}K_i$ 表示 i 部门第 t-1 年的产品供给能力。公式表明，在固定资产投资效率、资产效率相对稳定的条件下，新增投资的需求结构主要取决于各部门的产品需求和现有资产存量。当某些部门的产品供不应求或供过于求时，就对投资的产业分配比例提出调整的要求，从而促进经济结构的调整。在市场机制起决定性作用的条件下，投资的经济结构调整完全可以由价格、税收等经济杠杆实现。当某经济部门产品供不应求或其要素价格便宜时，其产品价格就会上升，利润的刺激使投资者蜂拥而至。这个信号，将自动调整社会的投资比例并改善经济结构。

社会存量的产业结构与经济结构对投资分配比例的制约作用还可以通过制约产业的资本形成量来实现。发达的、实力雄厚的而且有发展前途的经济部门，其资本积累能力大，往往有很强的投资能力，可以根据市场需求情况增加对本部门的投资，形成竞争优势；反之，若一些产品市场需求不振，资本将撤出投资，以改善当前经济结构在该领域的资源配置。这样可以缓解城镇化建设投资的紧张程度，有利于后续的城镇化发展潜力的储存。在多部门的情况下，投资顺序、重点，以及投资者（政府、企业、个人）之间的协调将更体现发展战略的前瞻性安排，必须既谨慎决策，又大胆铺排，不错过结构调整与发展更上新台阶的战略机遇期。

三、与新、旧结构经济学命题主张相关联的现象、矛盾和投资顺序的实证数据

在对待投资主导的经济增长这个问题上，新、旧结构经济学均未否认投资对发展中经济体的重大作用。所不同的，仅在于对投资领域和产业选择存在认识偏差，对城镇化的优先发展领域也有不同认识。是否符合比较优势是两大理论体系争鸣的焦点。但事实上，中国现有的经济结构形成，一方面可从分工演进的角度理解结构转变的历程（高帆，2005）；另一方面可以理解为从前三十年高增长过程的"铺摊子"到新阶段"上台阶"的历程。这个台阶一是产业升级的台阶，二是创新的台阶（刘世锦，2013），三是城镇化的台阶。而投资的领域，则决定了产业升级是否符合当前比较优势的发展方向以及创新在相关

产业的概率，毕竟投资多的领域，创新的概率远大于投资少的领域。根据李刚等①的分析，经济快速发展时，往往是第二产业劳动生产率上升速度快于第三产业，进而第二产业劳动生产率会高于第三产业的时期，如果第二产业劳动生产率速度长期低于第三产业，往往是一国衰落的先兆。如果再加上按照购买力平价计算的中国第二产业比重仅为32.53%，中国确有必要在第二产业投资发展上做足文章。按上文的分析，中国的第二产业内部需要区分生产性的投资和公共服务性质的投资，形成好的投资顺序，让它服务于城镇化战略，这是实现以先发投资带动后续投资和消费的关键。

为了说明以上投资顺序在公共服务和直接生产方面的抉择，我们利用CEIC中国经济数据库的投资数据进行简要验证性说明（图7-7中投资数据的单位均为百万人民币）。

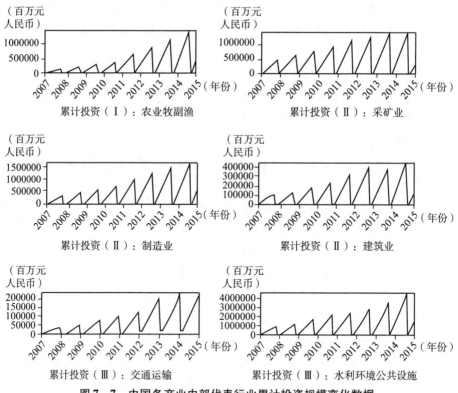

图7-7　中国各产业内部代表行业累计投资规模变化数据

注：Ⅰ、Ⅱ、Ⅲ分别表示第一产业、第二产业、第三产业。
资料来源：CEIC数据库。

---

① 李刚等：《中国产业升级的方向与路径》，载于《中国工业经济》2011年第10期。

本章选择了 CEIC 中国投资数据中第一、第二、第三产业代表性的累计投资数据进行分析。数据显示，单就投资总规模而言，第二产业内部的建筑业、制造业、采矿业仍然是中国投资的重点。但是，近年来，第三产业中交通运输、水利环境（含公共设施管理）的投资呈现大幅度上扬趋势，交通运输业在 2011 年前后投资规模达 2000 亿元的水平（最近 1 ~ 2 年数据还会更高）；而水利环境、公共管理设施的投资规模更是在 2014 年前后达到创纪录的 4000 亿元的规模。这充分说明，政府的投资引导功能的潜在转变——由投资生产型大国转型为公共服务型大国（并且在这个过程中，直接生产投资特别是第二产业的投资规模并未有明显缩小，挤出效应不明显）。或者说，进一步改善投资结构的空间仍然存在，公共服务型产业的投资应继续保持甚至扩大规模。附带的一个结论是，需要注意这个投资转型过程对第一产业中粮食产业的挤出效应，任何公共服务、制造建设的投资，均不可妨碍粮食生产投资，特别是以占用土地来实现的对基本良田粮食生产和其他基本农林牧副等产业的挤出。

第三节　城镇化与投资政策设计：中国经济结构调整的分类方案

有一种观点认为，中国经济自 1978 年以来走的是投资拉动型经济增长模式，过去 40 年的增长严重依赖资本深化，城镇化基本上也是依赖政府财政资金的支持得以发展；因此，后续的结构调整之路似乎只能以消费启动、国有部门与非国有部门的效率改进、农业工业化、城镇规模继续扩大等方式来推动结构变革。但事实上，这些调整手段要么是投资结构变化的副产品，要么严重依赖投资结构的改善。而朱晓冬的相关研究数据[①]则客观地说明了将中国投资结构调整作为切入点，实现结构升级仍有极大的可塑性。

---

① 朱晓冬指出，"尽管年均 GDP 中用于实际固定资本投资的份额在 1978 ~ 2007 年间从 33% 增加到 39%，但中国的资本产出比在此期间几乎没有增长。1978 年以后中国的资本投资随着快速的产出增长步伐，但并没有起到引领作用"。参见朱晓冬：《中国经济增长靠什么》，载于《中国改革》2013 年第 9 期。

一、投资要稳：把握投资顺序，政府与市场都要发挥各自作用

中国经济增长前沿课题组（2013）把中国经济增长划分为两个阶段，即投资驱动的高速增长阶段 I 和城市化时期稳速增长阶段 II，并认为制造业部门投资增速降低，一是源自其成本上升，二是由于服务业的替代。但服务业对投资增长的拉动远不如制造业部门，服务业带来的高增长冲击往往如昙花一现，这个规律在由工业化过渡到城市化的成熟路径上，表现为全社会投资增长率逐渐趋于下降。而本书的分析表明，如不依赖持续的、有效率的投资，就是我们刚刚获取的所谓"城市化时期稳速增长阶段 II"也是无法保证延续其良好势头的。投资减速只能带来经济增长速度的持续降低，从而使整体的全要素生产率改进空间狭小。

新、旧结构主义的发展经济学思路在这里相互碰撞的结果是推导出"投资应稳并注重顺序"的结构调整战略。这一战略的核心是：（1）由市场决定投资项目的风险、收益、成本等指标，并由企业自主决策投资规模、区域和是否采取外部融资行为（信贷等）；（2）政府在启动新的投资冲击和协调各类企业投资方向时应主动出击，[①] 尤其是不能任由整体经济结构过快地收敛为服务业占主导化的产业结构体系，而应适度加大"投资驱动的高速增长阶段 I"到"城市化时期稳速增长阶段 II"的过渡时期对第二产业特别是制造业部门的投资力度。一些大中型国有企业和全国及地方性的融资平台可以为这个投资冲击发挥作用，实现政府对结构调整的协调与引领作用并有效带动城镇化转型，这是实现投资顺序把握的微观实现机制。

这种思路，既照顾到了新结构主义按禀赋的比较优势序列发展产业的诉求，也部分采纳了旧结构主义对政府调整经济结构的合理描述：稳健而不冒进的投资战略，可望带来更加优化的产业结构调整空间。在这个过程中，有学者指出，应该由市场来决定比较优势，而且政府有责任保证一个合理的激励体系，并且提供相应的基础设施（包括硬件基础设施和软件基础设施）（Anne Krueger，2011）。由于基础设施的改善往往是产业专用的，那么，政府投资引导产业发展方向时，可以避免直接投资产业来挤出企业的投资空间，而将投资于制造业（第二产业）部门相关的基础设施或公共服务作为投资冲击发起的

---

① 在日本、韩国和中国台湾地区，政府在私人投资与整个经济的基本结构、比较优势特点演进方面发挥发起、领导和管理的作用。

重点，这不能不说是政府应当有所作为的重要领域。① "因为财政资源和实施能力的限制，每一个国家的政府必须设立优先级，以决定哪些基础设施应予以优先改善，以及公共设施的最优位置应设在哪里，这样才能取得成功"。②

二、投资要活：把握关键节点，适应新兴产业革命的发展趋势

林毅夫强调，投资的产业选择应寻找、甄别具有类似禀赋（相对本国而言）结构且人均收入均为本国两倍的发展国家中具有活力的贸易品产业作为本国具有比较优势产业的投资方向。③ 旧结构主义则认为应倡导政府保护和补贴，以建立背离比较优势的新产业。事实上，新旧结构主义的思路均有特定的历史背景和投资规律可循，本质上都具备各自的适用范围，但新结构主义过于强调比较优势学说，容易陷入"唯比较优势陷阱"；而旧结构主义则一味追求产业的高、精、尖，并力图在较短时间内实现赶超，又显得机械主义并缺乏发展战略的调整空间。

两种结构主义思潮，都可能将一个国家的投资战略和城镇化模式引向某种僵化的格局之中，缺乏足够的灵活性。本章强调，适应中国城镇化和经济结构调整的最佳投资模式，必须是面向市场决定作用的需求模式，它既不唯比较优势，也不盲目追求高、精、尖，它应随着后危机时代市场需求的变化，来及时调整投资的产业结构与产品结构。（1）投资现代农业，加强农业基础地位，利用生物产业等前沿产业的发展新趋势，塑造既能保底粮食安全，又具有国际竞争力的优势、高效、高产农业。（2）紧跟近年来兴起的健康、节能、环保、低碳、创意等工业品和服务品的产业革命趋势，加大投资这类产业的力度，既用灵活的投资战略瞄准居民未来的消费热点；也用前沿性投资战略来创造消费热点，实现旧结构主义保护国内产业（这里已经不是幼稚产业，而是具有产业革命孕育条件的前瞻性产业）的目标，也可在一定程度上创造出本国的比较优势；不同城市间也可以采取差异化的投资方案，实现自身的比较优势。这也将实现新结构主义按比较优势发展产业和开展投资的目标，只不过这里的比较优势不再是按部就班、拾级而上的产业梯度序

---

① 例如，毛里求斯的纺织业、莱索托的服装业、布基纳法索的棉花产业、埃塞俄比亚的鲜切花业、马里的芒果产业和卢旺达的猩猩旅游业等，它们都需要政府提供不同类型的基础设施，这也是投资战略在发展中国家展开的必经之路。

② 林毅夫：《新结构经济学》，北京大学出版社 2012 年版，第 65 页。

③ 林毅夫：《新结构经济学》，北京大学出版社 2012 年版，第 154～155 页。

列，而是具有前瞻性和创造性的投资及产业发展战略。目前，在西方国家前沿、成熟产业的边缘上寻找投资热点，可能是迎接新兴产业革命，实现创造比较优势的可行途径。类似的例子，可参考日本的电子、电器、汽车制造业的边缘性投资创新，以及韩国手机、电视等产业的投资创新模式。(3) 根据市场调节功能，抑制一批产能过剩行业的投资，把节约下来的资金用于改善投资的自然生态环境与市场法制环境。(4) 投资制约我国由制造业大国向制造业强国转变的精密制造、大型成套设备、核心元器件、特种材料等几个瓶颈领域，实现一批自主创新品牌的异军突起，形成投资的知识产权与自主创新集成效应。建立国家新兴产业投资战略规划部门，可能是实现宏观上把握投资新兴产业和投资布局的重要实现机制。

三、投资要托底：以解决民生难题作为投资的着眼点，跳出低均衡陷阱

无论一种经济体系可以带来怎样的成功，如果体系保持不变就不可能持续发展。历史上充斥着一朝繁盛、一朝落魄的经济体系。[①] 而在经济增长、社会稳定、民生幸福、环境改善等几重具有相互制约力的目标面前，投资战略对当下中国经济体系的推动与改善能力无疑是巨大的。因为中国经济结构中具有保底和筑底功能的因素还是投资，特别是事关公共服务和民生建设的投资。毫无疑问，要实现投资的保底和公共服务功能，实现机制根本上在于转变政府自身的职能，早日建成公共服务型政府，具体如下所述。

(一) 以开放型的投资模式来持续改善我国人口多、底子薄、发展不平衡的禀赋结构

新、旧结构经济学虽然在发展的战略主张上大相径庭，但是，在对发展中国家普遍面临的爆炸性人口增长、贫穷、基础设施匮乏、各个领域和区域的发展不平衡的基本禀赋结构的认识上却是没有异议的。改善的路径仅仅区别于，新结构经济学强调按比较优势现状，渐进升级产业及经济结构，逐步收敛于发达国家水平；而旧结构经济学则认为，比较优势虽然重要，却不过只是一个基线，一个国家想要升级产业、改善结构、发展民生，就需要违背比较优势

---

① ［日］速水佑次郎：《发展经济学——从贫困到富裕》(第三版)，社会科学文献出版社 2009 年版，第 300 页。

（Lin Justin Yifu and Chang Ha - Joon，2009），率先安排一些前瞻性的资本、技术、信息密集型产业。本书则认为，这两种观点不存在对与错，只存在对发展机遇和时间段的把握是否恰当之区别。现阶段，发达国家200多年工业化进程中分阶段出现的人口结构变迁、资源环境承载力弱化以及产业结构升级变缓等问题集中凸显于我国的经济发展和城镇化进程中，如果没有可以吸引民间投资乃至外资的开放型投资模式，将资本注入那些日渐紧俏的基础设施、公共服务（医疗卫生、教育、社保）以及环境整治领域，上述凸显的矛盾就无法有效抑制。投资的领域应遵循市场决定、政府引导的原则，既不过慢（像新结构主义所述那样按部就班），也不过快（像旧结构主义那样快速拔高产业结构），而是适度加速投资，带动经济结构尽快走出可能的"低水平陷阱"或"中等收入陷阱"。

（二）投资保底应当作为一种机制贯穿改革的全过程

豪斯曼（2005）指出："政府没有能力推进各项改革，政府需要影子价格揭示的信息排出各项改革的优先序"。投资于基础设施、公共服务、民生改善等领域的"保底"设计实际上既表明政府引导投资的顺序，也逐渐为政府构建出一种投资保底的机制。这种机制所蕴含的是对这样一个特征事实的必然回应。即对中国这样的发展中国家而言，实物基础设施与民生公务服务是一个紧约束；而在提供这些公用设施与民生服务以促进经济发展和提升城镇化水平方面，政府的作用必不可少。正如刘易斯所说的那样："离开高明政府的正面激励，没有一个国家能获得进步"。① 这里的投资保底机制建议，在政府的改革推动与制度设计中必不可少。当然，基础设施建设、民生公共服务提供等事务，也不是只要政府一力承担，它需要集体行动，或至少需要基础设施、民生公共服务的提供者与工业企业之间协调行动。只有在政府有力和恰如其分的引导下，市场价格才能真正反映中国的比较优势，这时的企业投资市场才会有的放矢，改革的全方位推进才能够有切实的经济基础作为保障。或者说，投资的保底机制，可望使城镇化转型和中国经济结构调整的过程更加稳健，并恰当地在市场失灵与政府失灵之间找到切合点，使其互为检验。

---

① ［英］刘易斯：《经济增长理论》，商务印书馆1998年版，第463页。

第八章　超越刘易斯模型：城镇化波士顿模式的调研分析与借鉴[*]

美国马萨诸塞州的波士顿市，是新英格兰地区的最大城市。作为美国城镇化的一个标尺，波士顿兼具现代与古典的城镇化特质。它把新英格兰风格与后工业城镇融合为一体，成为当代历史文化旅游名城和创新创业名城的代名词。在波士顿长达百余年的近代城镇化发展历史中，它依靠教育、医疗、创新产业来规避城镇化发展过程中的人口红利衰减趋势，并以多中心布局和城镇化发展模式的创新来破解工业资本城镇化模式的不可持续性，这足以证明未来的城镇化发展模式必然是从满足"数量意义上人的需求"转向"质量意义上人的需求"为主。笔者根据在波士顿的调研，阐述波士顿城镇化超越发展中国家城乡二元刘易斯模型的那些值得关注的重点领域；并以波士顿的城镇化为蓝本，思考中国城镇化跨越刘易斯转折的相关政策启示。

第一节　开发较早的"年轻"城市

波士顿创建于 1630 年左右，迄今已逾 390 余年。虽然它不能和年代更加久远的那些欧洲或中国的城市相比，但是对历史建筑、文化风俗、城市规划的保护与创新，波士顿可以说是独树一帜。不轻易大拆大建、不搞推倒重来、注重疏导而不是限制，是这个古典城市焕发出现代感的根本所在。波士顿的发展史，基本上体现了近代城市化的那些沉甸甸的历史。

现在我们简要回顾一下波士顿城市发展的渊源。波士顿最早为英国殖民者所开发，时间可追溯到 1620～1630 年。因为当时英国殖民者中清教徒很多，

＊　本章相关内容发表于《中国浦东干部学院学报》2017 年第 4 期，题为：《城镇化波士顿模式的调查研究与政策启示——兼论工业资本城镇化模式的不可持续性》。

所以这所城市在建立之初便被打上了深深的宗教和教育烙印。在波士顿建立不久，清教徒就创立了美国第一所公立学校波士顿拉丁学校（1635 年）和美国第一所大学哈佛大学（1636 年），直到今天，努力工作、道德正直、重视教育仍然是波士顿文化的一部分。可以说，宗教在波士顿城镇化建设的历史传承中起到了不可或缺的作用，一个城市的精神特质也与此息息相关。然而，真正奠定波士顿历史地位的，则是 18 世纪 70 年代围绕波士顿展开的美国革命事件。其中，以波士顿屠杀和波士顿倾茶事件最为知名，它是美国寻求政治经济独立的发源地之一。迄今为止，波士顿作为美国的历史文化名城的积淀是非常深的。它开发得早但是历史遗迹保存得好；经历过战火洗礼，但是却保留了英国殖民地时期的建筑和风俗，在此基础上又不断赋予其美国城镇化的价值诉求。

美国独立革命完成后，波士顿凭借其港口优势迅速成为美国东北部的经济重镇，它的酒类、鱼类、烟草和食盐通过海外贸易远销欧洲，重商主义的城市底蕴由此渐渐展开。凭借优越的地理位置和与欧洲国家的贸易往来，波士顿在 17 ~ 18 世纪一跃成为美国东北部耀眼的商业明星城市，不仅带来了大量的商品贸易活动，而且也不断促成欧洲大陆的人口移民美国；最重要的是，它作为一个桥头堡把欧洲先进的商业理念和城市规划理念引入了北美。因此，波士顿又称为美国新英格兰的代表城市，这显示出美国虽然在政治经济上力争独立于英国，但是在文化和城镇建设思路上却选取英国较为成熟的城镇规划模式。

近代（泛指 19 世纪）以来，波士顿经历了工业革命的洗礼和几轮移民潮，发展出独具特色的城市经营模式。它较早地完成了工业制造业的引进、换代和外迁。波士顿不是类似英国曼彻斯特的那种原生型老工业城市，它直接在工业产业的成熟端引进最适合的产业链，例如服装、皮革、机械工业等，在企业利润曲线下降和环保压力上升的 20 世纪初期，波士顿就迅速地将那些工业革命的遗产选择性地抛弃或保留——老旧的制造业链条外迁，最多保留其总部经济的设计或创新功能，而工业体系依赖的海运和陆路运输体系则继续发挥物流运输的作用。

一、工业产业遗迹

根据笔者的走访和调研，在今天南波士顿（South Boston）居民区，还矗立着一些工业革命时代遗留下来的工厂外壳，它的内部早已进行了其他非生产性用途的改造，而外部则仍旧保留工业波士顿时期烟囱高耸的模样，这一方面令人感叹时代变迁的迅速，也让人反思工业城市模式盛衰变化的客观规律不可逆转（见图 8 - 1）。

图 8 - 1　南波士顿工业革命遗迹

资料来源：笔者现场照相取得。

在图 8 - 1 中，紧邻大烟囱工厂的是一系列美国民宅，如果烟囱继续冒着黑烟，这将是极不协调的一种工业和居民住宿布局，但是波士顿早已经将这些工厂内部拆空，所以从外看过去不免让人感到一种城镇化发展历史的错位，这在注重资源与建筑循环使用的西方国家并不少见。作为工业时代的历史遗迹，这些高耸的烟囱时刻提醒着人们发展城市的工业生产力与生态生产力的平衡关系。这个关系在波士顿经历了生态生产力 > 工业生产力的前工业革命时代，到工业生产力 > 生态生产力的工业革命时代，再到生态生产力 + 创新生产力 > 工业生产力的后工业时代，并且，由于波士顿汲取了英国工业革命对城市生态生产力造成破坏的前车之鉴，它把工业生产力 > 生态生产力的工业革命时代的时间段压缩得很短，很快就告别了工业尤其是制造业助推城市经济发展的阶段，就好像工业革命还没有在波士顿地区完全展开就匆匆结束了。波士顿的城镇化发展，在继承英国城镇化模式的时候，有模仿也有扬弃，既不盲从，也不轻易否定已有城镇化模式的优点，这种城镇发展规划拿捏的尺度是很值得后发国家和地区学习的。

二、波士顿的公共交通发展

波士顿地铁（MBTA subway，俗称"T"）是在美国马萨诸塞州波士顿市及其周边地区运营的地铁系统，目前由马萨诸塞湾交通局运营。该系统于1897 年开通了美国历史上第一条地铁，目前由四条线路组成，其中红线、橙线及蓝线为高运量系统地铁，绿线及红线的延长线为轻轨。地铁运行方向按照进入和离开波士顿市中心（Downtown Crossing 地铁站）区分，Inbound 地铁是前往市中心方向的，Outbound 则是离开市中心方向的。地铁线路从波士顿市区向外辐射，四条轨道交通线路在市区交叉成为一个四边形，其中在市区几乎平行的橙线及绿线有两个换乘站，基本覆盖大波士顿地区的主要城区和郊区。从第一条地铁线运营至今，波士顿的地铁已经运营长达近 120 年，从图 8 - 2 可以看出，这种地铁运营的长期性，使得波士顿的地铁系统显示出相当的历史感，它的破旧程度完全和今天的时代脱轨。不要说比不上今天中国各地新建的地铁项目，就连中国北京最早的地铁 1 号线也比其崭新许多。

图 8 - 2　波士顿绿线地铁

资料来源：笔者拍摄。

　　实用是波士顿地铁的一大特点。众所周知，地铁开发耗费巨资，且收回前期投入的成本需要相当长的时间。所以，波士顿根据其人口规模变化趋势，开发出这样一条维持营运、略有盈利、长期使用的地铁模式，无论地铁运行线路的设施破旧到何种程度，只要不影响安全，均采用修修补补的策略，以最大限度延长地铁使用年限。它绝不轻易采用大挖大建、推倒重来的地铁发展策略。这也深刻体现出波士顿城镇基础设施投资项目高度重视商业回报率和利润回报周期的特征。而波士顿的公交车也纳入了地铁系统，实行一票通制度，以方便居民出行。当然，近年来，由于运营成本增加，波士顿几乎每年都会为地铁—公交系统的票价问题开展听证会。尽管大多数居民不赞同涨价，但是近几年波士顿地铁—公交系统的单程票价已经从 1.6 美元涨至 2.75 美元。毫无疑问，这套运营上百年的公共交通系统至今还在盈利，这为中国的城镇化公共交通导向建设提供了相当程度的借鉴：（1）地铁—公交系统一定是伴随人口规模的工程，既不能发展滞后也不宜发展过度，适度超前是城镇化公交系统发展的基本态势；（2）以运营带动发展，保证城镇化公交系统的可持续性和营利性；（3）公共交通坚持系统规划，长期设计，永续使用，避免推倒重来式的大拆大建；（4）尊重城镇居民的出行意愿和支付能力，设计简明高效的听证制度，避免公交发展重要事项由利益相关方一方说了算；（5）公共交通系统的设计一切遵从以人为本原则，尽可能避免带给城市宜居、出行、环境等方面的负面影响。

应该说，从波士顿工业产业遗迹和百年公交系统持续运营的角度看，波士顿城市化进程即没有遵循英国城市化的道路亦步亦趋，而是始终围绕着城市化"人"的需求来进行建设、探索。特别是它对英国工业城市模式弊病的扬弃，更体现出现代化城镇转型的某种趋势和规律性特征。因此，人们在感叹波士顿天很蓝、空气很好、建筑很有古典韵味、教育医疗质量很高的同时，更应该从城镇化发展的角度思考其为什么规避了大多数城市曾经出现过的那些较为严重的城市病。

第二节　人口规模的变化规律

波士顿自成为美国东北部的重镇以来，人口呈现出较为迅速增长、人口回落、保持稳定的变化趋势。从有统计数字显示的1700年开始算起，波士顿的人口规模变化见表8－1。

表8－1　　　　　　　　1700～2013 年波士顿人口变化趋势　　　　　　单位：人

项目	1700 年	1800 年	1900 年	1950 年	1990 年	2000 年	2010 年	2013 年
波士顿人口	6700	24900	560892	800000	572479	590433	620451	645966

资料来源：1700～1800 年数据来自王旭：《美国城市发展模式：从城市化到大都市区化》。1900 年数据来自《1900 年美国人口普查》，Library Bibliography Bulletin 88，New York State Census。1950 年数据来自 Harvey S. Perloff：Planning the Post – Industrial City，Planners press，1980. 1990～2014 年数据参考 United States Census Bureau. http：//www. census. gov/。

很显然，在刚刚成为英国殖民地的时期，波士顿的人口数量是极少的，但是，在进入 1800～1900 年的工业革命年代后，波士顿的人口呈现爆炸性增长，从 1800 年的 24900 人剧增到 1900 年的 560892 人，这一百年间，波士顿人口随着工业革命浪潮的助推，增加了近 22.5 倍。毫无疑问，在波士顿烟囱林立的那些年代，工业城镇化模式对人口的聚集作用是巨大的。到 1950 年，也就是二战结束后的第五年，波士顿人口达到 80 万人左右，基本上达到近代以来的最大值，随后开始呈现下降趋势，到 20 世纪 90 年代后，波士顿人口开始稳定在 50 万~60 万人之间，之后 20 年间略有增长，但总体保持相对稳定。从中国的角度来看，波士顿人口鼎盛时期的规模，至多也就是中国一个县级市的人口水平，它的人口规模会产生两个方面的问题。（1）城镇总需求会持续产生不足的问题，因为人口规模始终没有过百万，因此，波士顿的企业尤其是中小企业面临持续的市场空间不足问题，这个发展障碍对那些中国的县以下城镇也是适用的。（2）适龄劳动力数量在迈过顶峰 80 万人的 1950 年后，开始随着人口总规模的下降而下降，这导致劳动力成本上升。因此，波士顿隐隐蕴含着美国尤其是其中部许多同规模城市的类似问题，即城镇化在长期的人口红利衰减时，面临城镇经济和基础设施规模维持甚至缩减的问题。如果没有城镇化供给侧方面的相应改革措施，波士顿的现状很可能就是将来中国规模类似的县级市的未来——基础设施逐渐老旧、人口规模衰减、劳动力成本高、城镇化发展的动力可能出现不足。现阶段，波士顿依靠的是教育、医疗、创新产业来规避这种城镇化发展过程中人口红利衰减的趋势的，这足以证明未来的城镇化发展模式必然是从满足数量意义上人的需求转向满足质量意义上人的需求为主，城镇化在相关产业的供给上还需要再次"换挡提速"。

在探究波士顿人口增长变化的文献中，戴维·哥顿（David Gordon）曾指出，从 1720~1790 年的时间段来看，美国东北部的波士顿、纽约、费城、巴尔的摩主要是商业港口的增长导致其人口从 10000 人左右增加到 22000 人以上，这四个地方的城市人口占到其各自城市总人口的 66.9% 以上。[①] 这基本上也体现前工业时代城市化在聚集人口发展方面的乏力，在工业革命前近 80 年的时间内，以波士顿、纽约为代表的美国东部的主要城市人口增长仅 1 倍左右。尽管这一时期的商业城镇化模式一度成为波士顿等港口城市的代表性发展特色，但是商业发展对人口增长的贡献实在有限。究其原因，可能是与商业强调贸易与资源的快速周转和流动性有关，人们很难在繁忙的商业活动中定居于一处，城镇化的聚集功能也不能充分得到发挥。

如果说 1950 年是美国传统工业发展到顶峰的年代，那么，与这一时期相

---

① David M. Gordon. Capitalist development and history of American Cities.（in Marxism and the Metropolis: New Perspectives in Urban Political Economy, Edited by William K. Tabb and Larry Sawers, Oxford University Press, 1978: 25 – 63.）

对应的城市人口也集聚到了一个极大值。波士顿就是这个过程的典型代表。由于波士顿靠近港口，航运方便，且与美国东部的纽约、费城、华盛顿等城市联系紧密，交通的便捷带来了工业城市发展的高潮。当然，工业城市聚集的背后也是工业资本催生的一种城市化模式的演进过程，它带来的除了看得见的城市人口拥挤外，还产生了一些生产关系方面的影响。（1）工资劳动者逐渐替代财产所有者成为城市中心的主流人口；（2）城市生产力的强度、布局等问题基本上围绕劳资关系的缓和或紧密程度展开；（3）城市工业资本积累逐步趋向替代商业资本，成为城市生产力驱动和财富积累的主动力；（4）不同性质的劳动力和管理阶层在生产过程中所产生的矛盾逐步外化，逃离城市中心成为工业化发展至顶峰时期波士顿以及美国东部乃至中西部城市的一种居住潮流。很多研究认为，这是郊区化的城镇发展趋势，但事实上，这背后有深刻的劳资生产关系动因——不仅资本家是人，支薪劳动力也是人，他们对城镇化居住、就业、生态环境、社会保障、交通便捷等方面的需求是相似的，没有人愿意整天生活在工业资本城镇化模式造就的城市病的环境里。

因此，在20世纪50年代的工业化高潮以后，波士顿等东部城市开始人口骤减。这种骤减的趋势基本上可以用全面郊区化来形容。（1）城市中心的那些财产所有者越来越倾向郊区的田园生活，就算增加通勤的机会成本也在所不惜；（2）曾经的工业劳动力也开始逐渐拥有属于自己的财产，并仿照已经外迁的财产所有者的模式离开城市中心去往郊区居住；（3）各类工厂的总部也开始寻求非城市中心的生产基地进行投资建厂，一方面是降低土地使用成本，另一方面是现代互联网技术打破了空间积聚创造更大生产力的唯一可能；（4）不少优质教育资源也开始向郊区进行配置，好的学区房越来越体现其价值，每个人都会为下一代的前景做出最优的居住和教育发展考虑。总而言之，在波士顿工业城镇化发展的年代，无论是企业还是个人，都有逃离城市中心的趋势。尽管1950年波士顿80万人的规模根本谈不上人口饱和，但是人们已经厌倦了城镇化中心区的那种生产生活方式，这不得不被视为一种城镇化发展过程中人的理性选择。进一步考虑，中心城区如何应对人口逃离后的破旧和衰败，在今天来看，也许是以波士顿为代表的绝大多数美国城市的重要现实写照和发展任务；但从长期的角度看，又何尝不是中国的城镇化应当面对的问题呢？郊区化迟早也会成为中国相当一部分城镇化发展进程中的一种潮流，对此，我们宜借鉴波士顿的经验，进行早期的资源配置和区域布局。

具体而言，让我们看看波士顿如何应对它自身所面临的郊区化和主城区衰败现象的。首先，它开始建造各种城市更新项目，包括拆除业已陈旧的西区和建造波士顿政府中心。其次，波士顿在长达 30 年的经济低迷期之后恢复了繁荣，并带动了共同基金的发展，一些现代金融、保险、投资业在波士顿兴起，其中，住房投资成为大波士顿地区的热点，这里被称为美国东部的房产投资天堂，甚至一些来自中国的资本也在这里选择房产作为投资的对象。再次，波士顿因其卓越的医疗服务享有盛誉，马萨诸塞州总医院、贝斯以色列女执事医疗中心和布莱根妇女医院等在疾病治疗和医疗创新方面在全美国领先，吸引了全美乃至全球的医疗资源向这里聚集，相当于增加了一个较为固定的医疗服务产业链。最后，哈佛大学、马萨诸塞州理工学院、波士顿学院、东北大学和波士顿大学等高等学府吸引了许多学生来到波士顿都会区求学深造。

到 21 世纪初，波士顿已经成为一个美国东北部智力、技术与政治思想的中心。不过，该市还必须解决 20 世纪 90 年代以来因房价急剧上涨造成生活费用过高的问题。2004 年，波士顿大都会区已经成为全美国生活开支最高的地方，而马萨诸塞州是全国唯一人口下降的州。这说明，尽管波士顿的产业日趋前沿，城镇技术创新能力名列世界前茅，教育医疗水平世界顶尖，环境保护一流，但是也催生了这里昂贵的生活成本、教育成本和医疗成本，这使得人们在选择波士顿作为定居地时，不得不衡量收入与生存的可能性问题。城镇化看来仍旧是一场令低收入者既向往，又难以逾越的鸿沟。

第三节　工业城市、公司城市和智力城市：
波士顿城镇化的刘易斯转折

波士顿高峰时期人口达到过 80 万左右，这在许多发展中国家的经济学家眼中可以说根本不值一提。要知道，在中国、印度这样体量的国家里，一个城市动辄上百万人根本是司空见惯的现象，在数量级上，似乎很难拿一个几十万人口规模的城市发展路径去指导一个千万人口规模以上城市的发展路径。

但是，就波士顿城市规模和人口规模的相对值来讲，其城市人口密度已经相当高了。根据美国人口调查局资料，该市的总面积为 89.6 平方英里（232.1 平方公里）；其中陆地面积为 48.4 平方英里（125.4 平方公里），水域面积为 41.2 平方英里（106.7 平方公里）。另根据 2012 年美国人口统计，该市拥有 636479 人、272481 个住户和 248704 个家庭，人口密度为 4697 人/平方英里，住户平均密度为 2009 户/平方公里。不过，波士顿白天的人口将增加到大约 120 万人。人口的起伏是由于郊区居民到市区上班、上学、就医，以及从事其

他事情造成的。

从美国全国来看，在 50 万人口以上的美国城市中，只有旧金山和华盛顿的面积小于波士顿。换句话说，在主城区建成面积不大的情况下容纳常住超过 50 万的人口，对位于美国东北的波士顿来讲已属不易。面对相对高的人口密度，波士顿采取的城市发展战略是用城市发展模式的更新来迎接可能面对的刘易斯转折，而不是采用继续扩大建成区面积或住宅容积率的方式来解决人口规模的波动问题。换句话说，与其让城市去适应人口，不如让人口的流动去适应城市，这是波士顿以不变应万变的城市发展宗旨。

一、工业波士顿的快起快落模式

波士顿在 19 世纪末完成工业化后，城乡工农业的代差出现，劳动力从农村到城市的流动加速，这一过程持续到 20 世纪中期波士顿人口出现顶峰状态时为止。与农村人口快速进入城市相对应的是，波士顿城市资本家阶层（Urban Capitalists）开始注意到城市中心区工厂开工的高成本问题，特别是不断上涨的土地和劳动力成本令其头痛不已，故而开始寻找新的工厂地址；同时，城市资本家阶层观察到劳动力人口涌入带来的城市病问题，资本家阶层不满足于与工人阶层混住，开始不断寻找新的居住和工厂地区——郊区。对普通工薪阶层而言，20 世纪以来美国汽车工业的产量迅猛增加和汽车单价下降到普通家庭足以承担的地步，所以，一些工人的精英阶层也开始仿照资本家阶层，寻找郊区的优质居住地点，通过汽车通勤到城中心上班。换言之，现阶段留在中心城区生活的人口绝大多数是低收入的工薪阶层，而且劳动力呈现由过剩到不足的刘易斯转折现象——人口红利锐减，工资成本不断增加。

郊区化和多中心分散模式，是波士顿应对跨越工业—农业刘易斯转折的重要方式。剑桥、昆西、牛顿、萨默维尔、里维尔和切尔西等区域，迅速成为波士顿外围崛起最迅速的郊区和次中心，大批城镇资本家阶层和中产精英纷纷选择到这些地区居住。因此，波士顿中心区的工业聚集发展模式到 20 世纪中叶就戛然而止了，代之而起的是波士顿郊区的欣欣向荣，每个郊区的功能也各不相同，例如剑桥区是著名的高等教育区，牛顿区是著名的居家休闲高尔夫区等。

同时，为了阻止城镇贫困人口移向郊区，波士顿的公共交通在很长的时间里没有明显的改善；并且为了维持运营成本，其通达较远的地铁和公交系统 MBTA 不断涨价，致使波士顿贫困人口的出行开支成本增加。换句话说，波士顿郊区的兴旺只是服从少数城市资本家阶层和中产精英的"俱乐部"产品；郊区化的精致化城镇发展模式，某种程度上就是一种新的社会隔离和阶层隔离；在波士顿的贫困家庭，时刻体会着资本控制下的城镇体系的现实困窘。在美国当下，住在人居环境和教育条件较好的郊区，不仅是一种生活方式，更是一种身份象征；如果蜗居在市区，那么这种体验不论在物质上还是在精神上都是一种煎熬。资本主义的生产关系在城镇化的运营中体现得十分深刻。

二、公司波士顿的转折模式

离开了传统工业制造业的集聚，波士顿城镇化的发展靠什么？20世纪50年代之后，波士顿开始了新的探索。为了摆脱工业制造业外迁带来的产业真空状况，波士顿开始建造各种城市更新项目，包括拆除业已陈旧的西区，建造波士顿政府中心、医疗中心，并依托几所知名大学共建创新中心。这些中心新建的目的，是为了吸引更多优质公司的总部中心、研发中心汇聚于此。从资本获利的视角看，这是为了将产业链顶端的利润留在波士顿的绝佳做法，这比承接一些制造业项目要考虑得更长远，也给城市创新生命力的延续注入了本源性的动力。

这种产业链发展的延伸，使得生物医药、计算机科技、金融创新、运动装备等产业逐渐占据波士顿城镇化中心区域的主流产业群；同时，由于波士顿强大的高等教育聚集能力，使得供给上述产业的人才不断涌现，从而使得波士顿呈现出公司城镇化的创新趋势，这种追求产业高端的做法，也为后来的智力波士顿模式打开了一扇窗户。

在调研过程中，笔者也曾产生这样的困惑，即波士顿并没有像纽约、东京、伦敦、北京、上海这样的顶级基础设施规模和中心城区经济金融承载能力，它是凭什么吸引住那些世界知名商业巨头将总部设于此地的呢？通过调研发现，良好的城镇化软环境，包括创新环境、智力环境、生态环境、人文环境是新一轮世界性城镇竞争的制高点，波士顿就是率先抢占了这样的制高点。由此可见，未来的城镇化，一定不是竞争谁的规模更大、人口更多、基础设施更豪华，而是在城镇化特色上、软环境上等展开的不对称竞争，所谓"人无我有、人有我新"正是波士顿公司化城镇模式给予我们的启示。

三、智力波士顿方兴未艾

随着波士顿公司总部经济和创新经济的聚合式发展，到21世纪初，波士顿已经成为美国东北部的"智力"中心。相比华盛顿的政治中心和纽约的经济中心在美国东部的影响力,波士顿的"智力""创新"精神可谓独树一帜;并且近年来越来越有超越华盛顿、纽约这种传统政治经济中心的趋势。而波士顿顶级高校的智力聚集无疑是影响该市和整个区域经济的主要因素,这再次证明"人"的因素才是具有城镇化决定性作用的,城镇化以"人"为本总是会在各个领域超越以"物"为本。由此观之,城镇化发展模式的变和不变,是一对永恒的矛盾,如果仅仅躺在过去成功的经验上维持既有的城镇化模式,那么,城镇化的衰退几乎是不可避免的事情;但是,如果追求三年小变、五年大变这种反复折腾、不停推倒重来的城镇化模式,那么将会耗竭这个城镇的发展潜力。找到一个平衡点,来维持城镇的创新源泉确实需要每一个城镇去思考、探索。

以哈佛和麻省理工学院为代表的波士顿高等院校,不仅是主要的雇主,而且将高技术产业吸引到该市及附近地区,包括计算机硬件与软件公司,以及生物工程公司。另外,由于哈佛、塔弗斯、波士顿大学等几个高校拥有顶级的医学院和药学院,并且配以高质量的医疗服务设施,因此,波士顿每年从国家健康协会得到的资金是所有美国城市中最多的。这也凸显了一个规模以上城市产业创新的特殊路径——即某种产业独树一帜,有利于该城市迅速找到产业深化的发展路径并配套上下游产业,这比齐头并进的产业模式更有效率。

由于创新产业链的带动,其他重要辅助产业和各类机构中心也在波士顿迅速崛起。这包括金融业(特别是共同基金)、保险业和出版业。以波士顿为基地的富达投资(Fidelity)在20世纪80年代帮助普及共同基金,使得波士顿成为美国的顶级金融城市之一。该市还拥有主要银行的地区总部如美洲银行和王者银行(Sovereign),以及风险资本的中心。教科书出版巨头霍顿·米夫林出版社的总部也设在波士顿市内。该市还拥有4个主要的会议中心:海恩斯会议中心在后湾,贝赛德博览中心在多尔切斯特,波士顿世界贸易中心和波士顿会议展览中心位于南波士顿的濒水地区。另外,总部位于波士顿的大公司有吉列公司(由宝洁公司拥有)和泰瑞达公司(Teradyne),后者是世界顶级的半导体和其他电子试验设备制造商之一。而运动公司巨头新百伦(New Balance)也将总部设在波士顿。其他大公司则将总部设在市区以外,主要是沿着马萨诸塞128号公路。依托公司城镇化的总部经济配置,波士顿已经形成了一条创新城镇带,它把产业、服务、供应链等巧妙地结合起来,围绕城镇创新范式做文章,产生了城镇化的创新生产力。

总体来看,波士顿在近百年的时间内走过了人口聚集、工业聚集和创新聚集三个城镇化发展的台阶，城镇化的经济社会发展模式经历了前工业时代、工业时代和后工业时代的快速变革；其人口规模在跨越刘易斯转折后则迅速趋向稳定，在人口红利的使用上，波士顿也日趋高端。而完成这项人口聚散任务的城镇化模式背景则是波士顿经历的"工业波士顿——公司波士顿——智力波士顿"的城镇模式转折，其结果是：波士顿城镇基础设施和人口规模稳定在一个区间内（主城区加几个临近区，50 万～120 万人），城镇模式呈现勃勃生机。

第四节　启　　示

以往，对西方国家城镇化的调查研究是基于其经济政治影响力进行的，这或多或少会引起一些误区，因为经济政治影响力大的城镇往往并不是最佳的城镇，甚至其发展模式屡屡遭受诟病。换个思路看当今城镇化的发展趋势，尤其是美国这种区域性城镇的发展路径和发展现状，的确是值得认真研究一番。以波士顿为代表的这些美国区域性城镇相对中国的城镇而言，是相对简约的；它不追求高、大、上，也没有争做全球城市的口号，但其发展却实实在在让其居民获益。

翻阅波士顿 100 年前的照片和今天波士顿的城镇街景，感觉时光似乎是停滞的——那些地铁线、公路、楼堂馆所、公共设施基本上维持一个新英格兰特点的原貌；中心城市区仅仅多了一些现代的高楼建筑，但是整体上，这座城市的发展不是靠一遍又一遍的基础设施更新来完成的。即便没有显性的变革，波士顿确实也已经历了工业波士顿、公司波士顿和智力波士顿的巨大变革，尽管这种变革并不是大张旗鼓的。这就给我国的城镇化发展模式带来几点启示。

一、城镇化模式在面临人口剧烈变动的刘易斯转折时，究竟应该选择基础设施更新以吸纳人口还是以城镇化发展模式变革来带动人口由聚集转为分散

显而易见，从既有的城镇化发展历史看，中国的主要城镇化地区在吸纳刘易斯转折时期的农业人口时，采用的是基础设施扩张吸纳模式；而波士顿采取的则是人口自由进出——即以城镇化发展模式加以引导的思路。区别在于，中、美城镇化的基本国情不同：中国的城镇，一个县级或地级市的常住人口就可能超过 50 万，甚至达到百万人以上的规模；而波士顿在 19 世纪末到 21

世纪初的百余年间，常住人口总量也没有超过百万人。

所以，中国扩张城镇的基础设施有其必要性。户籍制度放开后，人口流动呈现自由状态，城镇化区域由于就业发展机会相对较多，就成为农村外出人口聚集的主要区域。如果没有一定的基础设施和公共服务，例如商品型住房、公共交通、基础教育、医疗保健以及公共绿地等，城镇化地区很难安置这些人口，更不要说让进城务工的农业富余劳动力过上体面的城镇生活。这就是说，中国的城镇化本质上受到总人口存量和迁移人口流量的规模限制，很难做到按城镇发展模式的变革来自由调整人口规模。

较为现实的选择是，一方面增加城市资本投入密度，改善各类基础设施与公共服务；另一方面，尽早转变城镇化的发展模式，通过模式引领来带动人口流动——这对于基础设施和公共服务已经改善到生产力边界点的中国城镇而言，可能是下一步需要着眼探索的。波士顿的城镇化发展模式的转变没有背负太多的传统城市病成本，这值得中国规模以上的城镇化地区借鉴。

二、公司城镇化和智力城镇化模式值得在一定范围和具有一定基础的中国城镇中展开改革探索

波士顿引以为傲的城镇化发展阶段不是 19 世纪末到 20 世纪中叶工业化浪潮席卷的年代，而恰恰是 20 世纪 50 年代"公司波士顿"模式肇始至 21 世纪初"智力波士顿"这个阶段。

相对而言，中国的城镇化地区的经济规模现在已经达到了相当的水平，所欠缺的就是模式上的创新，而模式创新的增长点在哪里？这个需要因地制宜。我们当然看到了类似波士顿这样的发达国家后工业城镇的公司化和智力化方案，但是，这不意味着类似的、规模以上的中国相关城镇就都可以模仿。禀赋基础、地方政府的意愿能力以及城镇所处区域位置，可能是相关城镇模仿的前提所在。

具体地讲，公司城镇化模式要落户中国，必须考虑大中型企事业单位的总部经济效益能否在该城镇化地区得以发挥，或者说该城镇化地区能不能吸引到一批公司总部落户，以及在吸引到了一批公司总部落户后能不能以恰当的城镇化管理运营模式形成可持续经营和发展的公司城镇化态势，这是需要做长远考虑的。那些城镇化管理、运营基础不好，空有基础设施的城镇化新开发区、新工业区不宜盲目提出公司城镇化发展模式，"筑巢引凤"在今天全球配置生产要素和产业链的格局下，不再是绝对行之有效的城镇化发展手段。

　　从区域和行政级别的角度看，许多通常的思路认为，中国的东南沿海大中城市、省会城市或计划单列市可能是实施公司城镇化的好去处，事实上，确实也有许多世界 500 强企业将其中国总部设立于这些城市。但是，许多大公司的总部经济在这些城市的设立更多的是看到所在地地方政府行政力量的政策利好，而并不是真正从发展公司城镇化的角度来经营相关城市。其结果是，尽管一些省会城市、沿海城市和计划单列市有目的和规模地引进了相关公司的总部经济，但是，公司城镇化模式的要义——即发挥公司总部聚集、创新、产业链外溢的功能，在相关城市发挥的并不好。换句话说，一些知名公司在相关城市的总部经济职能至多算是一个派驻机构，它的核心生产力——即"创新驱动""城市的公司化治理"等反而无从发挥。简而言之，既有的相当一部分中国城市的公司聚集带有行政聚集的特点，这类公司看重的是政府提供的税收、土地等政策红利，而不是本着经营城市、深度耕耘的角度参与城镇化建设。因此，尽管一些大中城市形式上可以做到 CBD 甚至其外延区域公司总部林立，但是实质上却很难全部发挥这些公司的总部功能、创新功能等。因此，如何在既有的城镇化公司聚集格局下寻求公司城镇化发展的新出路，显然不是推倒重来、再造若干个公司林立的城镇化中心区域，而是有目的让这些已经聚集的公司"派驻机构"真正发挥总部经济和创新经济的作用，从而带动城镇经营模式的深刻变革。说到底，进一步的城镇化公司聚集治理模式应从过去的形式一致转为实质一致，并破解公司扎堆但城市治理效率低下的悖论。

　　从智力城市化模式来看，应当着力打造两类不同性质的智力城市化模式。

　　第一类是教育、科技、经济水平较为发达的城市，展开类似波士顿这样的创新型、智力型城市化发展模式改革，把各类高校、科研机构、数据中心、互联网基础设施采用集成的方式整合为城市发展的核心竞争力，并带动辐射与这类城市相邻的区域，使城镇化智力发展模式互联互通。北京的中关村、成都的天府新区已经或正在布局类似的智力城镇化中心。考虑到现阶段高速互联网和大数据工程建设日臻完善，将来的智力城镇化模式还可能突破时空的限制，呈现更大的创新空间。

　　第二类是中西部经济欠发达地区的城镇，采用智力城镇化模式实现跨越式发展。虽然这些中西部地区的城镇在经济发展水平、教育资源储备、科技应用范围和财政实力方面逊色于上述第一类城市，但是其后发的优势在于可以集中某几个区域性中心城镇发展智力城市化模式，使其跳过工业城镇化和公司城镇化的发展之路，避免简单承接东部沿海城市的产业链条的常规做法。这样，可以使中西部相对落后的城镇化发展态势在有限的资源投入下，达到更好的效果。同时，也让这些地区相对薄弱的教育、科技、数据、财政等资源在集中使用的情况下有所改善，并服务于当地的民生所需。

总体而言，从现有城镇化发展的趋势来看，工业城镇化模式在主要发达国家基本都走进了历史赋予其任务的衰落期，一些曾经的工业强市、强镇在发达国家都已经成了历史的遗迹，有些城镇的地方政府甚至出现了破产；代之而起的是更具有生机和活力的公司城镇化或智力城镇化模式，在这些城镇中政府的管理模式越来越让位于公司和智力机构的决策。尽管这类城镇初创的时候，可能牺牲掉一些就业率，但是，从发展的前景和对自然资源的索取态势来讲，公司城镇化和智力城镇化模式无疑将带来更少污染、更加安静的城镇，这对抵消工业城镇化模式的种种弊病，大有好处。因此，值得中国各类城镇在考虑自身禀赋优势的基础上，认真模仿。

三、以旧为新的城镇化模式应替代大拆大建的城镇化模式

据笔者在美国波士顿的观察，这里新建的楼堂馆所并不多，绝大多数居民和外来移民住的都是上百年的老房子，但是并未出现任何的不适应。原因就在于，所有关于居住、生活、消费、工作、出行、绿化的各种点滴细节，这里都做到极致，并高度重视对城市科学、智慧管理的应用以及对个人隐私的保护。

相对而言，中国的城镇化历史时间不长，虽然发展迅速，但是也产生不少浪费。不少城市甚至包括一些县以及县以下的镇，都加入这场快速城镇化的历程中来，并且，相当部分的地方政府是将土地整理和基础设施作为城镇化发展的重点抓手，但是，却忽视了城镇化的最终目的还是服务于该地区的人口。

用基础设施来代替人的需求和发展目标，结果是建立起了一大批景观上很新的城镇，但是，这种"新"未必是"舒适便捷之新"。因此，这些城镇看上去虽新，却缺乏人气，或者说，只是城市外表之新，而非城市运营之新，更谈不上城镇发展模式之新。

在一些地方政府看来，为了维持新建城镇之人气，不得不以"移民"的方式来解决这一矛盾，这就有了农村剩余劳动力和旧城居民迁移至新城的人口流动，以及由此带来的城镇化刘易斯转折问题。因此，中国城镇化面临着一对螺旋上升的矛盾：新城不断开发（基础设施更新）→人口"被迁移"至新城→人口形成规模效应后引发更多人口进入→人口过剩且城镇化基础设施和公共服务紧张→政府又开始新一轮城镇化基础设施建设。也就是说，城镇人口增长和城镇化基础设施增长成为一个你追我赶的矛盾运动过程，政府在当中面临

左右为难的局面。（1）如果基础设施多而人口入住少，则带来开发成本无法收回的巨大财政压力和资源闲置浪费局面，除此之外，地方政府还面临相当程度的舆论压力，会背上"只做面子工程"的负担；（2）如果城镇人口增加到过剩，以致基础设施和公共服务又出现短缺或引发"城中村""贫民窟"现象，地方政府又不得不开始新一轮大拆大建。逻辑上讲，永远不可能有基础设施和人口绝对合适的时间段，必须要找到解决这种城市基础设施建设和人口涌入不平衡关系的解决办法。

显然，波士顿的做法无疑给我们以深刻的启示：它始终不是着眼于"水多加面、面多加水"的基础设施和人口规模的权衡处理，而是基础设施以旧为新、人口规模通过市场疏导的方式寻求动态平衡，这比起靠政府来进行基础设施和人口规模的总量调控，要便捷许多；也可以避免政府对城镇基础设施和人口规模发展趋势的误判，即用错误的城镇化政策来解决对城镇化发展形势的误判，导致更大的发展偏差。

四、工资水平及其背后的收入分配是另一项考察城镇化水平的重要变量

在规划城镇化发展水平和状态的过程中，无论是波士顿还是中国的各个大小城镇，都在经历着一场工人工资水平上涨的趋势。不同的是，中国的城镇是刘易斯转折期造成的劳动力成本增加，而波士顿则是劳动力的人力资本含量增加带来的对工资水平增加的需求。本质上讲，工资上涨对劳动力来讲都是一件极具吸引力的事，但是这背后有着怎样的城镇化动因？

对波士顿而言，它的工资上涨源于这里对劳动力的评价体系和生活成本测算。据统计，年均42000美元及以下的家庭收入在波士顿可归于贫困线水准。波士顿租房、交通、能源使用以及各类税收、保险成本在波士顿居民生活开支中占到大头，月薪低于3500美元将生活得比较艰难，因此普通大学生的起薪要求一般在每年50000美元以上，以至于这里更高学历的人才（硕士、博士等）对起薪的要求更高，一个好的就业岗位的竞争依然十分激烈。从劳动力需求方来看，云集在波士顿的各个企业总部，恰恰能够支付得起高素质人力资本的薪资。这种情况深刻地证明了，按照市场规律定价的工资水平，直接指引着劳动力的流向——要留在波士顿这样的城市里生活，光有意愿是远远不够的，还需要有足够的人力资本；那些人力资本储备不足的劳动力，只能选择离开，到生活成本和工作条件更适宜他们的城市里去。当然，波士顿没有贫民窟、城

中村，但是却有一些无家可归者，这就是市场化的工资薪酬体系和严格的劳动力雇佣标准带来的结果。

虽然近年来中国的各类城镇也是基于市场化的标准在安排就业，但是，为了维持一定的城镇就业率，城镇工资水平特别是各类企业的工资水平被人为地压低了，以增加就业总量。其后果是，人口大规模涌入城镇，造成政府的城镇化政策性负担——既不能用财政和社保全部囊括并保护进城未就业的人，也不能用行政方式隔离和驱赶进城未就业的人。久而久之，这些人就会成为城镇贫民窟和城中村的聚集者。因此，通过工资水平的市场化调控，来分散过度集中于城镇的人口，可能是中国下一步需要注意的城镇化治理动向。总体而言，政府要放下担子，市场要发挥决定性的调控功能，才能真正摆脱前一阶段城镇化发展过程中的误区。

第九章 中国特色新型城镇化道路的实现形式和普遍意义

习近平同志在党的十九大报告中指出，实现中华民族伟大复兴是近代以来中华民族最伟大的梦想。城镇化无疑是实现这一"中国梦"的重要篇章。道路蕴含理论、背景、模式、政策等范畴，选择什么样的城镇化道路，将最终决定中国城镇化发展的结果。笔者认为，这条城镇化道路应当而且必然是中国特色的新型城镇化道路。在做出这个判断的时候，我们将结合本书的主旨具体分析当前中国特色新型城镇化道路的主要背景和特点，并为拓展中国特色新型城镇化道路的理论、政策和实现形式等提出自己的建议。

第一节 中国特色新型城镇化道路的历史定位

中国特色新型城镇化道路是以中国国情为背景，经过较长时间探索实践形成的一条既考虑中国自然社会历史条件，又借鉴国外城镇化成功经验的一条路径。它要求中国的各类城镇，不仅能够承担相当一部分人口的居住需求，而且还要解决中国工业化的生产函数功能和经济聚集功能——城镇必须是其载体。

我国的城镇化既保留了农业、自然经济条件下形成的城镇，更在其之上新建了许多中小城镇、工业城镇、交通枢纽城镇和一些大城市周围的卫星城等，其目的是缓解传统城镇化体系下延续下来的大中城市人口过多、过于集中的弊病，让城镇化更靠近农村并改善农村经济社会面貌。

这是中国基于农业人口过多和农村经济发展滞后做出的一项战略性政策设计。但是，改革开放前的实践表明，城镇化发展不是一个壳或制度设计的简单问题，它需要实实在在的生产力，仅仅新建中小城镇，既不能吸引农业劳动力，更改变不了农村相对落后的经济社会生产条件。因此，改革开放之初，中国配套了一大批乡镇企业，使其在靠近农村的中小城镇崛起，这成为助推这种城镇化模式的经济基础。但是，由于外部竞争因素和内部产权关系等原因，这批乡镇企业在20世纪90年代中期以后就销声匿迹，随之而来的是这批中小城镇发展失去了内在动力和方向，人口又开始向大中城市聚集。因此，中国开始从城镇发展模式的角度寻找出路，这就有了向国外学习的思路。

苏联和西方国家的一些先进（或曾经先进）的城镇化发展经验可资借鉴。大体说来有以下几种路径。

从空间来看，主要有：（1）垂直型的城市化，如纽约、东京、伦敦等；（2）分散型城市化，如美国东西海岸的中小城市群、欧洲非首都的中小城市群、日本滨松到静冈一线的城市群等。

从功能看，主要有：（1）历史旅游型城镇化，如巴黎、布拉格等；（2）工业型城市化，如苏联和美国东部、中部的工业城市；（3）商业消费型城镇化，如东京、纽约等。

从所有制角度看，主要有：（1）国有经济占主导地位的城镇化；（2）集体经济占主导的各类县乡镇；（3）曾经存在过的人民公社（集体经济、农村经济的组织化社区）。

在20世纪50年代的模仿过程中，中国主要是模仿苏联的城镇化做法，集中建立了一批重工业城镇。但是，中国在学习苏联城镇化道路时，也不是完全照搬。苏联的城镇化模式是集中发展大工业、大城市，围绕当时的莫斯科、圣彼得堡、基辅、斯韦尔德洛夫斯克（叶卡捷琳堡）、列宁格勒、斯大林格勒、海参崴、摩尔曼斯克、明斯克等，建立了一批以国防军工为导向的重工业城市。而中国则采取三线建设和集中建设两种模式发展重工业城市，另外，在工业基础较好的东北地区建成了老工业基地城市带。

新中国的城市网络和工业体系有赖于这种以国有经济为主导、工业经济为动力的城镇化建设浪潮；但是，全面的工业城市（镇）建设没有考虑城镇化的多样性和经济资源的优化使用，一方面使得城镇成为工厂车间，模式极为单一；另一方面资源浪费大。

为了缓解工业城镇化模式造成的单一、浪费和后续发展的困难，中国从1978年改革开放伊始，就有意识地学习西方国家的城镇化模式，尤其是欧洲、美国、日本等发达地区的经验。考虑到经济建设的决定性作用，像纽约、东京、伦敦这种集经济、金融中心于一体的城市化模式，引起中国的重视，因此，城市以CBD为龙头，集金融创新、总部经济、高端服务、购物消费等为一体的城市综合体建设兴起。这类城市模式普遍采用资本高密度的垂直型城市化模式，其城市中心的选址采用两条腿走路的原则：要么在原有城市中心进行深度开发，要么另择一块地皮，进行大规模开发。对此，我们所熟悉的有：上海浦东新区、天津滨海新区，重庆两江新区、成都天府新区、西安西咸新区、贵州贵安新区等。这一轮以经济建设为中心，以经济金融高端服务业聚集为产业核心，以城镇垂直型、立体型基础设施建设为纽带的城镇化模式，带动了中国近 20 年左右的经济增长，这些中心城市或开发区的区域辐射带动能力是很强的。

在 2004 年前后，这个以西方发达国家知名城市为样板的城镇化模式，出现了一些变化。首先是进城的人口规模和人员组成发生了变化。从人口规模看，由于城镇化发展受到各个地方政府的重视，因此，进城人口规模依然不断扩大，但是，增速开始减缓，甚至部分地区如珠三角、长三角这些曾经的人口输入的城镇地区出现了人口外流的趋势。从人口组成来看，城镇新增人口的年龄结构趋于年轻化，尤其以农村青年人口为主，这标志着城镇人口红利利用的代际替换加速现象出现。也就是说，上一代进城劳动力的人口红利尚未充分利用完毕，城镇就已经开始着手利用更年轻力壮和有一定教育水平的劳动力加以替代，人口红利还未被利用充分的上一代劳动力在尚未到达生理退休年龄时就已经社会性"被退休"。

这就产生了所谓的城镇化的"刘易斯转折"问题。其标志性的事件是，从中国沿海到内陆的许多城镇出现了以"用工荒"为代表的劳动力短缺问题，这一过程还伴随着城镇化地区劳动力工资水平较为显著的上升。

那么，究竟是城镇化发展遇到了转折？还是城镇化的外围——即农村地区的发展状态出现了明显的转折？我们认为，二者兼而有之。从城镇化本身的角度看，中国已经基本经历了工业城镇时代和经济金融城镇时代，事实证明，这两种城镇化模式绝不是可以全面铺开进行大规模复制的城镇化模式；同时，工业城镇化之路和经济金融中心的城镇化之路都不能很好地应对城乡劳动力从过剩到短缺的刘易斯转折问题。因为，工业、金融业、商贸业在城镇的聚集，都会由于资本对劳动力的排斥，而出现城镇裁员的浪潮，以至于这些城镇化模式越是发展，其所依赖的劳动力数量会越来越少，对劳动力质量的要求会越来越高。这从本质上，解决不了中国庞大的农业富余劳动力就业问题。

另外，既有的工业城镇开发模式和经济金融中心开发模式，需要大规模改造、新建城镇的基础设施，有的甚至是完全平地而起一座新城市。这容易产生一个误区，即以最终建成的城镇规模和外表来进行城镇化道路的评价。换句话说，就是单纯以看得见的城镇基础设施和城镇规模这些外在的"结果"来定性城镇化的成功与否，这就容易忽略城镇化建设过程中以及建成之后的种种成本和负面效果。城镇化道路始终应当是一个历史的过程，它有自然演化的一面，也有人为设计的一面；它承担生产力的发展，也包容各种生产关系；它是看得见的各种基础设施"存在"，也是看不见的各种利益"调和"；城镇化不是单纯发展城镇或以城镇为中心就万事大吉，它还需关注与其并行的农村地区的发展状态和发展道路；城镇化有一些普遍适用的规律，但是每个国家必须选择适合本国国情的城镇化发展之路；城镇化在逐渐拆除物质上的围墙外，还应拆除制度和精神上的围墙；城镇化道路的终极意义不是看多少人进了城或城镇基础设施规模又扩大了多少倍，而是人们的理想在城镇里实现或者人们的理想因为城镇化而实现。

城镇化是一种理念、理想。理论与政策是其实践的重要手段，但最终城镇化之路需要达到的是一个境界。"中国梦"城镇篇章就是将来中国城镇化应当追求的一个境界，它的基本价值标准是"以人民为中心"的城镇化，更确切地讲是"以劳动人民为中心"的城镇化。达到这个境界，需要选择一条中国特色城镇化之路，把中国人的理想在城镇里实现或者中国人的理想因为城镇化而实现落到实处。这就是中国特色城镇化道路的本质含义。

第二节　中国城镇化应对刘易斯转折的
建设经验与普遍意义

本书把中国当前的城镇化发展阶段描述为城镇化的刘易斯转折期。这主要是基于几点考虑。

第一，中国城镇化首先是一个历史过程，不同阶段一定面临不同的发展背景、矛盾和任务，解释近十余年来中国城镇化发展之路与之前发展状态的不同，有其必要性。中国城镇化的刘易斯转折阶段性特征应当站在大历史观的视野下进行分析。

第二，中国是人口大国，人口结构中农业人口的比例高，在这个基本国情约束下，发展城镇化，必然面临农业生产力、生产方式和生产关系变化的影响，因此，农业的产业结构变化将深刻影响城镇化进程，这也是判断当前中国处于城镇化刘易斯转折期的起始点。

第三，人口红利和工资水平的变化，在利益结构和人口流向上驱动着城镇化变革的方向。城镇化刘易斯转折的一个重要含义是人口红利和工资水平发生重要变化，而人口红利与工资水平又与劳动力的年龄、健康、教育水平等高度相关。中国城镇化正在提高城镇务工人员的红利使用标准和工资标准，这是一个信号，它既与经济结构转型有关，又与城镇化的质量提升有关，中国特色的城镇化道路进入了要求质量多于要求数量的年代。

第四，城镇化道路面临多种城镇化模式的选择问题。中国城镇化的刘易斯转折除了关注人口、工资、土地等约束条件外，还面临各种城镇化模式的选择与配置问题。特大城市、大中城镇、中小乡镇以及大城市里的特殊社区等，均处于城镇化发展不同的水平和层次上，其各自城镇化发展的任务和目标是不同的；但是，过去中国的经验是期待通过某种类型的城镇化模式来整齐划一地解决中国城镇化率偏低的问题。

中国的城镇化经验表明，中国城镇化需要根据各个城、市、县、乡、镇的基础设施规模、经济实力、发展阶段、区域位置等具体情况，来合理安排城镇化的特殊模式，在全局或区域上又需要有一定的城镇化模式协同或互补，"一刀切"不可取，各自为政也不可取。

于是，中国近年来以各类"开发区""试验区"为名掀起了新型城镇化建设的新高潮，但是，试验的结果往往呈现如下状态：（1）配置不同试验区性质的城镇化思路往往容易成为各地竞相向中央争取城镇化优惠政策的因由，这在某种程度上抵消了试验本身的含义；（2）"试验区"的功能定位相对模糊，试验的目的是建成某类城镇化模式，还是发展某种特定的产业，这二者不明确，很多试验区最终成了产业试验，而城镇化的试验则仅仅停留于基础设施建设上；（3）"试验区"占用农村土地进行新开发较为严重，而对原有城镇功能再开发不足，容易造成新一轮土地资源浪费。因此，适当准确定位各个试验区、开发区的城镇化模式、功能，就成为中国特色城镇化在刘易斯转折阶段的要旨。

总体来看，中国城镇化在近十来年的时间里遇到刘易斯转折，可以说是中国城镇化之路最为显著的特征。从世界范围来看，中国应对城镇化刘易斯转折的建设经验或许可以提炼成一种理论或模式，以供理论界和其他经历类似发展阶段的国家和地区借鉴。另外，中国的城镇化快速演变的时间段恰恰对应中国改革开放最深刻的年代，城镇化道路、模式、规模、质量往往在较大程度上反映这一时期改革开放的水平和成就；城镇化水平特别是质量发展的起伏，也在相当程度上反映这一时期改革开放的起伏。

中国城镇化发展的转折期及其所提炼的理论，可能在指导与中国有相同发展阶段的国家方面，有一定的参考意义。

首先，中国是一个经济体量极大的大国，城镇化在中国发展的层次、质量、水平参差不齐，在普遍面临刘易斯转折的阶段性城乡移民问题以及由之伴生的各种利益冲突问题时，中国各级政府已经或正在通过行政的、经济的、法律的手段加以改革，这对发展中国家跨越城镇化的刘易斯转折或其他相近的城镇化发展转折无疑具有参考价值。

其次，中国经历十多年的城镇化刘易斯转折，无疑对传统的经济发展和城市增长理论提出了挑战。传统理论认为，城镇化要么面临人口过剩的古典经济条件，要么面临人口短缺的新古典经济条件。在古典经济条件下，城镇劳动力工资决定方式是制度化低工资，劳资关系呈现出城镇资本绝对的支配地位；而在新古典经济条件下，城镇劳动力的工资决定方式是市场化决定，劳资关系呈现出博弈、合作、对抗相结合的特点。但是，对于城镇化面临的劳动力总体上过剩、结构性短缺、劳动力工资显著上涨，以及各种城镇化矛盾层出不穷的刘易斯转折期，恰恰缺乏一种合理的城镇化理论给予阐述。中国的经验包括教训，完全可以提炼并填补为城镇化发展的刘易斯转折理论，从而避免单纯用已有的发展经济学原理来单向、单维度地解释中国城镇化之路的缺憾。从城市增长理论来看，中国经历的城镇化刘易斯转折无疑也给那些片面追求城镇新古典增长模式的国家和地区提供了借鉴。单纯以资源配置效率和要素投入回报来衡量的城镇增长，不仅有可能使城镇陷入发展陷阱，而且也漠视了现代城镇增长的多种路径和多种可能性。

再次，中国城镇化之路越来越强调从政治经济学的角度加以认知并提出解决办法。与西方国家不同，中国城镇化的刘易斯转折表面上采用了发展经济学的专业词汇来形容，但实质上，体现出的却是一些与利益冲突、分配相联系的政治经济学话题。特别是，运用马克思的城镇化和产业后备军理论，更能在相当程度上解释中国城镇化进程中的那些较为深层次的问题。这就在理论上丰富了看待城镇化的视角，并且在政策上，政治经济学理论更强调从资本、劳动、生产、剩余等角度看待城镇化进程中的分配问题以及完善"以人民为中心"的城镇化，这对中国来讲是切中时弊的。

最后，中国城镇化之路将着眼于供给侧的结构性改革。中国城镇化改革的一个普遍经验是政府能够起到规划和兜底的作用，这和西方国家普遍依赖市场经济治理城镇化有着本质的不同。从需求出发还是从供给出发？这是城镇化发展过程中面临的持久争议问题。西方国家着眼于从需求出发，固然产生了像巴黎、波士顿、伦敦、纽约、柏林、东京等知名城市，但是，也产生了像洛杉矶、里约热内卢、墨西哥城这样充满混乱、暴力和贫富不均的城市。而"摊大饼"这种被证明是较为失败的城镇化发展模式，也是西方国家早期过度强调市场调控的结果。新中国的城镇化之路，从一开始就是由政府主导，顺利度过了计划经济向市场经济的转型时期，城镇化的发展模式也由"计划"变为了"规划"。中国各级政府不仅在纸面上确定各类城镇发展的"计划"和"规划"，而且还实际参与了城镇化的建设，具体的做法包括供给制度、基础设施、公共服务、政策红利等，实现了中国人口城镇化从较低水平（低于20%）达到中等水平（超过60%）的转变。在供给上述内容时，中国地方政府尤其看重城镇化的发展水平和速度，但是，由于中国幅员广大，地方政府官员关于城镇化建设的"集体行动"和各类公共产品的"集体供给"，转化成了用土地城镇化代替人口城镇化的一种"大干快上"，各地竞相"城镇化"，有些地区甚至"被城镇化"。这种城镇化模式的特点，是过度突出某种要素的供给来完成城镇化。改革开放前30年，这种城镇化的要素是人的供给；改革开放以后的40年，城镇化的要素供给慢慢地转变为以土地为核心要素。过度地利用某种要素的红利到极限值后，才开始进行下一步的调整，实际上是注重了要素供给，但忽略了结构性改革。

中国城镇化的供给测结构性改革的特点，决定了其下一步的战略重点是调整结构，而不是再单纯强调供给侧某类要素的单兵突进。复合型的供给体系和供给结构监测模式才是中国政府供给侧结构性改革在城镇化方面的着力点。我们将在实现形式部分探讨进一步的改革举措。

第三节 中国梦"城镇篇章"：从1.0版本到5.0版本

中国梦"城市篇章"正在经历和将要达到的路径，并不是一帆风顺的。现在如何界定即将完成的中国梦"城市篇章"的内涵和外延？城镇化在中国究竟要发展成一个什么模式才能相对稳定并可持续？我们不妨大胆做一些预期，并提出相应的实现形式。

第一，中国要不要实现总体城镇化率超过80%甚至90%？超过80%以上的城镇化率是我们观察西方国家现有城镇化标准的一个结果，且不说国情不同，就是那些已经城镇化率很高的西方国家，其城镇化实际情况也是城镇乡村生活水平达到了与城镇较为接近的程度，而不是说人口的80%及以上都涌入城镇。因此，中国没有必要追求过高的城镇化率，而应以追求切实改善城乡人口的生活水平和保持一定的城乡自然历史风貌作为标准。城镇化率提高而生活水平不提高甚至倒退，以及城乡环境破坏，都会令城镇化的预期目标难以实现。

第二，中国要不要实现城乡无差别？本书认为，这也是没有必要的。"中国梦"城镇篇章的实现，不但不能以消灭农村作为途径，反而还应保持适度的城乡差别。这种差别，不是生活水平的差别；而是城乡环境、地理位置、产业模式和基础设施的差别。城镇和农村本来就应该具有一定的分工层次，别出心裁地把农村干的事情放到城市，或者把城镇做的事原封不动地复制到农村，这是违背事物发展的客观规律的，更不符合城乡适度分工的基本准则。就中国现有的农业规模、人口和自然地理禀赋等条件来讲，适度的城乡差别是实现中国梦城镇篇章的客观选择。

第三，中国城镇化何时告别人口与土地的双重约束？众所周知，新中国成立到 1978 年改革开放以前，城镇化之路主要受制于人口尤其是农业过剩人口带来的城镇化压力；而从 1978 年改革开放至今，中国城镇化的约束条件渐渐由人口转移到土地上来。中国应当在未来一段时间告别"要么是土地、要么是人口"这种非此即彼的约束，形成一种城镇化自我良性循环的模式，不再受制于这类瓶颈。因此，本书根据已有的材料提出中国梦城镇篇章的几种实现形式。

一、用适度城镇化替代全盘城镇化，作为战略性的城镇化发展目标

截至 2019 年底，中国的城镇化率已达 60.6%。按照世界各国城镇化增长率"S"型曲线的规律，中国已经快要走完城镇化高速增长的时代了。换言之，即使中国仍将城镇增长作为经济发展的前提条件之一加以重点规划，其后续的城镇增长动力和持续力都会出现较为明显的下滑。

如果再加大对城镇化的投入，例如采取财政甚至发中央债、地方债的模式来进一步投资基础设施，扩展城镇规模，其边际的城镇增长效率一定会持续下降，城镇化率可能只能是纸面上"规划速度"的快速提升而"实际速度"会提升缓慢。"中国梦"城镇化篇章的终极实现，不宜以某个较高的城镇化率作为目标。

应当以适度城镇化作为中国追求的目标。其实质是，到某一城镇化水平，城乡劳动力流动大体趋于平衡，既没有大规模的农村劳动力涌入城市，也没有大规模的返乡潮，城乡居民各得其所。因此，如果这一适度城镇化水平在 60% 左右实现，那么我们就可以满足于 60% 的城镇化率；如果在 70% 左右的城镇化水平能实现，那么我们就满足于这 70% 的城镇化率。适度城镇化率是

一个动态标准，并不是照搬西方国家的城镇化率作为参照系，而是以中国城乡实际能够承担的城镇化水平作为依托，切实考虑城乡居民的迁移成本、就业机会、居住条件、公共服务、基础设施等作出的一个目标规划，而且不是全国"一刀切"，适度的地区城镇化梯度差异也是合理的。

这样，既可以降低从中央到地方各级政府发展城镇化的压力，也可以在发展城镇化的过程中，多一些调整的机会。

二、中国城镇化的"有差别"增长模式

中国梦城镇篇章的实现，不一定是整齐划一地实现（即过程上不必同步、同质、同规模、同模式），实现的结果也不需要整齐划一（即类型、规模、覆盖范围等均一致）。城镇差异和城乡差异，不仅体现中国各地区城镇化的相对独立性，而且也能形成"梯度差异"城镇化的生产力，这是促成合理的人口流动、资源跨区域配置的一种城镇化增长模式选择。

中国最终的城镇化之路，一定也是有差别的，这种差别主要体现在地区差别、城乡差别、人均差别，甚至是公共服务、基础设施、人居环境这些我们看似有能力填补的差别。原因何在？除了中国，各地自然地理资源禀赋差异较大这个原因外，还与各个地方政府的规划能力、创新能力、执行能力以及各个地区的发展潜力高度相关。中国不可能到处都建成浦东新区，也不会任中西部边远地区、农村地区持续贫困下去，而城镇化在各地以不同的增长路径和发展模式展现出各自应当达到的高度，才是实事求是的，才能真正解决每个地区的具体问题。

三、积累型、学习型、智能型城镇化模式

"中国梦"城镇篇章的实现，还有赖于积累型、学习型、智能型城镇化模式的崛起。我们承认各地城镇化的差异，不等于说就放弃城镇化创新的理念和模式而任由各地随意推进。中国一些城镇化水平相对落后的西部、中部地区，没有必要因循守旧、按部就班地按照历史上城镇化的一贯推进序列进行建设，而可以直接在所观察的城镇化模板的基础上，进行有意识的积累，既避免逐步推进的城镇化"代际差"成本，又避免其他城镇开发过程中的失败教训，从而在更高的战略层次上进行城镇化模式的积累、学习乃至创新。

经济学中所讲的"雁阵模型"似乎表明，后雁总是要跟随前雁亦步亦趋，

或者总是只能承接前雁的产业和人口转移，这都是较为传统的观点。事实上，后雁弯道超车也不是绝不可能的事。中国城镇化最大的难点不是改善那些相对落后地区的城镇化基础设施或公共服务，而是真正确立符合当地标准的城镇化模式，既不照抄照搬，又不揠苗助长，更不拖沓延滞。

积累型、学习型、智能型的城镇化模式的要害就在于，汲取其他地区城镇化模式的建设经验的同时，充分结合该地区自身的条件加以力所能及的城镇化改造。有些地区甚至可以允许采取观望的态势，首先改善当地居民的生活水平，再考虑是否和怎样进行城镇化建设。不用盲目地跟风或千篇一律地搞城镇化建设，有时反而是最佳的策略——即保留城镇化的创新模式的选择权，等待改革和建设的时间窗口的到来。

四、从新古典城镇回归古典城镇

城镇化在中国的建设实践，在很长一段时间以来是高度重视效率的，其新古典城镇特征十分明显。第一，追求城镇生产函数效应，工业城镇化一度成为中国主流的城镇模式，城镇化变相地以产业化、工业化为替代；第二，城镇化的要素使用呈现明显的边际生产力递减现象，单种要素的投入在一定时期占据城镇化建设的主导地位，但是该生产要素的生产率耗竭十分迅速，以至于在没有替代性要素出现时，该种要素会由城镇化建设的红利转化为负担；第三，城镇化遵循新古典条件下的要素分配模式，即按贡献大小分配城镇化的剩余价值，这将造成一定程度的分配不均，换言之，新古典城镇化的分配方式没有也不可能照顾到进城的劳动力大军。

新古典城镇化模式在提升中国城镇化效率的同时，一方面把相当一部分中国城镇推倒重来，另一方面固化了城镇资本和劳动力的利益格局，城镇化的工业生产力固然提升了，但是城镇化的生态生产力、社会生产力、历史生产力、文化生产力却不同程度地下降了。因此，作为一种尝试，不妨让部分有条件的中国城镇摆脱新古典城镇化模式的束缚，转而回归古典城镇化模式，商业、安全、文化等因素完全可以成为未来中国各地城镇化的特色之一。

五、人工智能城镇、后工业城镇的规模和质量效应

中国城镇化刘易斯转折的一个阶段性特征是"接力式"进城和"弹性"城镇化（王德福，2017）。这意味着中国的城镇化是几代人持续不断的"接

力"进城，当中尽管会有反复，但以"进城"为持续目标的城镇化依然是进入城镇化发展中期以后中国社会的特有现象。人们暗含的发展预期是，城镇生活好于农村，城镇发展机会更多，城镇能够获取高收益的工作岗位。但农村土地和农业剩余，依然可以作为最低限度的保障来应对进城后产生的就业风险或定居风险——在城镇发展，有可能无法就业；即使就业，也可能无法支付城镇生活的高昂成本；即使就业并定居于城市，也要面对强度更高的生存压力和城市环境污染的负面效应。选择灵活性和进退有据的城镇化模式，是中国城镇迁移人口、特别是农村富余劳动力的最佳选择。

与人口灵活进退城镇相对应的是城镇化发展模式在人工智能、后工业发展模式方面的创新。

首先，对于劳动力可能存在的大规模流入、流出城镇，以及劳动力在城乡之间、城乡接合部的各类"驻守"行为，城镇应该有合理的调控、调度手段加以应对。现阶段出现的人工智能技术，完全应该应用到针对城镇化人口流动及其相关效应的规划、调度中去，实现城镇智能管理和城镇增长协同发展。

西方国家已经将人工智能用于控制城镇犯罪问题、交通问题，即凡是城镇犯罪率高、交通拥堵严重的区域，城镇人工智能控制中心将即时发布相关"红色""橙色""黄色"预警，一旦出现相关情况，将以最快的速度群发报警邮件或公路拥堵警报给相关人群，以最大限度地避免各类风险。

如果这种智能控制系统可以在更大范围内对中国城镇人口流动趋势、聚集地点以及相关风险进行"智能总控"，那么，中国的城镇化自身也能够灵活地在区域规划、正规—非正规就业模式选择、社会保障等环节找到灵活的疏导方式，弹性应对流动人口"进""出"城镇可能带来的无序性。（1）充分调研城镇人口流动基础上的动态大数据资源，以服务人工智能城镇的城镇总控制功能。当代城镇化发展是信息化条件下的城镇化，所有关于城镇化发展的动态信息都应该集中起来，以大数据的方式呈现相关规律性特征，从而使城镇规划决策有第一时间的数据支持，避免"盲人摸象"；同时，数据的动态性也使城镇人工智能规划在辅助决策方面可以起到较大的作用，避免"规划"慢于"变化"的情况出现。（2）把劳动力流动的主要区域、方向、线路、交通工具以及就业模式以模块化的方式呈现给城镇规划决策者，把人工智能辅助决策用好，尤其是要通过相关模块的关系分析，找到劳动力流动对城镇化的影响范围和影响程度，合理规划未来中国各类城镇的规模和人口城镇化率水平。（3）智能化调控城镇生产关系，体现人性化、疏导化、动态化的城镇管理模式。把城镇人口的流动和人口生产关系与矛盾的转移当作城镇智能管理系统应对的焦点，做到随时、随地能够解决流动人口与城镇化之间的各种矛盾，甚至提前预知矛盾并规避矛盾。（4）城镇智能管理系统要整合现有城镇全域 WiFi、电子眼（天网）、北斗导航、面部识别、人群控制、交通疏导等新技术手段，嫁接城镇人口移动应用的对应 App 服务功能，做到随时反馈城镇人口流量信息、及时关照城镇人口切身需求、快速应对城镇城镇人口大规模移动和聚集等情况。

其次，大力推动以后工业城镇或后工业城镇群为代表的质量型城镇化增长模式。"接力式"进城尽管是今天城镇化发展的一个主要趋势，但城镇化需要在质量发展上更上一层楼，才能有效应对人口接力式进城带来的种种矛盾和危机。

根据布洛克的分析，后工业的发展趋势包括：（1）"服务业在经济中的重要性与日俱增，而商品生产，即制造业、农业和矿业，在就业总量中的重要性不断减小"；（2）"以计算机为基础的自动化的到来"；（3）"男性统治的衰落和线性生涯的解体"。[1] 这说明，工业或前工业时代的城镇发展模式，难以解决人们日益增长的对服务业的需求，特别是人们在消费水平升级换代后对美好生活的需求和城镇化发展不平衡、不充分的矛盾日益凸显。

另外，计算机、互联网智能化带来的就业模式的变革——体力劳动和工业技术类劳动，与日剧减；但劳动就业人口就业技能还停留于工业时代，这就需要城镇化后工业模式在改造劳动力就业技能和标准上多下功夫。（1）打造人工智能和后工业相结合的面向未来的城镇就业模式，以最大限度地规避资本有机构成提高带来的传统产业就业衰竭趋势，即"技术性失业"可以有，但新兴的就业模式却在不断增长。（2）打造非消耗资源型的后工业产业模式，即未来城镇不再单纯以消耗农村资源和能源矿产资源作为发展的动力，而是内生资源创造的城镇化，一些新型能源获取或城镇"排放物"转"能源资源"的技术瓶颈可能迎来突破性进展。（3）加大城镇社区就业、移动就业的比率。尽管未来的城镇化可能打造出许多新兴产业，但无论男女，均会面临持续的正规就业岗位不足的问题，这是社会发展的总体性趋势。因此，城镇就业模式要因应后工业社会发展趋势的变化，增加各类社区就业、移动就业[2]模式，让那些无法获取正规就业岗位的人能够获得多样化、自主化的就业机会，以打造共享就业的城镇社会。（4）着力推动后工业城镇居民获得持续的新型劳动能力

---

① 弗雷德·布洛克：《后工业社会的可能性——经济学话语批判》，商务印书馆 2010 年版，第 13～14 页。

② 所谓移动就业模式，指的是利用互联网移动设备终端，打造的灵活就业模式。特别以移动设备作为就业的关键终端。

培训，提高就业的质量和城镇发展的质量。

第四节　近期配套政策①

一、制订克服结构性劳工短缺的城市就业、户籍和产业新政策

中国正式出现城市劳动力供给的短缺现象，大概是在 2004 年的一些沿海城市。最初，人们只是认为这种季节性的农村务工人员回流现象不会持续太久，也没有太在意这种劳动人口的结构性变化对城镇化的冲击和影响，因为常识判断告诉我们中国仍旧是一个劳动力供给远大于需求的国度，城镇化所要解决的首要问题是提供足够的就业岗位而不是考虑劳动力的短缺问题。但经过仔细分析，我们发现，刘易斯转折期在中国城镇化进程中的表现越来越明显是和人口结构与产业结构的变迁直接相关的，再加上地方发展型政府在土地、住房、社会保障、户籍制度等社会保护政策方面的欠缺，使得城镇化在"新常态"下从战略上、方向上和政策上都有调整的必要。

从人口结构来看，中国城镇化的人口红利已经开始走下坡路，曾经对 30 年改革开放做出巨大贡献的 40 后、50 后、60 后和 70 后几个年代的人逐渐淡出人口红利的顶峰期，取而代之的是 80 后、90 后以及更加年轻的城市务工人员。这几代人在城市就业模式上有很大的不同，因为他们分属计划经济时期和市场经济时期两种就业模式。40 后、50 后、60 后和相当一部分 70 后劳动力接受了国家的就业安排，国家统包分配的体制内就业相对较多，非正规就业相对较少；大多数 80 后、90 后从一开始就在体制外就业，并以合同制、非正规就业、自主创业的形式大量存在。同时，市场化改革在推动国有企业、集体企业、事业单位改制方面的步伐加快，也使相当部分原来体制内就业人员被剥离出来，以合同制或非正规就业的方式继续获取收入。

这种快速的就业结构转变带来的直接后果是，中国的城镇化进程加重了人口就业的压力，适合城市正规部门（如企业、事业单位、国家机关、国有部门等）要求的就业门槛一再高筑，许多适龄劳动力是望而却步的；而即便是在城

---

①　本节内容发表于：吴垠：《中国特色新型城镇化：以刘易斯拐点期为背景的理论、模式与政策研究》，载于《经济科学》2015 年第 2 期。

市非正规部门就业的替代性也并不是很高，那些能够满足基本生活需求的收入水准的非正规就业岗位，也要求雇用有相当的知识、技术水平的人力资本；剩下的低工资、可替代性强的就业岗位，不是无人问津，就是找来的工人"三天打鱼，两天晒网"，流动性非常大。所以，衡量城镇化水平若仅仅只看人口城镇化率的话，是存在诸多误区的。那种把提高城镇化水平和提高人口城镇化率等同起来的看法或做法是不足取的。因为短期合同制和非正规就业的这部分"城市人口"究竟在多大意义上属于城市、融入了城市，从根本上说还是个未知数。

所以，从人口就业与户籍制度改革的政策角度来看，需要着重解决被抛出体制外的"老人"和80后、90后乃至更加年轻的这部分劳动力"新人"的就业稳定性与户籍福利性问题。

所谓就业稳定性，是指增加这些就业人群在城市非正规就业的正规化水平。（1）尽可能地延长劳动用工合同的最低年限、设定非正规就业行业的最低工资水平以及加强劳动用工合同非正常终止后的纠纷及赔偿仲裁法规建设，同时增加非劳动合同式就业的规范管理模式；（2）开创性地设立非正规就业行业的创业特区、免税特区，并规范其就业环境，力求使其与早期非正规就业模式彻底决裂，取而代之的是具有创新性、低成本性和舒适规范性的一体化的就业模式。

所谓户籍福利性，是指城市居民的养老、医疗、子女教育、公共服务等福利措施向城市非正规就业行业和就业人口倾斜——既放低户籍门槛，也配套福利保障。因为从发展趋势看，相对国有企事业单位编制内人员而言，非正规就业者的就业规模一定是一个逐渐增加的量，并特别集中于服务业、新兴制造业外包边缘行业和城市基础设施建设等行业，这些行业与领域的非正规就业者是支撑中国新一轮城镇化的生力军，并且他们还承载或均摊着城镇发展所需的环境、社保等成本。从这个意义上看，城市户籍福利政策向他们倾斜实际上就是向城镇化自身倾斜。因此，首先要放宽户籍福利的享受标准，即在面上做到"应保尽保"；其次是提高财政支持非正规就业者社会福利保障的资金支持力度；最后是增加医疗、教育等公共服务的均等化水平和公益化水平，使非正规就业者支付得起相关费用，并持久地享受这些公共服务。

从产业结构看，中国的城镇化产业分布的"雁阵模型"趋势十分明显。第一梯队是以北京、上海、广州为代表的沿海发达城市，其传统制造业基本外迁至中西部，其服务业逐渐趋近于中等发达国家水平，非正规就业的机会多。第二梯队是中西部内陆省份的省会城市、内陆直辖市（重庆）、计划单列市和人口规模超百万的城市，这些城市承接了部分东部沿海地区转移来的传统制造业和加工制造业，同时又发展了一些相对高端的现代科技产业制造业，服务业水平相对沿海地区落后，非正规就业集中在制造业、生产性服务业的产业链外包末端，近年来就地吸纳了不少农村剩余劳动力。第三及后续梯队是各省、市（区）的二、三、四线城市，它们也有类似的产业承接趋势，但因各地生产、生活环境与成本的差异不同，这些城市就地吸纳农村剩余劳动力的能力还有所不同。所以，刘易斯转折期的中国城镇化进程表明：不是所有类型的中国城市都适宜大规模地发展服务业来带动产业结构升级并吸纳就业；以第二梯队、第三梯队为代表的相当一部分城市（群）应该注重制造业和生产性服务业的发展并以相对有吸引力的工资水平就地吸纳农村剩余劳动力。

从以上论述可见，选择适宜的产业发展模式是克服人口红利衰竭并使中国城镇化平稳度过刘易斯转折期的关键。从沿海大中型一线城市来看，其制造业比重降低但科技创新含量增加，显见已经不能寄望制造业来吸纳涌入这些城市的适龄劳动力。现阶段沿海城市服务业比重上升但质量与范围还有待更进一步拓展的现实提示我们，在这些城市中推动生产性服务业、金融信息服务业以及部分经文化创新后的传统服务业的大发展，并使这些服务性行业的劳动就业更加正规化、合同化，是非常有助于增加就业，并提高沿海地区的城镇化质量的。而对中西部城市而言，其一线大中型城市不宜过分强调服务业大发展，应摆正位置多引进一些适于其发展阶段的制造业，把制造业就业的正规化、中长期合同化作为突破重点，造就一批雄厚的产业工人群体，服务于国家发展实体经济的整体战略。至于二三线城市，则应根据本地资源禀赋，在能源、加工制造、旅游、生产性服务业方向选择一个主攻方向，突出就业的龙头行业，以带动本地特色的城镇化，切忌跟风搞产业模式的大而全、小而全。可以说，用产业创新发展对冲人口红利衰竭的趋势是发展中国家城镇化实现平稳度过刘易斯转折期的一条捷径。

二、逆向求解思路：区域布局和城市社会化保障政策

从整体上看，中国的城镇化进入刘易斯转折期是"结构性减速"[①] 背景下人口结构和产业结构变迁叠加的必然结果。从政策角度看，调整人口结构对当

---

① 所谓"结构性减速"，袁富华将其解释为"生产率的减速是由于产业结构服务化这种系统性因素造成的现象"。参见袁富华：《长期增长过程的"结构性加速"与"结构性减速"》，载于《经济研究》2012 年第 3 期。

前城镇化进程中的矛盾问题收效甚微，当下城镇化要取得立竿见影的效果还需要从区域布局和城市社会保障等政策联动的角度找到一些政策创新思路。

（一）区域布局

从区域布局来看，刘易斯转折期的劳动力市场结构变化是最初在沿海地区的城市中出现，并进而扩展到中西部城市的一个渐进过程，迄今已接近10余年时间。显见，中国各区域城市面临的"刘易斯转折期"的劳动力市场变化和社会经济结构变化是不尽相同的。举例来说，沿海地区的城镇化经过40多年的对外开放的洗礼，其赖以发展的经济基础已经发生显著变化，由工业化中前期的城镇化模式进入了工业化中后期的城镇化模式，其产业结构已经由传统制造业和加工制造业为主导转变成了以信息化、自主创新为主导的先进制造业和各类新兴服务业，经济体系的服务业比重日趋上升。

这使得沿海地区的城镇化到今天越来越渴求高素质的人力资本而非劳动密集型的产业工人。并且，在吸纳人力资本时，沿海地区也开出了较为诱人的薪资条件。但是，内地向沿海输出的劳动力绝大多数无法满足沿海城市新兴产业对人力资本的要求，而这些劳动力要继续在沿海城市务工，就只能在为数已经不多的加工制造业工厂和初级服务业中以短期合同制或非正规的方式就业，代价是接受购买力水平尚不如20世纪90年代的中后期的货币工资（相对沿海地区城市日渐高企的物价和高生活成本而言）。因此，沿海地区城镇化在刘易斯转折期的特殊性表现在"城市流动人口"依然众多，但体制内正规就业和长期合同制就业的比重显著下降，高端知识型、技术型人才相对稀缺，而在制造业工资水平多年上升趋势甚微的条件下，沿海城市的制造业企业越来越招不够务工人员。当今沿海大中型发达城市地区所出现的"大规模流动人口"和"招工难"现象并存，实在是表面上看起来不可思议，但仔细分析又合情合理的正常现象。

从中西部内陆地区的城市来看，大体又分为两种情况。

一是中西部大中型城市，在2008年以后，也相继出现了"招工难"现象，但这种招工难并非是制造业产值比重下降带来的。相反，2008年国际金融危机爆发后，在中央数万亿财政投入和地方配套投入的背景下，中西部大中型城市的制造业产值比重还有所上升（刘英骥、邓良，2010），同时，这些制造业的技术知识含量水准相比以前还有了大幅度的提升。其原因在于：招商引资过程中，地方政府也非常注意引进制造业企业的技术管理知识的外溢效应。所以，虽然是中西部的大中型城市、虽然也是在发展制造业，但对产业工人的技术、知识能力的要求却比以往提高了，适应传统制造业的农村剩余劳动力反而找不到工作。显见，这是整个国家产业结构升级的效果，所以制造业对就业的贡献不如以往。唯一可喜的是，中西部大中型城市的服务业正处于快速崛起期，在生活成本相对沿海一线城市较低的情况下，是能够吸引农村剩余劳动力向城市集聚的；只是目前，即便是中西部的大中型城市，其服务业就业的非正规职业比重还相对较高，非正规就业人群受户籍、住房和城市公共服务设施限制的影响，还很难长期立足于这些城市，所以非正规就业部门的社会保障正规化可能是财政实力相对雄厚的中西部大中城市地方政府应该从政策创新角度优先着眼的一条思路。

二是中西部省（市、区）的二三线城市。近年来，受房地产宏观调控（特别是限购令）的影响，中西部二三线城市的购房及生活成本上升了许多（王福君，2012）。同时，二三线城市在产业集聚能力和经济开放度方面比大中型城市差距大，所以在就地就近转移农村剩余劳动力方面，反倒不如以往。再加上二三线城市多以地级市、县级市为主，其财政实力在分税制改革之后一直就是相对较弱的，所以在社会保障方面的投入也是有心无力，面对庞大的非正规就业人口，二三线城市的社会保障的缺口更大。所以，这一部分二三线城市的发展模式还需另辟蹊径，避免盲目模仿一线城市，带来产业结构和劳动力市场结构无法衔接的弊病。它们应当通过错位发展，找到适合各城镇自身的劳动力接纳模式。

综上所述，笔者认为，从中国城镇化区域布局角度来讲，城镇化模式的创新在沿海一线城市；稳固基础在中西部大中型城市；而解难解困则在发展相对滞后的二三线城市。区域布局的逆向求解政策思路主要有：（1）中央财政应特别对于中西部、东北老工业基地的二三线城市给予大力财政支持；（2）二三线城市在具备条件时，宜采用组团式、一体化发展模式，构建各类型的多中心城市群，以"集团突围"的方式实现城镇化，并且每个城市群中的不同中心城市宜发挥不同的职能，避免城市功能、布局、产业的同质化，真正实现错位发展；（3）注重调控资金、人口、产业在沿海一线城市、中西部大中城市（东北老工业基地大中型城市）和二、三、四线城市之间的梯度转移，尽可能补足各地城镇化发展中的"短板"，力求使城镇化区域布局在科学、协调发展的轨道上顺利运行。

（二）城市社会化保障政策：社会承载能力与空间承载能力应相互衔接

刘易斯转折期的中国各类城市，因其吸引汇聚了大量农村剩余劳动力，使得其人口城镇化进程迅速加快。据统计，2019 年中国人口城镇化率为 60.6%，城镇人口约 7.3 亿人，流动人口 2.45 亿人。[①] 1980～2013 年，人口城镇化年均增加近 1 个百分点。其中，前半期，人口城镇化率从 1980 年的 19.4% 上升到 1995 年的 29.0%，年均增加 0.64 个百分点；后半期继续加速，人口城镇化率从 1996 年的 30.5% 上升到 2013 年的 53.73%，年均增加 1.37 个百分点，速度是前半期的 2 倍（见图 9-1），[②] 到"十三五"末期人口城镇化率超过 60%不可逆转。[③] 这一快速的人口城镇化过程有三个特点：（1）人口城镇化滞后于工业化；（2）人口城镇化滞后于土地城镇化；（3）户籍人口化滞后于常住人口城镇化。[④]

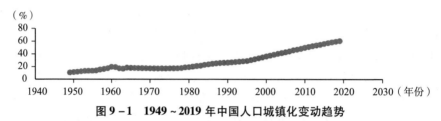

图 9-1　1949～2019 年中国人口城镇化变动趋势

资料来源：根据中华人民共和国统计局编网站各年城镇化率统计数据汇总。

　　由于这三个特征的存在，中国城镇化的整体质量还不高，城市的空间承载能力和社会承载能力与人口城镇化的趋势还不匹配。

　　从空间承载能力来看，由于房地产市场的飞速发展，以及保障房政策在各地的全面铺开。难点在于，商品住房空置率较高和人口城镇化进程中常住人口的住房支付能力不足之间的矛盾突出，住房的刚性需求受制于价格因素，使得商品住房的空间承载能力闲置和浪费较为严重；而廉租房、经济适用房因其受益人群范围有限和管理上缺乏有效甄别手段而一度陷入"建与不建""多建还是少建"的舆论困境。姑且认为住房问题的空间承载能力在政府大量投入建设的背景下能够在较短时间内（3～5 年）缓解，城市的有效空间承载能力亦是不足的。原因在于，一个人口饱和容量为 600 万人的城市，修建了可供 800 万乃至 1000 万人居住的住房，这多余的城市常住人口必将给城市的资源禀赋（如水、电、天然气、公共服务设施等）带来极大压力。以四川刚刚设立的天

①　国家统计局：《2016 年末中国常住人口城镇化率达 57.4%》，人民网，2017 年 7 月 11 日。

②④　中国人口与发展研究中心本书组：《中国人口城镇化战略研究》，载于《人口研究》2012 年第 3 期。

③　姜卫平：《中国人口发展趋势》，载于《人口与计划生育》2010 年第 8 期。

府新区为例，其新区规划人口的上限为 650 万人，但未来如果涌入人口超过 800 万人，甚至达到上千万人的规模，其水资源根本就无法承载如此庞大的人口规模，就算住房跟得上人口需求，城镇化也是难以为继的（吴垠，2012）。所以，面对这样严峻的形势，城市空间承载能力和资源禀赋的有效承载能力是处于刘易斯转折期的中国城市必须优先重点考虑的。

从社会承载能力来看，目前进入城市就业的农村剩余劳动力在城市中大多数是在"体制外"生存，虽然不少地方已经为农民工增加了医疗、养老、社保服务，但是，城市社会承载力其实存在相当大的风险。（1）如果农民工融入城市的进程因为生活成本、工作压力等无法继续，要求回到农村并一次贴现所有已缴纳的社保支出，城市政府社保部门如何应对？（2）即使农民工能够逐渐融入城市成为常住人口，这种社会保障体系从长远看如何与城市的公务员、国有企业、事业单位等传统"体制内"的社会保障模式相衔接？（3）城市社会保障模式的双轨制、多轨制，同一单位内部的"新人新办法、老人老办法"，短期看来是回避了社会保障领域的矛盾，但这种体制性摩擦表现在城市内部各个群体退休时往往有很大的保障差异，这同样会引发矛盾。所以，社会保障体制在城市内的并轨宜早不宜迟，特别要防止"社保风险后置法"的各种应时之举。因为，中国城镇化进程遭遇"刘易斯转折期"绝不是涌入城市的劳动人口总量上减少了，而是劳动人口的经验、素质、性别、技术差别所引发的"结构性刘易斯转折"，对大规模、高难度的社会保障难题绝不能掉以轻心。

因此，新一轮的城市社会化保障政策应该注意从空间承载能力与社会承载能力相衔接的角度拓宽城市社会保障政策的保障范围，并创新保障模式。（1）社会承载能力优先于空间承载能力作为评价城镇化的重要政绩指标，避免强力推进"农民上楼""拆迁安置""棚户改造"的现象出现；（2）城市社会保障模式多轨制逐渐通过增量改革实现并轨，及早消弭各类社会人群的社会保障差异过大的鸿沟；（3）必要时，可以财政逐年注资一定比例的形式增加社会保障基金的储备厚度，逐渐把"广覆盖、低保障"的社会保障模式过渡为"广覆盖、厚保障"的社会保障模式，以期为中国城镇化平稳度过"结构性刘易斯转折期"贡献力量。

三、土地、住房、基础设施的联动建设：用新的理念规划城镇化的"新常态"

如果说城市社会保障、户籍制度改革、医疗教育等公共服务资源均等化是城镇化的软件的话，那么土地整理、住房规划和基础设施的建设就是城市安然度过刘易斯转折期的硬件。软件的完善尚需时日，规划好硬件的建设，要有长远的眼光与决策。

（一）TOD 模式与城市土地整理：包容性发展思路

人口异地城镇化是刘易斯转折期中国城镇化的重要特征。据姚震宇（2011）的一项估计，劳动力跨省市流动人口占全部流动人口 54.5%，在流动人口最多的广东省，省外流动人员占全部流动人口比例高达 60%，几个流动人口较多的省（市）外流入人口加上省（市）内其他市流入人口占总流动人口的比例平均达 70% 以上，跨省市流动农民工的异地城镇化显然是现阶段中国人口城镇化最重要的部分。[①] 城镇化新阶段的土地整理要充分考虑这些外来人口的出行、住房等基本生存需求，在城市空间开发潜力并不富裕的条件下，需要实施一套符合国情且最经济实惠的土地整理方案。本书认为，可以采取 TOD 模式与城市土地整理的联动方案来求解这一难题。其中，TOD 模式是以公共交通为导向的城市开发模式。它不是单纯地建设几条地铁、公交、轻轨线路满足人们出行需要的工程，而是以公交线路为轴，带动城市连片土地科学开发的新思路（吴垠，2010）。传统工业化、城镇化的经验教训业已表明，工业化、城镇化的骨架和枢纽是城市的公共交通系统，因为它不仅具有承载城镇化、工业化所必需的人口、资源流动的功能，同时也是疏导这些人口和资源的重要通道。各级政府应当考虑以快捷、便利、高效的公共交通系统导向为手段，统筹考虑公交系统和其周围的土地开发管理，用土地增值部分带来的效益反哺城市其他基础设施建设、旧城改造和中低收入群体的保障房建设等工程，在城镇化的刘易斯转折期协调互动的基础上实现城市交通、土地开发和人民生活的包容性发展。

（二）基础设施建设：强化公共服务型、隐蔽型基础设施建设，提高城市综合承载能力

当前中国各地的城镇化无序扩张现象较为严重，很重要的一条原因就在于城市建成区的基础设施无法满足城市人口密度需求，扩张的结果往往只是城市面积的扩张，但是包括交通、通信、供电、供热、供气、供排水、污水垃圾处

---

① 根据《中国统计年鉴 2009》提供的数据计算所得，几个主要人口流入省（市）指北京、上海、广东、浙江、江苏、山东、福建等七个省（市）。《中华人民共和国国民经济和社会发展第十二个五年规划纲要》，人民出版社 2011 年版，第 100 页、第 105 页。

理等地上地下市政公用基础设施的建设却不能及时有效地跟进。因此，在设计并供给城市基础设施时，要有规划远见，要充分考虑爆炸性的人口增长对城市的种种负面影响。同时，还应想方设法扩大城市绿化面积、地下排水排污等隐蔽型基础设施建设和城市公共活动空间，以及加快面向大众的城镇公共文化和体育设施建设；要利用公共基础设施建设的契机推进"城中村""城乡接合部"的改造，并注重城市人文建设，推动城乡二元文化的一体化；要通过改善和提高城市综合承载能力，切实预防并治理好各类"城市病"。

（三）住房保障：稳定城市人口预期的重要手段

我国"十三五"规划进一步明确将完善住房保障体系，城镇棚户区住房改造2000万套。到2020年，基本消除各类棚户区，这也是全面建成小康社会的重要标志。同时，城镇保障性住房覆盖率达到20%以上，为中低收入家庭或外来人口提供租赁房，基本实现住有所居的目标（胡鞍钢，2016）。

相比那些陷入较为严重城市病的国家（如拉美地区），我们的城镇化始终注意以较为实在的住房供应体系来稳定城市居民的预期，所以大范围的"城中村""贫民窟"在中国没有形成，但不少于2.5亿人的农村剩余劳动力向城市流动的状况使我们的城镇化无法掉以轻心。满足多层次需求的住房供应体系和保障性安居工程的政策出台，显然是因应了这一发展趋势。我们看到，这一城镇住房保障工程基本还由各级地方政府牵头完成，在以下方面还存在待改善的问题。一是资金筹措过度依赖于财政，社会化资本参与不足；二是多层次住房保障体系的产权结构尚待明晰；三是差别化住房供给体系中提供给城市非正规就业人群的比例还不够。为了稳定城市常住人口的预期，本书认为，城市住房保障体系中的廉租房、公共租赁房、保障房应产权国有化，并以此稳定居住人口的预期；社会资本的引入应承诺以其他（如税收、广告等）方面的政策优惠来稳定其未来的企业经营成本缩减预期，而不是把保障性住房体系当作盈利工具来吸引社会资本。此外，要加强住房管理，包括信息、准入、收回、价格等各方面的具体措施，最大限度地满足那些还未能完全立足于城市的务工者的基本居住需求，让他们在住房保障体系下有机会和能力来应对中国城镇化的"新常态"，并实现中国梦的"城市篇章"。

参 考 文 献

［1］［美］阿尔温·托夫勒：《第三次浪潮》，新华出版社 1997 年版。

［2］［印］阿马蒂亚·森著，王宇，王文玉译：《贫困与饥荒》，商务印书馆 2004 年版。

［3］［美］阿瑟·奥莎利文：《城市经济学》（第 6 版），北京大学出版社 2008 年版。

［4］白南生：《刘易斯转折点与中国农村剩余劳动力》，载于《人口研究》2009 年第 2 期。

［5］包小忠：《刘易斯模型与"民工荒"》，载于《经济学家》2005 年第 4 期。

［6］［美］保罗·诺克斯等著：《城市化》，科学出版社 2009 年版。

［7］本书组：《工业化与城镇化关系的经济学分析》，载于《中国社会科学》2002 年第 2 期。

［8］卞华舵：《主动城市化：以北京郑各庄为例》，中国经济出版社 2011 年版。

［9］［美］布莱恩·贝利：《比较城镇化——20 世纪的不同道路》，商务印书馆 2010 年版。

［10］蔡昉：《大国经济的刘易斯转折》，载于《新华文摘》2010 年第 8 期。

［11］蔡昉：《二元经济作为一个发展阶段的形成过程》，载于《经济研究》2015 年第 7 期。

［12］蔡昉：《劳动力迁移的两个过程及其制度障碍》，载于《社会学研究》2001 年第 4 期。

［13］蔡昉：《刘易斯转折点与公共政策方向的转变——关于中国社会保护的若干特征性事实》，载于《中国社会科学》2010 年第 5 期。

［14］蔡昉：《人口转变、人口红利与刘易斯转折点》，载于《经济研究》2010 年第 4 期。

［15］蔡昉：《中国收入分配：完成与未完成的任务》，载于《中国经济问

题》2013 年第 5 期。

[16] 蔡丽华：《收入分配不公与社会公平正义探析》，载于《当代世界与社会主义》2012 年第 1 期。

[17] 蔡万焕：《论刘易斯拐点理论对中国经济的适用性》，载于《马克思主义研究》2012 年第 3 期。

[18] 曹荣湘：《走出囚徒困境——社会资本与制度分析》，上海三联书店2003 年版。

[19] 常进雄：《农民市民化过程中的非正规就业》，载于《财经研究》2003 年第 12 期。

[20] 陈阿江：《中国城市化道路的检讨与战略选择》，载于《南京师大学报》（社会科学版）1997 年第 3 期。

[21] 陈淮：《非正规就业：战略与政策》，载于《宏观经济研究》2001 年第 2 期。

[22] 陈明星等：《城市化速度曲线及其政策启示——对诺瑟姆曲线的讨论与发展》，载于《地理研究》2011 年第 8 期。

[23] 陈群元、喻定权：《我国建设低碳城市的规划构想》，载于《现代城市研究》2009 年第 11 期。

[24] 陈锡文：《工业化、城镇化要为解决"三农"问题做出更大贡献》，载于《经济研究》2011 年第 10 期。

[25] 陈新明：《加快苏北地区经济发展促进江苏区域经济协调发展》，载于《南通工学院学报》（社会科学版）2004 年第 3 期。

[26] 陈燕：《新型城镇化战略对城市居住空间分异影响研究》，载于《南京社会科学》2014 年第 12 期。

[27] 陈云松等：《城镇化的不平等效应与社会融合》，载于《中国社会科学》2015 年第 6 期。

[28] 程建平：《新农村建设背景下农村劳动力转移途径分析》，载于《郑州大学学报》2008 年第 3 期。

[29] 程民选：《论社会资本的性质与类型》，载于《学术月刊》2007 年第 10 期。

[30] 迟福林：《以公共服务建设为中心的政府转型》，载于《国家行政学院学报》2011 年第 1 期。

[31] 储东涛：《奋力冲破苏北地区的"贫穷恶性循环"》，载于《现代经济探讨》2001 年第 5 期。

[32] 大卫·哈维：《叛逆的城市：从城市权利到城市革命》，商务印书馆2014年版。

[33] ［美］丹尼尔·贝尔著，王宏周等译：《后工业社会的来临——对社会预测的一种探索》，商务印书馆1984年版。

[34] 邓宇鹏：《中国的隐性超城市化》，载于《当代财经》1999年第6期。

[35] 丁成日：《城市增长与对策——国际视角与中国发展》，高等教育出版社2009年版。

[36] 丁金宏、冷熙亮等：《中国对非正规就业概念的移植与发展》，载于《中国人口科学》2001年第6期。

[37] 丁守海：《劳动剩余条件下的供给不足与工资上涨——基于家庭分工的视角》，载于《中国社会科学》2011年第5期。

[38] 丁守海：《中国城镇发展中的就业问题》，载于《中国社会科学》2014年第1期。

[39] 董黎明：《90年代中国城市超前发展战略透视》，载于《城市》1999年第3期。

[40] 恩格斯：《家庭、所有制与国家的起源》，人民出版社2006年版。

[41] 范剑勇等：《居住模式与中国城镇化——基于土地供给视角的经验研究》，载于《中国社会科学》2015年第4期。

[42] 范进、赵定涛：《土地城镇化与人口城镇化协调性测定及其影响因素》，载于《经济学家》2012年第5期。

[43] 费孝通：《乡土中国》，上海人民出版社2007年版。

[44] 付敏杰：《中国有多少结构问题》，载于《经济学动态》2013年第5期。

[45] 傅崇兰等：《中国城市发展史》，社会科学文献出版社2009年版。

[46] 傅京燕：《我国非正规就业的发展现状与政策措施研究》，载于《人口与经济》2005年第2期。

[47] 高帆：《论二元经济结构的转化取向》，载于《经济研究》2005年第9期。

[48] 高国力：《新型城镇化战略格局下的城市发展思路调整》，载于《中国党政干部论坛》2013年第8期。

[49] 高玲芬、贾丽娜：《论"非正规就业"的定义与测量》，载于《统计研究》2005年第3期。

[50] 高佩义：《世界城市一般规律的城镇化》，载于《中国社会科学》1990 年第 5 期。

[51] 高汝熹等：《2007 中国都市圈评价报告》，上海人民出版社 2008 年版。

[52] 高尚全：《公共服务体制建设的核心是政府转型》，载于《经济前沿》2006 年第 8 期。

[53] ［瑞］戈兰·坦纳菲尔德等著，刘超等译：《发展城市减少贫困——城市发展与管理导论》，科学出版社 2008 年版。

[54] 辜胜阻等：《中国城镇化的发展研究》，载于《中国社会科学》1993 年第 5 期。

[55] 辜胜阻等：《中国特色城镇化道路研究》，载于《中国人口·资源与环境》1998 年第 2 期。

[56] 辜胜阻等：《中国自下而上城镇化的制度分析》，载于《中国社会科学》1998 年第 3 期。

[57] 顾钰民：《农业现代化与深化农村土地制度改革》，载于《经济纵横》2014 年第 3 期。

[58] 郭健、王栋：《我国非正规就业税收政策存在的问题及对策》，载于《山东社会科学》2006 年第 5 期。

[59] 郭廷以：《近代中国史纲》（第三版），上海人民出版社 2012 年版。

[60] 国家统计局：《2010 年第六次全国人口普查主要数据公报（第 1 号）》，2011 年 4 月 29 日。

[61] 韩忠：《后工业化城市与制造业——以旧金山为例》，载于《城市问题》2008 年第 11 期。

[62] 何一民：《第一次"城市革命"与社会大分工》，载于《甘肃社会科学》2014 年第 5 期。

[63] 和文超、师学义等：《农村宅基地用地类型划分与用地标准》，载于《农业工程学报》2012 年第 6 期。

[64] 贺雪峰：《地权的逻辑Ⅱ——地权变革的真相与谬误》，东方出版社 2013 年版。

[65] 贺雪峰：《地权的逻辑——中国农村土地制度向何处去》，中国政法大学出版社 2010 年版。

[66] 贺雪峰、印子：《"小农经济"与农业现代化的路径选择——兼评农业现代化激进主义》，载于《政治经济学评论》2015 年第 2 期。

［67］［德］赫希曼：《经济发展战略》，经济科学出版社 1991 年版。

［68］洪银兴：《关键是厘清市场与政府作用的边界——市场对资源配置起决定性作用后政府作用的转型》，载于《红旗文稿》2014 年第 2 期。

［69］胡鞍钢：《非正规就业：未来就业的发展趋势》，载于《中国社会保障》2001 年第 6 期。

［70］胡鞍钢、杨韵新：《就业模式转变：从正规化到非正规化——我国城镇非正规就业状况分析》，载于《管理世界》2001 年第 2 期。

［71］胡鞍钢、赵黎：《我国转型期城镇非正规就业与非正规经济（1990 - 2004)》，载于《清华大学学报》2006 年第 3 期。

［72］华生：《土地财政为何进退维谷》，载于《国土资源导刊》2014 年第 6 期。

［73］黄干：《农村劳动力非正规部门就业的经济学分析》，载于《中国农村经济》2003 年第 5 期。

［74］黄干、原新：《非正规部门就业：效应与对策》，载于《财经问题研究》2002 年第 2 期。

［75］黄干、原新：《非正规部门就业：效用与对策》，载于《财经问题研究》2002 年第 4 期。

［76］黄仁宇：《万历十五年》，生活・读书・新知三联书店 2006 年版。

［77］黄宗智等：《三大历史性变迁的交汇与中国小规模农业的前景》，载于《中国社会科学》2007 年第 4 期。

［78］嵇欣：《中国城市化进程中的低端经济》，载于《上海经济研究》2008 年第 12 期。

［79］简新华等：《中国城镇化水平和速度的实证分析与前景预测》，载于《经济研究》2010 年第 3 期。

［80］江曼琪等：《中国主要城市化地区测度——基于人口聚集视角》，载于《中国社会科学》2015 年第 8 期。

［81］姜爱林：《21 世纪初用信息化推动城镇化的战略选择》，载于《经济学动态》2001 年第 9 期。

［82］姜卫平：《中国人口发展趋势》，载于《人口与计划生育》2010 年第 8 期。

［83］蒋萍：《也谈非正规就业》，载于《统计研究》2005 年第 6 期。

［84］蒋铮等：《广东劳动力供求关系严重错位》，载于《羊城晚报》2015 年 1 月 24 日。

［85］金一虹：《非正规劳动力市场的形成与发展》，载于《学海》2000年第 4 期。

［86］科尔奈：《短缺经济学》，经济科学出版社 1986 年版。

［87］孔德、吴垠：《中国特色新型城镇化建设进程中的非正规就业》，载于《南京政治学院学报》2014 年第 4 期。

［88］［美］拉佐尼克：《车间的竞争优势》，中国人民大学出版社 1990年版。

［89］李程骅：《新型城镇化战略下的城市转型路径探讨》，载于《南京社会科学》2013 年第 2 期。

［90］李刚等：《中国产业升级的方向与路径》，载于《中国工业经济》2011 年第 10 期。

［91］李贺平：《非正规就业群体权益保护中行业工会的作用研究》，载于《吉林大学社会科学学报》2012 年第 2 期。

［92］李红梅、奚宽武：《适应新型城镇化战略交通运输发展对策分析》，载于《学术论坛》2013 年第 8 期。

［93］李柯：《经济学视角下的大学生非正规就业问题分析》，载于《中国经贸导刊》2012 年第 11 期。

［94］李丽萍：《改革开放以来我国城镇非正规就业分析》，载于《经济体制改革》2014 年第 6 期。

［95］李娜：《探析我国非正规就业产生的原因》，载于《商业经济》2005年第 11 期。

［96］李强等：《中国城镇化"推进模式"研究》，载于《中国社会科学》2012 年第 4 期。

［97］李强等：《中国城镇化"推进模式"研究》，载于《中国社会科学》2012 年第 7 期。

［98］李强、唐壮：《城市农民工与城市中的非正规就业》，载于《社会学研究》2002 年第 6 期。

［99］李实、邓曲恒：《中国城镇失业和非正规再就业的经验研究》，载于《中国人口科学》2004 年第 4 期。

［100］李世安：《英国农村剩余劳动力转移问题的历史考察》，载于《世界历史》2005 年第 2 期。

［101］李文：《城市化滞后的经济后果分析》，载于《中国社会科学》2001 年第 7 期。

［102］李文溥、熊英：《刘易斯拐点的一个理论证伪——基于产品市场的角度》，载于《经济研究》2015 年第 5 期。

［103］李新玲、张莹、吕博雄：《东北未富先老人口加速减少　生育率已低于日本》，载于《中国青年报》2015 年 7 月 14 日。

［104］李子联：《人口城镇化滞后于土地城镇化之谜》，载于《中国人口·资源与环境》2013 年第 11 期。

［105］厉以宁：《中国城镇化须适合中国国情》，载于《理论学习》2013 年第 2 期。

［106］梁琦等：《户籍改革、劳动力流动与城市层级体系优化》，载于《中国社会科学》2013 年第 12 期。

［107］廖丹清：《中国城市化道路与农村改革和发展》，载于《中国社会科学》1995 年第 1 期。

［108］林毅夫：《新结构经济学》，北京大学出版社 2012 年版。

［109］林毅夫：《新结构经济学——重构发展经济学的框架》，载于《经济学季刊》2010 年第 1 期。

［110］刘爱梅：《多维视角的新型城镇化战略研究》，载于《现代经济探讨》，2013 年第 9 期。

［111］刘本盛：《关于国家创新体系几个问题的探讨》，载于《经济纵横》2007 年第 8 期。

［112］刘英骥、邓良：《金融危机后中国经济发展路径研究——基于制造业产值增长路径的视角》，载于《首都经济贸易大学学报》2010 年第 5 期。

［113］刘世锦：《寻找中国经济增长新的动力和平衡》，载于《中国发展观察》2013 年第 6 期。

［114］刘伟：《刘易斯拐点的再认识》，载于《理论月刊》2008 年第 2 期。

［115］［英］刘易斯：《经济增长理论》，商务印书馆 1998 年版。

［116］［美］刘易斯·芒福德：《城市发展史：起源、演变和前景》，中国建筑工业出版社 2004 年版。

［117］［英］刘易斯著，施炜等译：《二元经济论》，北京经济学院出版社 1991 年版。

［118］刘宗绪：《世界近代史》，高等教育出版社 1986 年版。

［119］卢亮、邓汉慧：《创业促进就业吗？——来自中国的数据》，载于《经济管理》2014 年第 3 期。

［120］陆铭、陈钊：《为什么土地和户籍制度需要联动改革——基于中国城市和区域发展的理论和实证研究》，载于《学术月刊》2009 年第 9 期。

［121］陆铭等：《城市化、城市倾向的经济政策与城乡收入差距》，载于《经济研究》2004 年第 6 期。

［122］陆铭等：《偏向中西部的土地供应如何推升了东部的工资》，载于《中国社会科学》2015 年第 5 期。

［123］吕萍、周滔、张正峰、田卓：《土地城市化及其度量指标体系的构建与应用》，载于《中国土地科学》2008 年第 8 期。

［124］骆永民、樊丽明：《土地：农民增收的保障还是阻碍?》，载于《经济研究》2015 年第 8 期。

［125］马克思：《政治经济学批判》序言，敦克尔出版社 1859 年版。

［126］马侠：《工业人口、国民总产值与城镇发展》，载于《中国社会科学》1987 年第 5 期。

［127］马侠：《中国城镇发展模式初探》，载于《社会学研究》1987 年第 4 期。

［128］马晓河：《从两对变量变化看中国经济结构调整的难度》，载于《中国发展观察》2013 年第 5 期。

［129］［英］马歇尔：《经济学原理》，商务印书馆 1964 年版。

［130］［美］迈克尔·P. 托达罗，［美］史蒂芬·C. 史密斯：《发展经济学》（第 9 版），机械工业出版社 2012 年版。

［131］毛健：《浅述威廉·配第的人口思想》，载于《南开经济研究》1985 年第 3 期。

［132］孟捷、龚剑：《金融资本与"阶级—垄断地租"——哈维对资本主义都市化的制度分析》，载于《中国社会科学》2014 年第 8 期。

［133］苗长虹：《马歇尔产业区理论的复兴及其理论意义》，载于《地域研究与开发》2004 年第 1 期。

［134］钮先钟：《战略研究》，广西师范大学出版社 2003 年版。

［135］彭希哲、姚宇：《厘清非正规就业概念，推动非正规就业发展》，载于《社会科学》2004 年第 7 期。

［136］［美］钱纳里：《发展模式：1950～1970》，经济科学出版社 1988 年版。

［137］钱文荣等：《从农民工供求关系看"刘易斯拐点"》，载于《人口研究》2009 年第 2 期。

［138］［美］乔尔·科特金：《全球城市史》，社会科学文献出版社 2014年版。

［139］《权威人士再论当前经济：供给侧结构性改革引领新常态》，载于《人民日报》2016 年 1 月 4 日。

［140］仇保兴：《科学规划，认真践行新型城镇化战略》，载于《规划师》2010 年第 7 期。

［141］任淑荣：《新型城镇化战略下的支农财政政策调整——基于农民社会层次分化趋势的思考》，载于《理论与改革》2014 年第 5 期。

［142］任远、彭希哲：《2006 中国非正规就业发展报告》，重庆出版社2007 年版。

［143］任远：《社区就业的性别特征与防止妇女地位边缘化的思考》，载于《妇女研究论丛》2003 年第 6 期。

［144］宋秀坤、黄阳飞：《非正规经济与上海市非正规就业初探》，载于《城市问题》2001 年第 2 期。

［145］宋彦、丁成日：《韩国之绿化带政策及其评估》，载于《城市发展研究》2005 年第 5 期。

［146］［日］速水佑次郎、神门善久：《发展经济学：从贫困到富裕》，社会科学文献出版社 2009 年版。

［147］谭术魁、宋海朋：《我国土地城市化与人口城市化的匹配状况》，载于《城市问题》2013 年第 11 期。

［148］唐为等：《行政区划调整与人口城市化：来自撤县设区的经验证据》，载于《经济研究》2015 年第 9 期。

［149］陶然等：《城市化、农地制度与迁移人口社会保障——一个转轨中发展的大国视角与政策选择》，载于《经济研究》2005 年第 12 期。

［150］万广华、蔡昉：《中国的城市化道路与发展战略：理论探讨和实证分析》，经济科学出版社 2012 年版。

［151］汪进等：《中国的刘易斯转折点是否到来》，载于《中国社会科学》2011 年第 9 期。

［152］王芳：《以全面生态化转型推进新型城镇化》，载于《环境保护》2013 年第 23 期。

［153］王福君：《中国二三线城市房地产业现状与趋势》，载于《学术交流》2012 年第 1 期。

［154］王国刚：《城镇化：中国经济发展方式转变的重心所在》，载于

《经济研究》2010 年第 12 期。

[155] 王检贵：《劳动与资本双重过剩下的经济发展》，上海三联书店
2005 年版。

[156] 王娟：《新型城镇化战略下城市群融资模式的思考》，载于《西南
金融》2014 年第 12 期。

[157] 王树文、文学娜等：《中国城市生活垃圾公众参与管理与政府管制
互动模型构建》，载于《中国人口·资源与环境》2014 年第 4 期。

[158] 王小鲁：《中国城市化路径与城市规模的经济学分析》，载于《经
济研究》2010 年第 10 期。

[159] 王新燕、赵洋：《以生态文明思维推进中国新型城镇化战略的科学
意义》，载于《求是》2014 年第 4 期。

[160] 王洋、王少剑、秦静：《中国城市土地城市化水平与进程的空间评
价》，载于《地理研究》2014 年第 12 期。

[161] ［英］威廉·配第：《赋税论》，商务印书馆 1978 年版。

[162] ［英］威廉·配第：《政治算术》，中国社会科学出版社 2010 年版。

[163] 卫龙宝等：《城镇化过程中相关行为主体迁移意愿的分析——对浙
江省海宁市农村居民的调查》，载于《中国社会科学》2003 年第 5 期。

[164] 魏后凯等：《中国城镇化质量综合评价报告》，载于《经济研究参
考》2013 年第 6 期。

[165] 温铁军：《中国的城镇化道路与相关制度问题》，载于《开放导报》
2000 年第 5 期。

[166] 吴敬琏：《经济转轨过程中政府的基本职能》，载于《经济研究参
考》2000 年第 15 期。

[167] 吴敬琏：《提高政府决策科学性的八点建议》，载于《光明日报》
2003 年 4 月 17 日。

[168] 吴敬琏：《中国：政府在市场经济转型中的作用》，载于《河北学
刊》2004 年第 4 期。

[169] 吴敬琏：《转变发展方式，政府自身改革更关键》，载于《人民日
报》2011 年 1 月 19 日。

[170] 吴敬琏：《转轨中国》，四川人民出版社 2002 年版。

[171] 吴要武：《非正规就业者的未来》，载于《经济研究》2009 年第
7 期。

[172] 吴要武、蔡昉：《中国城镇非正规就业：规模与特征》，载于《中

国劳动经济学》2006 年第 2 期。

[173] 吴垠：《跨越古典与新古典的边界——刘易斯拐点研究新进展》，载于《中国经济问题》2012 年第 1 期。

[174] 吴垠：《刘易斯拐点：基于马克思产业后备军模型的解析》，载于《经济学动态》2010 年第 10 期。

[175] 吴垠：《为天府新区建议——新型试验区建设的后工业化探索》，载于《四川日报》2012 年 2 月 15 日。

[176] 吴垠：《应当赋予农民怎样的财产权利？——中国农村土地产权制度的改革方向探索》，载于《中国发展观察》2014 年第 7 期。

[177] 吴垠：《中国城镇化道路的检视与思考——后工业化经济试验区的前瞻性思考》，载于《中国工业经济》2010 年第 10 期。

[178] 伍晓鹰：《人口城市化：历史、现实和选择》，载于《经济研究》1986 年第 11 期。

[179]《习近平为何九天两提"供给侧结构性改革"？》，人民网：http：//politics. people. com. cn/n/2015/1119/c1001 - 27834311. html。

[180] 席克正：《从威廉·配第到大卫·李嘉图的古典学派财政学说》，载于《财经研究》1986 年第 9 期。

[181] 谢小华：《高校大学生非正规就业观研究——以上海高校的调查为例》，华东师范大学硕士学位论文，2011 年。

[182] 薛进军、高文书：《中国城镇非正规就业：规模、特征和收入差距》，载于《经济社会体制比较》2012 年第 6 期。

[183] 薛庆根：《江苏省苏南、苏中、苏北地区差距透视》，载于《新疆农垦经济》2005 年第 12 期。

[184] [英] 亚当·斯密：《国民财富的性质和原因研究》，商务印书馆 2010 年版。

[185] 晏智杰：《威廉·配第的价值论是二重的》，载于《经济科学》1982 年第 2 期。

[186] 燕晓飞：《中国非正规就业增长的新特点与对策》，载于《经济纵横》2013 年第 1 期。

[187] 杨传开、李陈：《新型城镇化背景下的城市病治理》，载于《经济体制改革》2014 年第 3 期。

[188] 杨明洪、孙继琼：《"成渝经济区"：中国经济增长第五极》，四川大学出版社 2009 年版。

［189］杨伟国、孙媛媛：《中国劳动力市场测量：基于指标与方法的双重评估》，载于《中国社会科学》2007 年第 5 期。

［190］杨小凯：《发展经济学：超边际与边际分析》，社会科学文献出版社 2003 年版。

［191］杨晓波、孙继琼：《成渝经济区次级中心双城一体化构建——基于共生理论的视角》，载于《财经科学》2014 年第 4 期。

［192］姚裕群：《论我国的非正规就业问题》，载于《人口学刊》2005 年第 3 期。

［193］姚震宇：《空间城镇化机制和人口城镇化目标——对中国当代城镇化发展的一项研究》，载于《人口研究》2011 年第 5 期。

［194］袁富华：《长期增长过程的"结构性加速"与"结构性减速"》，载于《经济研究》2012 年第 3 期。

［195］［澳］约翰·基恩：《公共生活与晚期资本主义》，社会科学文献出版社 1999 年版。

［196］［英］约翰·梅纳德·凯恩斯：《就业、利息与货币通论》，商务印书馆 2004 年版。

［197］曾毅等：《中国未来人口发展过程中的几个问题》，载于《中国社会科学》1991 年第 3 期。

［198］张博：《浅议城市生活垃圾清运的困局和出路》，载于《中国高新技术企业》2007 年第 8 期。

［199］张鸿雁：《循环型城市社会发展模式——城市可持续创新战略》，东南大学出版社 2007 年版。

［200］张华初：《非正规就业：发展现状与政策措施》，载于《管理世界》2002 年第 11 期。

［201］张佳：《全球空间生产的资本积累批判——略论大卫·哈维的全球化理论及其当代价值》，载于《哲学研究》2011 年第 6 期。

［202］张康之：《论后工业化进程中的社会治理变革路径》，载于《南京社会科学》2009 年第 1 期。

［203］张培刚：《农业与工业化》，中国人民大学出版社 2014 年版。

［204］张文礼：《多中心治理：我国城市治理的新模式》，载于《开发研究》2008 年第 1 期。

［205］张兴华：《非正规部门与城乡就业矛盾的缓解》，载于《中国农村经济》2002 年第 3 期。

［206］张占斌等：《新型城镇化的战略意义和改革难题》，载于《国家行政学院学报》2013 年第 2 期。

［207］张占仓：《河南省新型城镇化战略研究》，载于《经济地理》2010 年第 9 期。

［208］赵峰、姜德波：《产业结构趋同的合意性与区域经济发展——以苏北地区为例》，载于《财贸经济》2011 年第 4 期。

［209］赵立华：《中国人口抚养比上升对劳动者报酬的影响研究》，辽宁大学博士论文，2011 年。

［210］赵新平等：《改革以来中国城市化道路及城市化理论研究述评》，载于《中国社会科学》2002 年第 2 期。

［211］赵德馨：《中国历史上城与市的关系》，载于《中国经济史研究》2011 年版。

［212］赵勇：《城镇化：中国经济三元结构发展与转换的战略选择》，载于《经济研究》1996 年第 3 期。

［213］郑秉文：《拉丁美洲城市化：经验与教训》，当代世界出版社 2011 年版。

［214］郑新立：《十六大后城市化滞后工业化矛盾将加快解决》，2004 年，http：//www. fsa. gov. cn/web_db/sdzg2004/software/trial/csgd01 – 17. htm。

［215］《中国电子商务发展报告》，中国财富出版社 2012 年版。

［216］《中国高技术产业统计年鉴》，中国统计出版社 2013 年版。

［217］中国经济实验研究院城市生活质量研究中心：《高生活成本拖累城市生活质量满意度提高——中国 35 个城市生活质量调查报告（2012）》，载于《经济学动态》2012 年第 7 期。

［218］中国经济增长前沿本书组：《中国经济转型的结构性特征、风险与效率提升路径》，载于《经济研究》2013 年第 10 期。

［219］《中国劳动统计年鉴》，中国统计出版社 2013 年版。

［220］中国人口与发展研究中心本书组：《中国人口城镇化战略研究》，载于《人口研究》2012 年第 3 期。

［221］《中华人民共和国国民经济和社会发展第十二个五年规划纲要》，人民出版社 2011 年版。

［222］《中华人民共和国国民经济和社会发展第十二个五年规划纲要》，人民出版社 2011 年版。

［223］周飞舟、王绍琛：《农民上楼与资本下乡：城镇化的社会学研究》，

载于《中国社会科学》2015 年第 1 期。

　　［224］周其仁：《大城市病新出路》，载于《第四届全球智库峰会会刊》2015 年第 6 期。

　　［225］周其仁：《集体所有制下的确权》，载于《经济观察》2014 年第 11 期。

　　［226］周其仁：《农地产权与征地制度——中国城市化面临的重大选择》，载于《经济学（季刊）》2004 年第 1 期。

　　［227］周其仁：《土地财政的功过是非》，载于《财经界》2014 年第 9 期。

　　［228］周守军、王德清等：《大学生非正规就业探析》，载于《教育研究》2002 年第 4 期。

　　［229］周天勇：《托达罗模型的缺陷及其相反的政策含义——中国剩余劳动力转移和就业容量扩张的思路》，载于《经济研究》2001 年第 3 期。

　　［230］周天勇、胡锋：《托达罗人口流动模型的反思和改进》，载于《中国人口科学》2007 年第 1 期。

　　［231］周祝平：《人口红利、刘易斯转折点与经济增长》，载于《中国图书评论》2007 年第 9 期。

　　［232］朱莉芬等：《城镇化对耕地影响的研究》，载于《经济研究》2007 年第 2 期。

　　［233］朱明熙：《论配第的财政学说》，载于《财经科学》1985 年第 3 期。

　　［234］朱楠、石秦：《新型城镇化战略下西安空间发展模式新动向》，载于《规划师》2014 年第 1 期。

　　［235］朱晓冬：《中国经济增长靠什么》，载于《中国改革》2013 年第 9 期。

　　［236］《资本论》，人民出版社 1975 年版。

　　［237］邹柏松、蔡龙：《如何理解威廉·配第关于价值源泉的决定?》，载于《经济科学》1985 年第 3 期。

　　［238］邹欣宏：《我国城镇非正规就业的现状及发展对策研究》，吉林大学硕士学位论文，2009 年。

　　［239］Akito Murayama, Takashi Kawaguchi and Tetsuo Shimizu. Study on spatial planning framework toward regeneration of large-scale industrial and port area-from case studies of London, U. K. and Rotterdam, Netherlands ［J］. Journal of the

City Planning Institute of Japan, 2006 (3): 719 – 724.

[240] Anne Krueger. Comments on new structural economics, the World Bank Research Observer [M]. Oxford University Press, 2011.

[241] Barth Gunther. Instant cities: urbanization and the rise of San Francisco and Denver [M]. Oxford University Press, 1975.

[242] Berry B. J. L. and Garrison W. L. The functional bases of the central-place hierarchy [J]. Economic Geography, 1958 (3): 45 – 154.

[243] Blackaby F. Deindustrialization [M]. Heinemann, 1979.

[244] Bluestone B. Harrison B. The deindustrialization of America [M]. Basic Books, 1982.

[245] Bun Song Lee et al. Marshall's scale economies and Jacobs'externality in Korea: the role of age, sizeand the legal form of organisation of establishments [J]. Urban Studies, 2010 (14): 3131 – 3156.

[246] Castells M. The informational city: information technology, economic restructuring and the urban-regional process [M]. Basil Blackwell, 1989.

[247] Chang P. Agriculture and industrialization [M]. Harvard University Press, 1958.

[248] Chaudhuri S, J. K. Dwibedi. Trade liberalization in agriculture in developed nations and incidence of child labor in a developing economy [J]. Bulletin of Economic Research, 2006 (2): 129 – 150.

[249] Chen M. Rethinking the informal economy: linkages with the formal economy and the formal regulatory environment [J]. Desa Working Paper, 2006, No. 46.

[250] Ciabattari, Mark. San Francisco: the making of a uni-class city [J]. North American Review, 1983 (12): 52.

[251] Clark C. The conditions of economic progress [M]. MacmillLan, 1940.

[252] Dale W. Jorgenson. The development of a dual economy [J]. The Economic Journal, 1961 (71): 309 – 334.

[253] David Harvey. The urbanization of capital [M]. Jones Hopkins University, 1985.

[254] David Harvey. The urbannization of capital studies in the history and theory of capitalist urbanization [M]. Johns Hopkins University Press, 1985.

[255] Dixit. Short-run equilibrium and shadow prices in the dual economy

[J]. Oxford Economic Papers, 1973 (3): 384-400.

[256] Duncan Black and Vernon Henderson. A theory of urban growth [J]. Journal of Political Economy, 1999 (2): 252-284.

[257] Edward L. Glaeser. Cities, agglomeration and spatial equilibrium [M]. Oxford Universtiy Press, 2008.

[258] Erik Lichtenberg, Chengri Ding. Local officials as land developers: urban spatial expansion in China [J]. Journal of Urban Economics, 2009 (66): 57-64.

[259] E. Mills. An aggregative model of resource allocation in a metropolitan area [J]. American Economic Review, 1967 (57): 197-210.

[260] Flodeman Becker, Kristina. The informal economy, fact finding study [M]. Sida, 2004.

[261] Fulong Wu, John Logan. Do rural migrants float in urban China? neighbouring and neighbourhood sentiment in Beijing [J]. Urban Studies, 2016 (53): 2973-2990.

[262] Gordon P and Rchardson H W. Employment decentralization in US metropolitan areas: is Los Angeles the outlier or the norm? [J]. Environment and Planning A, 1996 (10): 1727-1743.

[263] Hamilton F. Models of industrial location, in Models in Geography, eds, R. J. Choriey and P. Haggett [M]. Methuen, 1967: 361-424.

[264] Han Li, Zhigang Li. Road investments and inventory reduction: firm level evidence from China [J]. Journal of Urban Economics, 2013 (76): 43-52.

[265] Harris C D and Ullman E L. The nature of cities [J]. Annals of the American Academy of Political Science, 1945 (1): 7-17.

[266] Harris J R and Todaro M. Migration, unemployment and development: a two-sector analysis [J]. American Economic Review, 1970 (1): 126-142.

[267] Hausmann R D, Rodrik and A. Velasco. Growth diagnostics, in Stiglitz J. and N. Serra (eds.), The Washington Consensus Reconsidered: Towards a New Global Governance [M]. Oxford University Press, 2005.

[268] Hirschman A. The strategy of economic development [M]. Yale University Press, 1958.

[269] Hongyan Du et al. The impact of land policy on the relation between housing and land prices: evidence from China [J]. Quarterly Review of Economics

and Finance, 2011 (51): 19 - 27.

[270] Jane Jacobs. The economy of cities [M]. Random House, 1970.

[271] John F. Kain. Housing segregation, negro employment, and metropolitan decentralization [J]. Quarterly Journal of Economics, 1968 (2): 175 - 197.

[272] John R. Harris and Michael P. Todaro. Migration, unemployment and development: A two-sector analysis [J]. American Economic Review, 1970 (1): 126 - 142.

[273] Jorgenson. The development of dual economy [J]. The Economic Journal, 1961 (6): 309 - 334.

[274] J. Vernon Henderson. Economic theory and the cities [M]. Academic Press, 1977.

[275] J. Vernon Henderson. Marshall's scale economies [J]. Journal of Urban Economics, 2003 (53): 1 - 28.

[276] J. Vernon Henderson. The sizes and types of cities [J]. American Economic Review, 1974 (64): 640 - 656.

[277] J. Vernon Henderson. Urban development: theory, fact and illusion [M]. Oxford University press, 1988.

[278] Kremer. The o-ring theory of economic development [J]. Quarterly Journal of Economics, 1993, 108 (3): 551 - 575.

[279] Kuznets S. Modern economic growth: rate, structure and spread [M]. Yale University Press, 1966.

[280] Kwon W and Kim K. Urban management in Seoul: policy issues and responses [M]. Seoul Development Institute, 2001.

[281] Leite P G. The post apartheid evolution of earnings inequality in South Africa: 1995 - 2004, Working Paper, 2006, No. 32.

[282] Lewis W A. Economic development with unlimited supplies of labour [J]. The Manchester School of Economic and social studies, 1954, 2 (2): 139 - 191.

[283] Lin, Justin Yifu and Chang Ha - Joon. Should industrial policy in developing countries conform to comparative advantage or defy it? A debate between Justin Lin and Ha - Joon Chang [J]. Development Policy Review, 2009 (5): 483 - 502.

[284] Lin, Justin Yifu and Monga Celestin. Growth identification and facilitation: the role of the state in the dynamics of structural change. Policy Research

Working Paper, The World Bank, 2011, No. 5313.

[285] Maarten Bosker et al. Relaxing hukou: increased labor mobility and China's economic geography [J]. Journal of Urban Economics, 2012 (72): 252 – 266.

[286] Maloney W F. The Structure of labor markets in developing countries. World Bank Policy Research Working Paper, 1998, No. 1940.

[287] Marjit S. Kar. and H. Beladi. Trade reform and informal wages [J]. Review of Development Economics, 2007 (2): 313 – 320.

[288] Meijir M. Growth and decline of European cities: changing Positions of cities in Europe [J]. Urban Studies, 1993 (6): 981 – 990.

[289] Menezes – Filho. and Muendler. Labor reallocation in response to trade reform. Cesifo Working Paper, 2007, No. 1936.

[290] Michael P. Todaro. Model of labor migration and urban unemployment in less developed countries [J]. American Economic Review, 1969 (1): 138 – 148.

[291] Murphy K A. Shleifer and R. Vishny. Industrialization and the big push [J]. Journal of Political Economy, 1989 (5): 1003 – 1026.

[292] Myrdal G. Economic theory and under-developed regions [M] Duckworth, 1957.

[293] Nurkse R. Problems of capital foundation in underdeveloped countries [M]. New York: Oxford University Press, 1953.

[294] Peter Hall. Modelling the post-industrial city [J]. Future, 1997 (4): 311 – 322.

[295] P. Krugman. Increasing returns and economic geography [J]. Journal of Political Economy, 1991 (99): 483 – 499.

[296] P. Krugman. Target zones and exchange rate dynamics [J]. Quarterly Journal of Economics, 1991 (3): 669 – 682.

[297] Qiang Fu. When fiscal recentralisation meets urban reforms: prefectural land finance and its association with access to housing in urban China [J]. Urban Studies, 2015 (10): 1791 – 1809.

[298] Qin Chen, Zheng Song. Accounting for China's urbanization [J]. China Economic Review, 2014 (30): 485 – 494.

[299] Rakshit M. Labor surplus economy: a neo-keynesian approach [M]. Macmillan India Press, 1982.

[300] Rani U. Impact of changing work patterns on income inequality [J]. The International Institute for Labor Studies, 2008 (193).

[301] Ranis G and Fei J. A theory of economic development [J]. American Economic Review, 1961, 51 (4): 76 – 106.

[302] Rosenstein – Rodan. Problems of industrialisation of eastern and south-eastern Europe [J]. The Economic Journal, 1943 (53): 202 – 211.

[303] Rostow W. The stages of economic growth: A non-communist manifesto [M]. Cambridge University Press, 1990.

[304] Rostow W. Theorists of economic growth from David Hume to the present: with a perspective on the next century [M]. Oxford University Press, 1990.

[305] R. J. Crooks. Urbanization and social change: transitional urban settlements in the developing countries. Rehovot Conference Papers, 1971.

[306] R. Muth. Cities and housing [M]. Univerisity of Chicago Press, 1969.

[307] Schneider F. and D. H. Enate. Shadow economies: size, causes and consequences [J]. Journal of Economic Literature, 2000, 38 (6): 77 – 114.

[308] William J. Stull. The urban economics of Adam Smith [J]. Journal of Urban Economics, 1986 (20): 291 – 311.

[309] William Petty. Sir William Petty on the causes and consequences of urban growth [J]. Population and Development Review, 1984 (1): 127 – 133.

[310] W. Alonso. Location and land use [M]. Harvard University Press, 1964.

[311] Yang X and Rice R. An equilibrium model endogenizing the emergence of a dual structure between the urban and rural sectors [J]. Journal of Urban Economics, 1994 (25): 346 – 368.

[312] Yang X. Development, structure, and urbanization [J]. Journal of Development Economics, 1991 (34): 199 – 222.

[313] Zheng Liand Zai Liang. Gender and job mobility among rural to urban temporary migrants in the Pearl River Delta in China [J]. Urban Studies, 2016, (16): 3455 – 3471.